Wilhelm Oncken

Die Staatslehre des Aristoteles in historisch-politischen Umrissen

Wilhelm Oncken

Die Staatslehre des Aristoteles in historisch-politischen Umrissen

ISBN/EAN: 9783742817037

Hergestellt in Europa, USA, Kanada, Australien, Japan

Cover: Foto ©Suzi / pixelio.de

Manufactured and distributed by brebook publishing software
(www.brebook.com)

Wilhelm Oncken

Die Staatslehre des Aristoteles in historisch-politischen Umrissen

DIE STAATSLEHRE

DES

ARISTOTELES.

DIE STAATSLEHRE

DES

ARISTOTELES.

DIE STAATSLEHRE

DES

ARISTOTELES

IN HISTORISCH-POLITISCHEN UMRISSEN.

EIN BEITRAG

ZUR GESCHICHTE DER HELLENISCHEN STAATSIDEE UND ZUR
EINFÜHRUNG

IN DIE ARISTOTELISCHE POLITIK

VON

WILHELM ONCKEN,

O. Ö. PROFESSOR DER GESCHICHTE AN DER UNIVERSITÄT GIESSEN.

ERSTE HÄLFTE.

LEIPZIG,

VERLAG VON WILHELM ENGELMANN.

1870.

EDUARD ZELLER

UND

HEINRICH von TREITSCHKE

ZUGEEIGNET.

Vorwort.

Die Schrift, deren erste Hälfte ich hiemit der Oeffentlichkeit übergebe, ist aus Studien entstanden, die wiederholten akademischen Vorträgen zur Grundlage dienten und hat, wie diese, die Bestimmung, das Verständniss eines der werthvollsten Bücher zu erleichtern, die uns in dem grossen Schiffbruch der hellenischen Literatur erhalten geblieben sind.

Dreifach wie die Richtung jener Studien ist auch die Absicht dieser Schrift.

Zunächst galt es eine philologisch-kritische Grundlage für die methodische Behandlung und Auslegung des Textes zu suchen. Was ich nach dieser Seite hin aus vieljähriger eingehender Beschäftigung mit meinem Gegenstande zur Charakteristik der Geschichte und der jetzigen Beschaffenheit der Politik beizubringen vermochte, habe ich in dem zweiten Abschnitt der Einleitung zusammengestellt. Die Anmerkungen unter dem Texte der Darstellung selbst geben dann von der Art Rechenschaft, wie ich mir die Lösung der vielen sprachlichen und sachlichen Schwierigkeiten unserer Ueberlieferung zurecht zu legen versucht habe.

In zweiter Reihe kam es darauf an, die historische Stellung klar zu bezeichnen, welche Aristoteles als politischer Denker einnimmt einmal zur Staatslehre seiner Vorgänger und sodann zum wirklichen Staatsleben der hellenischen Welt. Diesem Zwecke dienen die Abschnitte über Aristoteles als Naturforscher der Staatslehre, über sein Verhältniss zu dem athenischen Staate, seine Polemik gegen die Staatsromantik Platou's und der Lakonisten. Im Verlaufe dieser Darstellung im ersten Buche habe ich Gelegenheit genommen die Platonische Politie, genauer als es sonst geschieht, nach ihren sokratischen und — was noch wichtiger ist — nach ihren bisher wenig beachteten realistischen Elementen zu prüfen, über die Echtheit der »Gesetze« eine eigne Ansicht zu begründen und endlich zum ersten Male versucht, eine

quellenmässige Geschichte der Entstehung und Entwickelung des Ly-
kurgideals, vor wie nach Aristoteles, zu geben.

Was ich in dritter Reihe anstrebte, vertheilt sich ziemlich gleichmässig über alle Abschnitte und wird in der zweiten Hälfte meines
Buches noch mehr hervortreten als in der ersten; es ist die Heraushe-
bung der bleibenden politischen Ergebnisse der Aristotelischen
Gedankenarbeit. Hier galt es eine Verbindung und eine Trennung; eine
Verbindung des Geistesgehaltes der Politik mit dem der Nikomachischen Ethik, wo immer sich beide Werke berühren und eine Trennung
dessen, was Aristoteles gemein hat mit dem Denken seiner Zeit, von
dem was ihn über diesen Kreis erhebt, was ihn mit der modernen Weltanschauung verbindet.

Wilhelm von Humboldt macht einmal über die Poetik des Aristoteles eine Bemerkung, die fast Wort für Wort auch auf die Politik angewendet werden kann. In einem Briefe an Fr. A. Wolf[1], auf
den jüngst J. Bernays hingewiesen hat, sagt er: »Aristoteles' Poetik ist
ein höchst sonderbares Produkt und in Rücksicht auf die Ideen hat vor-
züglich das Problem, in wiefern ein Grieche dieser Zeit dies Werk
schreiben konnte, mein Nachdenken am meisten gespannt. Es ist in
der That ein höchst sonderbares Gemisch von Individualitäten, die darin
vereinigt sind und schon aus diesem einzigen Werke halte ich es für
eine sehr wichtige Untersuchung, den Aristoteles in seiner Eigenthüm-
lichkeit zu charakterisiren und zu zeigen, wie er in Griechenland aufstehen konnte und zu dieser Zeit aufstehen musste und wie er auf
Griechenland wirkte. Sie wundern sich vielleicht und vielleicht mit
Recht, dass ich den Stagiriten gleichsam ungriechisch finde. Aber
leugnen kann ich es nicht, seit ich ihn kannte, fielen mir zwei Dinge
an ihm auf, erstens seine eigentliche Individualität; sein reiner philosophischer Charakter scheint mir nicht griechisch, scheint mir auf der
einen Seite tiefer, mehr auf wesentliche und nüchterne Wahrheit gerichtet, auf der andern weniger schön, mit minder Phantasie, Gefühl und
geistvoller Liberalität der Behandlung, der sein Systematisiren hier und
da entgegensteht. Zweitens: In gewissen Zufälligkeiten ist er so ganz
Grieche und Athener, klebt so an griechischer Sitte und Geschmack,
dass es Einen für diesen Kopf wundert. Von beiden Seiten fand ich
Beweise in der Poetik, oder vielmehr ich glaubte sie zu finden.«

Im Wesentlichen genau dasselbe lässt sich von der Politik sagen
und nur weil es noch nicht gesagt worden und aus dem Mangel an

---

1. Vom 15. Juni 1795 vgl. mit dem vom 9. Nov. Werke V, 125.

Einsicht in diesen Sachverhalt so manches Missverständniss entsprungen ist, habe ich diese ganze Stelle hier eingerückt. Setzen wir nur statt »griechisch und ungriechisch« das eine Mal die Worte »hellenisch und hellenistisch« das andere Mal die Worte: antik und modern«, so haben wir was auf unseren Fall passt, als ob es eigens dafür geschrieben wäre. In Wahrheit ist dem aufmerksamen Leser der Politik Nichts überraschender als in jeder Erörterung von nur einigem Gewicht das Farbenspiel dieses Gegensatzes zu beobachten.

Wie von blinkenden Erzadorn das rohe Gestein wird hier die alte echthellenische Staatsanschauung von Gedanken und Ansichten durchzogen, die einer anderen Welt angehören, die zum kleineren Theil in der persönlichen Eigenart des Forschers, zum grösseren in einem allgemeinen Vorgange, der Zersetzung des alten Ideenkreises, dem Eindringen einer völlig neuen Auffassung von Welt, Staat und Gesellschaft ihren Grund haben. Und diese Thatsache ist bisher viel zu wenig gewürdigt worden. Montesquieu sagt einmal: il faut réfléchir sur la Politique d'Aristote et sur les deux républiques de Platon, si l'on veut avoir une juste idée des lois et des moeurs des anciens Grecs. Das ist richtig, falls damit gesagt sein soll, dass man den Geist des Staatslebens der Hellenen nie ermitteln wird, wenn man seine idealen Nachbilder in der Staatslehre der grössten Denker dieses Volkes nicht kennt. Aber es wäre zu viel gesagt, wenn darunter verstanden werden wollte, dass eine einfache Uebertragung der politischen Ideen des Platon und Aristoteles auf den hellenischen Staat der Geschichte schon eine erschöpfende Antwort auf alle unsere Fragen, oder unserem Urtheil auch nur einen in allen Stücken richtigen Leitfaden zu geben vermöchte. Diese Ansicht wäre völlig verfehlt gegenüber Platon, und sie bedürfte der entschiedensten Einschränkung auch gegenüber Aristoteles.

Ein Hellene durch und durch ist der Denker, der die Naturnothwendigkeit des Staates und der Sclaverei behauptet, wenn auch in die Art der Erörterung sich Ansichten und Zweifel einschleichen, die nicht mehr der enggeschlossenen Weltanschauung des alten Hellenenthums entsprechen. Als ein Philosoph, der alten strengen Schule nahe verwandt, offenbart er sich dort, wo er die Einheit von Sitte und Gesetz predigt, gegen Capitalwirthschaft und Seewesen eifert und die gewerbliche Arbeit des echten Vollbürgers unwürdig erklärt. Aber die freiere Luft des Hellenismus weht schon durch die Stellen, wo die Einseitigkeit des kriegerischen Staatsbegriffs bekämpft, die neue Lehre vom »beschaulichen« Bürgerleben und von einem »besten Menschen« verkündigt wird, dessen Tugend nicht völlig aufgehe in der des »besten

Bürgers, und von einem Hauch des ureigenen Geistes unserer Zeit
glauben wir uns berührt, wenn wir die herzerhebenden Bekenntnisse
lesen über das unveräusserliche Naturrecht des Individuums, der Familie und des Eigenthums, die beseligende Macht der Liebe und den
Sieg des Willens über die Leidenschaft.

All diese Elemente zusammengenommen bilden die Individualität
der aristotelischen Anschauung von Staat und Gesellschaft und stellen
insofern, trots ihrer inneren Verschiedenheit, ja ihrer stellenweise auf-
fallenden Widersprüche, eine Einheit dar. Die erste Aufgabe dessen,
der diese Einheit begreifen und zeichnen will, ist, sie in die Bestandtheile zu zerlegen, aus denen sie sich aufbaut; was dann bei dem vergleichenden Abwägen ihrer inneren Bedeutung überwiegt, das bestimmt
das Ergebniss, mit dem sein Urtheil abschliesst.

In unserem Fall überwiegen die Elemente, die W. v. Humboldt
ungriechische nennen würde. Greifbarer und augenfälliger als in irgend einem anderen Theile des aristotelischen Systems musste in der
Politik die weltbürgerliche Objectivität des Hellenismus zum Durch-
bruch kommen.

Am schärfsten sehen wir sie heraustreten in der schneidigen Kritik, der er das Ideal der bisherigen Staatslehre, das lykurgische Sparta,
unterwirft, in dem kühlen parteilosen Urtheil über die verschiedenen
Verfassungsformen, die noch seine Zeitgenossen in Liebe und Hass
entzweien, in dem entschlossenen Bekenntniss, dass der hellenische
Staat über seine schöpferische Kraftepoche hinaus sei, und endlich in
jenem durchgehenden Grundsatz seiner ganzen politischen Methode,
durch den er der Gründer der Wissenschaft vom Staat geworden ist:
dass die geschichtliche Erfahrung die Quelle aller politischen Einsicht bildet.

Das Alles freilich, was seine Anschauung der unsrigen so verwandt
macht, tritt stets in enger Verbindung mit Gedanken auf, die der alten
Ueberlieferung entlehnt sind und von denen er sich nicht völlig los-
machen kann. Stellenweise, wie in dem Abschnitt über die Sclaverei,
treten wir mitten hinein in den Kampf dieser Gegensätze; wir glauben
zu gewahren, wie er ringt mit dem Alp des angeerbten Vorurtheils,
einzelne Geistesblitze verrathen den überlegenen Kopf und das Schlussergebniss zeigt uns wieder die Ohnmacht des Einzelnen gegenüber einer
Welt von historischem Irrthum. Eben dieses Schauspiel aber bildet den
grössten Reiz des wunderbaren Buches.

Mit diesen Andeutungen muss ich mich hier begnügen; das Nähere
wird der Text selber bieten. Einen Ueberblick meiner Gesammtan-

schauung habe ich schon in dem Vortrage zur Charakteristik der Staatslehre des Aristoteles skizzirt, den ich am 27. Sept. 1869 vor der Philologenversammlung in Kiel zu halten die Ehre hatte und der zu meiner
grossen Freude eine sehr ermuthigende Aufnahme gefunden hat.

Wer Aristoteles' Staatslehre in historisch-politischen Umrissen darstellen will, hat selbstverständlich keinen ausschliesslich philologischen
Leserkreis im Auge.

Wohl wird er sich bemühen müssen, den Anforderungen zu genügen, die man an eine zum Theil allerdings philologische Arbeit stellt,
aber seine eigentliche Absicht kann keine andre sein, als für diejenigen
zu schreiben, die, einerlei, welchem Fache ihre Studien sonst angehören,
aus dem Werk des grossen Stagiriten Belehrung schöpfen wollen über
historische und politische Fragen und die bisher ein ausreichendes Hilfsmittel zu diesem Zwecke weder in den Commentaren von Schneider
und Göttling, noch in den Werken über Geschichte der Staatsphilosophie gefunden haben, von den deutschen Uebersetzungen gar nicht
zu reden. Die Zahl solcher Leser der Politik hat in letzter Zeit ausserordentlich zugenommen und sie wird noch weiter zunehmen, jemehr
unser politisches Studium sich historisch vertieft, je mehr unser Volk
zu einem politischen wird.

Ich theile aus voller Ueberzeugung die Ansicht, der mein hochverehrter Horr College, Heinrich von Treitschke in den Worten Ausdruck
gegeben hat: »Unsere Staatswissenschaft ist den Alten mehr entfremdet
als ihr frommt. Sie wird endlich begreifen müssen, dass das Alterthum
dem Politiker eine kaum geringere Ausbeute gewährt, als Jenem, der
nach den einfältigen Grundzügen echter Sittlichkeit und reinen Schönheitssinnes fragt.«

Und ich bin ferner der Meinung, dass in demselben Maasse, in dem
unser eignes politisches Leben gewonnen hat an Reichthum des Inhalts,
an Grösse der Ziele und an Zuversicht des Gelingens, auch unser Verständniss gewachsen ist für das Wesen des antiken Staates und das
buntfarbige Leben, das in ihm arbeitete, und das man aus Büchern
allein niemals kennen lernen wird.

Die Einwirkung des klassischen Alterthums auf unser politisches
Wissen, Denken und Empfinden ist nicht von Gestern her. Seit den
Tagen der Renaissance und der Reformation, da unsere Landsleute
Melanchthon und Camerarius die wiedererstandene Politik des Aristoteles erklärten, haben unsere gelehrten Stände zwei Jahrhunderte lang
nur eine Schule historisch-politischer Belehrung gekannt: das klassische Alterthum, wie es sich selber malte in seinen Rednern, Denkern

und Geschichtschreibern. Was bei uns Jung und Alt an Sinn für Nation und Staat besass, das war bis zu Friedrichs des Grossen Zeiten nachempfunden den Griechen und den Römern. Wenn's unserer Jugend feurig durch die Wangen flog bei den Namen Freiheit und Vaterland, dann dachte sie an die Helden des Plutarch, die sie auf der Schulbank kennen gelernt, und wenn unsere Alten dürstete nach dem Labetrunk echter Begeisterung, den ihnen die eigne Gegenwart versagte, dann griffen sie zu ihrem Herodot und Thukydides und Livius und bei der Erinnerung an diese versunkene Welt unsterblichen Heldenthums ward ihnen zu Muthe wie dem jungen Sallust, da ihm der ältre Scipio erklärte, wie auf ihn und seines gleichen der Eintritt in den Ahnensaal seines Geschlechts gewirkt, wo dem träumenden Blick die ehrwürdigen Wachsbilder sich verklärten zu göttlichen Erscheinungen unnachahmlicher Grösse.

Die eiserne Zeit, die mit Friedrich dem Grossen begann, in den Revolutionskriegen sich fortsetzte und in dem Freiheitskrieg von 1813/14 sich vollendete, machte diesem Traumleben ein Ende.

Die Namen Spittler, Heeren, Niebuhr, bezeichnen die Gründung der politischen Geschichtsschreibung in der deutschen Wissenschaft; alle drei gestehen bereitwillig ein, was sie an Bildung ihres historischen Blickes für das was wahrhaft bedeutend ist in der Geschichte, den ungeheuren Erlebnissen ihrer eignen Zeit verdanken, zwei von ihnen lassen diese Errungenschaft unmittelbar der Erforschung des Alterthums selber zu Gute kommen, das bezeichnende Wort aber für den inneren Zusammenhang zwischen dem Aufschwung unserer Geschichtswissenschaft und der historischen Grösse der Gegenwart spricht Spittler aus, wenn er in der Vorrede seiner Schrift über die dänische Revolution von 1660 (Berlin 1796) sagt: »Wir haben aufmerken gelernt. Die Menschen sind beim Lernen der Geschichte wie beim Lernen der Physik. In grossen Massen und mit geräuschvoller Wirkung muss das Experiment vorgemacht werden, sonst ist's an der Hälfte des Publikums verloren oder bleibts höchstens bei der blossen Neugier des kahlen Aufsammelns oder des ebenso kahlen Nachsprechens.«

Was von unseren Grossvätern und Vätern galt, das gilt in erhöhtem Masse von uns. Der erstaunliche Leserkreis, den die berühmten Werke von Grote und Mommsen, Duncker und Curtius für die alte Geschichte erobert haben, die Erweiterung unseres Urkundenschatzes durch Auffindung und Ausbeutung merkwürdiger Inschriften, die schon so viele überraschende Aufschlüsse gebracht hat und ihrer noch weit mehr verspricht, die ganz neuen Ergebnisse endlich, welche

die methodisch-kritische Untersuchung der Quellen unserer Quellen
über Entstehung und Glaubwürdigkeit der Vulgata der antiken Geschichte ans Licht fördert; das Alles beweist, dass eine mächtig vor-
anschreitende Wiederbelebung der Geschichte des Alterthums im
Gange ist, bei der das gesteigerte Verlangen unserer Gebildeten nach
historisch-politischer Belehrung der rüstigen Arbeit fachmässiger Forschung und künstlerischer Darstellung mit reger Empfänglichkeit entgegenkommt.

So denke ich denn, wird auch diesem Geschlecht, das selbst mit
einer grossartigen politischen Aufgabe ringt und dabei mit zuversicht-
licherem Muthe in seine Zukunft schaut, als irgend ein Glied in der
langen Kette seiner Ahnen, der sinnende Rückblick in die untergegan-
gene Welt des hellenischen Staats und sein geistvollstes Vermächtniss,
die aristotelische Politik, keine verlorene Mühe sein.

Noch zwei Worte habe ich dieser Vorrede hinzuzufügen; ein Wort
der Erklärung und ein Wort des Dankes.

In den Angaben über die neuere Literatur meines Gegenstandes
habe ich mich auf das Nothwendigste beschränkt; bibliographische Vollständigkeit ist nur dort beabsichtigt worden, wo sie anderweitig nicht
schon gegeben war, im Allgemeinen habe ich, um diese Anmerkungen
nicht zusehr anzuschwellen, Alles ausgeschieden, was nicht unmittelbaren Einfluss hatte auf meine eigne Darstellung oder auf das Urtheil
des Lesers über dieselbe auszuüben versprach. Wer vollständigere Lite-
raturnachweise wünscht, der findet sie in den ausgezeichneten Werken
von Zeller über die Philosophie der Griechen, von Hildenbrand
über Geschichte und System der Rechts- und Staatsphilosophie und in
dem musterhaften Grundriss von Ueberweg.

Endlich kann ich es bei meinem Abschiede von Heidelberg nicht
über das Herz bringen, ein öffentliches Wort des Dankes zu unterlassen
für die vielfältige Förderung, die mir in dem reich entwickelten geistigen Verkehrsleben dieser Hochschule durch all die Freunde und Collegen geworden ist, denen insbesondre der historisch-philosophische Verein
zu einem Mittelpunkte gegenseitiger Anregung und Höherbildung
dient. Zwei ausgezeichnete Männer, denen ich mich persönlich vorzugsweise tief verpflichtet fühle, haben mir die Freude gemacht, die
Widmung dieses Buches anzunehmen; es wäre undankbar, versäumte
ich bei diesem Anlass der ganzen geistigen Genossenschaft in treuer
Pietät zu gedenken, der ich seit dem Tage ihrer Stiftung als Mitglied
angehört und von da ab sieben Jahre hindurch bis heute als Schriftführer
gedient habe. Man wird mich nicht unbescheiden schelten, wenn ich

offen bekenne, wie stolz mich stets das Vertrauen gemacht hat, dem
ich dies Amt verdankte; wer aber erwägt, was die sieben ersten Jahre
in der akademischen Thätigkeit einer jungen Docenten bedeuten, wie
unendlich viel er aus dem zwanglosen geistigen Austausch mit älteren
und jüngeren Collegen des eignen Fachs oder verwandter Fächer mit
nach Hause nimmt, wie dringend, zumal in der ersten Zeit, sein Bücher-
studium dieses lebendigen Verkehrs der Geister bedarf, als eines heilsamen Gegengewichtes gegen jene nothwendige Einseitigkeit, ohne die
in unseren Tagen ungemessener Arbeitstheilung eben doch nichts
Eigenartiges geleistet wird — der wird auch die Aufrichtigkeit der
Empfindung begreifen, die mich zu diesem Abschiedsworte gedrängt
hat. Das köstlichste Erbtheil deutscher Hochschulen sehe ich in jenen
freien Gestaltungen wissenschaftlichen Zusammenlebens, die den Leh-
renden selber fort und fort daran erinnern, wie sehr auch er nur ein Ler-
nender ist, so lange er lebt, jenen Stätten eines edlen Wetteifers, der vor
Vereinsamung und Stillstand bewahrt. Der Segen solchen Zusammenlebens, einmal gekostet, vergisst sich nicht: der Anfänger aber
findet darin eine Stütze, deren Werth ihm durch Nichts ersetzt wird.

Meine demnächst bevorstehende Uebersiedelung nach Giessen wird
mit mancher neuen Pflicht vielleicht auch eine Verzögerung des Ab-
schlusses meiner Arbeit über die Staatslehre des Aristoteles zur Folge
haben. Soweit ich bis jetzt meine künftige Thätigkeit übersehen kann,
glaube ich das Erscheinen der zweiten Hälfte »die Neugründung
und Fortbildung der hellenischen Staatslehre« binnen
Jahresfrist mit ziemlicher Sicherheit versprechen zu dürfen.

Heidelberg, 7. Febr. 1870.

Der Verfasser.

Inhalt.

Einleitung.

EINLEITUNG.

I.

Aristoteles als Naturforscher und Lehrer der Politik.

§. 1.

Aristoteles als Naturforscher.

Der Sohn des Asklepiaden. Die Entdeckung der induktiven Methode.

Aristoteles war der Sohn eines Asklepiaden, mit Namen Nikomachos, der als Freund und Leibarzt des Königs Amyntas II. am makedonischen Hofe lebte. [1] Nikomachos gehörte zu den gelehrtesten, wissenschaftlich gebildetsten Männern seines Berufes; denn es wird uns berichtet, dass er sechs Bücher über heilkundliche und ein Buch über physikalische Gegenstände geschrieben habe [2], unter welchen letzteren wohl Naturforschung im weitesten Sinne des Wortes zu verstehen ist.

Diese Abstammung war für den Geistesgang des grossen Stagiriten, wie sein neuester Biograph richtig bemerkt [3], von grösserem Einfluss, als es auf den ersten Blick den Anschein haben mag. Der Werth der Philosophie des Aristoteles besteht nicht bloss in dem unermesslichen Reichthum ihres Inhaltes, in dem beispiellosen Umfang von Einzelthatsachen, die sie souverän beherrscht, ihr bahnbrechender Fortschritt liegt in der Anwendung der Naturforschung und ihrer Methode auf alle Zweige griechischen Wissens. Darin steht er einzig da, ohne Vorgänger und ohne Nebenbuhler. Diese Thatsache weist aber auch auf eine ausnahmsweise Vorschule dieses Geistes hin. Wieviel Anregung und Förderung er auch den Studien in Athen, seiner zweiten Heimat, verdanken mag, nach dieser Seite hin fand er hier als Meister wohl ein Arbeitsfeld, das grosse Anstrengungen

---

1) So Diogenes von Laerte V, 1 nach Hermippos' verlorener Schrift über Aristoteles: συνεβίω Ἀμύντῃ τῷ Μακεδόνων βασιλεῖ ἰατροῦ καὶ φίλου χρείᾳ.

2) Suid. s. v. Νικόμαχος.

3) Blakesley life of Aristotle. Cambridge 1839. S. 14.

lohnte, aber als Anfänger keine Schule und keine Lehrer. Denn die
Akademie beschäftigte sich mit der reinen Anschauung des Sternen-
laufes der Ideen und nicht mit Beobachtung und Erforschung der natürlichen Dinge, und die Sophisten, wie er selber klagt, mit einer scholastischen Dialektik, die weder der Idee noch der Erfahrung, sondern
allein der trivialen Zungenfertigkeit galt.

Bei der unlöslich engen Verbindung, welche in dieser alten Zeit
zwischen Naturforschung und Heilkunde bestand, ist der Schluss gar
nicht abzuweisen, dass der Lehrer, durch den Aristoteles diese von der
Lehre seiner späteren Meister so völlig abweichende Richtung empfangen hat, kein Anderer gewesen sein könne, als sein Vater Nikomchos
selbst, und dass, da dieser seinen begabten Sohn spätestens mit dem
16/17. Lebensjahr als Waise zurückliess, der Unterricht schon in sehr
frühem Alter begonnen haben muss.

Aeussere Zeugnisse kommen diesem Rückschlusse mittelbar und
unmittelbar zu Hilfe. Es lässt sich erweisen, dass die Asklepiaden
dieser Zeit die Heranbildung ihrer Söhne zu dem väterlichen Berufe
wie ein Gesetz befolgten, das sich in der Zunft von selber verstand,
und sodann, dass mit der fachmässigen Anleitung der Knaben bereits
im zarten Alter der Anfang gemacht wurde.

Der grosse Arzt und Forscher Galenos (geb. 131 n. Chr.) beginnt
das zweite Buch seines Werkes über die Kunst der Anatomie mit folgenden Worten: »Ich tadle die Alten nicht, dass sie über die Kunst
der Anatomie nicht geschrieben haben. Sie bedurften der Aufzeichnungen nicht, weder für sich noch für Andere. Denn sie lernten
unter Leitung ihrer Väter die Ausübung ihrer Kunst von
Kindesbeinen an so gut als Lesen und Schreiben. Diese
wohlgeübte Kenntniss hatten die Alten alle, die nicht bloss Aerzte,
sondern auch philosophisch gebildete Männer waren. Daher
hatte man ebenso wenig zu fürchten, dass sie die hierfür nöthigen,
von Jugend auf erlernten Handgriffe je vergessen, als dass ihnen die
Fertigkeit des Schreibens abhanden kommen würde. Erst als es üblich
wurde, nicht mehr bloss Angehörigen des Asklepiadengeschlechts, sondern auch Fremden diese Kenntniss mitzutheilen, hörte diese Art der
Ueberlieferung vom Vater auf den Knaben auf, und die Abfassung von
Lehrbüchern für Erwachsene wurde nothwendig.« [1]

---

1) περὶ ἀνατομικῶν ἐγχειρήσεων II, 1 (Ausg. v. Kühn Leipz. 1821 II 290/81) : οὔτε
τοῖς παλαιοῖς μέμφομαι μὴ γράφασιν ἀνατομικὰς ἐγχειρήσεις —, τοῖς μὲν γὰρ περιττὸν ἦν
αὐτοῖς ἢ ἑτέρας ὑπομνήματα γράφεσθαι παρὰ τοῖς γονεῦσιν ἐκ παίδων ἀσκου-
μένοις, ὥσπερ ἀναγινώσκειν καὶ γράφειν, ἀνατέμνειν· ἱκανῶς γὰρ ἐπεπο-

Dass ein Asklepiade des vierten Jahrhunderts unter das fällt, was Galen im zweiten Jahrhundert nach Christus die »alte Zeit« nennt, wird Niemand in Zweifel ziehen wollen. Zum Ueberfluss wissen wir, dass er dem Hermippos als ein echter Angehöriger des Asklepiadengeschlechts galt, denn er will sogar seine Abstammung von Machaon, Sohn des Asklepios, kennen [1]), und dass er einer der Aerzte von philosophischer Bildung war, von denen Galen redet, ist uns auch schon bekannt. Kurz, seine Charakteristik passt auf unseren Fall, wie wenn sie eigens dafür geschrieben wäre.

Hierzu kommen nun noch bestätigende Thatsachen von der grössten Bedeutung, einmal, dass Aristoteles sich in seinen naturwissenschaftlichen Schriften wiederholt auf seine eigenen Forschungen über Anatomie beruft[2]) und sodann, dass unser kundigster Gewährsmann, Galenos[3]), ausdrücklich sagt, Aristoteles sei der Erste, der es unternommen habe, »über die Beschaffenheit und die Namen der äusseren Körpertheile zu lehren und zu schreiben«, wobei wir nicht allzuviel Gewicht darauf legen wollen, dass in dem Verzeichniss der aristotelischen Schriften bei Diogenes von Laerte[4]) nicht weniger als acht Bücher Anatomie und gleich darauf ein Auszug daraus in einem Buch aufgeführt wird. Was aber bei diesen anatomischen Studien herausgekommen ist, das lernen wir aus den imposanten Werken des Aristoteles über die Naturgeschichte der Thierwelt[5]), deren

<hr/>

ἕνεκεν οἱ παλαιοὶ τὴν ἀνατομὴν οὐκ ἰατροὶ μόνον ἀλλὰ καὶ φιλόσοφοι. οὔκουν φόβος ἦν ἐπιλαθέσθαι τοῦ τρόπου τῶν ἐγχειρήσεων οὐδενὶ τῶν μαθόντων, οὐ μᾶλλον ἢ τοῦ γράφειν τὰ περὶ φωνῆς στοιχεῖα τοῖς ἀναληθεῖσιν ἐκ παίδων καὶ ταῦτα. ἐπεὶ δὲ τοῦ χρόνου προϊόντος αὐτοῖς ἐγγόνοις οὐ μόνον ἀλλὰ καὶ τοῖς ἔξω τοῦ γένους ἔδοξε καλὸν εἶναι μεταδοῦναι τῆς τέχνης, εὐθὺς μὲν τοῦτο πρῶτον ἀπολώλει, τὸ μηκέτι ἐκ παίδων δακεῖσθαι τὰς ἀνατομὰς αὐτῶν· ἤδη γὰρ παλλοὺς ἀνθρώπων οὓς ἐτίμησαν ἀρετῆς ἕνεκα, ἐκοινώνουν τῆς τέχνης.

1) Diog. Laert. l. c. 6 δὲ Νικόμαχος ἦν ἀπὸ Νικομάχου τοῦ Μαχάονος τοῦ Ἀσκληπιοῦ.

2) Die sämmtlichen 24 Stellen sind abgedruckt bei Heitz, verlorene Schriften des Aristoteles S. 71 ff. Einige darunter weisen nicht nothwendig auf besondere Bücher hin, andere (wie hist. anim. I, 17. S. 497ᵃ 31 ἐκ τῆς διαγραφῆς τῆς ἐν ταῖς ἀνατομαῖς. de gener. anim. II, 7. S. 746ᵃ 12 ἔκ τε τῶν παραδειγμάτων τῶν ἐν ταῖς ἀνατομαῖς. hist. anim. VI, 11. S. 566ᵃ 13 ἐκ τῶν ἐν ταῖς ἀνατομαῖς διαγεγραμμένων ib. IV, 2. S. 525ᵃ 7 ἐκ τῆς ἐν ταῖς ἀνατομαῖς διαγραφῆς) sind unerklärlich ohne Annahme eines Werkes, das mindestens anatomische Zeichnungen mit Erklärungen enthielt.

3) Isagoge anatomica c. 10 (Werke ed. Kühn IV, 375) : περὶ δὲ τῶν ἐκτὸς μερῶν τοῦ σώματος ἢ μορίων καὶ τίνες αἱ ὀνομασίαι αὐτῶν πρῶτος μὲν ὁ Ἀριστοτέλης ὑπελάβετο διδάξαι τε καὶ γράψαι, womit zugleich erwiesen, dass Nikomachos noch nach der alten Weise seinen Sohn lediglich praktisch, ohne Lehrbuch geschult hat.

4) V, 25. Ἀνατομῶν α' β' γ' δ' ε' ς' ζ' η' Ἐκλογὴ ἀνατομῶν α'.

5) Vier Bücher über Theile der Thiere. Griech. u. deutsch v. Frantzius 1853.

wichtigste Ergebnisse gewonnen worden sind durch eine von Aristoteles ganz neu in die Wissenschaft eingeführte Disciplin, die vergleichende Anatomie. [1]

Wir werden darum weder einen Zufall noch eine räthselhafte
Idiosynkrasie darin sehen, dass Aristoteles fast auf jeder Seite seiner
Schriften zur Versinnlichung seiner Gedanken Beispiele, Metaphern
am liebsten aus dem Bereich der Heilkunde entlehnt[2]; wir werden

Fünf Bücher Von der Zeugung u. Entwicklung d. Th. Griech. u. deutsch v. Aubert u.
Wimmer 1860. Die Thierkunde griechisch u. deutsch v. Aubert und Wimmer.
2 Bände. 1868, sämmtlich bei Engelmann in Leipz. erschienen.

1) In der Vorrede S. 36 des letztgenannten bahnbrechenden Werkes heisst es
von der ersten Hauptabtheilung der Thierkunde: «Wir finden das Princip der allgemeinen Anatomie, der beschreibenden Anatomie und der vergleichenden
Anatomie scharf erfasst und consequent durchgeführt. Die ὁμοιομερῆ entsprechen
dem, was man jetzt «Gewebe» nennt, Elementartheile, aus welchen die Organe, die
ἀνομοιομερῆ, zusammengesetzt sind — ὀδρξ ist ὀδρξ, mag es vorkommen, wo es will.
Ebenso klar ist ihm das Verhältniss der beschreibenden zur vergleichenden Anatomie: zuerst wird die Anatomie des Menschen dargestellt als das uns bekanntesten
Thieres, dann werden die ἀνάλογα der Organe des Menschen durch die ganze Thierreihe abgehandelt. Die Grossartigkeit dieser Auffassung leuchtet vielleicht weniger
ein, weil uns jetzt diese Auffassung sehr geläufig ist, — aber wir müssen bedenken,
dass Aristoteles als schaffen musste, dass Knorpel oder σήκιον des Tintenfisches,
Gräte der Fische, Skelett des Menschen damals unvermittelte Dinge waren, dass
zwischen ihnen das «geistige Band» vollständig fehlte. Man hat die vergleichende
Anatomie sehr treffend die philosophische Anatomie genannt: in der That ist
sie ja die durch das Denken geschaffene, auf die Kategorie der Analogie gegründete
Beziehung vereinzelter Anschauungen. Wie scharf A. das Princip der vergleichenden
Anatomie erfasst hat, haben bereits Frantzius (Theile der Thiere S. 315) und Agassiz
(An essay on classification Boston 1859 S. 25) hervorgehoben. Aristoteles hat die
Analogie nicht bloss im ausgedehntesten Masse auf die äusseren Theile, sondern
auch auf die inneren Organe angewendet und z. B. die Kiemen als Analogon der
Lunge angesehen, ferner die zur Verdauung dienenden Organe mit vielem Scharfsinn
durch eine ganze Thierreihe hindurch richtig erkannt und verglichen, soweit es nach
seiner Untersuchungsmethode möglich war.»

2) So am auffälligsten in dem vielbestrittenen Begriff der κάθαρσις, als Wirkung
der Tragödie auf die menschlichen Leidenschaften, wie Bernays in der Abhandlung: Aristoteles über Wirkung der Tragödie (Abhandlungen d. hist.-phil. Gesellschaft in Breslau 1859 I, 133 ff.) nachzuweisen sucht. Er sagt S. 143 f.: «Sohn eines
königlichen Leibarztes und selbst die ärztliche Kunst zeitweilig ausübend, hat Aristoteles die ererbten medicinischen Neigungen nicht bloss für den streng naturwissenschaftlichen Theil seiner philosophischen Thätigkeit nutzbar gemacht; auch seine
psychologischen und ethischen Lehren zeigen, trotz aller Fäden, die sie mit der
Metaphysik verknüpfen, doch eine stets wache Rücksicht und Achtung für das Körperliche, ein Ablehnen nicht nur der Askese, sondern jeglicher spiritualistischen
Nervosität, wie es den Aerzten, den wissenschaftlichen Weltmännern, zu allen
Zeiten so natürlich ist, bei Philosophen aber, wenn diese einmal den Gipfel der Idee
erstiegen hatten, auch in Griechenland so selten war. Ja selbst in rein logi-

in der Gewohnheit, die ihm nicht bloss zur andern Natur, sondern zur zweckbewussten Methode geworden ist, das Gegebene nüchtern zu zergliedern, die Welt der Erscheinungen als den festen Boden seiner Schlüsse zu betrachten, den überwiegenden Einfluss von Eindrücken wieder erkennen, die er im empfänglichsten Alter in sich aufgenommen. Hat Aristoteles wie alle Asklepiadensöhne der Zeit die Elemente der Anatomie gleichzeitig mit dem Lesen und Schreiben gelernt, so hatte er, als sein Vater starb, schon eine mindestens zehnjährige Vorschule zur Naturforschung und der ärztlichen Kunst hinter sich und war, da er nach Athen kam, ein Jüngling, dem zwar beim Anschauen der nie geahnten Vielseitigkeit des athenischen Geistes das Herz aufgehen mochte, der aber, was die Hauptsache ist, in seiner Methode, die Welt anzuschauen und wieder geistig sich zu vergegenwärtigen, einen scharf ausgeprägten Realismus schon fertig mitbrachte. Nikomachos selber wollte den Sohn zum ärztlichen Beruf erziehen und gab ihm so eine Geistesrichtung in das Leben mit, die ihn später so scharf von allen Vorgängern und Mitstrebenden unterscheiden sollte.

Wie eng sich die Zeitgenossen seine Lebensstellung sogar mit der Ausübung der ärztlichen Kunst verbunden dachten, beweisen die Verleumdungen des Epikur, der zu erzählen weiss, Aristoteles habe, nachdem er sein Vermögen durchgebracht und eine Zeit lang freilich mit Unglück als Söldner gedient, in Athen sich als Quacksalber das Leben gefristet[1], beweist ferner die Thatsache, dass Plutarch das »Docterus«, womit Alexander seiner Umgebung zur Last fiel, auf den Einfluss des Aristoteles zurückführt[2], der, wie wir anderweitig wissen, durch seine überaus zarte Gesundheit genöthigt war, zeitlebens sein eigener, höchst sorgfältiger und aufmerksamer Leibarzt zu sein.

Sich selbst bezeichnet Aristoteles einmal im Gegensatz zu den Aerzten vom Fach als einen kundigen Laien, der sich mit den philosophischen Fragen dieses Zweiges beschäftigt.[3]

sehen und spekulativen Fragen wählt er die erläuternden Beispiele
mit sichtlicher Vorliebe aus dem Bereich ärztlicher Erfahrungen.
u. s. w.

1) ἐπὶ τὸ φαρμακοπωλεῖν ἐλθεῖν. Aus der Schrift des Epikur über »Lebensweise«
bei Euseb. praep. evang. XV, 2 p. 791ᵃ. Athen. VII 354 u. Diog. Laert. X § 8. s.
Bernays a. a. O. 193.

2) τὸ φιλιατρεῖν Plut. Alex. 8. Bernays ebendas.

3) de divinatione per somnum c. 1: — εὔλογον δ' οὕτως ὑπολαβεῖν καὶ τοῖς μὴ
τεχνίταις μέν, σκεπτομένοις δέ τι καὶ φιλοσοφοῦσι. Pol. III, 11 (p. 76, 22) unterscheidet
er folgendermaassen: ἰατρὸς δ' ὅτε δημιουργὸς καὶ ὁ ἀρχιτεκτονικὸς καὶ τρίτος ὁ πεπαιδευμένος τὴν τέχνην (nämlich ohne die Kunst auszuüben als δημιουργός). Das

Aristoteles ist »der Vater der induktiven Methode«, und zwar in doppelter Hinsicht. Er hat einmal die wesentlichen Grundsätze derselben theoretisch mit einer Klarheit erkannt, mit einer Ueberzeugtheit dargelegt, die den Modernen in Erstaunen setzt, und er hat sodann den ersten umfassenden Versuch gemacht, sie auf das gesammte Wissen der Hellenen anzuwenden. Durch das Eine wie das Andere steht er im schroffen Gegensatz zu der herrschenden Philosophenschule wie zu der ihrer sophistischen Nebenbuhler, und Beides wäre uns unerklärbar ohne die Annahme einer frühzeitigen Hinlenkung seines Geistes auf die Welt der sinnlichen Erfahrung, einer durch die Erziehung bereits tief in sein Wesen eingeprägten Denkweise, die er in keiner anderen Schule als in der seines Vaters kosten konnte.

Aristoteles hat ein Organon des Wissens geschaffen, dessen Entdeckung und machtvolle Durchführung im Reiche des Geistes eine ebenso erschütternde Umwälzung bedeutet, als die Eroberungen seines grossen Zöglings Alexander im Reiche der Staaten und Nationen. Eine reifere Zeit mit reicheren Mitteln hat die Schwächen auch dieses riesenhaften Unternehmens erkannt und seine Fehler meiden gelernt — die Missgriffe seiner Nachtreter haben sie aufs grellste blossgelegt — aber eben diese Zeit weiss auch, dass daran den grösseren Theil der Schuld nicht der erste Entdecker der neuen Wahrheit, sondern die Wissensarmuth seines zurückgebliebenen Zeitalters zu verantworten hat. Sie lässt sich nicht beirren in der rückhaltlosen Anerkennung seines unbestreitbaren Verdienstes, zum ersten Mal die Erfahrung zur Quelle und zum Prüfstein menschlicher Erkenntniss erhoben zu haben, und macht dadurch ein altes Unrecht Derer wieder gut, welche den echten Aristoteles, den sie nicht kannten, mit dem falschen Aristoteles der Scholastik verwechselnd, bei Wiederherstellung der induktiven Methode gerade den Schöpfer derselben zur Zielscheibe ihrer feindseligsten und schonungslosesten Angriffe gemacht haben. [1])

---

letztere passt auf Aristoteles selbst; die beiden ersteren Eigenschaften vereinigte sein Vater, der praktischer Arzt und systematischer Theoretiker — das ist mit δεχτικωτερος gemeint — zugleich war.

1) Lewes: Aristotle. A chapter from the history of science (Naturwissenschaft) London 1864. S. 120: his followers were fascinated by his defects. Hence the revival of science was accompanied by the most energetical protests against Aristotelianism as being the despotic obstacle to all true research and Roger Bacon expressed a feeling which afterwards moved many minds when he said that if he had power, he would burn all the works of the Stagirite, since the study of them was not simply loss of time but multiplication of ignorance. Die letztere Aeusserung im opus maius (si haberem potestatem supra libros Aristotelis, ego facerem omnes cremari, quia

Betrachten wir die Eigenthümlichkeiten dieser Methode im Einzelnen und sehen wir dann zu, wie sie ihr Schöpfer auf die Staatslehre, auf die Erforschung der Geschichte der hellenischen Staaten und die Prüfung der über denselben geläufigen Ansichten angewendet hat. [1]

Im schroffsten Gegensatz zu Platon, der die Lehrkraft der Sinne völlig leugnet und die reine Anschauung, die philosophische Offenbarung zum Urquell aller wahren Kenntniss macht, sucht Aristoteles seine Grundlage in Wahrnehmung und Beobachtung der äusseren und inneren Sinnenwelt. Die Erfahrung, als das aufbewahrende Gedächtniss der dem Menschen zugänglichen Einzelthatsachen, der Schluss aus der Erfahrung auf eine allgemeine Thatsache, d. h. ein Gesetz, die Induktion, und dann wieder die Prüfung unserer Schlüsse und Gedankenreihen an dem Maassstabe der gegenständlichen Welt [2] — das ist, soweit man es mit wenig Worten klar machen kann, der Inbegriff der aristotelischen Methode.

Die Erfahrung ist Stoff, Richtschnur und Probe unseres Denkens, Lernens und Wissens. Ohne sinnliche Wahrnehmung würden wir Nichts lernen und Nichts begreifen; wer von der Wahrnehmung abgezogene — abstrakte — Betrachtungen anstellt, der muss irgend ein selbstgeschaffenes Wahngebilde anschauen, diese aber sind wie Vorstellungen, denen Stoff und Gestalt fehlt. [3]

Die Aussenwelt lernt der Verstand nicht kennen ohne sinnliche Auffassung [4], und nur durch die sinnliche Auffassung der Einzelthatsachen hindurch führt der Weg zu den allgemeinen Wahrheiten, zur

non est nisi temporis amissio studere in illis, et causa erroris et multiplicatio ignorantiae) beziehe ich mit Jourdain und Lewes auf den durch schlechte, meist aus dem Arabischen stammende Paraphrasen — Uebersetzungen kann man sie nicht nennen — entstellten Aristoteles; denn von dem echten A. spricht B. Baco, soweit er ihn kennt, fast auf jeder Seite mit der grössten Bewunderung. Aus derselben, damals fast unvermeidlichen Verwechselung sind auch die Angriffe des Francesco Patrizi (in seinen berüchtigten discussiones peripateticae Venedig 1571) und Bacos v. Verulam in seinem Novum Organon zu erklären.

1) Zur nachfolgenden Schilderung vgl. das vierte Capitel von Lewes (Aristotles method. 109—115).

2) Das, was Lewes verification »Erprobung« nennt und als eigener Bestandtheil bei den meisten Neueren keine Berücksichtigung gefunden hat.

3) de anima III 8, 432 — μὴ αἰσθανόμενος μηθὲν, οὐθὲν ἂν μάθοι οὐδὲ ξυνείη, ὅταν τε θεωρῇ ἀνάγκη ἅμα φάντασμά τι θεωρεῖν, τὰ γὰρ φαντάσματα ὥσπερ αἰσθήματά ἐστι, πλὴν ἄνευ ὕλης.

4) de sensu VI, 445 οὐδὲ νοεῖ ὁ νοῦς τὰ ἐκτὸς μὴ μετ' αἰσθήσεως ὄντα.

Erkenntniss der Gesetze[1], welche die Einheit in der Vielheit, das
Bleibende in allem Wechsel darstellen.

Diese Regel gilt im Grossen bei einer Mehrzahl von Gegenständen,
aber ebenso im Kleinen bei einem einzelnen Objekte, die Zerlegung
desselben in seine Bestandtheile, bis man beim Untheilbaren angekommen ist, ist erste Bedingung zur Erkenntniss seines
Wesens.[2]

Eine strenge Innehaltung dieses Verfahrens und aller daraus ab-
fliessenden Regeln fordert eine Entsagung, welche dem gewöhnlichen
Menschen ganz unmöglich, selbst bedeutenden Köpfen schwer wird,
und deren Unerlässlichkeit niemals klarer und bestimmter ausgesprochen
worden ist, als hier. Die Schwierigkeit liegt in einer dem Menschen
tief eingewurzelten Ungeduld, den langsamen und beschwerlichen
Weg einer wirklichen Wahrheitserforschung zu überspringen und in der
gefälligen Selbsttäuschung, die ihm vorspiegelt, die rasch gewon-
nene, noch nicht erprobte Vorstellung enthalte das richtige Bild von
der Sache. Aristoteles warnt wiederholt vor diesem Hange, und das
Verdienst der richtigen Einsicht, aus welcher die Warnung hervorgeht,
verliert nichts von seinem Werthe dadurch, dass Aristoteles in der Anwendung seiner eigenen Sätze häufig genug selber strauchelt und damit
der Schwäche seiner Zeit den Zoll entrichtet, von dem auch der Grösste
nicht entbunden ist.

Er sagt: Erst lasst uns die Erscheinungen gründlich kennen,
ehe wir nach den Ursachen forschen.[3] Ein ander Mal: hier fehlt
es an genügender Beobachtung der Thatsachen, ist diese abgeschlossen,
dann wird man dem Befund des Augenscheins mehr zu vertrauen
haben als den Vernunftschlüssen, und diesen nur dann Glauben schenken, wenn sie durch den Augenschein bestätigt werden.[4]

Gründe a priori machen auf Aristoteles keinen Eindruck: sie sind
zu allgemein und stofflos. Beweise, die nicht aus den wesentlichen
Eigenschaften der Dinge selber fliessen, sind leer und gehören nur

1) ἐσαγωγὴ δὴ ἡ ἀπὸ τῶν καθέκαστα ἐπὶ τὰ καθόλου ἔφοδος.

2) τὸ σύνθετον μέχρι τῶν ἀσυνθέτων ἀνάγκη διαιρεῖν Polit. 1, 1. χωρὶς λαμβάνοντας ἀνάγκη θεωρεῖν ἕκαστον τὴν φύσιν αὐτῶν Anim. hist. 1, 6. Melius
est naturam secare quam abstrahere sagt Baco N. Org. 41.

3) de part. anim. I, 1. 639. — καθάπερ οἱ μαθηματικοὶ τὰ περὶ τὴν ἀστρολογίαν ἀπ-
αγγέλλουσιν, οὕτω δεῖ καὶ τὸν φυσικὸν τὰ φαινόμενα πρῶτον τὰ περὶ τὰ ζῷα θεωρήσαντα καὶ
τὰ μέρη καὶ περὶ ἕκαστον, ἔπειθ᾽ οὕτω λέγειν τὸ διὰ τί καὶ τὰς αἰτίας, ἢ ἄλλως πως.

4) de anim. gener. III, 10, 760 ι — οὐ μὴν εἴληπταί γε τὰ συμβαίνοντα ἱκανῶς,
ἀλλ᾽ ἐάν ποτε ληφθῇ, τότε τῇ αἰσθήσει μᾶλλον τῶν λόγων πιστευτέον καὶ τοῖς
λόγοις, ἐὰν ὁμολογούμενα δεικνύωσι τοῖς φαινομένοις.

scheinbar zur Sache. Wie für die Geometrie z. B. beweisend nur das
ist, was aus dem Wesen des Geometrischen fliesst, so in allen übrigen
Fächern: der in seiner Allgemeinheit leere Beweisgrund scheint ein
Gewicht zu haben, das er in Wahrheit doch nicht besitzt. [1]
Den Grund astronomischer Irrthümer bei einigen Gelehrten findet
er darin, dass sie ihre Vorstellungen und Schlüsse nicht nach dem augenscheinlichen wirklichen Verlauf richten, sondern nach eigenen vorgefassten Meinungen und Annahmen die Thatsachen meistern und willkürlich zurecht legen wollen. [2] So kann es auch denen [3], welche über den
augenscheinlichen Hergang der Dinge reden, begegnen, dass ihre Au-
gabe mit den Thatsachen nicht übereinstimmt. Die Ursache davon liegt
dann darin, dass sie sich in den ersten Gesichtspunkten vergreifen,
indem sie Alles auf gewisse selbstbestimmte Voraussetzungen zurückführen: — die, welche solchem Hange unterthan sind, gleichen denen,
die sich, im Meinungskampf mit Andern, von ihren vorgefassten Sätzen
durchaus nicht abbringen lassen; kein Widerspruch der Thatsachen
vermag sie irre zu machen, sie bleiben fest, als ob ihre Voraussetzungen
unumstösslich wären, als ob man nicht umgekehrt aus den Folgen und
namentlich aus dem letzten Ziel der Thatsachen auf ihre Gründe zu
schliessen hätte.

Mit besonderem Nachdruck hebt er hervor, dass die Beschäftigung mit naturwissenschaftlichen Dingen die beste
Schule solcher Methode sei, weil sie es unvermeidlich mache,
überall die Logik der Dinge der Logik des reinen Denkens gegenüberzustellen, also stets jenes doppelte Verhör zu erheben, welches allein
einen Richterspruch von verbürgter Begründung gestattet.

Die Kunst [4], die Richtigkeit unserer Schlüsse mit den

1) de anim. gen. II, 8. οὗτος μὲν οὖν ὁ λόγος καθόλου λίαν καὶ κενός· οἱ γὰρ
μὴ ἐκ τῶν οἰκείων ἀρχῶν λόγοι κενοί. ἀλλὰ δοκοῦσιν εἶναι τῶν πραγμάτων οὐκ ὄντες· οἱ γὰρ
ἐκ τῶν ἀρχῶν τῶν γεωμετρικῶν γεωμετρικοί· ὁμοίως δὲ καὶ ἐπὶ τῶν ἄλλων· τὸ δὲ κενὸν
δοκεῖ μὲν εἶναί τι, ἔστι δ' οὐδέν.

2) de coelo II, 13, 293 ι — οὐ πρὸς τὸ φαινόμενα τοὺς λόγους καὶ τὰς αἰτίας ζη-
τοῦντες, ἀλλὰ πρός τινας λόγους καὶ δόξας αὑτῶν τὰ φαινόμενα προσέλκοντες καὶ πειρώμενοι
συγκοσμεῖν.

3) de coelo III, 7. 306 ι συμβαίνει δὲ περὶ τῶν φαινομένων λέγουσι μὴ ὁμολογούμενα
λέγειν τοῖς φαινομένοις. τούτου δ' αἴτιον τὸ μὴ καλῶς λαβεῖν τὰς πρώτας ἀρχάς, ἀλλὰ
πάντα βούλεσθαι πρός τινας δόξας ὡρισμένας ἀνάγειν — οἱ δὲ διὰ τούτην φυλὴν ταὐτὸ
ποιεῖν δοκοῦσι τοῖς τὰς θέσεις ἐν τοῖς λόγοις διαφυλάττουσιν· ἅπαν γὰρ ὑπομένουσι
τὸ συμβαῖνον ὡς ἀληθεῖς ἔχοντες ἀρχάς, ὥσπερ οὐκ αἴτιας (so lese ich statt des mir un-
erklärlichen ἐνίας) κρίνειν ἐκ τῶν ἀποβαινόντων καὶ μάλιστα ἐκ τοῦ τέλους.

4) de gener. et corrupt. I, 2. 316 ι αἴτιον δὲ τοῦ ἐπ' ἔλαττον δύνασθαι τὸ ὁμολογούμενα συνορᾶν ἡ ἀπειρία. Διὸ ὅσοι ἐνῳκήκασι μᾶλλον ἐν τοῖς φυσικοῖς, μᾶλλον δύναν-

Thatsachen in Einklang zu erhalten, fordert Uebung und
Erfahrung; darum sind die, welche sich in der Naturforschung
heimisch gemacht haben, eher im Stande, Gesichtspunkte festzustellen,
die eine ausgedehnte Anwendung zulassen, während Andere, die vor
lauter Logik nicht zur ernsten Prüfung der nächsten Erfahrungswelt
kommen, gleich mit einem System bei der Hand sind, dem doch nur
so wenig Beobachtungen entsprechen. Ein so grosser Unterschied
ist zwischen dem Verfahren der Naturforscher und dem
der Logiker.

Man sieht, Aristoteles tritt mit vollem Bewusstsein als Verkünder
einer im Wesen neuen Richtung der Philosophie auf, die sich aufs
engste anlehnt an die Naturforschung. Er weiss, was er, als ein früh-
zeitiger Zögling dieser Wissenschaft, voraus hat vor den Schülern der
Rhetoren und Sophisten, er hebt mit Entschiedenheit hervor, dass
es die unwillkürlich zwingende Gewohnheit ist, sich aller angeblichen Offenbarungen der Idee zu entschlagen und aus der Fülle des
durch Beobachtung geprüften, durch Erfahrung gesichteten Stoffes mit
strengstem Anschluss an die Gesetze der wirklichen Welt die Begriffe über den Grund des Seins und das Gesetz des Werdens zu schöpfen.[1]

So sucht Aristoteles zu erreichen, was Hippokrates als das Ideal
der Weisheit bezeichnet, wenn er verlangt, dass die Philosophie in
die Heilkunde und die Heilkunde in die Philosophie eingeführt werde, und meint, ein philosophirender Arzt sei ein wahrhaft göttergleiches Wesen.[2]

---

§. 2.

Die Naturforschung in der Staatslehre.

**Das Programm des Hellenismus. Romantik und Kritik. Geschichtliche
Vorstudien.**

Und diese Methode des Naturforschers, welche Aristoteles
selbstverständlich in Allem, was zur Naturwissenschaft selber gehört,

---

ται ὑποτίθεσθαι τοιαύτας ἀρχὰς αἳ ἐπὶ πολὺ δύνανται συναίρειν· οἱ δὲ ἐκ πολλῶν
λόγων ἀθεώρητοι τῶν ὑπαρχόντων ὄντες πρὸς ὀλίγα βλέψαντες, ἀποφαί-
νονται (?) ῥᾷον. Ἴδοι δ' ἄν τις καὶ ἐκ τούτων ὅσον διαφέρουσιν οἱ φυσικῶς καὶ λογικῶς
σκοποῦντες.

1) So vielleicht kann man das vieldeutige Wort ἀρχαί umschreibend erklären.
2) de deo. ornatu p. 54.

am klarsten darzulegen und am vielseitigsten zu erproben Gelegenheit
fand, hat er auch auf die Staatslehre angewendet, und darin
liegt das epochemachende Verdienst seiner Politik.

Wo dieses Werk reinigend eingreift in die überlieferten Lehrmei-
nungen, wo es tapfer hineinleuchtet in das künstliche Halbdunkel
griechischer Staatsromantik, wo es dem Leser unbarmherzig die Augen
öffnet über liebgewordene Irrthümer, da verspüren wir den frischen
Hauch desselben läuternden Luftzugs, den die Naturwissenschaft in
das moderne Geistesleben eingeführt hat. Wo wir ein anspruchsvolles
Ideal nach dem andern fallen sehen unter den Streichen seiner Kritik
und mit Spannung, wenn auch nicht immer mit Befriedigung, den
Anläufen folgen, welche Aristoteles selber macht, um mittelst strenger
Zergliederung des Gegebenen auf eigenem neuem Wege das Lebensgesetz aller politischen Entwicklung aufzufinden — da werden wir unwillkürlich gemahnt an den Sohn des Asklepiaden, der fernab der
schmeichelnden Atmosphäre und der schillernden Weisheit der Rhetoren und Dialektiker, in der nüchternen Zucht des heilkundigen Vaters
mit dem Lesen und Schreiben zugleich gelernt hat, dem todten Körper
die Gesetze des lebendigen abzulauschen.

Dieselbe Stelle, welche in der Wissenschaft von den natürlichen
Dingen die Welt des Augenscheins [1], ausfüllt, nehmen in der Wissenschaft vom Leben des Menschen in Staat und Gesellschaft die
Thatsachen des wirklichen Geschehens ein [2], welche hier
wie dort zugleich Quelle und Probe unserer Schlüsse [3] sind.

Ueberall sieht sich Aristoteles nach einem Richterspruche der
Thatsachen um. Leicht ist eine Schlussreihe, wenn sie unseren Voraussetzungen ebenso wie bekannten Thatsachen entspricht; eine ganz
neue Untersuchung muss angestellt werden, wenn unsere Folgerung
mit dem wirklichen Lauf der Dinge nicht stimmt, zuverlässig ist das
Verfahren allein dessen, der die Belege seiner Schlüsse aus dem, was
wirklich geschieht oder geschehen ist, entlehnen kann [4] u. s. w.

1) τὰ φαινόμενα. Eine Bezeichnung, die in jeder der oben angezogenen Stellen
in derselben Bedeutung wiederkehrt.
2) τὰ γινόμενα, τὰ ἔργα, τὰ συμβαίνοντα u. s. w.
3) οἱ λόγοι.
4) Die Politik enthält eine grosse Anzahl hierher gehöriger Stellen, von denen
ich eine Auswahl hiersetze, und zwar hier wie immer nach den Seiten und Zeilen
der kleinen Bekker'schen Ausgabe (Berol. 1855):
Pol. 6, 13. οὐ χαλεπὸν δὲ καὶ τῷ λόγῳ θεωρῆσαι καὶ ἐκ τῶν γινομένων κατα-
μαθεῖν.
— 15, 19. ἐπὶ δὲ τῶν γινομένων ὁρῶμεν συμβαῖνον τοὐναντίον.

Mit einem Worte, die Staatslehre muss geschöpft werden aus
dem Staatsleben, und zwar der Gegenwart so gut wie der Vergangenheit. Das bedeutet kurz und gut die Anwendung der naturwissenschaftlichen Methode auf die Politik.

Mit Aufstellung dieses Gesichtspunktes, mit Befolgung dieses Verfahrens ist für die hellenische Staatslehre eine ganz neue Bahn gebrochen und wenigstens der Weg gewiesen, um die gänzliche Einseitigkeit ihrer bisherigen Richtung zu verbannen. Die Politik des
Aristoteles ist für unsere modernen Anforderungen noch viel zu dogma-
tisch, noch lange nicht erfahrungsmässig genug, aber im Vergleich mit
ihren Vorgängern bezeichnet sie im Grundsatz wie in der Anwendung
einen ungeheueren Fortschritt.

Die voraristotelische Staatslehre nimmt zum Leben der Hellenen
eine so ausnahmsweise Stellung ein, wie nur noch etwa die französische
am Vorabend der Revolution. Wie Platon beklagt auch Aristoteles aufs
tiefste, dass die Bahnen der Staatslehre so weit von denen des Staatslebens entfernt, dass die Männer des politischen Gedankens nicht auch
Männer der politischen That sind, dass die Ersteren keine praktische,
die Letzteren keine theoretische Schule haben und somit Beiden eine
Einseitigkeit anhaftet, die nicht zum Frommen des Gemeinwohls dient.[2]

Pol. 43, 19. σημεῖον — γεγονέναι ἐπ᾽ ἐνίων τῶν ἔργων.
— 66, 27. αὐτὸ γὰρ τὸ φανὲν τὸ λεχθὲν ποιεῖ δῆλον.
— 94, 20. ῥᾷστον — διὰ τῶν ἔργων λαμβάνειν τὴν πίστιν.
— 102, 3. — ἐκ τῶν ἔργων φανερόν —
— 102, 31. — ἐκ τῶν ἔργων ἰδεῖν ῥᾴδιον.
— 107, 2. — διά τε τῶν λόγων καὶ τῶν γινομένων.
— 122, 2. μαρτυρεῖ τὰ γινόμενα τοῖς λόγοις.
— 138, 8. δῆλος δὲ ἐκ τῶν ἔργων.
— 139, 3. καλῶς λέγουσι — λαμβάνουσι γὰρ τὰ μαρτύρια τῶν λόγων ἐξ αὐ-
       τῶν τῶν ἔργων.

Die γινόμενα glaubte ich auch, als ich meine Doctordissertation schrieb (Emendationum in Aristotelis Ethica Nicomachea et Politica specimen. Heidelb. 1861. S. 22),
zur Hellung einer von allen Aersten aufgegebenen Stelle der Politik (12, 15 δῆλον
ὅτι καὶ γενομένοις οἰητέον τά τε φυτὰ τῶν ζῴων ἕνεκα εἶναι καὶ τἄλλα ζῷα τῶν ἀνθρώπων χάριν) anwenden zu können, indem ich las τοῖς γινομένοις πειστέον und
übersetzte: dem thatsächlichen Sachverhalt gemäss ist zu glauben. Ich täuschte mich
nicht darüber, dass diese Construktion von πείθεσθαι erst noch einer Bestätigung be-
dürfe. Ich habe sie bis zur Stunde nicht herbeischaffen können, muss aber an dem
Kern meiner Erklärung festhalten und glaube die grösste Schwierigkeit ist gehoben,
wenn wir lesen τοῖς γινομένοις πιστευτέον; hierfür findet sich wenigstens eine Analogie in der oben schon benutzten Stelle de anim. gener. III, 10, 760 : τῇ αἰσθήσει
μᾶλλον τῶν λόγων πιστευτέον καὶ τοῖς λόγοις (sc. πιστευτέον) ἐάν u. s. w.

1) Eth. Nic. 200. 14 ff. [Bekk. Berol. 1845] s. unten: Erstes Buch I, 3.

Dass aber diese Klage, was die Theoretiker angeht, nur zu begründet ist, das beweisen zur Genüge ihre Erzeugnisse selber, obgleich wir sie zum Theil nur aus der flüchtigen Skizze der aristotelischen Kritik kennen. Die utopischen Ideale des Hippodamos, Phaleas, Pheidon, Platon, die er im zweiten Buch der Politik durchspricht, zeugen von einer Weltentfremdung des politischen Gedankens in Hellas, mit der sich nur die Meuterei der Geister unter Ludwig XV. und Ludwig XVI. in Frankreich vergleichen lässt. [1] Wo eine solche Erscheinung auftritt, da haben wir auf eine schwere Erkrankung der Gesellschaft zu schliessen, die ihrer alten Lebensformen gründlich überdrüssig auf gut Glück nach neuen Gestaltungen sucht und um so eher darin Befriedigung zu finden hofft, je schroffer diese den hergebrachten Ordnungen zuwiderlaufen.

Das Bedürfniss, den Staat zu denken, hat, wie alles philosophische Denken, seinen Grund in einem Zweifel oder, wie Aristoteles am Anfang der Metaphysik mit einem andern Worte dasselbe bezeichnend sagt, in einer Verwunderung; in dem Zweifel, ob die thatsächlich geltenden Ordnungen vor dem Gerichte der souveränen Vernunft bestehen, in der Verwunderung darüber, dass der wirkliche Verlauf der Dinge idealen Anforderungen so wenig entspricht. Die Versuche aber, Staat und Gesellschaft, wie sie sind, umzustossen und nach einem frei geschaffenen Gedankenbilde neu zu bauen, haben ihren Grund in der eingestandenen Verzweiflung daran, dass der Körper der Gesellschafts- und Staatsordnung durch gewöhnliche Mittel je geheilt werden könne, in der weitverbreiteten Ueberzeugung, dass der vollständige Bruch mit der bisher giltigen Ueberlieferung allein der Anfang des Besseren sei. Ein solcher Vorgang, zumal wenn er Beifall findet, ist nur möglich innerhalb wirklich krankhafter Zustände, nur dass die, die sich zu Aerzten berufen glauben, von der allgemeinen Krankheit keineswegs verschont sind. Durch die unvermeidlichen Verirrungen ihrer entwurzelten Phantasie, durch die Ueberstürzung ihrer blinden Reformgelüste und durch die inneren Widersprüche ihrer Hirngespinnste beweisen sie, dass sie selber angefressen sind von dem Uebel, das sie heben möchten, und dass die Flucht aus der Gegenwart, wie düster und verworren diese immer sein mag, sich stets durch jähen Sturz in selbst gelegte Schlingen rächt.

Diese Zerrissenheit des politischen Gewissens in Hellas ist der

---

[1] S. die von mir herausgegebenen Vorlesungen Hänssers über d. franz. Revolution S. 23 ff.

Niederschlag des peloponnesischen Krieges, der das alte Hellenenthum für immer begraben und in den begabteren Geistern dieses Volks einen furchtbaren Stachel zurückgelassen hat. Der Urheber der ersten idealen Staatsentwurfs, von dem Aristoteles zu melden weiss, Hippodamos von Milet, war ein reifer Mann, der letzte, der vor Aristoteles in den entlegenen Räumen der Idee nach dem besten Staate geforscht hat, Platon war ein Knabe, als dieses entsetzliche Unwetter über das schöne Hellas dahinraste. Nur die wilde Hetzjagd eines siebenundzwanzigjährigen Parteienkriegs auf Leben und Tod vermag diesen gänzlichen Unglauben an friedliches Gedeihen zu erklären, diese aber erklärt ihn auch vollständig, und bemerkenswerth für die literarischen Erzeugnisse solcher Strömungen bleibt nur, dass sie, bei der ernsthaftesten Anstrengung, alle Erinnerung an jemals Vorhandenes über Bord zu werfen, gleichwohl wider Wissen und Willen so viel historische Elemente in sich aufnehmen, freilich nicht in ihrer echten, sondern in einer romantisch gefärbten Gestalt. Die rücksichtslose Verwerfung der Gegenwart und die poetische Verklärung einer angeblich »guten alten Zeit«: das ist das Charaktermerkmal der Romantik, und die Staatsideale dieser Zeit, die Platons nicht zum wenigsten, sind legitime Kinder dieses Geisteszustandes.

In solcher Lage fand Aristoteles die hellenische Staatslehre vor, als er selber nach der hergebrachten Weise dazu schritt, den besten Staat zu ermitteln.

Anders als seine Vorgänger steht er zum hellenischen Staat, zu den Parteien, die ihn von Alters her bewegen, zu den Theoretikern eigenen Urtheilen über Gegenwart und Vergangenheit. Sein Standpunkt ist der der Aufklärung, der geschichtlichen Beurtheilung, der methodischen Kritik, der erfahrungsmässigen Forschung.

Die nachfolgende Schrift wird das im Einzelnen darthun; an dieser Stelle können nur einleitende Andeutungen darüber Platz finden.

Aristoteles hat das volle Bewusstsein, dass der hellenische Staat, wie er ihn kennt, über seine schöpferische Kraftepoche hinaus ist und deshalb von seinen denkenden Betrachtern sine ira et studio beurtheilt werden kann. Unter seinen Einwürfen gegen Platon erscheint auch der, dass dieser sich durch die Geschichte nicht habe belehren lassen, wie für den hellenischen Staat die Zeit der Erfindungen und Neubildungen vorbei sei. Es sei so ziemlich Alles erfunden und versucht, es fehle nur einerseits an der rechten Uebersicht des Mannichfaltigen, andrerseits an der rechten Einsicht in das wahrhaft Brauchbare. [1] Das ist das Bekenntniss eines Denkers, der sich am Abschluss einer Bildungsepoche sieht, die sich in ihrer hervorbringenden Entfaltungsfähigkeit ausgelebt hat, der es noth thut, sich auf sich selber zu besinnen, zu sammeln, zu sichten, zusammenzutragen, was sie den Nachkommen als Erbschaft hinterlassen will, und die, was sie zu ihrem eigenen Bedarfe nöthig hat, nicht aus einer unfruchtbar gewordenen Phantasie neu, sondern aus ihrer eigenen, richtig verstandenen Geschichte wieder erzeugen muss.

In diesen schlichten unbefangenen Worten ist das Programm der alexandrinischen oder besser der hellenistischen Bildungsepoche wenn nicht ausgesprochen, so doch angedeutet.

Das alte nationale Hellenenthum welkt seinem Untergang entgegen, und sein frei gewordener Geist, der weltbürgerliche Hellenismus, beginnt die Schwingen zu regen in der Zeit, deren Mitverschworener Aristoteles ist. Unter den Trümmern seines vaterländischen Staates und seiner vaterländischen Selbständigkeit verzichtet dies Volk auf originale Leistungen, vertieft sich in den Reichthum seiner Vorzeit und in die Fülle ihrer Errungenschaften, um durch Thaten des Geistes den überzeugenden Nachweis zu liefern, dass es für ein Dasein, dessen Grösse und Schwäche von seiner engen volkheitlichen Begrenzung unzertrennlich war, ein neues Dasein eingetauscht hat, in welchem der Name seiner Söhne nicht mehr die Sprösslinge eines Stammes, sondern die Angehörigen einer grossen geistigen Familie umfasst, die an den Brüsten der hellenischen Bildung genährt sind. Der unvergängliche Ruhm des athenischen Volks ist es, wie Isokrates schon unter dem Eindruck des antalkidischen Friedens ausgesprochen hat[2], dass es den Namen: Hellenen und Barbaren einen neuen Sinn untergelegt und beider Anwendung nicht mehr vom Zufall der Geburt, sondern von der Stufe des Geistes und der Gesittung abhängig und so sich bereit gemacht hat, aus einer »Schule von Hellas«, wie Perikles es nennen durfte, die Schule der ganzen gebildeten Welt zu werden.

---

1) Pol. 31, 3. πάντα γάρ σχεδόν εὕρηται μὲν, ἀλλὰ τὰ μὲν οὐ συνῆκται, τοῖς δ᾽ οὐ χρῶνται γινώσκοντες. vgl. 8. 111, 4: σχεδὸν μὲν οὖν καὶ τὰ ἄλλα δεῖ νομίζειν εὑρῆσθαι πολλάκις ἐν τῷ πολλῷ χρόνῳ, μᾶλλον δ᾽ ἀπειράκις· τὰ μὲν γὰρ ἀναγκαῖα τὴν χρείαν διδάσκειν εἰκὸς αὐτήν, τὰ δ᾽ εἰς εὐσχημοσύνην καὶ περιουσίαν, ὑπαρχόντων ἤδη τούτων, εὔλογον λαμβάνειν τὴν αὔξησιν. ὥσπερ καὶ τὰ περὶ τὰς πολιτείας οἴεσθαι δεῖ τὸν αὐτὸν ἔχειν τρόπον — διὸ δεῖ τοῖς μὲν εἰρημένοις ἱκανῶς χρῆσθαι, τὰ δὲ παραλελειμμένα πειρᾶσθαι ζητεῖν.

2) Panegyric. § 50 — τὸ τῶν Ἑλλήνων ὄνομα πεποίηκε μηκέτι τοῦ γένους ἀλλὰ τῆς διανοίας δοκεῖν εἶναι καὶ μᾶλλον Ἕλληνας καλεῖσθαι τοὺς τῆς παιδεύσεως τῆς ἡμετέρας ἢ τοὺς τῆς κοινῆς φύσεως μετέχοντας.

Auch Aristoteles ist überzeugt von dem Herrscherberuf der Nation, der er durch Geburt theilweise, durch Erziehung und Neigung ganz angehört; denn diese Nation vereinigt, nach seiner Ansicht, die kriegerische Tüchtigkeit der staatlosen Naturvölker des Nordens mit den Geistesanlagen des entkräfteten asiatischen Ostens; wie sie räumlich die Mitte einnimmt zwischen diesen Gegensätzen, so vereinigt sie auch die inneren Vorzüge beider, ohne ihre Mängel zu theilen. Ihr kriegerischer Muth steht mit ihrer geistigen Begabung auf gleicher Höhe. Darum lebt sie in Freiheit und in der besten staatlichen Ordnung und hat das Vermögen, wenn sie der Ordnung eines Staates unterthan ist, der erste Staat von allen zu sein. [1] Aber eben diese Aeusserung beweist, wie er

---

1) Pol. 105, 28 ff. : — τὰ μὲν γὰρ ἐν τοῖς ψυχροῖς τόποις ἔθνη καὶ τὰ περὶ τὴν Εὐρώπην θυμοῦ μέν ἐστι πλήρη, διανοίας δὲ ἐνδεέστερα καὶ τέχνης· διόπερ ἐλεύθερα μὲν διατελεῖ μᾶλλον, ἀπολίτευτα δὲ καὶ τῶν πλησίον ἄρχειν οὐ δυνάμενα. τὰ δὲ περὶ τὴν Ἀσίαν διανοητικὰ μὲν καὶ τεχνικὰ τὴν ψυχήν, ἄθυμα δέ· διόπερ ἀρχόμενα καὶ δουλεύοντα διατελεῖ. τὸ δὲ τῶν Ἑλλήνων γένος ὥσπερ μεσεύει κατὰ τοὺς τόπους οὕτως ἀμφοῖν μετέχει, καὶ γὰρ ἔνθυμον καὶ διανοητικόν ἐστι· διόπερ ἐλεύθερόν τε διατελεῖ καὶ βέλτιστα πολιτευόμενον, καὶ δυνάμενον ἄρχειν πάντων, μιᾶς τυγχάνον πολιτείας.

Für diese Stelle wäre es besonders wichtig, etwas einigermassen Stichhaltiges über die Abfassungszeit der Politik im Allgemeinen und des betr. Buches im Besonderen zu wissen. Zu der ziemlich allgemeinen Annahme, dass die Politik wohl in die letzten Lebensjahre des Aristoteles, also jedenfalls nach 338 zu setzen sei, stimmt auch diese Stelle. Die »Freiheit«, die »vortreffliche Staatsordnung, die mit Nachdruck betonte Befähigung zur Einheit und Weltherrschaft, welche den Hellenen nachgerühmt wird, kann für ihn von seinem makedonischen Standpunkt aus erst da zur Wahrheit geworden sein, als der letzte hellenische Freiheitskrieg zu Ende gegangen war und jenes Königthum gesiegt hatte, gegen das nach Aristoteles kein Gesetz, also auch kein nationaler Widerstand berechtigt war. Die »Freiheit« aah Aristoteles, wie wir unten zeigen werden, durch den Herrschaftswechsel der alten oligarchischen und demokratischen Parteien viel mehr bedroht, als durch die Herrschaft eines Fürsten, der keine Oligarchen und keine Demokraten, sondern nur noch Unterthanen in sich selber verwaltenden Städten kannte.

Zeller II, 2, 103, 4. schreibt, wie sämmtliche uns erhaltene Schriften des Aristoteles, so auch die Politik dem zweiten Aufenthalt des Philosophen in Athen, also seiner letzten Lebensperiode zu. »Die Politik berührt nicht bloss den heiligen Krieg wie etwas Vergangenes (V, 4, 1304, a 10) und den Zug des Phalaikos nach Kreta, welcher am Schluss desselben, um Ol. 105, 3 stattfand (Diod XVI, 62), mit einem νεωστί (II, 10), sondern auch V, 10, 1311, b, 1 die Ermordung Philipps (336 v. Chr.), und zwar letztere ohne jede Andeutung davon, dass sie der neuesten Zeit angehöre.« Blakesley beschäftigt sich in dem appendix zu seiner Lebensbeschreibung des Aristoteles S. 162—181 gleichfalls mit dieser Frage und ist geneigt, die Abfassungszeit der Politik früher zu setzen. Allein das mit Bezug auf Dionysios' II. Ueberrumpelung durch Dion (357 v. Chr.) S. 222, 2 gebrauchte καὶ νῦν deutet, da es dem Jahrhundert des Gelon gegenübergestellt wird, nicht nothwendig auf einen bestimmten eng begrenzten Zeitraum, sondern kann ebenso gut wie unser »heutzutage« in ganz allgemeinem Sinne nur eben die Zeit des selbst Erlebten bezeichnen

ganz andern als die Patrioten seiner Zeit sich die geschichtliche Stellung
seiner hellenischen Heimat gedacht, und wie er auch bei dem Ausdruck scheinbar echt hellenischer Vaterlandsliebe sich bereits durch
und durch als einen Angehörigen der hellenistischen Zukunft
darstellt.

Aristoteles hat die grössere Hälfte seiner Lebensjahre in Athen
verlebt, als ein nur um 3 Jahre älterer Zeitgenosse des Demosthenes,
mit dem er das Todesjahr gemein hat, war also am Herde der grossen
Bewegung, über welche der Hellenismus Herr werden musste und
Herr geworden ist, wie in seiner zweiten Heimat; aber er ist ihr
fremd, ist unberührt von ihr geblieben, den Patriotenschmerz und den
Freiheitsstolz, den seine Fürsten, Philipp und Alexander, blutig nie-
dertraten, hat er nie empfunden; er sieht als Bürger derer, welche
kommen werden, die zerfahrenen Hellenenstämme zu einem Staate
geeinigt unter der Führung des kräftigen Makedonierstammes und zum
Voraus die übrige Welt zu Füssen dieser mächtigen Einheit. Er findet
den augenblicklichen Zustand von Hellas in demselben Masse erfreu-
lich, ja vortrefflich, in dem er der Vollendung der Einheit unter Makedoniens Herrschaft entgegenreift.

Uns, die wir für die Heldengrösse eines Demosthenes begeistert
sind, wird es schwer, uns in die Empfindungsweise derer hineinzuversetzen, denen sein Streben im besten Fall eine hochherzige Thorheit,
im schlimmsten ein Frevel schien; nur mit eigenthümlich gemischten
Empfindungen hören wir dem Isokrates zu, wenn er den Siegen des
Königs Philipp entgegenjubelt und als überalter Mann sich aussöhnt
mit seinem Greisenalter durch den Gedanken, dass er den Triumph des
Heilandes der Hellenenenheit und den heissersehnten Nationalkrieges
gegen Persien noch erlebt¹); allein aus dem Munde des Mannes, der

sollen. Aus zwei auf demselben Staat, Epidamnos, bezüglichen Stellen, glaubt er,
lasse sich darthun, dass dieselben zu verschiedenen Zeiten geschrieben sein
müssen und das Ganze deshalb nicht wohl von Aristoteles selber zur Herausgabe
durchgefeilt sein könne. Wir glauben das auch, aber aus anderen Gründen. Der
von Blakesley angeführte trifft nicht zu. 8. 59, 21 wird nämlich erzählt, dass in Epidamnos eine Demokratie mit einer σρρηγία dßaος als Spitze bestehe :ềπι) und 8.
195, 1 erwähnt, in Epidamnos sei die Verfassung zum Theil gestürzt worden: drei
γὰρ τῶν φυλάρχων βουλὴν ἐποίησαν. Allein die Hauptsache, die dßaος σρρηγία, wird
hier nicht wieder erwähnt. Wichtiger sind Incongruenzen im Text, wie deren
eine von Spengel in seiner Abhandlung über die Ordnung der Bücher (Münchener
Akad. philol.-philos. Cl. V, 45—46) besprochen wird.

1) Isocrates am Schlusse des dritten der Briefe, des zweiten an Philipp: χάριν
δ' ἔχω τῷ γήρᾳ ταύτην μόνην, ὅτι προήγαγεν εἰς τοῦτό μου τὸν βίον, ὥσθ' ἃ νέος ὢν ἐνενοούμην

von seinem König berufen wurde, die geistige Ausbildung des begabten Thronfolgers zu vollenden durch Unterweisung in den echt griechischen Wissenschaften der Rhetorik und Politik [1], kann uns eine solche Ansicht über den Beruf des makedonischen Königthums nicht überraschen und nicht befremden. Das griechische Vaterland, das Aristoteles sich dachte, als er ihm die Weltherrschaft gut schrieb, musste ein anderes sein, als das, welches Demosthenes zum verzweifelten Kampfe gegen Philipp und Antipater aufrief. Der griechische Staat, dem Aristoteles einen mit dem ganzen Reichthum griechischer Geistesblüthe ausgestatteten Herrscher erziehen wollte, ward auf dem Schlachtfelde von Chäronea so wenig als im lamischen Kriege zertrümmert, der begann erst jetzt seinen eigentlichen Aufschwung zu der Grösse, die ihm beschieden war.

και γράφειν ἐπιχείρουν ἕν τι τῷ πανηγυρικῷ λόγῳ καὶ τῷ πρὸς οἱ πεμφθέντι, ταῦτα νῦν τὰ μὲν ἤδη γηγνόμενα διὰ τῶν σῶν ἀφορᾷ πράξεων, τὰ δ' ἐλπίζω γενήσεσθαι. Ich denke über diesen Brief wie F. Blass (Isokrates' dritter Brief u. die gewöhnl. Erzählung von seinem Tode. Rhein. Mus. 1865. S. 109—116). Entweder dieser Brief ist unecht oder die Anekdote von dem Selbstmord des Isokrates aus Schmerz über die Schlacht von Chäronea ist erfunden. Ich halte das Letztere für das Wahrscheinliche, denn Isokrates hat sein ganzes Leben für den Perserkrieg und für Philipp als den Vollstrecker dieses nationalen Programms von seinem ersten Auftreten an geschwärmt. Es ist gar nicht abzusehen, weshalb Isokrates von diesem Glaubensbekenntnisse abgefallen sein solle in Folge einer Schlacht, die das letzte Hinderniss seiner Verwirklichung hinwegräumte. Wie wohlfeil er die athenische Macht dahingab, die er am liebsten ohne Schwertstreich geopfert hätte, beweist die Rede vom Frieden (8. m. Schrift Isokrates u. Athen S. 85 ff.); wie grosse Stücke er auf Philipp hält, der von Anfang an die athenische Macht als Todfeind bekämpfte, beweisen die Stellen in Philippos 73—80 und in dem durch ihn selbst beglaubigten ersten Briefe an ihn. S. Blass 116.

1) So, glaube ich, muss man die Aufgabe des Aristoteles fassen. Die Erziehung, den ersten elementaren Unterricht muss der damals dreizehnjährige Alexander schon genossen haben, als Aristoteles berufen wurde. Wie verkehrt es auch in unseren Augen erscheinen mag, dass Philipp zwei grundverschiedene Männer wie Leonidas und Lysimachos zu Erziehern seines Sohnes machte, er hat jedenfalls seine wohlerwogenen Gründe dabei gehabt, wenn er den ihm ohne Zweifel schon länger bekannten Sohn des Nikomachos, des Leibarztes seines Vaters, erst berief, als Alexander bereits ins Jünglingsalter eintrat. Er sollte offenbar nur die letzte vollendende Hand an die Ausbildung seines Sohnes legen, ihm den höheren Unterricht geben (agendi praecepta et eloquendi, wie Cicero de Oratore III, 35 darüber sagt), den sonst die halberwachsenen Griechen bei den Philosophen, Rhetoren, Sophisten suchten. Dies hat Hegel (de Aristotele et Alexandro magno. Berol. 1837 S. 8 ff.) richtig dargelegt. Für ebenso richtig halte ich, was derselbe über den Ort des Unterrichts Miesa (in Makedonien bei Pella, wie er nachweist, nicht auf der chalkidischen Halbinsel gelegen, wie man gewöhnlich glaubt) auseinandersetzt.

Wenn er dabei an die Erringung einer dauernden Weltherrschaft nicht bloss geistiger Art dachte, so war das eine Täuschung, welche die Waffenerfolge seines grossen Zöglings mehr als ausreichend erklären mochten; die Thatsache aber, dass er darin den geschichtlichen Beruf der Nation erfüllt sah, dass ihm die Einheit der Hellenen unter der makedonischen Herrschaft — denn anders kann er als Makedonier jene Stelle nicht gemeint haben — als die Krone und Vollendung der Geschicke seines Volks im weitesten Sinne erschien — diese Thatsache beweist, dass er hinaus ist über die Klein- und Vielstaaterei, deren letzter krampfhafter Aufschwung nur dazu gedient, ihre gänzliche Ohnmacht und ihres Gegners unwiderstehliche Ueberlegenheit zu offenbaren. Den alten hellenischen Staat, der ohne diese Zerrissenheit der Stämme nicht denkbar ist, hat er überwunden, den Parteien und Ränken, die sein Inneres noch immer zerfleischen, ist er entwachsen, der Vergangenheit, die er durchforscht, wie der Gegenwart, die ihr Ergebniss ist, steht er völlig kalten Blutes ohne Hass und Gunst gegenüber, wie der Naturforscher einer Pflanze, wie der Arzt einer Leiche. Der Stagirite kann sich demnach einer Unbefangenheit des Urtheils über das Grosse und Ganze rühmen, die, wie wir sehen werden, allerdings ihre Grenzen hat, die aber gleichwohl bei weitem grösser ist, als irgend einem seiner Vorgänger nachgerühmt werden kann. Vor allem in einer Hinsicht bewahrt er seinem Urtheil die volle Unabhängigkeit eines Mannes, der frei ist von den Täuschungen der Schulweisheit, er hat gebrochen mit der politischen Romantik, muthvoll gebrochen mit ihrem vornehmsten und geistvollsten Vertreter, seinem eigenen Lehrer und dem von dieser Richtung mit merkwürdiger Zähigkeit festgehaltenen Ideal.

Seine Kritik der platonischen Ideale und der viel bewunderten lakedämonischen Verfassung ist eine wahrhafte historisch-politische That; sie gibt der ganzen griechischen Staatslehre von ehemals einen tödtlichen Stoss; die Romantik ist abgethan, und das Zeitalter der Kritik ist damit begründet.

Aristoteles' gesunder Weltsinn sträubt sich gegen die empfindsame Verherrlichung der fossilen Zustände einer angeblich guten alten Zeit. Mit dem vollen Bewusstsein dessen, was eine fortgeschrittene Zeit vor einer zurückgebliebenen voraus hat, erhebt er sich gegen den Anspruch, das reiche Leben der Gegenwart in unvernünftige Fesseln zurückzuzwängen, und seine Einsicht in das Wesen des Individuums verbietet ihm andrerseits, Neuerungen das Wort zu reden, die den Menschen als ein willenloses Geschöpf zum Gegenstande naturwidriger Experimente machen wollen. Mittelst seiner zergliedernden Methode[1]) hat er den Knochenbau, mittelst seiner Ethik die Seele des Staates entdeckt. Das sociale Gerüste, aus dem der Staat sich aufbaut, das Wesen und Recht der Familie, des Eigenthums, die Frage der Sklaverei und der arbeitenden Bevölkerung hat Niemand vor ihm einer Erforschung für werth gehalten, Aristoteles hat darin die Wurzeln des staatlichen Lebens bloss gelegt. Die Macht des Willens der Individuen, das Recht der Einzelexistenzen gegenüber der Gesammtheit, die Grenzen dessen, was ein staatliches Gesetz soll und vermag, hat er zuerst zu messen und zu bestimmen gesucht. Die Auffassung des Staates als des höchsten der Organismen hat er allein gegen den trotz alles poetischen Idealismus durchaus mechanischen Staatsbegriff seiner Vorgänger siegreich durchgefochten.

Diese grossartigen Errungenschaften, die hier nur kurz und einleitungsweise angedeutet werden können, verlieren dadurch Nichts von ihrem Werthe, dass sie sich nicht als fertiges, wohlgegliedertes System leicht überschaubar dem Auge darstellen, sondern fast durchweg nur wie aufblitzende Lichtfunken erscheinen, die sich bei der Reibung mit gegnerischen Ansichten erzeugen, dass Aristoteles' Anlauf zu einem eigenen Idealentwurf so wenig befriedigt, und wieder einmal beweist, wie fast jeder erhebliche Fortschritt eines grossen Denkers über seine Zeit hinaus doch auch durch überraschende Rückfälle in ihre scheinbar ganz überwundenen Irrthümer erkauft werden muss. Eins vor Allem erscheint mir immer und immer wieder als die imposanteste Probe dieses weltgeschichtlichen Geistes: dieser erste Versuch, den griechischen Staat nach der Weise des Naturforschers zu behandeln, ist vollkommen frei von Verirrungen des Materialismus. Der Mann, der den Staat zuerst auf seine rein natürlichen Grundlagen gestellt, hat, weit entfernt ihn dadurch zu entgeisten, tiefer und würdiger als irgend ein Anderer seinen Beruf als einer sittlichen Lebensgemeinschaft philosophisch begründet.

Wenn nach all diesem die aristotelische Staatslehre nicht wie die platonische ein Wurf der freien Phantasie, sondern ein Werk der tiefsten, ernsthaftesten Forschung ist, so ist auch klar, dass dasselbe aus umfassenden Vorstudien hervorgegangen sein muss.

Wie ein Weltbürger, den die Vorurtheile keiner Schule beirren, handhabt er die Methode, die ihn einführen soll in die Gesetze des staatlichen Lebens; aber wie ein Weltbürger auch, der nicht bloss in

---

1) Damit ist das Wesen der ὑφηγημένη μέθοδος bezeichnet.

seiner engeren Heimat zu Hause ist, und dessen Blick nicht an der
Scholle klebt, beherrscht er den ungeheuren Stoff einer Staaten-
kunde der ganzen alten Welt, deren erster und alleiniger Schöpfer er geworden ist.

Auf die Frage Alexander's, als welchen Lehrern Schüler er sich
bekenne, soll Aristoteles geantwortet haben: Die Dinge selber
sind meine Lehrer gewesen, und die haben zu lügen
nicht gelernt.[1]

Diese stolze Antwort gilt von Aristoteles' wissenschaftlichem Welt-
gebäude überhaupt und insbesondere von der Politik.

Wohl reicht unser heutiger Umblick in die Fülle staatlicher Organismen um ebenso viel weiter, als die Jahrhunderte, die zwischen uns
und Aristoteles liegen, für unsere geschichtliche Belehrung fruchtbar
gewesen sind; wohl ist darum auch unser Einblick in den Zusammenhang der Einzelheiten und die Gesetzmässigkeit des Mannichfaltigen
unendlich viel schärfer und tiefer geworden, als er zu irgend einer Zeit
im Alterthum sein konnte; allein die Grundvorschrift des Verfahrens,
dessen sich die geläuterte Staatslehre unserer Zeit rühmt, der strenge
Anschluss an das erfahrungsmässig Gegebene und die Abwehr jeder
Autorität, die nicht durch geschichtliche Beweise erhärtet ist, hat Niemand im Alterthum mit so vollem Bewusstsein aufgestellt und mit so
ernster Arbeit befolgt als Aristoteles. Er konnte in Wahrheit von sich
sagen, dass der einzig untrügliche Lehrmeister menschlichen Wissens,
der Reichthum der Dinge selber, sein Lehrer gewesen, und wo er in
der Auffassung dieser Lehren nicht glücklich gewesen ist — wir werden solche Fälle am wenigsten bemänteln —, da ist er eben in eine
Schwäche verfallen, die Nichts gegen die Stärke seines Princips und
Nichts gegen den Ernst seines Willens beweist.

Die positiven Kenntnisse des Aristoteles sind auf dem Felde
der Staatsverfassungen des Alterthums ebenso ohne Beispiel wie seine
naturwissenschaftlichen.

Was wir von seinen anderthalb hundert Politieen noch besitzen,
sind abgerissene Bruchstücke ohne Zusammenhang und Capitelüber-
schriften ohne Capitel; aber ein ganz flüchtiger Ueberblick derselben
lehrt uns, dass uns mit dem vollständigen Werke eine Fundgrube der

1) Varro frgg. N. 144 (Ausgabe von A. Riese 8. 271)? Praeclare cum illo agitur
qui non mentiens dicit quod ab Aristotele responsum est scilicitanti Alexandro, quo
docente proficeretur ac scientem: rebus, inquit, ipsis quae non norunt men-
tiri. Die sententiae Varronis, aus denen diese Stelle stammt, können immerhin ein
fremdes Machwerk sein und dennoch diese Stelle aus einer guten Quelle stammen.

erstaunlichsten geschichtlichen Gelehrsamkeit verloren gegangen ist.
Da waren die A t h e n e r , Aegineten, Akarnaner, Akragantiner, Am-
brakioten, Argeier, Arkadier, Bottiäer, Geläer, Delier, Dryoper,
Dodonäer, Epidaurier, Euböer, Elier, Epiroten, Thessalier, Thebäer,
Ithakesier, Himeräer, Kalaurier, Kerkyräer, Kianer, Kolophonier,
Krotoniaten, Kydnier, Kytheräer, Kymäer, Kyprier, Kyrenäer, L a k e-
d ä m o n i e r , Lokrer, Massalioten, Methonäer, Milesier, Melier, Naxier,
Opuntier, Orchomenier, Pellenier, R ö m e r , Samier, Samothrakier,
Sikyonier, Syrakusier, Tarentiner, Tegeaten, Tenedier, Trözenier,
Phoker, Tyrrhener [1]) und wenigstens hundert andere hellenische und
barbarische Völker, deren Namen uns nicht überliefert sind, zum
Gegenstand einer besonderen verfassungsgeschichtlichen Forschung
und Darstellung gemacht.

Dass es Aristoteles bei diesen Forschungen nicht bloss auf den
Geist der Sitten- und Rechtsbildung hellenischer und barbarischer
Völkerschaften [2]), sondern auch auf Gewinnung c h r o n o l o g i s c h e r
Gewissheit ankam, das scheint hervorzugehen aus dem, was uns über
die Olympionikai und Pythionikai, sowie die Didaskalien des Aristoteles erzählt wird und darauf hinweist, dass der Gründer der Aesthetik
der redenden Künste auch die Anfänge einer äusseren Kunstgeschichte
begründen wollte. [3])

Der praktischen Politik gegenüber ist Aristoteles nur aufmerksamer Zuschauer, niemals thätiger Mitarbeiter gewesen, und in A t h e n
k o n n t e er das auch nie sein, weil er nur Metöke, nicht Bürger war.
Folglich blieb ihm, um den wirklichen Staat kennen zu lernen, neben
dem lebendigen Unterricht, den die Oeffentlichkeit dieses Staates auch

---

1) S. das Verzeichniss der Bruchstücke bei Neumann: Ἀριστοτέλους πολιτεῶν τὰ
σωζόμενα Hdlbg. 1827. Ueber die von R o s e angezweifelte Echtheit der Politieen
denke ich wie H e i t z (die verlorenen Schriften des Aristoteles. Leipzig 1865 S. 230 ff.);
auch ich halte an ihrer Echtheit unbedingt fest und kann Nichts dagegen einwenden,
wenn man sich unter denselben mit Heitz »nicht ein von Aristoteles selber zur Veröffentlichung bestimmtes Werk, sondern einfach eine Sammlung« denken will,
»die erst von Späteren ausgebeutet und benutzt wurde«, sie für »eine Reihe von Aufzeichnungen« hält, »die entweder mündlicher oder schriftlicher Ueberlieferung ent-
lebnt, keineswegs aber unter sich durch einen zusammenhängenden Vortrag verbunden waren«. So würde sich auch wohl am besten erklären, weshalb Ihrer in der
Politik nirgend gedacht ist, wo sie sonst noch gewisser als die Ethik angeführt werden mussten. Uns kommt es bloss auf die unbezweifelbare Thatsache an, dass Aristoteles seine Studien in so umfassendem Masse gemacht, und nicht auf die Frage,
wie er für deren Ausbeutung durch Andere gesorgt hat oder nicht.

2) δικαιώματα πόλεων hiess der Titel einer Jugendschrift. S. Blakesley S. 21.

3) Heitz S. 254—56.

dem Halbfremden gewährte, Nichts übrig, als das historische Studium; das aber hat er mit einem Fleiss und Erfolge gepflegt, dem das Alterthum Nichts an die Seite setzen kann. Man kann beliebige Abschnitte in der Politik aufschlagen und wird immer von Neuem überrascht sein durch den funkelnden Reichthum von historischen Beispielen aller Art, die ihm jeden Augenblick zu jederlei Verwendung zu Gebote stehen. Man muss die mit Geschichte durchwirkten Erörterungen über die Staatsformen und die Staatsumwälzungen der Politik vergleichen mit ähnlichen Stellen der Politie und der Gesetze Platon's, um recht handgreiflich zu erfahren, was mit seinem Werke geleistet ist. Wie sich Platon der praktischen Politik gegenüber als einen Philosophen bekennt [1]), der seinen Stolz darein setzt, kein Auge zu haben für geschriebene Gesetze und kein Ohr für Verhandlungen und Beschlüsse des Demos überhaupt, nur als Gast mit dem Leibe im Staate zu wohnen, während die Seele durch die Räume des Himmels und der Sternenwelt dahineilt, so ist er auch in der Geschichte der Staaten vergleichsweise ein Fremdling. Er hat sie offenbar nur studirt mit der fertigen Gewissheit, dass sie ihn nicht zu belehren vermöge, und wie er das Buch des Anaxagoras vom Geiste im Weltall in dem Augenblick bei Seite legte [2]), als es sich in die Einzelheiten der Naturerscheinungen und deren Erklärung verlor, um sich von seiner Phantasie nach den Höhen der reinen Anschauung tragen zu lassen, also musste ihm auch jede Erforschung des politischen Weltlaufs in der Geschichte nicht blos überflüssig, sondern sogar irreleitend und verkehrt erscheinen, weil wer mit einem Wurf erkannt hat, wie der beste Staat in der Idee beschaffen sein muss, daraus auch von selbst ableiten kann, wie der schlechte d. h. der wirkliche Staat aussieht.

So viel im Allgemeinen über den Geist des wissenschaftlichen Verfahrens, über den Charakter der Methode, nach welcher Aristoteles nach Analogie seiner Naturforschung auf dem Boden der hellenischen Staatslehre arbeitet; sie ist neu durch den Umfang geschichtlicher Studien, die ihr zur Voraussetzung und Grundlage dienen, neu durch die Strenge, mit der sie das Recht und Gewicht der thatsächlichen Erfahrung betont, neu durch die überlegene weltbürgerliche Auffassung, die sich in ihren Urtheilen spiegelt, neu durch ihre Unabhängigkeit von Vorstellungen, in welchen Vorgänger und Zeitgenossen noch befangen sind, neu durch den grossen Stil, in dem ihre Kritik angelegt ist. [3])

1) Theaetet. p. 173.
2) Phaedon p. 97 C. 98 C.
3) Göttling in der Abhandlung de servitutis notione 1821 sagt von der Politik:

Ein Werk von so charakteristischen sachlichen Eigenthümlichkeiten muss sich nothwendig in der Vortrags- und Darstellungsweise
ein nicht minder eigenthümliches, individuelles Organ geschaffen
haben. Die Vorzüge wie die Schwächen seiner Anlage und Methode
müssen hier mit der meisten plastischen Schärfe heraustreten. Von ihr
soll darum im Nachfolgenden noch besonders die Rede sein.

---

§. 3.

Aristoteles' Vortrags- und Darstellungsweise.

Der peripatetische Monolog. Analyse und Synthese.

Der Empirismus ist, wie wir gesehen haben, der hervor-
tretendste Charakterzug der Forschungsweise des Aristoteles. Aus
ihm entspringt auch eine durchgehende Eigenheit seiner Vortrags-
und Darstellungsweise, die uns in allen seinen sogenannten esote-
rischen Schriften, sonst aber bei keinem Denker des Alterthums in
dieser Gestalt begegnet. Diese Eigenheit besteht darin, dass er das
Geschäft freier Forschung gleichsam vor unseren Augen
verrichtet, statt uns das Ergebniss desselben einfach vorzulegen und
dann erst zu begründen, dass er die Wahrheiten, die er uns einprägen
will, gewissermassen unter unserer Aufsicht entstehen lässt,
statt sie, wie sonst geschieht, zunächst als Behauptung hinzustellen
und danach zu beweisen. [1]

---

sarei libri quos nescio utrum a dignitate ac severitate orationis an ab ingenii magni-
tudine et rerum copia magis dicam commendatos. Nam nos quidem per hortos platonicae politiae errantes peregrinantesque, imo ad instar Socratis aristophanei per aerem
ambulantes, quasi domum deduxit Aristoteles, ut possemus aliquando quid statuen-
dum de veterum rebuspublicis esset intelligere. Enimvero cum Plato nos per iucundas
quasdam ambages quasi coelum versus et in speciei immensum campum duxisset,
pedestri suo ac gravi sermone id effecit Aristoteles, ut humo nos affigeret, sed no-
strae, sed patriae, ille poeta, Aristoteles historicus.

1) Vgl. die Worte E. Zeller's über Fichte's Vortragsweise (Vorträge und Abhandlungen S. 144): »er will sein Wissen nicht als eine ausgeprägte Münze weiter
geben, sondern in seiner Rede selbst neu erzeugen; seine Vorträge sind nicht Mono-
loge, denen man zuhören kann oder nicht, sondern ein fortwährendes Zwiegespräch
des Philosophen mit sich selbst, in welches er den Zuhörer unwillkürlich mit herein-
zieht; dieser soll nicht die Resultate der Forschung in gutem Glauben von dem
Lehrer annehmen, sondern die Kunst des Forschens gemeinschaftlich mit ihm üben
und lernen, er soll in die Werkstätte seiner Gedanken hineinsehen und die Arbeit
des Meisters in geistiger Selbstthätigkeit nachbilden.«

Seine Darstellung ist nicht eine wohlgegliederte Mittheilung der
Funde, die er auf der Wanderung durch das Reich des Wissens gemacht, nein, er lässt uns diese Wanderung selber antreten und erspart
uns keinen der Seitengänge und Abwege, durch die er sich selber von
der geraden Strasse hat ablocken lassen. Er gibt uns das Ziel an, das
erreicht werden soll, bezeichnet die Schwierigkeiten des Weges dahin,
lässt uns durch Winke und Andeutungen die Richtungen, die er selbst
genommen, die Entdeckungen, die er selber gemacht, erkennen und
errathen, ist unerschöpflich in Fragen an sich und uns und sehr karg in
befriedigenden Antworten: kurz, er denkt und arbeitet uns vor
und deutet selber einmal an, dass dies Verfahren nichts Anderes sein
solle, als ein Spiegelbild der inneren Denkvorgänge, die Jeder in sich
erlebt. [1]) Wie wir für uns selber mit keiner Frage abschliessen, solange
unsere Einsicht irgend einen Widerspruch gegen eine versuchte Antwort erhebt, so soll auch der Hörer des Aristoteles mit allen Einwürfen,
mit allen Zweifeln und Bedenken bekannt gemacht werden, die es zu
überwinden gilt, damit Ueberzeugung gewonnen werde.

Dabei müssen wir denn soviel als irgend möglich zu vergessen
suchen, dass wir lesen, und die Vorstellung in uns wecken, als ob wir
einem mündlichen Vortrage zuhörten, für den es im Allgemeinen auch gar keine geeignetere Methode geben kann, als die des
Aristoteles. [2])

Das dramatische Zwiegespräch war die Kunstform des platonischen Vortrags; das laute Selbstgespräch — könnten wir sagen
— ist die Kunstform des aristotelischen Vortrags in den uns erhaltenen
Schriften. Nicht den geraden, aber idealen Weg der systematischen
Theorie, der im Vortrag die Dinge so blank und eben herausschält, als
käme es nur darauf an, dem Hörer die Wünschelruthe einzuhändigen,
die ihm die Fundstätte geistiger Aufschlüsse schon von ferne andeutet,
sondern den vielverschlungenen, häufig irrenden und bei dem erkannten Irrthum wieder umkehrenden, häufig überflüssige Umwege beschreibenden Weg des wirklichen Denkens, wie es Jeder an sich

---

1) de coelo c. 13. 294. Πᾶσι γὰρ ἡμῖν τοῦτο σύνηθες, μὴ πρὸς τὸ πρᾶγμα ποιεῖσθαι
τὴν ζήτησιν ἀλλὰ πρὸς τἀναντία λέγοντα. καὶ γὰρ αὐτὸς ἐν αὑτῷ ζητεῖ μέχρι περ ἂν
οὗ μηκέτι ἔχῃ ἀντιλέγειν αὐτὸς αὑτῷ· διὸ δεῖ τὸν μέλλοντα καλῶς ζητήσειν ἐνστατικὸν εἶναι
διὰ τῶν οἰκείων ἐνστάσεων τῷ γένει, τοῦτο δ' ἐστὶν ἐκ τοῦ πάσας τεθεωρηκέναι τὰς
διαφοράς.

2) Quint. Inst. or. X, 1. 19. Alia vero audientes, alia legentes magis adiuvant.
Facilat qui dicit spiritu ipso, nec imagine et ambitu rerum sed rebus incendit.
Vivunt enim omnia et moventur, excipimusque nova illa velut nascentia cum
favore et sollicitudine (mit erregter, gespannter Theilnahme).

selbst erfährt, hat er zur Einführung Anderer in das Wissensgebäude gewählt, das er selbst auf diese Weise errichtet.

Diese Vortragsweise hat, abgesehen von den Nachtheilen, die, wie wir gleich sehen werden, in einer unvollkommenen Anwendung derselben liegen, für die Erziehung zum methodischen Denken unschätzbare Vorzüge, insbesondere desshalb, weil sie einmal die ungemeine Lehrkraft des erkannten Irrthums verwerthet und sodann, weil sie den Hörer oder Lehrer in fortwährender lebendiger Spannung erhält. Es ist allbekannt, das Richtige festzuhalten wird dem am leichtesten, der von einem Irrthum durch eigene Erfahrung geheilt ist, und der vollendetste Lehrvortrag kann den Werth dieser Schule nicht erreichen, geschweige denn ersetzen. Wer das erwägt, der wird die Vortrefflichkeit der dem Aristoteles zeigen gewordenen Methoden [1]) zu schätzen wissen, weil sie nicht nur lehrt, was der Meister von den Dingen hält, sondern auch wie er sich sein Urtheil gebildet, wie er den spröden Stoff behandelt, bis er sich Funken des Lebens entlocken liess, und wie also auch wir es anfangen müssen, wenn wir mehr als beeidigte Nachtreter sein wollen.

Die Wissenschaft ist auch nach Aristoteles wie die Tugend nicht ein Besitz (κτῆμά τι), »der träge und stolz macht«, nicht ein Zustand, der leicht ein abgestandener werden kann, sondern eine Thätigkeit (ἐνέργεια), eine Bewegung, ein ewiges Lernen, und was man gelernt haben muss, um es verrichten zu können, das lernt man in und durch Verrichtung.[2]) Unser Wissen und Verstehen ist nicht die Aufnahme einer festen, gedrungenen Masse, die man sich einverleibt, um sie mit möglichst wenig Beschwerde zu verdauen, sondern flüssig wie ein Strom, der in dem unaufhörlichen Wellenschlag von »Bezweifeln und Ueberzeugtwerden, von Bejahen und Verneinen, Suchen und Finden« dahin eilt. So betrachtet Aristoteles den Verstand seiner Zuhörer »nicht wie ein Gefäss, das angefüllt, sondern wie einen brennbaren Stoff, der entzündet sein will für Wahrheit und Wissenschaft.«[3])

Daher seine ausgesprochene Vorliebe für Behandlung von Streitfragen, seine Abneigung gegen den Vortrag fester, abgeschlossener Urtheile. Daher seine Gewohnheit, immer mit dem anzufangen, was

---

1) So ist der oft missverstandene Ausdruck ἡ ὑφηγημένη μέθοδος zu übersetzen.

2) Eth. Nicom. 2?, 10. ἃ γὰρ δεῖ μαθόντας ποιεῖν, ταῦτα ποιοῦντες μανθάνομεν.

3) Worte Körte's über den Vortrag von F. A. Wolf in dessen Lebensbeschreibung I, 199.

ein philosophischer Begriff nicht ist, indem er dann entweder selber folgert, was er ist, oder — was am häufigsten geschieht — seinen Hörern zu errathen überlässt, und daher auch der ausserordentlich lebendige, anregende Charakter seiner Darstellungsweise.

Unerschöpflich ist er in Aufstöberung von Gesichtspunkten, an die wir nicht gedacht, von Fragen, die wir uns nie vorgelegt, von Zweifeln, die uns nie beunruhigt haben; unermüdlich ist er in Winken und Rathschlägen, in Aufstellung von Räthseln, die es zu lösen, und im Aufweisen von Verwicklungen, die es zu entwirren gilt. Was er geben will, das müssen wir uns erst mit seiner Hilfe selber erwerben, und wo er uns mitten auf dem Wege stehen lässt, da wissen wir wenigstens in den meisten Fällen, wo die Schwierigkeit liegt, und von welcher Seite wir suchen müssen, ihr beizukommen. Er stellt uns in ein unablässiges Kreuzfeuer von Fragen und Bedenken, von geistvollen Winken und Bemerkungen, von überraschenden Gedankenwendungen und plötzlichen Wechseln der Betrachtung und Beleuchtung; kurz wir kommen nie zur bequemen Ruhe, wir werden stets in Athem erhalten, unser Urtheil schläft nie ein, unsere Aufmerksamkeit bleibt stets gespannt, und wenn sie nachlässt, so geschieht es nicht, weil sie sich etwa losgebunden fühlte, sondern weil sie sich erholen will von Uebermüdung.

Ein Grundgesetz geht nun durch diese bunte Mannichfaltigkeit beherrschend hindurch; das ist der Wechsel von Analyse und Synthese, den beiden Verrichtungen einer und derselben Methode, der induktiven, die wir oben als Errungenschaft des Aristoteles gekennzeichnet haben. Die Analyse zergliedert den Gegenstand der philosophischen Betrachtung in seine Bestandtheile, die Synthese vereinigt das in Gedanken Getrennte wieder und vergleicht das Ergebniss mit der Wirklichkeit, ob es stimmt oder nicht, macht also die Probe, ob unser Denkprocess richtig oder unrichtig war.

Wollen wir einer gegebenen Erscheinung auf den Grund kommen, so müssen wir sie auflösen, zerlegen, die Vielheit auf untheilbare Einheiten zurückführen, also so lange spalten und auseinandernehmen, bis es keine theilbaren Grössen mehr gibt [1] und die Auflösung von selber ein Ende hat. Das ist das Geschäft der Analyse. Sind wir hier angekommen, so treibt den Geist eine innere Nothwendigkeit zurück um das Ziel herum; er fängt an die gefundenen untheilbaren Grössen wieder zusammenzusetzen, nach dem Muster, das ihm die Erfahrung ins

---

1) μέχρι τῶν ἀνευθύντων διαιρεῖν. Pol. 1. 19. S. oben S. 10. Anm. 2.

Gedächtniss geprägt; er verrichtet das Geschäft der Synthese. Ist er auch damit fertig, hat er also der Form der Wirklichkeit eine Form des Gedankens gegenübergestellt, und stimmt diese mit jener überein, soweit diese Uebereinstimmung nach der Beschaffenheit der Logik und den Grenzen des menschlichen Denkens möglich ist, so hat er einen richtigen Begriff von der Sache. Begriffen hat man also eine Sache, wenn man sie in ihre einfachsten Grundstoffe zerlegt und diese wieder der Art zusammengefügt hat, dass das logische Ergebniss mit der erfahrungsmässigen Erscheinung übereinstimmt. [1]) Die Zergliederung lehrt uns den Grund des Seins, die Bestandtheile einer Erscheinung kennen. Die Zusammenfügung lehrt uns die Gesetze des Werdens, die Weisen kennen, nach denen die Grundstoffe sich zu einem Ganzen verbinden. Das Wesen einer Sache beruht aber gerade in ihrem Sein und Werden, in den Stoffen und ihrer Verbindung, deren Einheit sie ist, und wer das Sein und Werden einer Erscheinung erkennt, hat ihr Wesen ergründet.

Um dem Wesen des Staates auf den Grund zu kommen, schlägt Aristoteles im 9. Capitel des dritten Buches der Politik (p. 72, 76) so genau diesen Weg der Analyse und Synthese ein, dass wir den Gang dieser Methoden Schritt für Schritt bei ihm verfolgen können. Der Staatsbegriff wird methodisch in seine Merkmale zerlegt, dann in Gedanken wieder aufgebaut und gezeigt, dass die Synthese erst stimmt, wenn zu den äusseren ein entscheidendes inneres Moment hinzutritt.

Das erste augenfällige Merkmal des Staates ist dies, dass er überall sich vorfindet, wo Menschen leben, dass diese also ohne ihn nicht-scheinen bestehen zu können. Daraus würde man voreilig folgern, der Staat sei nur zum Leben überhaupt, zur nackten Existenz erforderlich. Das aber ist falsch, sagt Aristoteles, denn dann müsste man auch den

1) Der Chemiker verfährt analytisch, wenn er einen vielfachen Stoff zerlegt in seine einfachen Bestandtheile, soweit ihm dies durch die Zulänglichkeit seiner Mittel gestattet ist; er verfährt synthetisch, wenn er die gefundenen Stoffe in Verbindung setzt und auf einander wirken lässt; seine Analyse war richtig, wenn das Ergebniss seiner Synthese, soweit dies überhaupt erreicht werden kann, stimmt mit dem, was er in der Natur fertig vorgefunden hat, und so ist die Synthese die Probe der Analyse. Je weiter die Analyse fortschreitet, je mehr einfache Stoffe ihr zu ermitteln gelingt, desto mehr Körper wird sie synthetisch für menschliche Bedürfnisse herstellen, nachschaffen können. Die Schwierigkeit des so einfachen Verfahrens besteht darin, dass die beiden Methoden Zwillingsschwestern sind, deren die eine an der anderen studirt werden muss, dass man nicht analysiren kann, ohne die Gesetze der Synthese zu kennen, sowenig als man z. B. die Zahl 24 in die Faktoren 3 und 8, 4 und 6 analytisch zerlegen wird, wenn man nicht schon das synthetische Gesetz der Multiplikation kennt.

Sklaven und a n d e r e n Wesen (d. h. den Thieren, wie Bienen u. s. w.)
einen Staat zuschreiben, weil auch sie nicht ohne eine gewisse staat-
ähnliche Lebensgemeinschaft sind.« Also dies Merkmal reicht nicht aus, d. h. es kann vor einer scharfen Analyse nicht bestehen, und die Zergliederung muss weiter gehen.

Das z w e i t e hervorstechende Merkmal geben die Gesetze über
Sicherstellung des E i g e n t h u m s, welches in Gütern so gut wie in
Geschäften bestehen kann, die Gesetze über Kauf, Verkauf, Schulden,
Forderungen, Handel und Wandel überhaupt. [1] Aber ein solches Verhältniss kann auch zwischen zwei von einander ganz entfernt wohnen-
den Staaten, wie zwischen Karthagern und Tyrrhenern, bestehen, und
kein Mensch wird sie um solcher völkerrechtlicher Verträge willen als
e i n en Staat betrachten.

Ebenso wenig als eine gewisse Rechtsgemeinschaft ist das d r i t t e
Merkmal, das Zusammenstehen zu Schutz und Trutz, entscheidend,
da solche Bündnisse gleichfalls zwischen mehreren, sonst ganz verschiedenen Staaten vorkommen. Selbst eine Verbindung der beiden
Merkmale [2] gäbe noch keinen Begriff vom Staat, dessen Wesen in
seiner E i n h e i t besteht. Das v i e r t e, äusserliche Merkmal, das Z u -
s a m m e n w o h n e n [3] trifft auch das Wesen der Sache nicht. »Denn
wenn man auch Korinth und Megara durch eine Mauer verbände, so
gäbe das noch keine S t a d t« (πόλις). Das Wort »Stadt« für Staat ist
hier gerade wichtig, denn während wir uns unter Staat einen Inbegriff
mehrerer städtischer oder stadtähnlicher Gemeinwesen denken, dachte
der Grieche nur immer an eine einzige Stadt; und was uns ebenso
möglich als nothwendig scheint, die Verschmelzung eines grösseren
Gebietes zu einem R e i c h e im staatlichen Sinne, erschien den Griechen nicht in der Weise möglich wie uns.

Selbst das f ü n f t e, sehr wichtige Merkmal, die Ehegemeinschaft [4],
ist noch nicht entscheidend. Denn auch diese k a n n unter für sich bestehenden Staaten Statt haben, wie zwischen Athen und Plataeae, aus
denen darum doch nicht ein einziger Staat geworden ist, noch werden
konnte.

Kurz, keine dieser Merkmale reicht aus; sie alle sind nothwendig,
aber den Staat geben sie doch nicht, weder einzeln für sich, noch alle
zusammengenommen; sie geben bloss die Form, bloss die Schale des-

---

1) Was der Grieche mit einem Worte τὸ σύμβολα oder τὰ σύμβόλαια nennt.
2) Der σύμβολα und der συμμαχία.
3) ἰσότης τόπου.
4) ἐπιγαμία, connubium.

selben. Der Form oder dem Schein nach ist der Staat eine Anstalt
zum Leben überhaupt [1]), dem Wesen nach ist er mehr, eine Anstalt
zum wahren Leben [2], das wahre Leben ist aber das glückselige
Leben [3]), und da das Glück in der Tugend besteht, so ist dies so viel
als das Leben in der Tugend. [4]

Der Staat ist nicht bloss dazu da, mich in meinem Recht zu schützen, in meinem Unrecht zu bestrafen, sondern mich zu einem tugend-
haften Menschen und dadurch glücklich zu machen. Die Tugend
im Staate ist die allgemein menschliche Tugend der Gerechtigkeit, in
der alle anderen aufgehen; das Recht mithin ist die Seele des Staates,
das Recht im aristotelischen Sinne, dasjenige, in dem καλόν und δίκαιον
zusammenfällt.

Wir haben hier Manches aus anderen Stellen der Politik, die später
näher besprochen werden, der Uebersicht wegen zusammengenommen.
Dass darin nichts unaristotelisches liegt, beweist die nun folgende Be-
griffsbestimmung, in welcher Aristoteles seine Ansichten wörtlich dahin zusammenfasst:

»Hienach ist ersichtlich, dass der Staat nicht ein örtliches Zusammenwohnen, ebenso wenig eine Rechtsgemeinschaft ist, zum gegen-
seitigen Schutze der Person und des Eigenthums — das Alles ist nothwendig, wenn ein Staat erstehen soll, aber es kann vorhanden sein,
ohne dass ein Staat daraus wird —, sondern die aus Familien und Ge-
schlechtern bestehende Gemeinschaft des wahren Lebens, mit dem
Zwecke eines vollkommenen, sich selbst genügenden Daseins» [5]), d. i.
der irdischen Seligkeit. Wenden wir nun das vorhin geschilderte Verfahren auf dies belehrende Beispiel an, so ist augenscheinlich:

Die Analyse, welche Aristoteles zur Widerlegung umlaufender
Bestimmungen des Staatsbegriffs anstellt, berücksichtigt nur die äusseren Merkmale. Daher stimmt die Synthese der angegebenen Faktoren: Rechtsschutz (commercium, σύμβολα), Staatsschutz (συμμαχία,
ἐπιμαχία), Ehegemeinschaft (ἐπιγαμία), Zusammenwohnen, mit dem

---

1) τοῦ ζῆν μόνον ἕνεκεν.
2) πρὸς τὸ εὖ ζῆν.
3) τὸ εὐδαιμόνως ζῆν.
4) τὸ μετ᾽ ἀρετῆς ζῆν.
5) p. 73. 20—25. φανερὸν τοίνυν ὅτι ἡ πόλις οὐκ ἔστι κοινωνία τόπου καὶ τοῦ μὴ ἀδι-
κεῖν σφᾶς αὐτοὺς καὶ τῆς μεταδόσεως χάριν· ἀλλὰ ταῦτα μὲν ἀναγκαῖον ὑπάρχειν, εἴπερ
ἔσται πόλις. οὐ μὴν οὐδ᾽ ὑπαρχόντων τούτων ἁπάντων ἤδη πόλις, ἀλλ᾽ ἡ τοῦ εὖ ζῆν
κοινωνία καὶ ταῖς οἰκίαις καὶ τοῖς γένεσι, ζωῆς τελείας χάριν καὶ αὐ-
τάρκους.

Begriff des Staates, wie er sein soll, nicht überein. Erst mit Hinzufügung des Merkmals: sittliche Lebensgemeinschaft [1], mit welcher Tugend und Glückseligkeit unlöslich zusammenhangen, ist die richtige Analyse durch die Probe der Synthese, welche den wahren Staat ergeben hat, bestätigt und bewährt.

Den Standpunkt, von dem aus diese Bestimmung gewonnen wird, können wir uns am besten verdeutlichen, wenn wir etwa versuchen, den Begriff der Kirche zu finden. Mit den äusseren Merkmalen, der Kirchenzucht, dem Buchstaben der Kirchenlehre, der Hierarchie der kirchlichen Beamten und Würdenträger wird man das Wesen derselben nicht gefunden haben; hinzukommen zu diesen Formen muss nothwendig der Geist, der lebendig macht, der Glaube und die Liebe. Ganz so denkt sich der hellenische Philosoph seinen Staat, nur dass er, da dieser mit keiner Kirche zu theilen und er die Religion ganz in die bürgerliche Ordnung aufgenommen und darein aufgelöst hat, eine Art von sittlich-politischer Religiosität aufstellen muss, die mit Staats- und Gesetzesrecht zusammenfliesst.

So klar freilich und durchsichtig, wie sich hier aus dem Vortrag des Aristoteles seine wissenschaftliche Methode herausschälen lässt, wird auch der begeistertste Anhänger des grossen Denkers die gewöhnliche Darstellung in seinen Schriften im Allgemeinen nicht finden, vielmehr wird er das oben besprochene Beispiel zu den Ausnahmen rechnen und keinen Augenblick in Verlegenheit sein, eine überwiegende Anzahl von Beispielen des Gegentheils aufzuführen.

Es liegt das mit in der Natur derselben Methode, deren grosse Vorzüge wir eben hervorgehoben haben. Die eigenthümliche Verbindung, welche dieser Lehrvortrag zwischen Vorschrift und Anwendung, Regel und Beispiel, Zielstellung und Wegweisung, Zweifel und Ueberzeugung, Frage und Antwort versucht oder, wie wir vielleicht besser sagen, unwillkürlich, spielend verwirklicht, hat eine gefährliche Klippe. Die Wanderung des Lern- und Wissbegierigen nach einem fernen Ziel kann sich, indem er an jede neue Erscheinung, die ihm auf dem Wege in die Augen fällt, ein Heer von Betrachtungen und lauten Selbstgesprächen knüpft, in eine Reihe von Einzelausflügen zersplittern, deren jeder an sich mancherlei Förderung und Belehrung er-

---

1) Das liegt nachdrücklich ausgesprochen insbesondere in der Einrede gegen Lykophron's Definition vom νόμος als ἐγγυητὴς ἀλλήλοις τῶν δικαίων ἀλλ' οὐχ οἷος ποιεῖν ἀγαθοὺς καὶ δικαίους τοὺς πολίτας. 73. 2.

geben mag, ohne im Grossen und Ganzen wirklich weiter zu bringen.
Das zu häufige Abschweifen, wie reizvoll und verführerisch es auch
sein mag, von der Strasse, die gerade auf das Ziel lossteuert, kann in
einen labyrinthischen Knäuel verwickeln, aus dem die Rückkehr entweder gar nicht oder nur mittelst gewaltsamen Durchbruchs möglich ist.

Und an dieser Klippe ist Aristoteles, wenn wir aufrichtig sein
wollen, sehr selten glücklich, meistens nur um Haaresbreite vorbei-
gesteuert, sehr oft auch geradezu gescheitert. Wenn auch scharf, doch
in der Hauptsache nicht ungerecht, hat ihn Schopenhauer von
dieser Seite charakterisirt. Das epochemachende Verdienst der empirischen Methode, »die durch ihn in die Welt gesetzt wurde«, und ihren
Werth selbst noch für die Erfahrungswissenschaften unserer Zeit erkennt er ausdrücklich an, dann aber führt er fort:

»Ueberhaupt gibt ihm seine empirische Richtung den Hang, stets
in die Breite zu gehen, wodurch er von dem Gedankenfaden, den
er aufgenommen, so leicht und so oft seitwärts abspringt, dass er fast
unfähig ist, irgend einen Gedankengang auf die Länge und bis ans
Ende zu verfolgen; nun aber besteht gerade hierin das tiefe Denken.
Er hingegen jagt überall die Probleme auf, berührt sie jedoch nur und
geht, ohne sie zu lösen oder auch nur gründlich zu diskutiren, sofort
zu etwas Anderem über. Daher denkt sein Leser so oft: „jetzt wird's
kommen"; aber es kommt Nichts, und daher scheint, wenn er ein
Problem angeregt und auf eine kurze Strecke verfolgt hat, so häufig
die Wahrheit ihm auf der Zunge zu schweben, aber plötzlich ist er bei
etwas Anderem und lässt uns im Zweifel stecken. Hieraus erklärt sich,
dass, obwohl Aristoteles ein höchst systematischer Kopf war, da von
ihm die Sonderung und Classifikation der Wissenschaften ausgegangen
ist, es dennoch seinem Vortrag an systematischer Anordnung fehlt und
wir den methodischen Fortschritt, ja die Trennung des Ungleichartigen
und die Zusammenstellung des Gleichartigen darin vermissen. Er handelt die Dinge ab, wie sie ihm einfallen (?), ohne sie vorher durchdacht
(!) und sich ein deutliches Schema gemacht zu haben; er denkt mit
der Feder in der Hand, was zwar eine grosse Erleichterung für den
Schriftsteller, aber eine grosse Beschwerde für den Leser ist. [5] Insbesondere zwei Eigenheiten seiner Denk- und Vortragsweise tragen

1) Parerga u. Paralipomena I, 46. 47. Als eine Ausnahme von dieser Regel bezeichnet Sch. die drei Bücher Rhetorik, welche »durchweg Muster wissen-
schaftlicher Methode sind, ja eine architektonische Symmetrie zeigen, die das
Vorbild der kantischen gewesen sein mag.«

dazu bei, die Sicherheit der Gedankenentwicklung zu stören und den Gang der Schlussreihen zu hemmen. Das ist einmal sein häufiger Rückfall in den Fehler früherer Philosophen, von allgemeinen Begriffen auszugehen und sodann seine unablässige Rücksicht auf fremde Meinungen, auf Lehren anderer Denker und Lieblingsvorstellungen der grossen Menge.«

Auf beide Punkte hat Fülleborn nach Vorgang Garve's in der Einleitung zu dessen Uebersetzung der Politik (II. Bd. 1803. S. 4. ff.) im Allgemeinen treffend hingewiesen.

Wir haben oben absichtlich mit grösstem Nachdruck betont, dass der entscheidende Fortschritt der aristotelischen Forschungsweise in der Entdeckung und Anwendung der induktiven Methode besteht, die nicht von allgemeinen Begriffen, sondern von den einzelnen Thatsachen der Erfahrung ausgeht. Das ist das Grundgesetz des ganzen aristotelischen Lehrgebäudes und Lehrganges. Dem gegenüber darf nicht geleugnet werden, dass Aristoteles selber sich von dieser Richtschnur häufig entfernt, zum erneuten Beweise der alten Erfahrung, dass jede neue Wahrheit einen Theil des alten Irrthums als Schlacke mitschleppt. Es kommt häufig vor, dass Aristoteles nicht die unmittelbare Beobachtung, sondern hergebrachte metaphysische Grundbegriffe zum Ausgangspunkte wählt, dass er, wie Fülleborn sagt, jeden dieser Grundbegriffe für sich, ohne Rücksicht auf die Fälle, wo er angewendet werden soll, und auf die Einschränkung, die er durch die Zusammenstimmung mit den übrigen in der Wirklichkeit erleiden muss, zergliedert; dass er alle Fälle, in welchen die abstrahirte Eigenschaft vorkommen kann, alle Verschiedenheiten, die bei dem Begriff möglich sind, a priori abzählt, dass er durch willkürliche Schlüsse bestimmt, welcher Fall, welche Art die beste sei, und dann erst zu jeder solcher Bestimmung wieder die Beispiele aufsucht. »Nicht selten sind alsdann diese ersten Begriffe (ἀρχαί) zu enge und einige von den aus Begriffen gefolgerten Regeln zwar wahr, aber unbrauchbar und nur einer gezwungenen Anwendung auf die wirklichen Fälle fähig.«

Auch die hellenische Philosophie hatte ihre Scholastik, deren sich weder Platon mittelst seiner Poesie, noch Aristoteles mittelst seines Empirismus ganz entschlagen hat. Wie moderne Philosophen mit der Sprache, sehen wir ihn mit alten Schulbegriffen ringen, und jene Lust an spitzfindigen Eintheilungen und begriffspaltenden Unterscheidungen, die schon das Alterthum an ihm gerügt hat [1], ist vielleicht weniger

---

1) ἀκόρια τεἰνων, εἰ βούλει, ruft ihm böhnisch der Platoniker Attikus zu, καὶ τοἰ-

eine Ursache, als eine Folge jenes Verhältnisses. Denn je weiter man in allgemeinen Grundbegriffen ausholt, desto mehr Distinktionen hat man nöthig, um wieder auf den Boden des Concreten herabzugelangen, auf dem Aristoteles doch am meisten zu Hause war.

Die zweite, unser Verständniss vielfach störende, Eigenheit bildet das Ueberwuchern der kleinen und grossen kritischen Gänge, durch die er seine Betrachtungen unzählige Male unterbricht. [1]

Die Neuheit des Standpunktes und der Methode der aristotelischen Philosophie brachte es mit sich, dass ihr Urheber fast auf jedem Schritte mit der Ueberlieferung zusammenstiess und im Interesse seiner Sache für nothwendig erachten musste, erst dann weiter zu gehen, wenn er mit den Irrthümern, in denen er Leser und Hörer befangen sah oder glaubte, ernstlich abgerechnet; darum die unaufhörlichen Feldzüge gegen abweichende Urtheile der Gelehrten und Vorurtheile der Ungelehrten, daher der ewige Kriegszustand, den seine Vorträge athmen.

Aristoteles zeigt dabei eine Belesenheit in jedem Zweige der griechischen Literatur, deren Umfang sein Vermögen, sich in fremde Gedankenkreise objektiv hineinzuversetzen, weit übertrifft, und deren Entfaltung vor Lesern und Hörern in einer Zeit, wo der Besitz einer Büchersammlung wie der aristotelischen nicht Jedermanns Sache war, noch eine ganz andere Bedeutung hatte, als sie bei einem Polyhistor unserer Tage jemals haben kann. Wir dürfen darum kaum annehmen, dass er durch diese unverkennbare Vorliebe bei seinen Zeitgenossen irgendwie Anstoss gegeben hätte, zumal wir nicht beurtheilen können, inwieweit er die Beschränkung, die er sich hiebei selbst auferlegt, nicht alle, sondern nur die weitest verbreiteten und einflussreichsten, beliebtesten Meinungen zu prüfen [2], überschritten hat oder nicht.

πολλὰ τριχῇ καὶ τετραχῇ καὶ πολλαχῇ τὰ ἀγαθὰ διαστελλόμενος. οὐδὲν γὰρ ταῦτα πρὸς τὸ προκαίμενον. Euseb. praep. evang. XV, 4. p. 797c. Bernays' Dialoge 78.

1) Schlosser III, 164: »Bisweilen gibt er sich das Ansehen, als ob er mehr suchen, als das Gefundene darlegen wolle (?); hie und da lässt er Sachen entweder ganz unentschieden oder er entscheidet schwankend; nicht selten holt er so weit aus, dass er sehr leicht zu fassende Ideen beinahe an die ersten Gründe der menschlichen Kenntnisse anbindet; oft verrückt er die Gesichtspunkte, von denen er die Sachen zuerst angesehen hatte, häufig lässt er sich auf Nebendinge hinlenken, die ihm zufällig einfallen; und was, seine vielen Wiederholungen abgerechnet, am meisten ermüdet, ist dieses: dass er beinahe immer Gegner im Auge hat, die er widerlegen will, und deren Meinung er wie eigene Gedanken vorträgt, so dass man ihm oft lange folgt und beinahe unbemerkt auf Sätze stösst, die alles Vorhergehende umstossen.«

2) Eth. Nic. S. 4. 3. ἀρέσαι μὲν οὖν ἐξετάζειν τὰς δόξας ματαιότερον ἴσως ἐστίν, ἱκανὸν δὲ τὰς μάλιστα ἐπιπολαζούσας ἢ δοκούσας ἔχειν τινὰ λόγον.

Der moderne Leser aber — das müssen wir uns aufrichtig eingestehen — wird, wie gern er auch diese Erweiterung seiner Kunde
von der Gedankenbewegung in Hellas willkommen heisst, doch gewisse Nachtheile stets empfindlich zu beklagen haben, einmal die uns
wenigstens befremdende Unvollständigkeit, womit diese fremden
Ansichten einerseits angeführt, andererseits geprüft und erledigt worden, und sodann die Unklarheit, welche daraus häufig für die Entwicklung der eigenen Ansichten des Aristoteles entsteht, wenn im Vortrage Aristotelisches und Nichtaristotelisches schwer unterscheidbar
gemischt ist. Beispiele dieses Mangels bietet insbesondere der kritische
Theil der Politik, das zweite Buch, bei dessen Betrachtung wir die
Belege dafür finden werden.

II.

Die ethisch-politischen Schriften des Aristoteles.

§. 4.

Die Vorträge des Aristoteles über Ethik und Politik.

Urtheil der Alten über Aristoteles als Redner und Schriftsteller. Die Dialoge und „exoterischen Reden". Bedeutung ihres Verlustes. Der Text der Nik. Ethik und der Politik, beurtheilt nach den Vorschriften der aristot. Rhetorik.

Wir haben im Vorangehenden die Mängel und Vorzüge der aristotelischen Darstellungsweise zu kennzeichnen und aus ihrer gemeinsamen Wurzel abzuleiten gesucht. Eins wird sich aus unseren Erörterungen klar ergeben haben. Die Bewunderung, die wir dem sach-
lichen Inhalt der aristotelischen Philosophie zollen, kann keineswegs der Vortragsweise derjenigen Werke gelten, auf welche die zuletzt besprochenen Rügen ihre Anwendung finden. Es muss uns deshalb in hohem Grade überraschen, wenn sachkundige Stimmen des Alterthums Aristoteles als einen vollendeten Redner und als einen musterhaften Schriftsteller preisen. Das aber geschieht wirklich in einer völlig unzweideutigen und rückhaltlosen Weise.

Antipater, dem die Ehre wurde, der Testamentsvollstrecker des grössten Denkers und der Erbe des grössten Fürsten seiner Zeit zu werden, hat dem eben verstorbenen Aristoteles in einem seiner Briefe nachgerühmt, er habe mit allen seinen übrigen grossartigen Eigenschaften auch noch die Gabe überzeugender Rede verbunden. [1]
Man ist im Allgemeinen nicht geneigt, auf die Urtheile der Männer vom Waffenhandwerk über Philosophie und philosophische Dinge viel

---

1) Plut. Alcib. et Coriol. comp. 3: Ἀντίπατρος μὲν οὖν ἐν ἐπιστολῇ τινι γράφων περὶ τῆς Ἀριστοτέλους τοῦ φιλοσόφου τελευτῆς „πρὸς τοῖς ἄλλοις φησὶν ὁ ἀνὴρ καὶ τὸ πιθανὸν εἶχε." Dieselbe Meldung nur wenig verändert Arist. et Cat. Mai. comp. 2 — „πρὸς τοῖς ἄλλοις ὁ ἀνὴρ καὶ τὸ πιθανὸν εἶχεν." An der Echtheit der Briefe des Antipater hält auch Bernays fest Dialoge S. 135.

zu geben. Aber man wird zugestehen müssen, dass Die, denen das müssige Wort Nichts, die That Alles ist, für die Unterscheidung der echten von der falschen Beredsamkeit gerade die besten Richter sind. Der Soldat hat eine instinktive Verachtung für die leere Rhetorik; gesteht er einem Denker die Gabe überzeugender Rede zu, dann hat sein Urtheil ein durchschlagendes Gewicht, und so ist es hier mit dem Urtheil des Siegers von Kraunon über Aristoteles, dessen gelehrte Verdienste zu würdigen er Anderu überlassen muss, dessen Beredsamkeit aber er selber zu ermessen in der Lage ist. Hat Antipater mit soldatischer Kürze seinem verstorbenen Freunde bezeugt, dass er das Wort so schneidig zu handhaben verstanden habe, wie der König sein Schwert, so hat Cicero den Schriftsteller Aristoteles mit einer Fülle von Lobsprüchen als ein Muster der Eleganz empfohlen, von dem der römische Geschmack gerade in der Zeit seiner beginnenden Umbildung unendlich viel zu lernen habe. Nach ihm vereinigt die Feder des Aristoteles so ziemlich alle Eigenschaften, die einen Schriftsteller ersten Ranges auszeichnen können.

Er findet die Sprache des Stagiriten »beredt, anmuthig, reich«, hervorragend durch »wunderbare Fülle« und dann wieder durch »sehnige, kraftvolle Kürze«; wer seiner Darstellung Farbenreiz geben, Lichter aufsetzen will, muss bei Aristoteles in die Schule gehen, denn der ist wie ein Flussgott, der seinen goldfunkelnden Strom ausgiesst. [1]

Das Zeugniss Cicero's in Sachen der griechischen Philosophie wiegt an sich nicht schwerer als das irgend eines kundigen Dilettanten, vor dem er nur den Vorzug eines grösseren Reichthums an Material voraus hat, und seine sonderbare, freilich nur schüchtern auftretende Meinung, die Nikomachische Ethik könne ebenso gut als von Aristoteles von dessen Sohne Nikomachos verfasst sein [2], ist dem Rufe seiner Kritik nicht förderlich gewesen. Allein hier handelt es sich um Urtheile des literarischen Geschmackes, und darin wird man den grossen Refor-

---

1) De orat. I. §. 10. Aristoteles eloquens et in dicendo suavis atque ornatus. Acad. II, 119. A. flumen orationis aureum fundens.
Top. 1. dicendi incredibili quadam cum copia tum etiam suavitate.
De invent. II, 2. suavitas et brevitas dicendi.
Brut. c. 31. Quis Platone uberior, quis Aristotele nervosior?
Ad Att. II. ep. 1. §. 1. Aristotelis pigmenta.
De fin. I, 5, 14. Platonis, Aristotelis, Theophrasti orationis ornamenta.

2) de finib. V, 5, 12 : Quare teneamus Aristotelem et eius filium Nicomachum, cuius accurate scripti de moribus libri dicuntur illi quidem esse Aristotelis, sed non video cur non potuerit patris similis esse filius.

mator der lateinischen Prosa [1]) doch wohl als spruchfähig anerkennen
müssen, und was endlich die Kenntniss der aristotelischen Schriften
angeht, so befand sich Cicero an der Quelle der Aristotelesstudien einer
Zeit, deren Vorarbeiten für die Fortpflanzung der peripatetischen Philosophie so epochemachend geworden sind, wie die Arbeiten der Alexandriner für Homer. Der gelehrte Grammatiker Tyrannion [2]) aus
Amisos, der die von Sulla in Athen erworbene Sammlung aristotelischer und theophrastischer Schriften zuerst geordnet [3]), war sein Haus-
freund, sein peripatetisches Orakel, und durch dessen Schüler, den
Rhodier Andronikos, ist die erste Ausgabe der aristotelischen Schriften
unter den bis heute geläufigen Titeln veranstaltet worden. Dass aber
die Texte, die Cicero vor sich hatte, sein begeistertes Lob verdient
haben müssen, beweist die schwungvolle Stelle über das Dasein der
Götter, die er uns wörtlich übersetzt hat [4]): »Man denke sich Menschen,
die immer unter der Erde gelebt hätten in bequemen, hellen Wohnun-
gen, geziert mit Bildsäulen, Gemälden und wohl ausgestattet mit Allem,

---

1) Vgl. Deuerling: Cicero's Bedeutung für die römische Literatur. Augsburg
1866.

2)· Planer: de Tyrannione grammatico. Berl. 1852. Tyrannion hatte in Cicero's
Hause unterrichtet (Ep. ad Q. fr. II, 4 Quintus tuus, puer optimus, eruditus egregie.
Hoc nunc magis animadverto quod Tyrannio docet apud me), Ihm die Biblio-
thek geordnet (ad Attic IV, 4 offendes designationem Tyrannionis mirificam
librorum meorum), und zwar so einsichtig, dass er von ihm sagt: postea vero quam
Tyrannio mihi libros disposuit, mens addita videtur aedibus meis lb. ep. 8.,
Sein Verhältnlss zu ihm war das einer achtungsvollen Freundschaft (ad fr. III, 4
—. Chrysippo imperabo, et cum Tyrannione loquar).

3) Plut. Sulla 26: λέγεται δὲ κομισθείσης αὐτῆς [d. i. die Bibliothek des Teleus
Apellikon mit den Werken des Aristoteles und Theophrast] οἵπω τότε σαφῶς γνωρι-
ζόμενα τοῖς πολλοῖς, εἰς ʿΡώμην Τυραννίωνα τὸν γραμματικὸν ἐνσκευάσασθαι τὰ πολλὰ
καὶ παρʾ αὐτοῦ τὸν ʿΡόδιον Ἀνδρόνικον εὐπορήσαντα τῶν ἀντιγράφων εἰς μέσον θεῖναι
καὶ ἀναγράψαι τοὺς νῦν φερομένους πίνακας.

4) de natura deorum II, 37, 95: Praeclare ergo Aristoteles »si essent, inquit,
qui sub terra semper habitavissent bonis et illustribus domiciliis, quae essent ornata
signis atque picturis instructaque rebus iis omnibus, quibus abundant ii, qui beati
putantur, nec tamen exissent unquam supra terram, accepissent tamen fama et audi-
tione esse quoddam numen et vim deorum, deinde aliquo tempore patefactis terrae
faucibus ex illis abditis sedibus evadere in haec loca, quae nos incolimus, atque exire
potuissent, cum repente terram et maria caelumque vidissent, nubium magnitudinem
ventorumque vim cognovissent, aspexissentque solem eiusque cum magnitudinem
pulcritudinemque, tum etiam efficientiam cognovissent, quod is diem efficeret toto
caelo luce diffusa, cum autem terras nox opacasset, tum caelum totum cernerent
astris distinctum et ornatum, lunaeque luminum varietatem tum crescentis tum sene-
scentis eorumque omnium ortus et occasus et in omni aeternitate ratos immutabiles-
que cursus: quae cum viderent, profecto et esse deos et haec tanta opera deorum esse
arbitrarentur.«

was nach gewöhnlichen Begriffen ein glückliches Dasein verschönert; sie wären nie auf die Oberwelt heraufgekommen und hätten nur vom Hörensagen vernommen, es gebe ein göttliches Wesen und eine göttliche Allmacht. Da thäten sich eines Tages die Schlünde der Erde vor ihnen auf, sie träten herauf in unsere Welt, wie mit einem Zauberschlage läge vor ihnen ausgebreitet die Erde, das Meer und der Himmel; sie nähmen wahr der Wolken Hoheit und der Winde Gewalt; sie thäten einen Blick nach der Sonne, ihrer Grösse und ihrer Schönheit; sie entdeckten ihre Wirkung, wie sie den Tag macht, indem sie ihr Licht über den ganzen Himmelsraum ergiesst, dann käme die Nacht und beschattete das Erdreich, während der Himmel funkelte im Glanz des Sternenheeres, und sie sähen den Mond wachsen und schwinden, der Himmelskörper Aufgang und Niedergang, beobachteten ihren in alle Ewigkeit festen, unveränderlichen Lauf: für sie würde wahrlich der Glaube feststehen, es gibt Götter, und all das Grosse, was wir geschaut, ist der Götter Werk.«

Auch Dionys von Halikarnass, in Fragen des Stils ein sehr strenger Kunstrichter, der an Thukydides [1] so viel auszusetzen findet, hat für Aristoteles nur Ausdrücke der Bewunderung.

Demokritos, Platon und Aristoteles nennt er die unerreichbaren Meister der Kunst in der Wahl und Verbindung der Worte [2], und dem Letzteren besonders gilt noch das Zeugniss der beredten Kraft, der Deutlichkeit und der Anmuth des Ausdrucks.

So der Redner und Schriftsteller Aristoteles, wie ihn Antipater, Cicero, Dionys gekannt haben und von dieser Seite zu beurtheilen sehr wohl in der Lage waren. Auf unseren Aristoteles passen diese Lobsprüche nun und nimmer und auf die ethischen und politischen Schriften am allerwenigsten.

Was F. Schlegel Schönes von Aristoteles' »Eleganz« und »vollkom-

---

1) Vgl. das de Thucydide iudicium 24 (Krüger S. 129), ich möchte sagen, von der Hobelbank hergenommene Bild, das übrigens nur für die Reden, nicht für die Erzählung als zutreffend gelten kann — στρέφων ἄνω καὶ κάτω καὶ καθ' ἓν ἕκαστον τῶν τῆς φράσεως μορίων βιῶν καὶ τορεύων καὶ τοτὲ μὲν λόγον ἐξ ὀνόματος; ποιῶν, τοτὲ δ' εἰς ὄνομα συνάγων τὸν λόγον, καὶ νῦν μὲν τὸ ῥηματικὸν ὀνοματικὰς ἐκφέρων, αὖθις δὲ τοὔνομα ῥῆμα ποιῶν καὶ αὐτῶν γε τούτων ἀναστρέφων τὰς χρήσεις u. s. w.

2) de verb. copia 24. S. 187 Halako: φιλοσόφων δέ, κατ' ἐμὴν δόξαν, ἀκριβέστατοι τὰ καὶ Πλάτων καὶ Ἀριστοτέλης (διηκθρῶντοι εἰσιν). τούτων γὰρ ἑτέρους εὑρεῖν ἀμήχανον ἀμείνον περιδραμόντας τοὺς λόγους. de censura ret. script. 4. 8. 430: παραληπτέον δὲ καὶ Ἀριστοτέλη εἰς μίμησιν τῆς τε περὶ τὴν ἑρμηνείαν δεινότητος καὶ τῆς σαφηνείας καὶ τοῦ ἡδέος καὶ πολυμαθοῦς. ταῦτα γὰρ ἔστι μάλιστα παρὰ τοῦ ἀνδρὸς παραλαβεῖν. S. Heitz S. 162 u. Bernays S. 136.

mener Klarheit zu melden weiss[1]), beweist nur, dass er ihn nie mit
Aufmerksamkeit gelesen haben kann; Männer, wie Ritter[2]) und
Brandis[3]), um nur die zu nennen, die zuerst ganz offen gesagt
haben, wie es ihnen um's Herz war, haben das gerade Gegentheil ausgesprochen und jeder Unbefangene muss ihnen Recht geben. Der
Ausweg aber, den Zell gewählt hat, indem er sagt, ein Mann, der mit
seinem Wissen und Forschen das Universum umspannte, habe weder
Zeit noch Lust haben können, sich um eine gefeilte Diktion zu bemühen[4]), stimmt weder mit jenem Urtheil der Alten, noch mit der
Thatsache, dass Aristoteles der Gründer der wissenschaftlichen Rhetorik
und Stillehre ist.

Es bleibt keine andere Wahl. Wir haben anzunehmen, entweder
jene Urtheile seien falsch, was unmöglich ist, oder sie seien auf den
Text von Schriften gegründet, die wir nicht mehr haben, und die damals für echtere Erzeugnisse aristotelischen Geistes galten, als
die überlieferten. Und diese letztere Annahme ist die, die nach den
Forschungen von Bernays und Heitz wohl zu allgemeiner Geltung
kommen wird.

Wir sind damit bei einer alten, vielberegten Streitfrage angekommen, die wir in aller Kürze hier berühren müssen.

1) Geschichte der alten und neuen Literatur I, 78. II, 20: »Als Schriftsteller hat
Aristoteles den Charakter der Eleganz, der in seinem Zeitalter zu herrschen anfing,
— in der strengen Angemessenheit, bei der vollen Klarheit der wissenschaftlichen
Schreibart hat Aristoteles den Vorzug vor — Buffon, dessen Ehrgeiz es war, mit den
Griechen zu wetteifern.«
2) Geschichte der Philosophie III, 27: »Man hat zuweilen den Stil der aristotelischen Schriften gelobt, und allerdings zeichnet er sich durch eine nervige Kürze
aus, aber wenn man seine Mängel verschwiegen hat, so ist dies nur aus zu grosser
Verehrung des Mannes geschehen. Die Gedanken sind meistens eben nur so hin-
geworfen, nicht gleichmässig ausgeführt, oft kann man sie nur errathen, oft ist die
Verbindung ganz vernachlässigt oder verworren, oft unnöthigerweise unterbrochen,
ja zuweilen selbst in grammatischer Beziehung nicht zu rechtfertigen. — Genug,
wenn wir nach den uns erhaltenen Schriften allein urtheilen sollten, so würden wir
im Ganzen und bloss in Rücksicht auf die Darstellung den Aristoteles
für einen schlechten Schriftsteller halten müssen.«
3) Griech.-röm. Philos. II, 2, 1. S. 97. »Wie sehr auch in den uns vorliegenden
Schriften ein Geist von grösster Tiefe und weitester Spannkraft sich ausspricht —
den wunderbaren Umfang, die ganze Beweglichkeit dieses Geistes vermögen wir nicht
zu ermessen, die künstlerische Darstellungsweise, wovon Cicero mit Bewunderung spricht, aus den dürftigen Bruchstücken der Dialoge uns nicht zu vergegenwärtigen.«
4) Neue Ferienschriften I, 9: Nempe qui omnia et summa et minuta complexus
infinitis rebus cognoscendis et perscrutandis se dedit, profecto eidem neque otium
neque animus esse potuit orationis trahendae nedum comendae et limandae.

Keinem Zweifel unterworfen ist die Thatsache, dass das Alterthum unter den mehreren hundert [1] Schriften, die unter Aristoteles' Namen verbreitet waren, eine Anzahl philosophischer Gespräche gekannt hat, deren Echtheit niemals angezweifelt wurde. Cicero [2] spricht von ihnen ausdrücklich und weiss sogar von einer speciell aristotelischen Manier [3], der dialogischen Composition zu melden. Ihm reiht sich dann eine Menge späterer Zeugnisse an, aus denen wir sogar die Ueberschriften mehrerer Dialoge erfahren. [4]

Bestritten dagegen ist, ob mit diesen Dialogen, die Aristoteles nie erwähnt, die exoterischen Reden, auf die er sich mehrfach in den uns erhaltenen Schriften beruft, identisch sind oder nicht, und ob sich auf diese letzteren jene Urtheile bezogen haben werden, welche wir bei Cicero und Dionys über den aristotelischen Stil vorfinden.

Bernays hat in seiner meisterhaften Schrift über die Dialoge die Identität derselben mit den exoterischen Schriften nachzuweisen gesucht, und Heitz erklärt sich in der Hauptsache mit ihm einverstanden. Beide sind demgemäss geneigt, jene Stellen über den aristotelischen Stil auf die Dialoge und auf sie allein zu beziehen.

Absolute Gewissheit wäre in dieser Frage nur erreichbar, wenn sich irgend ein ausdrückliches Zeugniss des Aristoteles selber ausfindig machen liesse; da dies aber bis jetzt nicht geschehen und wohl auch nur von der Entdeckung einer bisher unbekannten Handschrift oder eines verlorenen Bruchstücks zu erwarten ist, müssen wir uns mit Vermuthungen zu behelfen suchen. [5] Ueber allen Zweifel hinaus steht

---

1) Diog. Laert. V, 30 beziffert die Zahl der echten auf 400.

2) ad famil. I, 9, 23. ad Attic. XIII, 19, 4.

3) mos Aristotelius, ad Attic. l. c. quae autem his temporibus scripsi Ἀριστοτέλειον morem habent, in quo sermo ita inducitur ceterorum, ut penes ipsum sit principatus. Worüber s. Bernays S. 137.

4) Ausser Basilius ep. 167. T. III. S. 197e (τῶν ἔξωθεν φιλοσόφων οἱ τοὺς διαλόγους συγγράψαντες Ἀριστοτέλης μὲν καὶ Θεόφραστος εὐθὺς μὲν αὐτῶν ἥψαντο πραγμάτων, διὰ τὸ συνειδέναι ἑαυτοῖς τῶν πλατωνικῶν Χαρίτων ἔνδειαν) s. die Nachweise bei Zeller Phil. d. Griechen II, 2. S. 43. 2.

5) Nach Zeller Phil. d. Griechen II, 2, 100 ff., gegen dessen Ansicht sich Bernays speciell wendet, wären unter exoterischen Reden »nicht eine eigene Klasse populär geschriebener Bücher, sondern nur überhaupt solche Erörterungen zu verstehen, welche nicht in den Bereich der eben vorliegenden Untersuchung gehören«. Der Nachdruck liegt auf dem Worte »populär«, denn Zeller bemerkt sehr richtig, die vollständige Widerlegung der Ideenlehre, auf welche die Metaphysik XIII, I als den ὑπὸ τῶν ἐξωτερικῶν λόγων erschöpften (παραλληλεῖσθαι τὰ εἰλλά) Gegenstand verweist, »eigne sich gewiss am wenigsten für populäre Schriften«. Nach seiner Ansicht wäre also die Wendung »darüber in den exoterischen Reden« gleichbedeutend mit »darüber an

fest, dass der Untergang dieser »Reden«, mag ihre Ueberschrift gelautet
haben wie sie will, nicht bloss aus stilistischen, sondern noch mehr
aus sachlichen Gründen ein Verlust ist, der gar nicht schmerzlich genug
beklagt werden kann, und dass insbesondere die Ethik und Politik
darunter am schwersten gelitten haben.

Der Kampf gegen die platonische Ideenlehre zog sich, wie wir
theils aus Plutarch's glaubwürdigem Zeugniss wissen, theils selber
nachweisen können, durch sämmtliche Schriften des Aristoteles gleich

einem anderen Orte, das gehört nicht hierher oder etwas der Art. Ganz abgesehen
davon, dass für eine solche Deutung die Sprechweise denn doch zu bestimmt lautet,
möchte ich noch darauf aufmerksam machen, dass Aristoteles in der Politik wenigstens
sich in Fällen dieser Art einer sehr viel einfacheren Wendung bedient. Er sagt S. 44,
14: διὸ νῦν μὲν ἀφῶμεν ταύτην τὴν σκέψιν. ἄλλων γάρ ἐστι καιρῶν. 49, 11: ἄλλος
ἔστω λόγος. 53, 2: ἕτερος ἔσται καιρός. 75, 6: ἔστω ἕτερος λόγος. 95, 31: τρέπας γάρ
ἐστιν ἔργον σχολῆς. Wenn nun in derselben Politik zwei Mal nicht auf »ander-
weitige, vergangene oder künftige Erörterungen«, sondern auf »die exoterischen
Reden« verwiesen wird, so ist damit doch wohl offenbar etwas mehr beabsichtigt, als
die Andeutung, dass die betr. Frage alias behandelt sei. Der Wortlaut der beiden
Citate spricht deutlich genug. S. 84, 3: νομίσαντας οὖν ἱκανῶς πολλὰ λέγεσθαι (καὶ
τῶν dal.) ἐν τοῖς ἐξωτερικοῖς λόγοις περὶ τῆς ἀρετῆς ζωῆς καὶ νῦν χρηστέον αὐτοῖς.
Diese Stelle will Z. auf Eth. N. 1, 6 ff., X, 6 ff. beziehen. Allein wenn Aristoteles in
der Politik die Ethik citiren will, dann nennt er sie, wie er an 4 Stellen wirklich
gethan hat, mit Namen (S. 24, 12. 116, 31. 117, 12. 162, 30). Noch bestimmter
lautet die andere Stelle S. 64, 19: — ῥηθέντων δυλάτιν· καὶ γὰρ ἐν τοῖς ἐξωτερικοῖς
λόγοις διωρίσμεθα περὶ αὐτῶν πολλάκις. Die »häufige Erörterung« in den »exoterischen Reden« vermag ich mir nur unter Hinweis auf eine ganz bestimmte, den
Hörern sehr wohl bekannte Gattung von Erörterungen zu erklären, während andererseits das πολλάκις; ἐωρίσμεθα weniger auf geschriebene, als auf mündlich
gehaltene und mit den politischen Vorträgen gleichzeitig fortlaufende Betrachtungen hinzudeuten scheint. Das würde nicht mit Bernays stimmen, der nur
an die veröffentlichten Texte von Dialogen denkt. Das Wort ἐξωτερικός
kommt nun allerdings, und zwar gleichfalls in der Politik mehrfach in einem Sinne
vor, der mit dieser Verbindung Nichts zu schaffen hat. So heissen S. 95, 14 ἐξωτερικὰ
ἀγαθὰ »äusserliche« d. h. unwesentliche Güter; S. 53, 5 heisst ἐξωτερικὴ ἀρχὴ eine
Herrschaft über das Ausland; S. 106, 26 werden ἐξωτερικαὶ πράξεις und οἰκεῖαι πράξεις
einander entgegengesetzt, und S. 6, 26 heisst ἐξωτερικωτέρα σκέψις gar eine zu
äusserliche, d. h. zu allgemeine Betrachtung, die vom Concreten abführt (s. Bernays
S. 161/65). Allein das kann für die Bedeutung von οἱ ἐξωτερικοὶ λόγοι, einen bei
Aristoteles offenbar technischen Ausdruck, Nichts entscheiden, denn die Gegenstände, welche Aristoteles dort abgehandelt haben will und darum bei seinen Zuhörern als bekannt voraussetzen darf, sind, wie Bernays schlagend erwiesen hat,
weder »äusserlich«, noch »unwesentlich«, sondern sie betreffen die Kernpunkte des
aristotelischen Lehrgebäudes, die Polemik gegen die platonischen Ideen, die Begriffs-
bestimmungen von Tugend und Glückseligkeit u. s. w.

Zur Literatur über die Frage vgl. übrigens Stahr: Aristotelia II. S. 235—279,
dessen Schlussergebnis ich, wie aus Obigem hervorgeht, natürlich nicht zustimmen
kann.

einem rothen Faden hindurch [1]), die erschöpfende Auseinandersetzung
mit ihr aber ist uns mit den Dialogen, den exoterischen Reden verloren
gegangen, insbesondere wohl den drei Händen über die Philosophie [2]), die uns eine doppelt willkommene Ergänzung zu dem Anfang
unserer Nikomachischen Ethik gewährt haben würden [3]), wenn wir mit
Bernays annehmen dürften, dass aus ihnen der »Aufschrei des Aristoteles« entlehnt sei: »ich kann nun einmal mit diesem Dogma mich
nicht vertragen und muss ihm widersprechen auf die Gefahr, als eigen-
sinniger Rechthaber verschrieen zu werden.« [4])

Ein Verlust, der sich auf die Ethik und Politik ziemlich gleichmässig vertheilt haben wird, liegt in dem Untergang der Dialoge, deren
Titel »Von der Gerechtigkeit«, »Staatsmann«, »Sophist«, offenbar mit
polemischer Absicht nach den gleichnamigen platonischen gewählt
worden sind. [5])

Als eine wahre Calamität aber für die Politik des Stagiriten muss
der Verlust zweier Schriften beklagt werden, die das Alterthum unter
dem Titel »Vom Königthum« und »Alexander oder Von der
Anlage von Pflanzstädten« gekannt hat. [6])

Unsere Politik hat eine meisterhafte Charakteristik der »Abart« der
Monarchie, der Tyrannis; eine Zeichnung der gesunden Monarchie,
des Königthums, fehlt, und über die unvermeidliche Beziehung einer
solchen zu dem grossen Zögling des Stagiriten sind wir gleichfalls im
Dunkeln. In den beiden genannten Schriften hätten wir — unter welcher Form, ist zweifelhaft, aber auch gleichgiltig — über Beides voll-

---

1) Plutarch adv. Colot. 14: τὰς γε μὴν ἰδέας, περὶ ὧν ἐγκαλεῖ τῷ Πλάτωνι, πανταχοῦ κινῶν ὁ Ἀριστοτέλης; καὶ πᾶσαν ἐπάγων ἀπορίαν αὐταῖς, ἐν τοῖς ἠθικοῖς ὑπομνήμασιν, ἐν τοῖς φυσικοῖς, διὰ τῶν ἐξωτερικῶν διαλόγων, φιλονεικότερον ἐνίοις ἔδοξεν ἢ φιλοσοφώτερον ἔχειν τῶν δογμάτων τούτων ὡς προθέμενος τὴν Πλάτωνος ὑπειδεῖν φιλοσοφίαν· οὕτω μακρὰν ἦν τοῦ ἀκολουθεῖν. Die Worte διὰ τ. ἐξ. διαλ. schienen jeden Zweifel an der Richtigkeit von Bernays' Ansicht zu entfernen. Allein einmal ist die Lesart nicht ganz sicher; die Vulgata hat, wie Holts hervorhebt, διαλόγων, und erst von Wyttenbach rührt die Verbesserung διαλόγων her, und dann ist der plötzliche Wechsel der Construction (zuerst ἐν τοῖς — dann διὰ τῶν) doch sehr auffallend. Heitz 126.

2) Bernays S. 47 und 95—114. Heitz 179—199.

3) Ich meine die schönen, unten näher zu besprechenden Worte, mit denen Ar. E. N. I, 4 (S. 5, 23 ff.) die abgekürzte Polemik gegen die Ideen einleitet.

4) So Proklos in der Schrift seines Gegners Philoponos de mundi aeternitate II, 2: καὶ ἐν τοῖς διαλόγοις σαφέστατα κεκραγὼς μὴ δύνασθαι τῷ δόγματι τούτῳ συμπαθεῖν, κἂν τις αὐτὸν οἴηται διὰ φιλονεικίαν ἀντιλέγειν. Bernays S. 49 und 151/52.

5) Bernays S. 45—50. Heitz S. 169—174, 188, 191.

6) Diog. Laert. V, 22: περὶ βασιλείας α' (auch Cicero bekannt) und Ἀλέξανδρος ἢ περὶ ἀποικιῶν α' ib.

wichtige Auskunft erhalten und damit zugleich über eine der grössten
politischen — man kann sagen — kosmopolitischen Fragen, die in der
Zeit des Aristoteles aufgeworfen werden konnten. Dass beide Schriften,
wenn nicht auf ausdrückliche Aufforderung des Alexander [1], so doch
ihm zur Nachachtung geschrieben, an seine Adresse offen gerichtet
waren, ist zweifellos, da wir in einem Fall den Wortlaut des Titels, im
andern das Zeugniss Cicero's haben. [2] Welch ein Unglück, dass Cicero
die an sich ziemlich geschmacklose Absicht nicht ausgeführt hat, an
Cäsar einen Symbuleutikos zu richten mit freier Benutzung der Zu-
schriften, die Aristoteles und Theopomp für Alexander verfasst hatten!

Die grosse Frage, wie Alexander als König gleichzeitig über Hellenen und Barbaren, d. h. nach der antiken Auffassung über zwei
verschiedene Menschenrassen gebieten könne, musste der Mittelpunkt
aller Erwägungen der neuen Weltpolitik sein. Sie war der Zündstoff,
an dem sich die Leidenschaften des makedonischen Feldlagers im fernen
Asien entflammten, sie beschäftigte auch das ernste Nachdenken der
Philosophen, die in der Heimat geblieben waren und der Siegeslaufbahn
des Helden mit wechselnden Empfindungen folgten. Und sie entschieden die Frage, ob der makedonische Waffenadel, der sich nicht zum
»Anhündeln« bequemen wollte, ob sein unerschrockener Sprecher, der
Philosoph Kallisthenes, der sich nicht scheute, den machtberauschten
Monarchen selbst in seiner gefürchteten Weinlaune zu reizen, Recht
habe oder nicht. Sie erklärten, Hellenen und Barbaren seien nicht mit
einem Mass zu messen, ein freigeborenes Geschlecht wie jene anerkenne
einen Hegemon, einen Ersten unter Ebenbürtigen, aber keinen Despoten,
sei bereit, seinen grössten Mann zu lieben und von Sieg zu Sieg zu ge-
leiten, aber nie sich einem Machtgebot in stummer Unterwürfigkeit zu
fügen. Den Barbaren, die nie gelernt, was Freiheit heisse, geschehe
ihr Recht, wenn der Gewaltherr ihnen den Fuss auf den Nacken setze,

---

1) Was übrigens Ammonios in categ. f. 9^b versichert, ὅσα ἐρωτηθεὶς ὑπὸ Ἀλεξάν-
δρου τοῦ Μακεδόνος περί τε βασιλείας καὶ ὅπως δεῖ τὰς ἀποικίας ποιεῖσθαι γέγραφημε. Vgl.
damit die Stellen der vitae. Heitz 205. Bernays 134.

2) Der ad Attic. XII. 40, 2 erwähnte συμβουλευτικός: Ἀριστοτέλους et Θεοπόμπου
πρὸς Ἀλέξανδρον darf wohl unbedenklich für identisch mit der Schrift περὶ βασιλείας
gehalten werden, wenn derselbe auch, was aus einzelnen Andeutungen geschlossen
werden kann, auf eine Anrede in Briefform hinauslaufen sollte. Eine epistola
ad Caesarem, gemäss dem ad Alexandrum hominum eloquentium et doctorum sua-
siones zu schreiben, war Cicero's Absicht ad Attic. XIII, 28, 2. Strabo (I p. 66)
gebraucht für diese Rathschläge gleichfalls einen nur auf Briefform deutbaren Ausdruck (τὰν ὑπομνηματικήν) und das Citat einer ἐπιστολή des Theopomp πρὸς Ἀλέξανδρον
kommt vor. Bernays 155.

sie wie halbe Menschen nur behandle. [1]) Der Begriff der Menschheit, auf den sich Plutarch und Eratosthenes [2]) gegen diese engherzige Scheidung der beseelten Wesen beriefen, war damals noch nicht gefunden, und gar viel musste noch geschehen, bis man die Gleichheit aller Sterblichen in der allgemeinen Knechtschaft ertragen lernte.

Wie spärlich diese Andeutungen auch sein mögen, es geht daraus hervor, dass ohne die Dialoge unsere Kenntniss des aristotelischen Lehrgebäudes, insbesondere seiner ethisch-politischen Zweige, Stückwerk ist und bleibt, und dass unsere Klagen über Unklarheit, Unvollständigkeit der uns vorliegenden Schriften niemals ohne Weiteres sich in Vorwürfen gegen Aristoteles' wissenschaftlichen und schriftstellerischen Charakter aussprechen dürfen. Ausdrücklich setzt Aristoteles höchst wichtige Bestandtheile seiner Lehre [3]) als aus den »exoterischen Reden« längst bekannt bei seinen Zuhörern voraus; wie vieles Andere durfte er als nicht minder bekannt betrachten, ohne besonders anzugeben, wo es vorgekommen war. Wir können sagen, dass uns mit den »exoterischen Reden« der Schlüssel zu ganzen Partieen der aristotelischen Philosophie und insbesondere zur Geschichte des W e r d e n s und W a c h s e n s dieses gewaltigen Geistes [4]) verloren gegangen ist.

Und doch reicht auch dieser Gesichtspunkt, den wir nie aus den Augen verlieren dürfen, nicht aus, um den Texteszustand der uns erhaltenen nicht exoterischen [5]) Schriften zu erklären.

1) Plut. de fortuna Alex. I, 6: οὐ γὰρ, ὡς Ἀριστοτέλης συνεβούλευε αὐτῷ, τοῖς μὲν Ἕλλησιν ἡγεμονικῶς, τοῖς δὲ βαρβάροις δεσποτικῶς χρώμενος· καὶ τῶν μὲν ὡς φίλων καὶ οἰκείων ἐπιμελούμενος, τοῖς δὲ ὡς ζῴοις ἢ φυτοῖς προσφερόμενος, πολεμοσθ' φυγὰς ἐνέπλησε καὶ στάσεων ὑπούλων τὴν ἡγεμονίαν, ἀλλὰ κοινὸς ἥκειν θεόθεν ἁρμοστής καὶ διαλλακτὴς τῶν ὅλων νομίζων —.

2) Bei Strabo I, 66 — οὐκ ἐπαινέσας (Ἐρατοσθένης) τοὺς δίχα διαιροῦντας ἅπαν τὸ τῶν ἀνθρώπων πλῆθος εἰς τε τε Ἕλληνας καὶ βαρβάρους καὶ τοὺς Ἀλεξάνδρῳ παραινοῦντας τοῖς μὲν Ἕλλησιν ὡς φίλοις χρῆσθαι τοῖς δὲ βαρβάροις ὡς πολεμίοις, βέλτιον εἶναι φησιν ἀρετῇ καὶ κακίᾳ διαιρεῖν ταῦτα.

3) So die Widerlegung der platonischen Ideenlehre, die Definition des Unterschiedes von ποιεῖν und πράττειν, eine Zergliederung des Zweckbegriffs, Bernays 47, 62, 109.

4) Bernays S. 128: »Die lange Reihe der Dialoge würde ihn uns zeigen, wie er allmählich seinem Lehrer Platon entwächst, wie er die platonischen Darstellungsformen für seine Zwecke zu handhaben, die platonischen Lehren umzuschaffen und zu ergänzen beginnt, um über beide endlich hinauszuschreiten und in seiner eigenen Rüstung einherzugehen.« Das Mittelalter liess sie verloren gehen, weil es historischen Sinn nicht hatte und in den dogmatischen Schriften das fertige, diktatorisch auftretende System vorfand, das seinem Geschmack zusagte.

5) Ich vermeide die Ausdrücke esoterisch, hypomnematisch, akroamatisch, pragmatisch absichtlich, weil keiner von ihnen durch aristotelischen Sprachgebrauch bezeugt ist.

Die Frage zu behandeln, inwieweit ein alter Schriftsteller für alle
Mängel der Redaktion seiner Texte verantwortlich gemacht werden
könne, inwieweit nicht, ist eine sehr missliche Sache, wenn wir, wie
gewöhnlich, auf subjektive Gesichtspunkte angewiesen sind. Hier befinden wir uns in der ausnahmsweise glücklichen Lage, Aristoteles
selber reden lassen zu können und nach den von ihm ertheilten Vorschriften den stilistischen Charakter der uns vorliegenden Schriften zu
beurtheilen.

Das dritte Buch der Rhetorik, an dessen Echtheit mit Grund nicht
gezweifelt werden kann [1], stellt die Regeln auf [2], nach denen Prosa
geschrieben werden soll, und nach denen desshalb auch die Prosa der
uns vorliegenden Schriften zu würdigen ist.

Wir unterscheiden hier die Lehre von der Wortwahl und die
von dem Satzbau. [3] Aristoteles behandelt die erstere cap. 6—8, die
letztere cap. 9—12. Unter beiden Gesichtspunkten handelt es sich um
die »schlichte Prosa«, die von Rhetorik und Poesie gleich weit entfernt ist. [4] Das erste Gesetz dieser Prosagattung ist Klarheit und Deutlichkeit der Bezeichnung; diese wird erreicht, wenn man alle Worte
in ihrem eigentlichen Sinne gebraucht [5], nicht fremdartige Bedeutung hineinlegt, sich an den allgemeinen Gebrauch anschliesst und
überhaupt nicht gekünstelt, sondern naturwüchsig spricht. [6]

Viel zur sinnlichen Anschaulichkeit der Rede trägt die Metapher
bei, die, mit Mass und Geschmack gebraucht, auch der schlichten
Prosa unentbehrlich ist, wo es gilt, die »Dinge leibhaft vor Augen zu
stellen«. [7]

Machen wir zunächst von diesem Massstabe Gebrauch, so wird
allgemein zugestanden werden, dass die Prosa der aristotelischen
Schriften von Seiten der Wortwahl musterhaft genannt werden muss.
Wenn bei den späteren Auslegern die »Unklarheit« des Aristoteles

---

1) Die Zweifler verweist Spengel, damit sie huius viri ingenium siusque dicendi
rationem besser kennen lernen, auf Sauppe: Dionysios und Aristoteles S. 73. Ueber
die Epitaphin S. 221 ff.

2) In den Rhetores Graeci rec. Spengel S. 121 ff., in demselben neuer Ausgabe
der Rhetorik Leipzig 1867. S. 107 ff.

3) λέξις — τάξις.

4) ψιλοὶ λόγοι, oratio pedestris, genus medium.

5) c. 2. τῶν δ' ὀνομάτων καὶ ῥημάτων σαφῆ μὲν ποιεῖ τὰ κύρια, aynonym damit τὸ
οἰκεῖον im Gegensatz zu ξενικόν.

6) ib. καὶ μὴ ποιεῖν λέγειν πεπλασμένως ἀλλὰ πεφυκότως.

7) ib. τὸ δὲ κύριον καὶ τὸ οἰκεῖον καὶ μεταφοραὶ μόναι χρήσιμοι πρὸς τὴν τῶν φιλῶν
λόγων λέξιν. — τὸ πρὸ ὀμμάτων ποιεῖν. c. 3. 4. c. 11.

sprichwörtlich ist, so kann das ganz gewiss seinen Grund nicht in der Willkür und Künstlichkeit der gebrauchten Worte haben. Denn bei Aristoteles ist von dem Stelzengang einer aus Unbeholfenheit oder aus Gespreiztheit mit der Sprache ringenden Philosophie keine Spur zu finden. Du ist nichts Gesuchtes, nichts auf Effekt Berechnetes, ja die Meisterschaft, mit der er die Versinnlichungsmittel schlagender Metaphern, bezeichnender Dichterstellen und Sprichwörter zu handhaben versteht, ist bewunderungswürdig und beweist, dass er den hellenischen Sprachgeist an seinen ewig sprudelnden Quellen selber studirt hat, wie Keiner neben und nach ihm. Was Dionysios an dem Redner Lysias, Aristoteles selber an dem Dichter Euripides, das haben wir an dem Philosophen Aristoteles zu bewundern, und dieser Vorzug ist so eigenartiger Natur, dass er sich gegen die ärgsten Unvollkommenheiten der Ueberlieferung und die gewaltthätigste Unbill der Zeit unversehrt in Allem behauptet hat, was den Stempel dieses grossen Denkers trägt.

So steht es mit der Wortwahl, anders aber mit dem Satzbau. Für diesen gibt die Rhetorik zunächst folgende Vorschriften: Vordersatz und Nachsatz müssen in der richtigen Verbindung zu und in der richtigen Entfernung von einander stehen. [1] Einschiebungen, die durch Bindewörter eingeführt werden, sind zu vermeiden, ihre Häufung gar zerreisst den Zusammenhang, stört die Uebersicht und verwirrt die Unterscheidung der Satzglieder; z. B. darf man nicht sagen oder schreiben: »ich aber, nachdem er mir's gesagt, Kleon nämlich war gekommen, um mich zu bitten und es gutzuheissen, machte mich auf den Weg und nahm sie mit.«

Ein Satz muss wohl lesbar oder, was dasselbe ist, wohl aussprechbar sein. Gehäufte Zwischensätze machen das unmöglich; man weiss dann nicht, was zusammengehört und was durch Interpunktion getrennt werden muss, eine Hauptschwäche des »dunkeln« Herakleitos, dessen Sätze zu interpungiren ein wahres Kunststück ist. [2]

----

1) c. 5. δεῖ δὲ ἕως μέμνηται ἀνταποδιδόναι ἀλλήλοις (der Nachsatz muss folgen, wenn man den Vordersatz noch im Gedächtniss hat), μήτε μακρὰν ἀπαρτᾶν (und darf nicht zu weit entfernt sein) μήτε σύνδεσμον πρὸ συνδέσμου ἀποδιδόναι τοῦ ἀναγκαίου (und kein unnöthiger Bindesatz darf statt des nothwendigen eingeschoben werden). Unter σύνδεσμοι sind nach dem Zusammenhang nicht blos die Bindewörter, wie ἐπί, μέν, δέ, γάρ u. s. w., sondern auch die Sätze selber zu verstehen, die durch sie eingeführt werden. Das Beispiel: „ἐγὼ δ' ἐπεί μοι εἶπεν (ἦλθε γὰρ Κλέων δεόμενός καὶ ἀξιῶν) ἀπορευόμην παραλαβὼν αὐτούς.

2) ib. ὅλως δὲ δεῖ εὐανάγνωστον εἶναι τὸ γεγραμμένον καὶ εὔφραστον· ἔστι δὲ τὸ αὐτό. ὅπερ οἱ πολλοὶ σύνδεσμοι οὐκ ἔχουσιν, οὐδ' ἃ μὴ ῥᾴδιον διαστῖξαι, ὥσπερ τὰ

Des Herakleitos bloss? Nein, auch des Aristoteles selbor, und zwar im
allerhöchsten Masse, wenn nämlich die Recension der uns vorliegenden
Texte wirklich von ihm ist. Denn der grosse Aristoteleskritiker Bonitz
gesteht unumwunden zu [1]) : »Die bekannte Aeusserung des Aristoteles
über Herakleitos ist öfters auf Aristoteles selber angewendet worden.
Und mit Recht, denn an zahlreichen Stellen der aristotelischen Schriften
ist es schwer, die richtige Interpunktion zu setzen oder, was dasselbe
ist, die grammatische Satzfügung sicher zu erkennen. — Der Grund
hiervon liegt einerseits in der Sache selbst. Die stilistisch gewiss
nicht zu rühmende Manier des Aristoteles, in einem begründenden
oder bedingenden Satz zu den Hauptgliedern des Beweisganges Erläuterungen oder untergeordnete Begründungen hinzuzufügen, macht
es häufig zweifelhaft, wo denn der Nachsatz beginne, oder ob vielleicht über die zerstreuende Ausdehnung des Vordersatzes die grammatische Form, in welcher er begonnen, und somit das Erforderniss, ihn
durch einen Nachsatz abzuschliessen, ganz in Vergessenheit gerathen sei.«

Vergegenwärtigen wir uns das ganze Gewicht dieses Zugeständ-
nisses. ·

Die Rhetorik verlangt ein klares Entsprechen von Vorder- und
Nachsatz, und Bonitz constatirt, dass das in zahlreichen Fällen bei
Aristoteles selber nicht gefunden werde.

Die Rhetorik verdammt die Häufung von Zwischensätzen, und
Bonitz constatirt, dass diess nicht etwa blos in zahlreichen Fällen vorkomme, sondern ihren Grund in einer aristotelischen Manier hat.

Wenn hier nicht ein schreiender Widerspruch zwischen der Theorie
und der Praxis desselben Mannes vorliegt, dann gibt es überhaupt
keinen.

Was Bonitz von den aristotelischen Schriften im Allgemeinen sagt,
bestätigt Bernays an einem allerdings hervorstechenden Fall in der Nikomachischen Ethik, »einem bis zur Athemlosigkeit langen, dreimal
mit denselben Partikeln ansetzenden, durch Einschachtelungen aller
Art aufgebauschten Kettenschluss (p. 1098 ª 7—17), dessen stilistische
Ungeheuerlichkeit wenig Aehnliches in dem ganzen Umkreis unserer
aristotelischen Sammlung hat.« [2])

'Ηρακλείτου. τὰ γὰρ 'Ηρακλείτου διαστίξαι ἔργον διὰ τὸ ἄδηλον εἶναι ποτέρῳ
πρόσκειται, τῷ ὕστερον ἢ τῷ πρότερον —.

1) Aristotelische Studien II. Sitzungsberichte der Wiener Akademie der Wissenschaften Phil.-hist. Classe 1863. Bd. 41. S. 379.

2) Dialoge 73.

Die Hauptsache ist und bloibt, dass es sich in dieser Frage nicht um einzelne Stellen, sondern um eine durch Bonitz mit zahlreichen Beispielen belegte Eigenheit handelt, die als solche mit den klaren Worten der Rhetorik unvereinbar ist. Die eine Thatsache, dass, um nur einigermassen lesbare Sätze herzustellen, unsere Herausgeber und Erklärer alle Augenblicke zur Parenthese greifen müssen[1]), zeigt schon, dass wir es hier mit einem Aristoss zu thun haben, über den man nicht leichthin hinwegschlüpfen kann.

Doch kehren wir zur Rhetorik zurück.

Näher auf die Lehre vom Bau der Sätze und der Perioden eingehend, entwickelt Aristoteles eine Unterscheidung, die sich die spätere Rhetorik angeeignet[2]), die er aber offenbar zuerst aufgestellt hat, und die dann auch so echt aristotelisch durchgeführt ist, wie nur irgend möglich.

Die Sätze sind entweder aneinander gereiht durch Nebenordnung[3]) oder ineinandergefügt durch Unterordnung.[4]) Dort ist die Satzverbindung locker, hier fest, dort regellos, hier kunstmässig, in Kunstsätzen, d. h. in Perioden verlaufend.

»Die Satzweise ersterer Art ist altväterlich,« entwickelt Aristoteles und führt die ersten Worte des Herodoteischen Geschichtswerkes an; ihrer bedienten sich früher Alle, jetzt thun es nur Wenige mehr.[5]) Was ich aber Satzanreihung nenne, findet da statt, wo die Länge und Kürze der Sätze nicht an sich bestimmt ist, sondern von dem Umfang des zu meldenden Stoffes abhängt[6]), d. h. wo eine mit wenig Worten ausdrückbare Thatsache eben einfach einen kleinen Satz füllt, statt mit anderen zu einer Periode verbunden zu werden, und wiederum eine andere Thatsache, die viel Worte verlangt, durch eine Reihe von locker verbundenen Sätzen in einem Athem vorgetragen wird, die sich so lange fortspinnen, bis die Geschichte aus ist. »Diese

---

1) Was Bonitz nach Trendelenburg's und Bekker's Vorgang a. a. O. S. 402 ff. weiter durchführt.

2) c. 9. S. Spengel zu der Stelle S. 391 seiner adnotatio.

3) Das ist die λέξις εἰρομένη (s. Sauppe epistola critica 138), die Demetrius § 12 διηρημένη ἑρμηνεία — ἡ εἰς κῶλα λελυμένη οὐ μάλα ἀλλήλοις συνηρτημένα nennt.

4) Die λέξις κατεστραμμένη. Demetrius ib. ἡ κατὰ περίδους ἔχουσα. Aristid. Rhet. IX, 403 — ἡ δὲ κατὰ περίοδον, ἥτις ἐστὶν σύνταξις κώλων καὶ κομμάτων εἰς διάνοιαν ἀπηρτισμένη φράσις.

5) c. 9: ἡ μὲν οὖν εἰρομένη λέξις ἡ ἀρχαία ἐστίν· „Ἡροδότου Θουρίου ἥδ᾽ ἱστορίης ἀπόδειξις“· ταύτῃ γὰρ πρότερον μὲν ἅπαντες, νῦν δὲ οὐ πολλοὶ χρῶνται.

6) So muss ich die Worte umschreiben: λέγω δὲ εἰρομένην ἢ οὐδὲν ἔχει τέλος καθ᾽ αὑτήν, ἂν μὴ τὸ πρᾶγμα λεγόμενον τελεωθῇ.

4 *

Weise der Satzbildung ist unerquicklich, weil sie unbemessbar ist, während doch der Leser stets den Abschluss will voraussehen können, weil ihm Bedürfniss ist, bei den Ausgängen sich zu verschnaufen und Athem zu schöpfen. Sieht er nun den Schluss vor Augen, dann ermüdet er nicht vor dem Ziel.« [1] Gewiss eine treffende Bemerkung, die von dem oben schon berührten Erfahrungssatze ausgeht, dass der Leser an den Satzbau des Schriftstellers genau denselben Anspruch macht, wie der Hörer an den des Redners, dass das wohl Lesbare mit dem wohl Aussprechbaren zusammenfällt.

Der Satzanreihung nun steht die Satzfügung gegenüber, welche im Bau richtiger Perioden oder kunstmässiger Sätze besteht. Eine Periode aber nennt Aristoteles einen Satz, der Anfang und Schluss, d. h. sein Mass in sich selber trägt und einen wohl übersehbaren Umfang hat. [2] »Diese ist zugleich erquicklich und lehrhaft, erquicklich, weil sie das Gegentheil von Unberechenbarkeit ist, und weil der Hörer stets etwas Ganzes zu haben glaubt, wo der Satz in sich abgeschlossen erscheint, während weder eine Uebersicht, noch einen Ruhepunkt zu haben, widerwärtig ist.« [3]

Die ältere aus der Mode gekommene Weise des Satzbaues klebte gewissermassen am unverarbeiteten Stoffe und hatte ihr Gesetz nicht in sich selber, sondern in dem Material ausser ihr. Die moderne dagegen bezeichnet die Herrschaft des Geistes über den Stoff, der sich den Gesetzen des ordnenden Verstandes, dem Geschmack und den gerechten Ansprüchen des Lesers und Hörers fügen muss. Der Vortrag in Kunstsätzen oder Perioden ist dem Auge und Ohre ebenso wohlthuend und dem Verständniss förderlich, als es die entgegengesetzte nicht ist. Es ist also kein Zweifel, welche von beiden Aristoteles vorzieht.

Die Periode nun kann eingliederig oder mehrgliederig sein. [4]

---

1) ἔστι δὲ ἀηδὴς διὰ τὸ ἄπειρον· τὸ γὰρ τέλος πάντες βούλονται καθορᾶν. διόπερ ἐπὶ τοῖς καμπτῆρσιν ἐκπνέουσι καὶ ἐκλύονται· προορῶντες γὰρ τὸ πέρας οὐ κάμνουσι πρότερον. Die mangelhafte Satzverbindung an dieser Stelle deutet auf das Fehlen von Zwischengliedern.

2) — κατεστραμμένη δὲ ἡ ἐν περιόδοις· λέγω δὲ περίοδον λέξιν ἔχουσαν ἀρχὴν καὶ τελευτὴν αὐτὴν καθ' αὑτὴν καὶ μέγεθος εὐσύνοπτον.

3) ἡδεῖα δ' ἡ τοιαύτη καὶ εὐμαθής, ἡδεῖα μὲν διὰ τὸ ἐναντίως ἔχειν τῷ ἀπεράντῳ καὶ ὅτι δεί τι οἴεται ἔχειν ὁ ἀκροατὴς τῷ ἀεὶ ἐπιπεράνθαι τι αὑτῷ· τὸ δὲ μηδὲν προνοεῖν εἶναι μηδὲ ἀνύειν ἀηδές. εἶναι fehlt in der vetus transl., und Viktorius streicht es. Spengel; recte, nisi ex hoc dependet προνοεῖν ut sit: si vero nihil providere licet neque perficere id ingratum est.

4) περίοδος δὲ ἡ μὲν ἐν κώλοις, ἡ δ' ἀφελής — ἀφελῆ δὲ λέγω τὴν μονόκωλον.

Wie sich Aristoteles die erstere denkt, wird aus dieser Stelle so wenig
klar, als aus den Angaben der späteren Rhetoriker. ¹) Ueber die letztere
aber, die mehrgliederige Periode, erhalten wir näheren Bescheid. Aristoteles nennt den gegliederten Kunstsatz den »in sich vollendeten,
abgetheilten und abgerundeten Ausdruck« eines Gedankens. ²) Die
Glieder aber und die Perioden dürfen weder zu winzig, noch zu lang
sein. Denn die Häufung von kurzen Sätzchen bewirkt, dass der Hörer
oft anstösst. Wenn er nämlich noch im vollen Zuge ist, weil er eine
grössere Entfernung vor sich zu haben glaubt, die er in Gedanken
ausgemessen hat, und nun auf einmal durch einen plötzlichen Schluss
festgehalten wird, dann muss er straucheln wie Einer, der im Vor-
wärtslaufen einen Stoss nach rückwärts erhält.³) Die allzu langgedehnten Sätze aber haben zur Folge, dass der Hörer ermüdet zurückbleibt,
wie die, die vom Ziele ab sich seitwärts schlagen, denn sie können mit
ihren Begleitern nicht gleichen Schritt halten.« ⁴)

Diese Vorschriften sprechen für sich selbst. Wer selber je über
diese Dinge nachgedacht und aus eigener Erfahrung endlich das Richtige gefunden hat, der wird zugestehen müssen, dass die einfache
Wahrheit, um die es sich hier handelt, sachgemässer und zugleich
schlagender gar nicht bezeichnet werden kann, als es hier geschehen
ist. Die Schilderung des Aristoteles ist naturwahr, und damit ist
Alles gesagt.

Wir wissen genau, unzweideutig, welche Prosa Aristoteles für die
beste hielt, und welche wir deshalb auch für ihn selber als die massgebende erachten müssen. Der kunstlose Satzbau der Logographen
gefällt ihm nicht, denn er ist das Gegentheil dessen, was eine gute
Prosa leisten soll; er ermüdet, statt anzuregen; er stösst ab, statt zu
fesseln. Die Kunstprosa der Periode dagegen übt einen Reiz auf den
Hörer und Leser, der sich immer wieder erneuert, und sie ist lehrhaft, denn sie trägt nicht unverarbeitete Rohstoffe, sondern fertige,
ausgereifte Gedanken und Urtheile vor. Und das letztere namentlich

---

1) S. Spengel S. 396.

2) ἔστι δ᾽ ἐν κάλλοις μὲν λέξις ἡ τετελεσμένη τε καὶ διηρημένη καὶ εὐανάπνευστος,
μὴ ἐν τῇ διαιρέσει ἀλλ᾽ ἔλη. (Die Glosse ὥσπερ καὶ ἡ περίοδος ist als sinnlos zu
streichen.)

3) δεῖ δὲ καὶ τὰ κῶλα καὶ τὰς περιόδους μήτε μυούρους εἶναι μήτε μακράς. τὸ μὲν γὰρ
μικρὸν προσπταίειν πολλάκις ποιεῖ τὸν ἀκροατήν· ἀνάγκη γάρ, ὅταν ἔτι ὁρμῶν ἐπὶ τὸ πόρρω
καὶ τὸ μέτρον, οὗ ἔχει ἐν ἑαυτῷ ὅρον, ἀντισπασθῇ παυσαμένου, οἷον προσπταίειν γίγνεσθαι
διὰ τὴν ἀντίσπασιν.

4) τὰ δὲ μακρὰ ἀπολείπεσθαι ποιεῖ, ὥσπερ οἱ ἐξωτέρω ἀποκάμπτοντες τοῦ τέρματος·
ἀπολείπουσι γὰρ καὶ οὗτοι τοὺς συμπεριπατοῦντας.

ist für die Wahl der Vortragsweise in philosophischen Dingen entscheidend. Die Perioden selber dürfen nicht zu kurz und nicht zu lang sein. Sie müssen ihr Mass in sich selber tragen, aber dieses stimmt überein mit dem, das der Leser oder Hörer unwillkürlich anlegt. Wie in allen Dingen, ist Aristoteles auch in den Fragen des Stils der Mann der gesunden Mitte, des besonnenen Maashalteus.

Wie stimmt nun der Satzbau in dem Text der uns erhaltenen Schriften mit diesen Stilregeln des Aristoteles selber überein? Um es mit einem Worte zu sagen: sehr wenig. Das Zeugniss von Bonitz ist schon angeführt. Es bestätigt für den ganzen Umkreis der aristotelischen Schriften eine Manier der Einschiebungen, die an »zahlreichen Stellen« die Unterscheidung der Satzglieder erschwert, die auf alle Fälle mit einem kunstvollen Periodenbau, wie ihn Aristoteles fordert, ganz unverträglich ist. Anderen Gelehrten ist die entgegengesetzte Eigenheit, die Liebhaberei für kurze, abgerissene, nur locker und eintönig aneinandergereihte Sätze aufgefallen. Schneider[1] und Zell[2] haben bemerkt, dass sich die Gedankenbewegung bei Aristoteles nicht in einem gemessenen Gange, sondern in wunderlichen Sprüngen vollziehe und dem Leser überlasse, sich die Geheimnisse des Zusammenhangs selbst zu enträthseln.

In der That hat man, wenn man Beides zusammenfasst, ein richtiges Bild von dem Charakter der uns vorliegenden Texte. Ganze Seiten lang begegnen uns abgerissene Sätze, die, nothdürftig durch immer wiederkehrende Partikeln verknüpft, sich ausnehmen wie versprengte Periodentrümmer, die eine ungeschickte Hand zusammengelesen hat, und dann wieder überladene Satzanhäufungen, die sich unter fortwährenden Einschiebungen mühselig hinschleppen, immer wieder von vorne anfangen wollen und kein Ende finden können. Kurz, der Text ist ein Bild jener Satzanreihung, die die Rhetorik verurtheilt, weil der Leser nie weiss, wie gross oder wie klein der Anlauf ist, den er zu nehmen hat, um dem Schriftsteller zu folgen, ein Bild der Häufung bald jener »winzigen« Sätze, bei denen der Hörer

---

1) Polit. I p. XVIII: genere dicendi conciso et Laconico et ratione disputandi peculiari, quae saltuatim progreditur atque interposita saepiuscule particula γάρ multa lectorum cogitationibus supplenda permittit.

2) Neue Ferienschriften I, 13 — neque vero hoc facit perpetua et continuata oratione et aequabiliter fusa sed non nisi strictim, carptim, summatim, verba neque artificiosa neque varia colligatione comprehendens, sed ita fere plerumque ut sententia nonnisi meris particulis copulativis constrictas alia aliam excipiant.

oder Leser durch ewiges »Anstossen« zur Verzweiflung gebracht wird,
bald jener langgedehnten Schachtelsätze, bei denen ihm der Athem
ausgeht und das Mitkommen unmöglich wird, und nur ausnahmsweise erinnert uns eine wohlgebaute Periode daran, dass wir es mit
dem Verfasser der Rhetorik zu thun haben.

Die Thatsache, auf die ich mich hier berufe, ist in den Urtheilen,
welche Ritter, Brandis, Bonitz, Schneider, Zell über den aristotelischen
Stil gefällt haben, für die Schriften des Aristoteles im Allgemeinen
offen, unzweideutig zugestanden. Niemand hat ihr widersprechen
können; sie darf deshalb als allgemein angenommen betrachtet werden, und wem die auf fremde Erfahrungen gegründeten Urtheile nicht
genügen, der schlage ein beliebiges Capitel auf, lese ein halb Dutzend
Seiten und überzeuge sich, dass sie sich im Rechte befinden. Dass diese
Thatsache aber nicht irgend welchen willkürlichen Vorstellungen von
der Nothwendigkeit eines richtigen Satz- und Periodenbaues für einen
wissenschaftlichen Vortrag, sondern den Vorschriften des Aristoteles
selber unausgleichbar widerspricht, das lehrt ein Blick auf die Stellen,
die wir eben aus der Rhetorik ausgehoben haben.

Die Nikomachische Ethik und die Politik machen keine Ausnahme
von dieser Regel; sie findet vielmehr ihre Anwendung auf diese Schriften
im vollsten Umfange. Jede einzelne Seite beider Werke bietet Beispiele
jener Anarchie des Satzbaues, vor welcher die Rhetorik ausdrücklich
und aus schlagenden sachlichen Gründen warnt, und nur ganz ausnahmsweise finden wir runde, wohlgebaute Perioden. [1]) Die Frage ist,
wie wir uns diesen Widerspruch zu erklären haben.

---

1) Beide Schriften sind besonders reich an Proben für jene λέξις εἰρομένη, jene
ἀντίκρισις; und jene δευλσιτεσθαι, von dem die Rhetorik spricht. In sämmtlichen zehn
Büchern der Ethik finden wir die für den Leser so ausserordentlich störende Häufung von ganz kurzen, abgerissenen Sätzen in Zeilen, so ganz auffallend zahlreich in
den Büchern 6, 9, 10, wo fast jede Zeile einen Satz für sich bildet und das eng Zu-
sammenhängende nur lose durch Partikeln mit dem Vorangehenden oder Folgenden
verbunden ist, während der Periodenbau in der Politik, wie insbesondere das erste
Buch lehrt, mehr mit den ungefügen Einschiebungen zu ringen hat, die jeden Ueberblick und jeden Aufathmen unmöglich machen. Um auf Einzelnes in der Nikomachischen Ethik aufmerksam zu machen: für die Wiederholung von σύνδεσμοι, welche
die Rhetorik verbietet, können als Beispiele dienen Stellen, wie S. 119,27, wo
γάρ zwei Mal, 10, 11. 190,23, wo es drei Mal, und 139,15—24, wo es in einem
Satzverbande fünf Mal hintereinander vorkommt. Aehnliche Wiederholungen von
δέ, 152,32. 154,30. 155,1. 154,16—19; von δή S. 104,17—31. 174,1. 175,32;
von οὖν S. 119, 30—32. 120, 15—16. S. 122,22. 123,25. 124,5. 130,13 beginnt
eine Periode mit ἐπεί, aber es folgt kein Nachsatz; an anderen Stellen ist der Vordersatz vom Nachsatz getrennt durch eine Einschiebung.

Dass Aristoteles seine eigenen Vorschriften über Satz- und Periodenbau nicht habe befolgen können oder nicht habe befolgen wollen, wird Niemand annehmen. Eins ist so undenkbar wie das Andre, denn jene Vorschriften enthalten durchaus Nichts, was einem Aristoteles die mindeste Schwierigkeit machen konnte oder irgendwie den Stoffen, die er behandelt, Gewalt anzuthun geeignet wäre, und überdies sind sie auch an einzelnen ausnahmsweisen Stellen allerdings befolgt.

Da nun an der Echtheit des Gedankeninhalts dieser Schriften, sowie an ihrer engen Beziehung zu den Vorträgen des Aristoteles unbedingt festgehalten werden muss, so bleibt die Wahl nur zwischen zwei Annahmen. Entweder die vorliegende Redaktion des Textes ist von Aristoteles selber, dann aber gibt sie nicht eine stilistische Durcharbeitung, wie sie ein zur Veröffentlichung bestimmtes Buch erfordert, sondern nur die formlos hingeworfenen Umrisse, die dem Vortrag zu Grunde liegen sollten. Oder die Redaktion ist nicht von Aristoteles, sondern von einem Schüler, der aus eigenen oder fremden Zuhörerheften einen Text zusammengestellt hat, so gut und so schlecht, als ihm seine Mittel gestatteten. Eine dritte Möglichkeit gibt es nicht: man müsste denn die durchgängigen Unvollkommenheiten unserer Texte von Verheerungen durch die Würmer im Keller zu Skepsis oder durch das Ungeschick späterer Abschreiber herleiten wollen, zwei Momenten, die wir nicht unterschätzen, deren Einwirkung aber in solchem Masse unmöglich übertrieben werden kann. Zwischen den beiden, nach unserer Ansicht einzig möglichen Annahmen haben wir nun die Wahl zu treffen. Für die erstere lässt sich ein älteres Zeugniss anführen. Man kann sagen, an die »hypomnematischen« Schriften darf man den strengen Massstab nicht anlegen, den die Dialoge wohl ausgehalten zu haben scheinen; denn von jenen sagt Simplikios ausdrücklich, sie seien nicht für die Oeffent-

1, 11—16 ὅσαι δ' ἐπὶ — (καθάπερ — ὑφ' ἑτέραις) ἐν ἀτάσεις —.
92, 8—14 ἀπὸ — μισθὸς ἄρα —.
123, 33   ὅσοι μὲν — καὶ ἐπανιόντα οἱ περὶ ταῦτα σπουδάζοντες —.
176, 11—23 εἰ —. —. τὸ δ' αἰσθάνεσθαι.
Anderwärts sind Sätze regellos zusammengehäuft: 122, 22—123, 3. 123, 6—15. 128, 1—6. 166, 20—27, wo dann dem Uebersetzer Nichts übrig bleibt, als sich selber eine neue Periode zu bilden, indem er Einiges auslässt, Anderes einklammert, noch Anderes einschiebt u. s. w.
Dem gegenüber tadellose Perioden, wie S. 9, 21—25. 17, 21—30. 105, 5—9. 106, 1—7. 107, 3—8, 10—18. 124, 22—28. 125, 27—32. 149, 29—34. 174, 11—17. 192, 21—30.

lichkeit, sondern bloss zur Unterstützung des Gedächtnisses für den
Vortrag bestimmt gewesen und hätten desshalb der sorgfältigeren Feile
entbehrt[1]), ja Alexander von Aphrodisias gebraucht den starken Ausdruck, sie seien ein verworrenes Durcheinander und hätten gar kein
gemeinsames Ziel.[2])

Für die letztere lässt sich geltend machen, dass sie alle Unvollkommenheiten dieser Texte auf die müheloseste Weise erklärt, die ohne
sie ein unentwirrbares Räthsel bleiben, dass viele sprachliche Wendungen geradezu auf sie hinweisen, und dass sie endlich auch stimmt
mit dem Namen, den die Nikomachische Ethik bei Aristoteles, die
Politik bei Diogenes führt.

Mit dem Hinweis auf »hypomnematisches« Bequemlichkeit reicht
man nicht weit.

Aristoteles hatte, wie wir von Antipater erfuhren, ein nicht gewöhnliches Talent zum Lehrvortrage, und wie wir uns der Rhetorik
schliessen müssen, dies Talent mit einer systematischen Methode ausgebildet, wie kein Philosoph vor ihm. Wenn sich ein solcher Mann bei
gewissenhafter Vorbereitung auf die Lehrstunde Aufzeichnungen macht,
die nur für ihn Werth haben, dann wird er eine Anzahl Notizen aufs
Papier werfen, aber er wird sich nicht befleissigen, ausgereukte Sätze
aneinanderzureihen und übereinanderzuhäufen in einer Weise, die er
selber mit den schärfsten Worten verurtheilt, und die für den Verfasser
womöglich eine noch grössere Unbequemlichkeit ist, als für den Leser.
Er wird ebenso wenig Dinge aufschreiben, die dem mündlichen
Vortrag ausschliesslich angehören, die nur ein der freien Mittheilung
ganz Unmächtiger vom Papier ablesen oder zu Hause nach seinem
Hefte auswendig lernen wird.

Der Text der Nikomachischen Ethik wie der Politik ist übersäet
mit Wendungen, die in einem für Leser bestimmten Buche, in solcher Anzahl wenigstens, befremdend, in einem für den Vortrag ent-
worfenen Concept ganz unerträglich, in einem mündlichen Vortrage
aber, von dem sich ein nachschreibender Hörer auch das Unwesentliche
nicht wollte entgehen lassen, durchaus natürlich sind. Z. B.: »Davon
ein ander Mal«; »Hierauf müssen wir näher eingehen«; »Aber wir
sind vom Gegenstande abgekommen, kehren wir zu ihm zurück«; »So
viel jetzt im Allgemeinen, nun das Besondere«; »Wenn das noch nicht

---

1) S. 248,45: ὑπομνηματικὰ ὅσα πρὸς ὑπόμνησιν οἰκεῖον καὶ ἐλάσσονα βάσανον
ἀναζητεῖν ὁ φιλόσοφος.

2) ib. ὁ μέντοι Ἀλέξανδρος τὰ ὑπομνηματικὰ συμπεφυρμένα φησὶν εἶναι καὶ μὴ πρὸς
ἕνα σκοπὸν ἀναφέρεσθαι.

klar ist, dann müssen wir noch tiefer gohen« ; »Wir sind jetzt bei dieser Frage angekommen und müssen untersuchen« u. s. w. '; Eben dahin gehören die kürzeren Uebersichten, die Rückblicke auf schon behan-

1) Eth. Nicom.

3, 14 καὶ περὶ μὲν τούτων ἅλις · ἱκανῶς γὰρ καὶ ἐν τοῖς ἐγκυκλίοις εἴρηται περὶ αὐτῶν.

5, 24 ταῦτα μὲν οὖν ἀφείσθω.

5, 3 καὶ περὶ μὲν τούτων ἐπὶ τοσοῦτον εἰρήσθω · πάλιν δ' ἐπανέλθωμεν.

6, 17 τοῦτο δ' ἔτι μᾶλλον διασαφῆσαι πειρατέον.

15, 14 ἀλλ' ἐναντίον ἐπὶ τὸ πρότερον ἀπορηθέν.

25, 22 πῶς δὲ τοῦτ' ἔσται, ἤδη μὲν εἰρήκαμεν, ἔτι δὲ καὶ ὧδ' ἔσται φανερόν, ἐὰν θεωρήσωμεν ποία τις ἐστιν ἡ φύσις αὐτῆς.

31, 23 νῦν μὲν οὖν τύπῳ καὶ ἐπὶ κεφαλαίῳ λέγομεν, δηλούμενα αὐτῷ τοῦτο· ὕστερον δὲ ἀκριβέστερον περὶ αὐτῶν διορισθήσεται.

32, 13 ἐν τοῖς ἑξῆς ῥηθήσεται · νῦν δὲ περὶ τῶν λοιπῶν λέγωμεν.

33, 21 ἀλλὰ περὶ μὲν τούτων καὶ ἄλλοθι καιρὸς ἔσται.

71, 23 ὥσπερ εἴρηται.

75, 23 μᾶλλόν τε γὰρ ἂν εἰδείημεν — καθ' ἕκαστον διαλθόντες.

76, 10 περὶ ἑκατέρου δ' εἴπωμεν, πρότερον δὲ —.

79, 29 διηχθήσεται — ἐν τοῖς ὕστερον · νῦν δὲ — εἴπωμεν — περὶ δὲ — σκεπτέον.

114, 22 λεκτέον δ' ἐπιστήσασι σαφέστερον περὶ αὐτῶν.

116, 21 ἄλλην κοινοαμένους ἀρχήν.

Polit.

49, 11 ἄλλος ἔσται λόγος.

50, 16 περὶ — τοσοῦτον εἰρήσθω.

52, 2 ἕτερος ἔσται τοῦ διασκέψασθαι καιρός.

53 καθάπερ εἴρηται wie oft.

48, 19 ὥσπερ ἐλέχθη καὶ πρότερον.

53, 9 εἰρήσθω τοσαῦθ' —

58, 14 τὰ μὲν οὖν — ἔστω τεθεωρημένα τὸν τρόπον τοῦτον.

63, 4 εἰ δὲ δίκαιον — λόγος ἕτερος.

63, 5 τῶν δὲ νῦν εἰρημένων ἐχόμενόν ἐστιν ἐπισκέψασθαι.

69, 10 διωρισμένων δὲ τούτων ἐχόμενόν ἐστιν — ἐπισκέψασθαι.

70, 16 δεῖ δὲ μικρῷ διὰ μακροτέρων εἰπεῖν.

75, 6 περὶ μὲν τῶν ἄλλων ἔστω ἕτερος λόγος.

70, 1 εἰ δὲ μήπω δῆλον τὸ λεγόμενον, ἔτι μᾶλλον αὐτὸ προηγογούσιν ἔσται φανερόν.

84, 8 ἴσως δὲ καλῶς ἔχει μετὰ τοὺς εἰρημένους λόγους μεταβῆναι καὶ σκέψασθαι —.

86, 32 — ὥστ' ἀφαίσθω τὴν πρᾶξιν.

89, 15 περὶ τι βασιλείας — ἕνα λόγος ἐφέστηκε νῦν καὶ σωτηρίαν τὴν τάξιν.

150, 22 λέγωμεν ἀρχὴν λαβόντες τὴν εἰρημένην πρότερον.

Beispiele derselben Art aus anderen aristotelischen Schriften führt Zeller II, 2, 85 Anm. an und bemerkt dazu sehr richtig, »an eigene Entwürfe für die zu haltenden Vorträge sei hier schon deshalb nicht zu denken, weil sich doch nicht annehmen lasse, dass Aristoteles in solche, wie ein angehender Docent, der keines Wortes sicher ist, auch alle jene Uebergangs-, Einleitungs- und Schlussformeln mit aufgenommen hätte, denen wir in seinen Schriften so häufig begegnen.«

delte, die Vorblicke auf noch zu behandelnde Gegenstände, wie sie in Concepten gar nicht, in Vorträgen sehr wohl am Platze sind. [1]) Auch die Art, wie sich der Redner mitten im Vortrag über einen bestimmten Stoff auf Erörterungen, »bei einer andern Gelegenheit«, auf früher gemachte oder später zu machende Mittheilungen oder, gar auf gleichzeitige Vorträge anderen Inhalts bezieht[2]), spricht für die Wiedergabe mündlicher Aeusserungen durch nachschreibende Zuhörer, während sie weder in einem Buche für Leser, noch in einer Kladde zum eigenen Handgebrauch erklärlich wäre.

Endlich müssen hier die häufig vorkommenden einfachen oder gar doppelten Fragen um so schwerer ins Gewicht fallen, als sie im Texte nicht beantwortet, sondern, nachdem sie aufgestellt sind, durch einen neuen affirmativen Satz abgelöst werden. [3]) Mag man sich nun denken, dass solche Fragen mitten im Vortrag an die Zuhörer gestellt, von diesen kurz beantwortet wurden, ehe der Lehrer fortfuhr, oder sich die Sache sonstwie zu erklären suchen, so viel steht fest, dass sie in einem Buche so wenig, als in einem Concept vorkommen konnten, ohne dass auch der Text die Antwort enthielt.

Das Mass unserer Wahrscheinlichkeitsgründe für die Annahme, dass die Nikomachische Ethik und die Politik nicht aristotelische Urschriften, sondern Nachschriften der Schule sind, wird voll durch die Thatsache, dass beide nicht von Lesern, sondern nur von Hörern wissen, dass nie auf ein Buch, sondern stets nur auf »Reden«, einmal sogar ausdrücklich auf einen »Vortrag« hingewiesen, dass nie nach Orten, sondern stets nach der Zeit citirt wird, dass endlich für beide der Titel »Anhörung« oder, wie wir sagen würden, Vorlesung, wohl beglaubigt ist.

Die Nikomachische Ethik spricht an nicht weniger als fünf Stellen, denen keine anders lautende entgegengesetzt werden kann, von der

----

1) E. N. 47,19—29. 50,6—12. 78,20—34. 75,16—22. 8. 90—91. 157,30. 158, 7. 122,17.

2) So namentlich die auf die ἐξωτερικοὶ λόγοι bezüglichen Stellen Pol. 94, 1 : νομίσαντας οὖν ἱκανῶς πολλὰ λέγεσθαι ἐν τοῖς ἐξ. λ. Pol. 88, 19 1 — ἐν τοῖς ἐξ. λ. διοριζόμεθα περὶ αὐτῶν πολλάκις, wo das Präsens wohl zu beachten ist. S. oben S. 44 Anm. Dazu Pol. 116 31 1 φαμὲν δὲ καὶ ἐν τοῖς ἠθικοῖς, und 142, 25 1 τί δὲ λεγόμεν τὴν καθέκρον, νῦν μὲν ἁπλῶς, πάλιν δ' ἐν τοῖς περὶ ποιητικῆς ἐροῦμεν σαφέστερον, woraus wir auf einen zusammenhängenden, aus Rhetorik, Ethik, Politik, Poetik bestehenden Lehrgang zu schliessen haben.

3) E. N. 2,3. 91,20. 96,3 u. 30. 97,16. 130,33—131,6. 162,15. 163,2. 166,16 ἀρ' οὖν — ; ἔτι —. 174,1—1. 178,30. 200,5. 201,6. Auf einer Seite haben wir fünf solcher Fragen hintereinander gezählt.

Beschaffenheit des Zuhörers, den diese Vorträge voraussetzen oder
bilden sollen, und verweist an einer Stelle auf Dinge, die bei den
Physiologen zu hören seien [1]; bei den Uebersichts-, Einleitungs-
oder Schlussformeln, die wir oben aufgezählt haben, kommen nur
Wendungen vor, die einem im Sprechen begriffenen Redner anstehen [2];
die Politik gebraucht sogar einmal den technischen Ausdruck für unseren Begriff »Vorlesung« [3], und dazu kommt, dass einerseits die Metaphysik unsere Ethik als »Anhörungen« und andererseits der Katalog
bei Diogenes von Laerte unsere acht Bücher Politik mit demselben
ganz unzweideutigen Ausdruck bezeichnet. [4]

Aus den Momenten, die wir bis hierher zusammengetragen haben,
wird sich so viel ergeben, dass unsere Annahme über die Entstehungs-
weise der Texte unserer Ethik und Politik über ein unverächtliches
Material von mittelbaren und unmittelbaren Zeugnissen gebietet. Wir
berufen uns zum Schluss noch auf zwei Umstände, die, einer unter

1) E. N. 3, 7: διὸ τῆς πολιτικῆς οὐκ ἔστιν οἰκεῖος ἀκροατὴς ὁ νέος. ib. 14: περὶ
μὲν ἀκροατοῦ — προοιμιάσθω ταῦτα. 4, 13: δεῖ τοῖς ἔθεσιν ἤχθαι καλῶς τὸν περὶ
τῶν πολιτικῶν ἀκουσόμενον ἱκανῶς. 197, 30: — ἀλλὰ δέξι προσδιορίσασθαι τοῖς ἔθεσι τίν
τοῦ ἀκροατοῦ ψυχὴν πρὸς —. 197, 23: οὐ γὰρ ἂν ἀκούσειε λόγου προτρέποντος.
122, 7: ὃν δεῖ παρὰ τῶν φυσιολόγων ἀκοῦσαι.
Hier sieht es sich wohl auch, der bekannten Stelle am Schluss des Schriftchens
de sophist. elenchis c. 33 zu gedenken, deren zweite Hälfte allerdings unklar ist,
deren erste aber εἰ δὲ φαίνεται διασαμένοις ὑμῖν nur als eine Anrede an wirkliche
Zuhörer verstanden werden kann. — Gegen die Annahme, dass diese Worte auf ein
Conecpt des Aristoteles bezogen werden könnten, macht Stahr, Aristotelia I, 114
mit Recht geltend: »Das heisst wahrhaftig den nach des Alterthums reichhaltigem
Zeugniss so gern und so wohl redenden Stagiriten als einen Kathedermann moderner
Zeit darstellen, der bei gänzlichem Mangel mündlicher Rede [eine bei den alten hellenischen Weisen unerhörte Sache] sich sogar die bei den Zuhörern anzubringenden
Worte des Dankes und der Bitte um Nachsicht wörtlich aufzeichnen und ablesen
muss.«
2) S. oben S. 54 Anm. λεκτέον, σκεπτέον, εἰρήσθω, εἴρηται u. s. w.; ἄλλος λόγος:
ἕτερος λόγος; ἀλλαχοῦ καιρός; u. s. w. Dazu: E. N. 138, 17: ὥσπερ καὶ οἱ φυσικοὶ λόγοι
μαρτυροῦσιν. Dann die Citate Pol. 146, 29: ἡ πρώτη μέθοδος; 161, 30: πρῶτοι λόγοι,
womit das 3. Buch gemeint ist. 157, 29: περὶ ἧς διήλθομεν ἐν τοῖς πρώτοις λόγοις, womit gleichfalls das vorhergehende Buch gemeint ist. 154, 22: ὥσπερ ἐν τοῖς κατ' ἀρχὴν
εἴπομεν. 162: ἐν οἷς περὶ βασιλείας ἐπισκοποῦμεν. 163, 14: ἐν τοῖς περὶ τὰς μεταβολάς
τῶν πολιτειῶν ἐρωῦμεν. 150, 11: πρότερον ἐν τῇ μεθόδῳ πρὸ ταύτης. 162, 1: ἐν τοῖς πρὸ
τούτων λόγοις.
3) Pol. 95, 29: οὔτε γὰρ μὴ θιγγάνειν αὐτὸν δυνατόν, οὔτε πάντας τοὺς οἰκείους ἐπεξ-
ιέναι ἐνδέχεται λόγους· ἑτέρας γάρ ἐστιν ἔργον σχολῆς ταῦτα. Brandis meint, das
könne »schwerlich« mit »Vorlesung«, sondern müsse mit »Zeit«, »Musse« übersetzt
werden. Warum? gibt er nicht an.
4) Metaph. 2 (II) 3: αἱ δ' ἀποδείξεις κατὰ τὰ ἤθη συμβαίνουσιν.
Diog. Laert. V, 24; πολιτικῆς ἀκροάσεως ὡς ἡ Θεοφράστου α' β' γ' δ' ε' ς' ζ' η'.

Gelehrten alltäglichen Erfahrung entnommen, dazu dienen werden, unsere Auffassung in ein noch helleres Licht zu setzen.

Die eigenthümliche, mit den Regeln der aristotelischen Rhetorik so wenig vereinbare Gestaltung unserer Texte erklärt sich vollkommen, wenn wir uns vergegenwärtigen erstens die Natur eines freien, peripatetischen Lehrvortrags und zweitens die Natur von Nachschriften, die in grösster Eile von Zuhörern aufgezeichnet werden.

Was Schopenhauer von dem schriftstellerischen Charakter des Aristoteles sagt, ist durch den Empirismus des Stagiriten nur unzulänglich erklärt; es versteht sich dagegen vollständig, wenn wir es auf den Redner beziehen, der aus einer unermesslichen Fülle von Stoff frei herausarbeitet, und der uns das lebendige Schauspiel eines unabläsvigen Ringens mit dem Ueberfluss seiner Anschauungen und Gedanken gewährt. Die häufigen Wiederholungen, die Selbstunterbrechungen, die Blicke nach vorwärts und rückwärts, die Einschaltungen, die Versprechungen, die gleich nachher vergessen scheinen, die Fragen, die nicht beantwortet, die Einwürfe, die nur ungenügend erledigt werden: das Alles ist unmöglich bei einem so grossen Denker, wenn er schreibt und auf dem Papier vor sich sieht, was er geschrieben hat, aber sehr natürlich, wenn er im Auf- und Abgehen seinen Zuhörern einen Vortrag hält, in dem er Vieles als bekannt vorausssetzen darf, und bei dem es ihm weniger darauf ankommt, fertige Gedanken so abzurunden, dass sie der Nachschreibende getrost nach Hause tragen kann, als vielmehr darauf, ihnen die Funken der Anregung in die Seele zu werfen und sie zu eigenem Nachdenken zu spornen.

Sodann hat die beispiellose Vernachlässigung des Satzbaues die täuschendste Aehnlichkeit mit der stilistischen Beschaffenheit lustig nachgeschriebener Collegienhefte. Wir wollen dem Geschick atheuischer Studenten nicht zu nahe treten — dass sie nachgeschrieben und Werth darauf gelegt haben, die Lehren des Meisters Schwarz auf Weiss zu besitzen, ist ausdrücklich bezeugt, wie insbesondere auch, dass Aristoteles selber ein Colleg Platons über das »Gute« mit Anderen nachgeschrieben hat[1] — allein darin werden sie mit den Studenten von heute einerlei Erfahrung gemacht haben, dass Nichts schwerer ist, als den fliessenden Vortrag eines guten Redners in abgerundeten Perioden aufs Papier zu bringen. In der That liegt hierin für den Nachschreibenden

1) Diog. Laert. VI, 5. VII, 20. Dies Nachschreibeheft des Aristoteles περὶ τάγαθοῦ hat sich unter seinen Werken bis auf Simplikios erhalten. Brandis de perdita Aristotelis libris de ideis et de bono 1823.

die grösste aller Schwierigkeiten. Er hilft sich gemeiniglich dadurch, dass er die Satzgebäude auflöst in die Satzglieder, die das sachlich Wichtigste enthalten: ein ander Mal nimmt er sich vor, eine Originalperiode aufzufassen; aber noch ehe er mit dem Vordersatz zu Ende ist, ist auch der Nachsatz an seinem Ohr vorübergerauscht; eine neue Periode hat begonnen; er setzt von Neuem an, um den nun eröffneten Gedankengang nicht zu verlieren: so entstehen einerseits die abgerissenen Satzzeilen, andererseits die zahllosen Anakoluthieen, an denen alle Collegienhefte so reich sind, und an denen auch die Texte der Ethik und Politik so grossen Ueberfluss haben.

Kurz, aus den naturgemässen Mängeln einmal des peripatetischen Monologs, wie wir ihn oben geschildert, und sodann eilig nachgeschriebener, später schlecht redigirter Zuhörerhefte sind die Mängel der uns vorliegenden Texte am leichtesten und am wahrscheinlichsten zu erklären.

Die Ansicht, zu der wir uns hinsichtlich der Ethik und Politik bekennen, fängt an, in neuerer Zeit einer günstigeren Aufnahme zu begegnen, als früher. Ursprünglich von dem grossen Philologen Scaliger aufgestellt, hat sie jetzt auch die Billigung Schwegler's[1], und zwar für einen grossen Theil der uns überlieferten Aristotelia ererhalten. Auch Zeller verhält sich ihr gegenüber nicht principiell ablehnend; er verlangt nur, und mit vollem Recht, dass sie jeweils »im einzelnen Fall wahrscheinlich gemacht werde«.[2] Nichts ist in der That gewisser als dies, dass, wenn irgendwo, so hier die Untersuchung im Einzelnen aufzunehmen und ihr Ergebniss nie ohne Weiteres aufs Allgemeine auszudehnen ist. Wir glauben dieser Vorschrift gemäss verfahren zu sein. Unser Ausgangspunkt war allerdings all-

1) Geschichte d. griech. Philosophie, hrsg. v. Köstlin. Tüb. 1859. S. 164: »Die Schriften des A. sind ausserordentlich ungleich gearbeitet; manche sind sehr sorgfältig abgefasst, aber viele auch so unvollkommen in Anordnung und Darstellung, dass man bezweifeln muss, ob sie von A. selbst in dieser Gestalt veröffentlicht worden sind; die Metaphysik s. B. kann aus vielen Gründen nicht so, wie sie vorliegt, von Aristoteles herausgegeben worden sein. Daher ist von Scaliger nicht ohne Schein die Vermuthung aufgestellt worden, die Schriften des Aristoteles seien aus den Nachschreibeheften seiner Zuhörer entstanden.« Die drei Redaktionen der Ethik werden dann als Beispiel für die Wahrscheinlichkeit dieser Vermuthung angeführt. Auch Torstrick ist der Meinung, dass die letzte Redaktion mehrerer aristotelischer Schriften, insbesondere die der Schrift de anima, nicht aristotelisch sei.

2) II, 2, 58 Anm. Beiläufig erwähne ich hier noch das Wort von Dahlmann, Forschungen I, 28: »Des Aristoteles Politik ist unzweifelhaft ein echtes Werk, gleichwohl ist nichts gewisser, als dass sie nicht so, wie sie vorliegt, kann für das Publikum bestimmt gewesen sein.«

gemeiner Natur, allein die Anwendung und Beweisführung beschränkte
sich auf die genannten beiden Bücher, und nur für diese nehmen wir
desshalb auch die Richtigkeit unserer Ansicht als »wahrscheinlich gemacht« in Anspruch.

Für entscheidend halten wir unter allen Umständen die oben
besprochenen Vorschriften der Rhetorik über den Satzbau, die unseres
Wissens noch von Niemandem unter diesem Gesichtspunkte herangezogen worden sind. Ohne Kenntniss oder, besser gesagt, Würdigung
dieser Stelle fehlt es an einem Massstab zur Beurtheilung der Frage,
wie kann und muss der echte Aristoteles geschrieben haben, wie nicht?

Schleiermacher konnte seiner Zeit mit Recht betonen, »es werde
sich schwerlich Jemand rühmen können, über Aristoteles' eigenthümliche Schreibweise ein sicheres Gefühl zu haben«.

Von der Sicherheit oder Unsicherheit unseres Gefühls oder Ge-
schmacks, kurz, vom subjektiven Belieben hängt die Streitfrage jetzt
nicht mehr ab; sie ist vielmehr anhängig gemacht bei dem einzig
spruchfähigen Gerichtshof, bei Aristoteles und seinen klaren, unzweideutigen Grundsätzen selber.

III.

Zur Textesgeschichte der aristotelischen Politik.

§. 5.

Die Wiederbelebung im 13. und 15. Jahrhundert.

Aristoteles im Alterthum und in der Scholastik. Wilhelm von Moerbeke. Villelfe und Aldus Manutius.

Die Politik des Aristoteles, gegenwärtig diejenige Schrift, die von allen seinen Werken wohl den grössten und vielseitigsten Leserkreis besitzt, hat weder im Alterthum noch im Mittelalter auch nur entfernt diejenige Beachtung gefunden, die wir bei dem epochemachenden Werthe und dem unerschöpflichen Reichthum ihres Inhalts voraussetzen sollten. In beiden Zeiträumen hat ein eigenthümliches Geschick gerade diesem Werke versagt, was es den meisten übrigen so verschwenderisch zugemessen hat.

Der ungeheuerliche Gedanke einer etwa 200jährigen Verborgenheit aller aristotelischen Schriften, welcher dem Strabonischen Berichte von den trostlosen Schicksalen der Bibliotheken des Aristoteles und Theophrastos seit ihrer Vererbung an Neleus in Skepsis bis auf ihre Wiederbelebung durch Apellikon von Teos und ihren Ankauf durch Sulla zu Grunde liegt, ist von Adolf Stahr in seiner Nichtigkeit dargethan worden[1]; allein hinsichtlich der Politik

---

1) Stahr Aristotelia II. Thl. Halle 1832. S. 1—162. Vgl. Zeller II, 2. 50 ff. Sehr besonnene Zweifel an dieser Ueberlieferung hatte bereits der ungenannte Verfasser der aménités de la critique. Paris 1717 geäussert, an einer Stelle, die Stahr a. a. O. S. 163—165 aus zweiter Hand deutsch wiedergibt.

Stahr's Beweisführung ergibt, dass jene Erzählung nur haltbar sei, wenn man sie ausschliesslich beziehe auf die Schicksale des urschriftlichen Nachlasses der beiden Denker, da des Aristoteles Hauptwerke sämmtlich theils zu theils bald nach seinen Lebzeiten bei Freund und Feind bekannt und verbreitet gewesen seien und einen Hauptschatz der grossen Bibliothek zu Alexandria gebildet hätten.

ist ihm seinem eigenen Geständniss zufolge nicht gelungen, ein direktes Zeugniss ihrer Benutzung vor der Zeit Cicero's aufzufinden. [1])
Es ist und bleibt eine Thatsache, dass bei den Griechen und den Römern ein »ebenso tiefes als auffallendes Stillschweigen« über die Politik und das Staatsideal des Aristoteles herrscht, während Platon's Staat und Lehre in Aller Munde ist [2]); eine Erscheinung, die um so erstaunlicher ist, als insbesondere der Theil der Politik, welcher Platon betrifft, seiner Natur nach, wenn er einmal mit dessen Schriften in denselben Kreisen verbreitet war, das grösste Aufsehen machen musste und darum unmöglich todt geschwiegen werden konnte.

Auf diese Thatsache nun baut Hildenbrand über die Geschichte der Politik eine geistvolle Vermuthung, welche gleichzeitig jenes Still-

---

1) Aristotel. S. 113. Cicero de finib. V, 4, 11. Omnium fere civitatum non Graeciae solum sed etiam barbariae ab Aristotele mores, instituta, disciplinas, a Theophrasto leges etiam cognovimus cumque uterque docuisset qualem in republica principem (esse) conveniret, pluribus praeterea conscripsisset qui esset optimus reipublicae status.. ad Quint. fratr. III, 6, 1 : Aristotelem denique, quae de republica et praestante viro scribat, ipsum loqui.

An beiden Stellen ist, abgesehen von den Politien, welche an der ersten erwähnt sind, nicht bloss die Politik, sondern auch der Dialog πολιτικός (S. oben S. 46) gemeint.

Dass, wie Stahr ebendaselbst meint, die Handschriften der Politik unmöglich andere Schicksale gehabt haben können, als die der N. Ethik, weil diese beiden Werke ihrem Inhalte nach »zwei engverbundne Theile eines Ganzen bilden«, steht keineswegs unbezweifelbar fest; wäre es aber auch ausgemacht, so würde doch nicht aus dem, was Stahr über die Benutzung der N. Ethik S. 109—113 beibringt, folgen, dass die Anwendung der Straboniachen Erzählung auf die Schicksale der Politik »schlechterdings unmöglich« wäre, denn das älteste Zeugniss der Benutzung ist auch hier aus Cicero.

Die neuerdings aufgetauchten Vermuthungen, dass bei Timaios, Metrodoros, Philodemos, Polyblos Beziehungen auf die aristotelische Politik zu finden seien, hat Hildenbrand überzeugend widerlegt (Geschichte u. System der Rechts- u. Staatsphilosophie. Leipzig 1860. I. Bd. 359. Anm. 3).

Heits (Die verlorenen Schriften des Aristoteles. Leipzig 1865. S. 242) hält, ohne Berücksichtigung der von uns angeführten, ganz deutlichen Worte Cicero's, nach zwei andern allerdings nicht bestimmt lautenden Stellen (de legg. III, 6. und de fin V, 4, 11; für ganz zweifelhaft, ob Cicero überhaupt eine nähere Bekanntschaft mit der Politik gehabt habe. Er nimmt kein älteres sicheres Zeugniss als das des Alexander von Aphrodisias zur Metaphysik S. 15, 6 Bonitz an, welcher eine Stelle aus Polit. S. 1254,15 anführt, so dass also nach ihm die Politik nicht vor 200 nach Chr. als bekannt bezeugt wäre.

2) Altum et mirabile silentium est apud antiquitatem graecam et romanam de nova Aristotelis republica, cum omnes fere scriptores graeci et romani mentione reipublicae platonicae pleni vel laudibus vel vituperiis sius abundent. Schneider praef. X. Dies war Montecatinus so auffallend, dass er Zweifeln an der Echtheit der Schrift Raum gab. Conring Opp. III. p. 460. §. 16.

schweigen der Alten während zweier Jahrhunderte und den unfertigen
Zustand des uns vorliegenden Textes erklüren soll.

Er nimmt an, dass die Bücher der Politik, von deren Bearbeitung
Aristoteles durch den Tod abgerufen worden, ehe er die letzte Hand
daran legen konnte, als unvollendetes opus postumum mit dem übrigen
handschriftlichen Nachlass dem überlieferten Erbgang folgend in dem
Keller von Skepsis verborgen gelegen haben und, nur in dieser einen
Urhandschrift vorhanden, erst als diese mit dem übrigen Handschriften-
schatze durch Apellikon von Teos wieder ans Tageslicht gefördert
wurde, der gelehrten Welt durch Abschriften bekannt geworden seien.[1]

Die verhältnissmässige[2] Reinheit des Textes der Politik widerspräche einer solchen Annahme nicht; denn was uns von den verheeren-
den Einwirkungen der Nässe und Würmer auf den Handschriftenschatz
im Allgemeinen erzählt wird, braucht natürlich nicht von allen einzelnen Büchern gleichmässig zu gelten, — wie sähe es sonst mit unseren
lateinischen codices aus, die im 14. Jahrhundert fast sammt und son-
ders in ganz ähnlichen Fundstätten entdeckt worden sind? — und von
den wohlgemeinten, aber ungeschickten Ergänzungen durch die Hand
des Apellikon blieb die Politik, wie II. richtig bemerkt, schon desshalb
verschont, weil es an anderen Handschriften fehlte, nach denen sie

---

1) Hildenbrand a. a. O. S. 360: »War sie (die Politik) beim Tode des Ar. nicht
vollendet, so existirte sie wohl nur in der Urhandschrift, und wenn sich Theophrastus
nicht bestimmt fand, das Werk in die Oeffentlichkeit zu bringen, eben weil es un-
vollendet war, und desshalb keine Abschriften genommen und verbreitet wurden, so
wurde mit der Urhandschrift auch der ganze herrliche Schatz politischer Weisheit für
einen Zeitraum von fast 2 Jahrhunderten in Vergessenheit begraben und kam erst
mit der Hebung des Handschriftenschatzes durch Apellikon wieder ans Tageslicht.
Wie von allen Urhandschriften wurden nun auch von der unseres Werks Abschriften
genommen, und so kam dasselbe erst von nun an allmählich in die Oeffentlichkeit.
Hiedurch liesse sich also das Curiosum erklären, dass die Politik unter den Werken
des Aristoteles an Wichtigkeit in erster, an Verbreitung in letzter Linie stand.«
2) Ich denke von der Reinheit des Textes der Politik ganz anders als Stahr,
Göttling, Barthélémy St. Hilaire, und bin Ketzer genug, um sogar die Meinung auszusprechen, dass, wenn auch der viel belächelte »Asteriskenhimmel« des Hermann
Conring nunmehr ganz verschollen ist, an sehr vielen Stellen nur das Zeichen, nicht
aber die Lücke oder Unebenheit verschwunden ist Ich bekenne mich durchaus zu
den Worten Spengel's: »die τολμιλὰ unseres Philosophen sind den Schriften bei-
zuzählen, welche im Ganzen zwar verständlich, aber gleichwohl in sehr
verderbter Gestalt auf uns gekommen sind, was die neuesten Herausgeber
Göttling, Stahr, St. Hilaire am wenigsten beachtet haben. Ein näheres Studium und
die Vergleichung dieses Werkes mit der Form anderer lehrt, was hier, wo die Handschriften keine Aushülfe gewähren, der Conjecturalkritik zu leisten übrig
bleibt.« Abhandlungen der bair. Akad. phil.-hist. Klasse. Bd. V. S. 6.

hätten vorgenommen werden können. Man mag diese Vermuthung für zutreffend halten oder nicht, an der Thatsache, die sie beleuchtet und zu erklären sucht, ändert sich Nichts.

Was der römischen Welt erst spät, das ist der orientalischen gar nicht zu Theil geworden. In Syrien[1]) und Persien kannte man die Politik ebenso wenig als bei den Arabern.[2])

Im christlichen Mittelalter steht es nicht viel günstiger; auch diesem ist die Politik Jahrhunderte lang ganz fremd gewesen, sie ist ihm erst spät im 13. Jahrhundert, und zwar durch ein so ungenügendes Medium bekannt geworden, dass es nicht Wunder nehmen darf, wenn es nach diesem ersten Bekanntwerden wiederum fast zweier Jahrhunderte bedarf, bis von ihrer wirklichen und wahrhaftigen Wiederbelebung gesprochen werden kann.

Während die arabischen Aerzte in den physikalischen Schriften des Stagiriten, die ihnen auf dem Umweg über Syrien und Persien zugetragen worden, eine Fundgrube naturgeschichtlichen Wissens verehren, studiren und weithin verbreiten, während seine logischen und metaphysischen Schriften in der lateinischen Uebersetzung des Boethius[3]) der Scholastik des Abendlandes die unfehlbare Richtschnur und Schule ihres Denkens und Forschens bieten, hat die Politik an all diesen grossartigen Eroberungen nur als verspäteter Nachzügler, an der Weltherrschaft aber, »die nahezu 20 Jahrhunderte hindurch zugleich in Bagdad und in Cordova, in Egypten und in Britannien«, von Heiden, Juden und Christen anerkannt wurde, gar nicht Theil genommen.[4])

1) Renan: de philosophia peripatetica apud Syros commentatio historica. Paris 1852. Vgl. insbesondere S. 57; die arabischen Handschriften, welche den Titel Politica führen (944, 945 Paris), enthalten das apokrypbe: de regimine principum oder Secretum secretorum.

2) Wenrich: de auctorum graecorum versionibus et commentariis Syriacis Arabicis Armeniacis Persicisque commentatio Lipsiae 1842 führt S. 136 die arabischen Titel zweier angeblichar Uebersetzungen unserer Politik auf der Pariser und Lyoner Bibliothek an; binsichtlich der Pariser Handschrift bemerkt der Verfasser des Catalogs I. p. 201, 203, dass dieselbe nur aus 12 Capiteln bestehe und unmöglich auf die echte Politik Bezug habe, worauf Wenrich: Equidem lubenter concesserim, graecum politicorum textum, quem ipsum corruptum admodum, confusum atque impeditum omnes norunt, ab interpretibus Arabicis male tractatum fuisse adeo ut multa perperam intellecta perverse reddiderint, alia omiserint, alia denique intruserint: neque tamen adfirmaverim, librum arabicum omnino suppositicium esse.

3) Qualis vulgata bibliis, talis Boethius est Aristoteli. Cramer de graecis medii aevi studiis 1. 20. Sundiae 1849.

4) Blakesley, A Life of Aristotle, Cambridge 1530 p. 1 — It may safely be asserted that no man has ever lived who exerted so much influence upon the world. Absorbing into his capacious mind the whole existing philosophy of his age,

Die Geschichte des Aristoteles im christlichen Mittelalter ist zum
grossen Theil zugleich die Geschichte der ganzen mittelalterlichen
Gelehrsamkeit und Geistesbildung; insbesondere der gewaltige Aufschwung dieser letzteren im 13. Jahrhundert fällt unmittelbar zusammen mit den glänzenden Erfolgen, welche der Name des Aristoteles
seit dem erstmaligen Bekanntwerden seiner sämmtlichen Schriften
mit Einschluss der Politik in lateinischer Uebertragung erfochten hat.
Vor dem 13. Jahrhundert, in der ersten Periode der Scholastik,
die der Streit der Realisten und Nominalisten charakterisirt, kennt
man ihn nur als Dialektiker, als Meister der formalen Logik,

be reproduced it, digested and transmuted, in a form of which the main outlines
are recognised at the present day and of which the language has penetrated into the
inmost recesses of our daily life.

Translated in the fifth century by the Nestorians who fled to Persia and from
Syriac into Arabic four hundred years later, his writings furnished the Mohammedan
conquerors of the East with a germ of science which, but for the effect of their reli-
gious and political institutions might have shot up into as tall a tree as it did produce
in the West; while his logical works, in the latin translation which Boethius the last
of the romans bequeathed as a legacy to posterity, formed the basis of that extra-
ordinary phaenomenon, the philosophy of Schoolmen.

An empire like this extending over nearly twenty centuries of time, sometimes
more sometimes less despotically, but always with great force — recognised in Bagdad
and in Cordova, in Egypt and in Britain — and leaving abundant traces of itself in
the language and modes of thought of every European nation, is assuredly without
parallel.

Vgl. Jourdain's gekrönte Preisschrift über die Geschichte der Aristotelischen
Schriften im Mittelalter deutsch von A. Stahr. Halle 1831. S. 3 u. 4.

Die Zerstreuung der Nestorianer Ende des 5. Jahrhunderts hat Syrien und Umgebung, die Vertreibung der letzten heidnischen Philosophen aus Athen unter Justi-
nian 529 hatte Persien mit griechischer Geistesbildung und Wissenschaft befruchtet.
Aus diesen Ländern stammten die Gelehrten, welche im 8. und 9. Jahrhundert unter
den Abbassiden Almansor, Harun Alraschid und Mamun des Aristoteles naturwis-
senschaftliche Schriften in Arabien wiederbelebten. Jourdain S. 76 ff. Das Asyl der
flüchtigen Ommajaden, Andalusien, öffnete auch der arabischen Kultur eine neue,
glänzende Heimat; in Cordova, Sevilla, Granada, Toledo, Xativa, Valencia, Murcia,
Almeria, fast in allen den Saracenen unterworfenen Städten entstanden Akademieen.

Die Christen in Spanien und Frankreich vergassen, dass die Kaufleute mit den
köstlichen Waaren, die grossen Gelehrten und Erfinder, die geschickten Aerzte,
deren Urtheil sie gar nicht vermeiden konnten, Muselmänner und Juden seien, die
strebenden Geistlichen gingen eifrig bei ihnen in die Schule, Naturwissenschaft,
Mathematik, Heilkunde zu erlernen, und sie verdankten dieser Schule zugleich die
erste mittelbare Bekanntschaft mit den physikalischen Schriften des
Aristoteles, die bei den Arabern in der Bearbeitung des Avicenna in so grossem
Ansehen standen, während Aristoteles dem Abendlande bis dahin nur als Dialektiker
bekannt gewesen war. Jourdain S. 59—97 [93—101]. Heeren Gesch. d. klass. Literatur im Mittelalter I. S. 117. 151—156 u. S. 224—229.

als Vorbild, aber auch als bösen Dämon der scholastischen Doktoren nach dem Schnitte Abälards[1], die Bernhard von Clairvaux als zuchtlose, grundstürzende Schwarmgeister, Walter von St. Victor als ärgernisserregende Sophisten und Syllogismenkrämer geächtet wissen will.

Diese Einseitigkeit der Freunde wie der Feinde des Dialektikers Aristoteles konnte sich erst mit dem Dunkel heben, welches nach dem ausdrücklichen Zeugniss des Roger Bacon bis zu dem Auftreten des Michael Scotus um 1230 die übrigen Schriften des Stagiriten bedeckte[2]; als die Bücher über Metaphysik und Naturwissenschaft, die über Ethik und Politik gegen die Mitte des 13. Jahrhunderts in lateinischen Uebersetzungen allgemein zugänglich wurden, da ging, was auch immer ein Roger Bacon von ihrer Unzulänglichkeit sagen mochte, den Gelehrten des Abendlandes eine neue Welt auf, von welcher alsbald der berühmteste unter ihnen, Albertus Magnus, triumphirend Besitz ergriff.

Zwei Umstände wirkten zusammen, der wiedererstehenden peripatetischen Weisheit die erstaunliche Verbreitung zu sichern, die sie in der That so rasch gefunden hat: der kräftige Rückschlag der christlichen Gelehrten gegen die arabischen Ausleger des Aristoteles[3], der sich in dem Drang nach Erforschung des griechischen, des echten Aristoteles positiv äusserte, und der frische Wetteifer der beiden neugegründeten Orden,'der Franciskaner und Dominikaner.

Der Dominikanerorden huldigte dem doppelten Ehrgeiz, bei der Auslegung und Verbreitung der Lehre des grossen Meisters, deren Aufschwung gerade mit den Anfängen der Regel des h. Dominicus zusammenfiel, sowohl die heidnischen Vorgänger als die christlichen Nebenbuhler in dem Orden der Franciskaner zu überbieten, und er

_____

1) Welche Schriften damals in Uebersetzungen von ihm bekannt waren, ersehen wir aus den Anführungen des Johann von Salisbury, welcher lib. Categor. de interpret. topica, Elench. Soph. Analytica priora und poster. nennt. Jourdain S. 32. Die Worte Bernhard's u. Viktor's eb. S. 26. Jener sagt u. A. olim damnata et sopita dogmata, tam sua videlicet quam aliena suscitare conatur, insuper et nova addit; dieser: Dialectici, quorum princeps Aristoteles est, solent argumentationum vitia tandare et vagam rhetoricam libertatem et syllogismorum spineta concludere.
2) Jourdain p. 38—39.
3) Das im Jahr 1209 von dem Pariser Concil gefällte und 1215 durch Robert von Courçon erneuerte Verdammungsurtheil über die metaphysischen und physikalischen Schriften des Aristoteles bezieht sich ebenso, wie das Anathem des Papstes Gregor IX. vom April 1231, nach Jourdain's überzeugender Ausführung (S. 202—213) weniger auf die eigenen Bücher des Aristoteles selbst, als auf deren Bearbeitung und Auslegung durch Avicenna und Averroës, die so lange die Stelle des unbekannten Urbildes vertreten hatten. Ueber diese Frage vgl. Charles: Roger Bacon. Paris 1861. S. 310 ff.]

hatte die Genugthuung, dem verschrieenen Franciskauer Roger Bacon zwei Grössen, wie den Albertus Magnus und seinen Schüler Thomas von Aquino, gegenüber stellen zu können. [1] Die beiden Letzteren berühren uns hier zunächst wegen ihres Verdienstes um die Politik des Aristoteles.

' Die Arbeit des Ersteren scheint hier wesentlich auf der Vorarbeit des Letzteren zu beruhen; die libri Politicorum des Albertus Magnus sind nicht, wie seine anderen Schriften zu Aristoteles, Paraphrase des Textes, sondern eine Art Commentar, und zeugen von Sprachkenntnissen, von Hilfsmitteln, die ihm sonst nicht zur Verfügung stehen, und die Jourdain daher auf eine fleissige Benutzung und Nachahmung der commentarii des Thomas von Aquino zurückführt. [2]
Die lateinische Uebersetzung, welche dieser Letztere zu Grunde legt, und die sich in den Werken desselben stets mit dessen Commentar sowie mit der 200 Jahre jüngeren Uebersetzung des Lionardo Aretino (Bruni) zusammengedruckt findet, stammt aus der Feder eines Dominikanerbruders aus Brabant, des Wilhelm von Moerbecke, welcher auf Veranlassung des h. Thomas den ganzen Aristoteles aus dem Griechischen übertragen haben soll. [3] Dieser Wilhelm ist im Jahre 1250 Erzbischof von Korinth gewesen und als solcher 1281 gestorben.

---

1) Ueber diese drei Gelehrten und den Geist und Umfang ihrer Schriften hat Jourdain einige werthvolle Zusammenstellungen:
   Roger Bacon S. 339—354 (in Stahrs Uebers.)
   Albertus Magnus S. 252—329.
   Thomas Aquinas S. 354—363, über dessen Philosophie derselbe Verfasser 1859 zu Paris ein Werk in zwei Bänden hat erscheinen lassen.
   Die Verdienste der Dominikaner und Franciskaner um die Wissenschaft auch in sonst trüben Zeiten preist der gelehrte Bischof von Durham, Richard von Bury (+ 1345) über die Massen. Im 9. Kapitel seines Philobiblion (Ausgabe von Cocheris, Paris 1856. S. 243) nennt er sie viros utique tam moribus quam literis insignitos qui diversorum voluminum correctionibus, expositionibus, tabulationibus, ac compilationibus, indefessis studiis incumbebant. Er hat ihre reichen armaria so quaecunque librorum repositoria besucht, ist aber nirgends so freundlich aufgenommen worden als bei den Predigermönchen, den Dominikanern (eos prae cunctis religiosis, suorum sine invidia gratissimae communicationis invenimus, ac divina quadam liberalitate, perfusos, sapientiae luminose probavimus non avaros sed idoneos possessores).
   2) S. 326 u. 327 der Stahrschen Uebers. Thomas war im Jahr 1261 durch Urban IV. von Paris nach Rom berufen worden, um dort Aristoteles zu erklären, eine Aufgabe, der er bis 1269 oblag. Möglich, dass auf diesen Anlass hin Thomas für eine neue Uebersetzung durch Wilhelm v. Moerbecke Sorge trug.
   Gregorovius: Geschichte der Stadt Rom V, 504.
   3) Jourdain S. 66—72 (69—73) nennt unter den unzweifelhaft von diesem Gelehrten herrührenden Uebersetzungen die Politik nicht; was ihm noch zweifelhaft

Diese Uebersetzung, die erste, welche nach dem Urtext selbst verbum ex verbo gefertigt worden ist, wurde, da sie zugleich lange Zeit die einzige blieb, über die man verfügen konnte, dem Unterricht in den Schulen und dem Gebrauch bei Vorlesungen allgemein zu Grunde gelegt; wir erfahren dies ausdrücklich durch eine deutsche und eine slavische Chronik zum Jahr 1271 und 1273.

Die Arbeit war und blieb unentbehrlich, obgleich man, wie Roger Bacon in seiner unerbittlichen Weise sagt, in den gelehrten Kreisen von Paris darüber einig war, dass Wilhelmus iste flemingus vom Griechischen lediglich Nichts verstehe, Alles falsch übersetze und die Weisheit der Lateiner gröblich verunstalte. [1] Das Urtheil der Pariser ist viel zu hart, selbst wo es gerecht ist. Für eine Zeit, welche darauf angewiesen war, die erste unmittelbare Aristotelesübersetzung völlig wie den Urtext selbst zu gebrauchen, mussten allerdings diejenigen Mängel gerade am störendsten sein, über die wir uns als über etwas Selbstverständliches hinwegsetzen, ich meine die ausgesprochene Geschmacklosigkeit und sachliche Unkunde des Verfassers; während die Eigenschaften, welche diese Uebersetzung in unseren Augen als einen sehr wichtigen Bestandtheil unseres kritischen Apparates werthvoll machen, seine naive Treue und Gewissenhaftigkeit in der Wiedergabe des unverstandenen Textes jenen Ansprüchen gegenüber gar nicht in die Wagschale fielen.

scheint, hat Barthélémy St. Hilaire aufgehellt. Er hat in der bibliothèque de l'Arsénal zu Paris eine Handschrift dieser vielgenannten vetus versio gefunden, welche am Anfang und am Ende den Namen des frater Guilielmus ordinis praedicatorum als Verfasser trägt und so die Vermuthung Schneider's, welcher früher schon in dem vetus interpres den obengenannten Wilhelm errathen hatte, schlagend bestätigt; vgl. Stahr Aristoteles' Politik p. XXVI.

1) Die Stellen bei Jourdain S. 68—69 — ut notum est omnibus parisiis litteratis, nullam movit scientiam in lingua graeca, de qua praesumit, et ideo omnia transfert falsa et corrumpit sapientiam Latinorum. Ueber Roger Bacon's Stellung zu diesen Studien finden sich Fingerzeige bei Pauly: Bischof Grosseteste und Adam von Marsh. Tübinger Programm 1864. S. 41—44. Ausführliches bei Charles: Roger Bacon S. 102 ff. Auf des Mönches Wilhelm Uebersetzung beziehen sich offenbar auch die Worte des Angelus Politianus praelectio in Suetonium. Opp. Lugd. 1546 vol. III p. 219 Consuli graecum Aristotelem cum Teutonico (kann nur die von einem Deutschen gefertigte lateinische Uebersetzung heissen, denn eine deutsche gab es noch nicht), hoc est eloquentissimum cum infantissimo et elingui: bei mihi qualis erat, quantum mutatus ab illo! Vidi eum et vidisse poenituit, non conversum e graeco sed plane perversum sic ut ne minimum quidem alterius vestigium in altero appareret. Politian gebraucht übrigens Teutones u. Teutonicus von den Scholastikern und ihrem Latein, selbst wenn er z. B. von der Sorbonne redet.

Schaak Aldus Manutius S. 79.

Ungerecht aber ist der Vorwurf gänzlicher sprachlicher Unkunde und untreuer Uebertragung; überhaupt eine Frage, die nur in einer Zeit zu entscheiden war, wo man vom Griechischen mehr verstand, als selbst Roger Bacon und seine Pariser Zeitgenossen.

Den richtigen Gesichtspunkt für die Beurtheilung des Werthes der vetus versio hat zuerst Petrus Victorius, einer der Väter der aristotelischen Textkritik, aufgestellt. [1]

In der Vorrede seiner zweiten Ausgabe der Politik 1579 konstatirt er, dass ihm kein Codex zu Gesicht gekommen sei, der nicht fehlerhafter gewesen wäre, als der, welcher dieser Uebersetzung zu Grunde gelegen, und in der Vorrede zur Rhetorik sagt er von dem Verfasser, derselbe sei zwar ohne allen Geschmack und jeder höheren Bildung baar, aber er habe seine Sache auf seine Art gleichwohl gewissenhaft besorgt. Ihm sei vorgekommen, als habe er mit dieser barbarischen Uebersetzung eine griechische Urschrift in der Hand, als höre er Laute in jener Sprache. Denn der Uebersetzer verrücke kein Wort von seinem Platze, suche jedes einzelne lateinisch wiederzugeben und lasse oft das Griechische stehen, wo ihm der Sinn nicht klar sei oder ihm ein schlagendes Wort fehle. [2]

Es ist eben eine jener echt mittelalterlichen Uebersetzungen, in denen, wie Jourdain sich ausdrückt, das lateinische Wort das griechische bedeckt, wie die Schachfiguren die Felder des Schachbrettes, und daher sehr wohl geeignet, um, wie dies bei der Schrift de coelo et mundo in der That geschehen ist, in der Rückübertragung eines gewandten Hellenisten für ein echtes aristotelisches Werk ausgegeben zu werden. [3]

So sehr wir uns aber bemüht haben, über den Unwerth und die Mängel dieser Uebersetzung ein einseitiges Urtheil abzuwehren, so viel wird aus dem Angeführten mit unumstösslicher Bestimmtheit hervorgehen, dass diese Arbeit nicht geeignet war, der bis dahin ganz verschollenen Politik des Aristoteles einen Leserkreis zu schaffen, der über den allernächsten Bereich einer kleinen Anzahl von Aristotelikern hinausgegangen wäre.

---

1) Vgl. die Schneidersche Ausgabe der Politik. I. S. XXII.

2) qui sane rudis quidem et expers omnis politioris doctrinae manifesto fuit, negotium tamen hoc cum fide administravit. Quare cum barbaram illam tralationem in manibus haberem, graecum codicem tenere ac voces eius sermonis audire mihi videbar. Nam ne verborum quidem ordinem variat ac singula verba exprimit saepeque etiam graecis ipsis utitur, cum aut vim eorum non perciperet, aut quomodo uno verbo reddi possent non videret.

3) Amédée Peyron: Empedoclis et Parmenidis fragmenta. Lipsiae 1810. p. 9.

Es darf uns daher nicht wundern, wenn derselbe grosse Gelehrte
des 13. Jahrhunderts, dessen Urtheil über die Leistungen des Wilhelm
von Moerbecke wir oben mitgetheilt haben, an diesem Werke desselben
ganz vorübergegangen ist. Roger Bacon scheint unsere Politik kaum
dem Namen nach zu kennen; er spricht nur von einem Buch »Gesetze«,
durch einen arabischen Uebersetzer weiss er, dass ein politisches Werk
der Art, wie Aristoteles selbst an einer bekannten Stelle am Ende der
Ethik schliessen lässt, auf diese 10 Bücher gefolgt sei, und begnügt
sich einmal mit der Angabe, das hier Folgende sei nicht vollständig
erhalten. [1]

Zwar nennt er eine kleine Schrift de legibus, welche nach seiner
Meinung mehr Weisheit enthält in paucis capitulis quam in toto cor-
pore iuris italici, und auf die 10 Bücher Ethicorum lässt er sogar libros
Politicae folgen, aber aus seiner Inhaltsangabe geht hervor, dass das
unsere Politik unmöglich sein kann, wie es denn mit Politik überhaupt
Nichts zu schaffen hat; er sagt primo statuit cultum divinum, in quo
magnificat se adorare Deum unum et trinum eminentem proprietate
rerum creatarum; investigans quandam trinitatem in omnibus rebus
creatis quae primo reperitur in creatore. Schliesslich führt er die un-
echte Schrift de regimine regnorum an, um zu beweisen, dass Aristoteles seine Theologie selber auf — die Hebräer zurückführe.

Irgend einen äusseren Grund, wie er etwa in seiner Lebensdauer
vermuthet werden könnte, kann seine Unbekanntschaft mit der Moerbeckeschen Uebersetzung der Politik nicht gehabt haben; denn Roger
Bacon lebt noch im Jahre 1292 [2]), während Thomas von Aquino, durch
dessen Erklärung die damals nagelneue vetus versio erst zugänglich
wurde, schon 1274 gestorben ist, die neue Bearbeitung mithin schon
mindestens 18 Jahre vor dem bezeichneten Zeitpunkte bekannt gewesen sein muss.

Aber gar nicht unwahrscheinlich ist, dass Bacon, auch wenn er
von dem Dasein dieses Buchs Kunde gehabt haben sollte [3]), es ver-
schmäht hat, von demselben irgend welche Einsicht zu nehmen und,

1) Opera Inedita ed. Brewer. London 1859. p. 422—423.
2) Charles: Roger Bacon. Paris 1861. p. 41.
3) In dem 1271 geschriebenen Compendium studii philosophiae (Brewer: Rog. Baconis opera inedita. London 1859. praef. 55) sagt er cap. 6 (S. 473
Brewer): Aristoteles fecit mille volumina — et non habemus nisi tria quantitatis
notabilis; scilicet Logicalia, Naturalia, Metaphysicalia. Die ethischen und
politischen Schriften werden mit keinem Worte erwähnt. Halten wir diese Stelle mit
der oben angeführten zusammen, so erhellt wohl, dass Roger Bacon über die ethisch-
politischen Schriften nur Notizen aus zweiter Hand kennt.

wenn ihm die Politik des Stagiriten in keiner andern Gestalt als dieser
zugänglich war, derselben lieber ganz fremd bleiben wollte; denn er
hat über die Kenntnisse seiner grossen Nebenbuhler unter den Dominikanern, Albertus Magnus und Thomas von Aquino, fast ebenso ge-
ringschätzige Urtheile ausgesprochen, als über den namenlosen Mönch
von Brabant. [1]
          So hat denn auch der kräftige Anlauf, den der Geist mittelalter-
licher Gelehrsamkeit im 13. Jahrhundert zu einer Art Renaissance vor
der Renaissance nehmen zu wollen schien, für die Verbreitung der Politik des Aristoteles keine Frucht gehabt, die sich auch nur von Weitem
mit dem überraschenden Aufschwung des Ansehens der übrigen Schriften desselben vergleichen liesse. Der Grund dieser Erscheinung liegt
nicht bloss in der überaus schülerhaften Vermittelung dieses Werks,
sondern auch in einem Umstande, mit dessen Erwägung das Auffallende
derselben sich erheblich vermindert.
          Die Politik des Aristoteles ist viel weniger ein philosophisches
Lehrgebäude, als ein historisch-kritisches Werk. Zur wahrhaften Ausbeutung ihres Inhalts, zur Würdigung ihrer Methode, d. h.
zur richtigen Beurtheilung des ihr eigenthümlichen Verdienstes
und Werthes, gehört ein gewisser historischer Sinn, ein geschultes kri-
tisches Vermögen, ein für die lebendige Anschauung der gegebenen
und gewordenen Verhältnisse empfänglicher Blick, wie er nun einmal
dem Mittelalter und selbst seinen grössten Vertretern abgesprochen
werden muss.
          Die Politik des Aristoteles, selbst die reifste Frucht einer in Leben
und Lehre zum Abschluss gekommenen Entwicklung, kann nur von
den Söhnen einer Zeit verstanden werden, deren geschichtliches Bewusstsein sich einen freien, weittragenden Umblick unter der Fülle der
aufgezeichneten Thatsachen erobert und ein selbständiges, mündiges
Urtheil über die Gewinnung des thatsächlichen Kernes geschichtlicher
Wahrheit aus der ihn umhüllenden Ueberlieferung sich herangezogen hat.

          1. Charles S. 102 ff. Die von demselben Verfasser S. 253 ff. auseinandergesetz-
ten politischen Ansichten Bacon's enthalten Anklänge an Platon's Staat und Gesetze,
aber nicht die leiseste Andeutung einer Bekanntschaft mit den politischen Anschauungen des Aristoteles. Eine im Verhältniss zu ihrer Zeit auffallend reife Frucht
mittelalterlicher Staatslehre haben wir in der Schrift des gelehrten Egidius Co-
lonna (geb. 1247) de regimine principum zu sehen, in welcher auf Grund der bekannten Kapitel des zweiten Buchs der Aristotelischen Politik das Staatsideal
Platon's einer eingehenden und sehr verständigen Kritik unterzogen wird (Ausgabe
vom Jahr 1473 Buch III. capp. 7 ff. des ersten Theils.

Und das eben geht selbst dem 12. und 13. Jahrhundert ab, trotz seiner sonstigen Grösse in Kunst und Wissenschaft, trotz seiner gewaltigen Begebenheiten in dem Konflikte der grössten Päpste und der grössten Kaiser; »eben diese Zeit«, sagt von Sybel in seiner Rede über die Gesetze des historischen Wissens[1], »hatte keine Vorstellung von geschichtlichem Urtheil, keinen Sinn für geschichtliche Realität, keine Spur von kritischer Reflexion. Das Princip der Autorität, auf dem religiösen Gebiet ganz unbedingt herrschend, kam wie den überlieferten Dogmen, so auch jeder anderen Ueberlieferung zu gut. Ueberall war man geneigter zu glauben, als zu prüfen, überall hatte die Phantasie das Uebergewicht über den Verstand. Man unterschied nicht zwischen idealer und thatsächlicher, zwischen poetischer und geschichtlicher Wahrheit.«

Was hier von der kindlich naiven Geschichtsauffassung gesagt ist, gilt — was bei der nahen Verwandtschaft beider Gebiete kaum gesagt zu werden braucht — Wort für Wort auch von der Stufe, auf welcher die politischen Ansichten nicht der Gewalthaber, sondern der Gelehrten jener Zeit stehen.

Roger Bacon z. B. verblutet sich in dem Kampfe gegen jene Autorität, von deren Uebergewicht Sybel die Unmündigkeit seines Zeitalters in historischen Dingen herleitet; seine politischen Anschauungen sind nun auch nichts weniger als rechtgläubig im Sinne seines Standes, aber reif und einem wahrhaft geschichtlichen Urtheil entsprechend sind sie darum doch nicht.

Er predigt z. B. — auffallend genug — die Lehre von der Souverainetät des Volks[2], von einem Wahlfürstenthum auf Kündigung, von einem Rechte und einer Pflicht, einen untauglich erkannten Fürsten abzusetzen, mit einer Verwegenheit, die uns in Staunen setzt, aber sein neuester Biograph bemerkt mit Recht, dass diese Träume einer allerdings mit ungewöhnlicher Flugkraft ausgestatteten Seele nur von Neuem beweisen, wie sehr dieser Denker ausser seiner Zeit gestanden, wie fern er jeder Berührung mit den Gesetzen der thatsächlichen Welt sich zu halten wusste, mit einem Wort, wie absolut unhistorisch dieser geniale Kopf gewesen ist, und wie unpolitisch er demgemäss denken musste.

Ueber die politischen Anschauungen des ersten Erklärers der

---

1) Bonn 1864. S. 24.
2) Charles a. a. O. 255 — Si on a choisi un chef indigne et que son indignité soit bien constatée, qu'on le dépose et qu'on en institue un autre etc.

Politik, des Thomas von Aquino, hat uns Jourdain die beste Aufklärung gegeben.[1]

Nachdem er richtig hervorgehoben, dass in dem ganzen Bereich menschlichen Wissens kein Zweig durch die Verluste der klassischen Literatur schwerer getroffen worden sei, als die Staatslehre, datirt er das Wiederaufleben dieser Wissenschaft von dem Bekanntwerden der Moerbeckeschen Uebersetzung der aristotelischen Politik und den Arbeiten, zu welchen sie zunächst Thomas v. Aquino befähigt hat.

»Dies bewunderungswürdige Denkmal«, sagt er von der Politik, »ebenso reich an Thatsachen wie an Lehren, war für das Abendland eine Art Offenbarung. Es eröffnete der philosophischen Spekulation bisher unbekannte oder wenigstens vergessene Fernsichten. Das Beispiel des Aristoteles lehrte fortan die Geister, ein wachsames Auge haben auf die Verfassungen der Staatsgemeinden und die Kunst, die Völker zu regieren.«

Dass es sich hier nur um Anfänge handeln kann, nur um die ersten schüchternen Gehversuche auf dem bisher völlig unbetretenen Boden, versteht sich von selbst.

Der heilige Thomas schöpft seine Verfassungslehre (de regimine principum) treu aus Bestandtheilen der Lehre des Aristoteles; abgestossen von dem Tyrannenspiegel, den die Politik so wahr und treffend hingestellt, aber unfähig dem Fürstenthum selbst zu entsagen, dessen traurige Verirrung und Entartung er nicht mit dem echten Urbild verwechselt sehen möchte, entscheidet er sich für eine gemässigte Monarchie mit Einrichtungen, welche dem Volke eine gewisse Theilnahme an der Gewalt verstatten (Beamtenwahl z. B.), vorausgesetzt, dass dasselbe nicht durch Unarten sich dieser Bevorzugung unwerth macht.

Eigenthümliches habe ich unter den von Jourdain angeführten Punkten nur darin gefunden, dass der Doctor angelicus als letzte Zuflucht gegen die Tollwuth eines fluchwürdigen Despoten — das Gebet empfiehlt.

Für eine Geschichte der Meinungen über politische und sociale Fragen ist es nicht gleichgiltig, wie kühn oder wie fromm die Wünsche sind, welche die Träume eines Roger Bacon oder Thomas v. Aquino von idealen Zuständen erfüllen, und wenn sich in den Gedanken

---

[1] La philosophie de St. Thomas d'Aquin. Paris 1858. Vol. I. p. 384 ff. De toutes les connaissances humaines aucune peut-être plus que la politique n'a souffert de dommage par l'invasion des barbares et de la dispersion des chefs-d'œuvre de l'antiquité.

dessen, der nicht aus freier Phantasie, sondern aus Aristoteles' Politik
schöpfte, ein besonneneres Eingehen auf das Mögliche und Erreichbare
zeigt, so werden wir dies gern der »Offenbarung« zuschreiben wollen,
die das unsterbliche Werk des Stagiriten damals in die Welt geworfen,
aber mehr als das allererste Sichaufraffen können wir natürlich nicht
darin sehen. Alle Politik ist Dichtung, Erfindung, Träumerei, wenn
sie nicht aus der Geschichte, wenn sie nicht aus dem Schachte sorgfältig geprüfter Erfahrung ihre Maasstäbe und Sätze entlehnt oder
vielmehr entstehen und erwachsen lässt, und darum ist an eine Wiederbelebung der Staatslehre und somit an das Erwachen eines wahrhaften
Verständnisses der aristotelischen Politik erst dann zu denken, wenn
sich die Anregung derselben nicht mehr in Wünschen und Träumen
erschöpft, sondern wenn ihr die geschichtliche Forschung und die
wissenschaftliche Kritik entgegenkommt.

Der Erste, der als ein Forscher, ausgerüstet mit fachwissen-
schaftlichen Kenntnissen und einem ausgebildeten Sinn für staatliche
und volkswirthschaflliche Dinge, an die Uebersetzung und Erklärung
der aristotelischen Politik herangetreten ist, ist ein gelehrter Franzose
des 14. Jahrhunderts, Nicolas d'Oresme († 1382), in welchem
neuerdings W. Roscher[1] »den grössten scholastischen Volkswirth« erkannt hat.

Sein von Roscher wieder entdecktes Schriftchen Tractatus de mu-
tatione monetarum, dessen Theorie »nach den Einsichten des 19. Jahrhunderts durchweg korrekt ist«, bekennt sich ausdrücklich zu den
Grundlagen der aristotelischen Philosophie uud geht im ersten Theile
von Anschauungen aus, in denen man sofort alte Bekannte aus dem
1. Buch der aristotelischen Politik (c. 9) begrüsst. Die Abhandlung
macht dem Verfasser ebenso viel Ehre, als dem Namen, an dem derselbe emporschaut; wo er mit Aristoteles übereinstimmt, zeigt er ein
richtiges Verständniss von dessen Ansichten, und wo er sich von ihm
entfernt, unabhängiges eigenes Nachdenken und einen scharfen Blick
für reale Wahrheit.

Dieser Nicolas d'Oresme hat für den König Karl V. von Frankreich mehrere aristotelische Schriften (wohl nach Moerbecke?) ins
Französische übertragen; in dem 1373 gefertigten Iuventar dieser
später durch den Herzog von Bedford nach England entführten Bibliothek findet sich eine Uebersetzung der Politik und Oekonomik unter

---

1) Vgl. dessen Aufsatz : »Ein grosser Nationalökonom des 14. Jahrhunderts« in
der Zeitschrift für Staatswissenschaft. Bd. XIX. 1863. S. 305—315.

dem Titel ung liure nome Polithiques et yconomiques [1]) angemerkt. Diese Uebersetzung, die ich mir bis jetzt nicht habe verschaffen können, ist zu Paris im Jahre 1489 gedruckt worden 'und muss, wie ich aus einer von Barthélémy St. Hilaire angeführten Stelle schliesse, zur sachlichen Erklärung schätzenswerthe Beiträge enthalten, deren vollständige Vergleichung wohl der Mühe lohnen würde. Bekannt ist, dass dieser scharfe Kopf der Erste war, welcher an der Richtigkeit der überlieferten Ordnung der Bücher gezweifelt hat. [2])

Der erste abendländische Gelehrte, welcher nach Wilhelm von Moerbecke die Politik unmittelbar aus dem Griechischen ins Lateinische übertragen hat, ist L i o n a r d o A r e t i n o (Bruni), der Schüler des Manuel Chrysoloras, der in den Jahren 1397 und 1398 zu Florenz, Rom und Venedig die erste d a u e r n d e Pflege des Studiums der griechischen Sprache in der lateinischen Welt angebaut hat. Die Handschrift, welche Lionardo benutzte, befand sich im Besitz des florentinischen Adeligen P a l l a S t r o z z i und war nach der Versicherung des Vespasiano Fiorentino die erste, welche im 15. Jahrhundert in Italien bekannt wurde. [3])

Da wir aus einem ums Jahr 1429 geschriebenen Briefe des Humanisten F r a n c e s c o F i l e l f o an Ambrogio Traversari [4]) wissen, dass unter den zahlreichen altgriechischen Schriften, die er während seines siebenjährigen Aufenthaltes in Constantinopel gesammelt hat, sich auch die Politik und Oekonomik des Aristoteles befinde, und da wir ferner

---

1) Deschamps Essai bibliographique sur M. T. Cicéron. Paris 1863. 8. 30. Diese kostbare Bibliothek von Uebersetzungen lateinischer und griechischer Klassiker, welche Karl VI. 1423 hinterliess, 853 Bände stark und 2323 Livres werth, wurde von dem Herzog von Bedford nach dem Kriegsrechte in Beschlag genommen und in der Folgezeit weder zurückgegeben noch bezahlt, nach den eigenthümlichen Grundsätzen, welche die Bibliophille von Jeher in Sachen des Mein und Dein zu befolgen für gut befunden hat. Alles was der Entführer zur Beruhigung seines Gewissens that, war die Verwendung einer Summe von 1200 L. für den Bau eines Grabes, in welchem das unglückliche Königspaar beerdigt wurde.

2) Vgl. die Abhandlung von L. Spengel in den Schriften der bairischen Akademie der Wissenschaften, hist.-phil. Classe V. 1849. S. 1—49.

3) An einer von Mebus, Vita Ambros. Camaldul. p. 360 angeführten Stelle: La politica di Aristotele non era in Italia se Messer Palla non l'avessi fatta venir lui da Constantinopoli e quando Messer L i o n a r d o la traduxe, ebbe la copia di Messer Palla. Tiraboschi.

4) Ambrosii Traversarii opera II. 1010: angeführt von B e r i a h B o t f i e l d: praefationes et epistolae editionibus principibus auctorum veterum praepositae. Cantabrigiae 1861. 8. XXVIII—XXIX. Filelfo nennt unter seinen Handschriften: Ethica Aristotelis, eius M. Moralia et Eudemia et Oeconomica et P o l i t i c a, quaedam Theophrasti opuscula etc.

wissen, dass derselbe Filelfo sich am Ende dieses Jahres zu Florenz
aufhält, wo Palla Strozzi zu seinen eifrigsten Freunden und Bewun-
derern gehört[1]), so liegt die Vermuthung nahe, dass die oben bezeichnete erste griechische Handschrift der Politik, welche in Italien bekannt wurde, die von Filelfo 1429 mitgebrachte ist.
Es ist damit nicht gesagt, dass diese Handschrift erst im 15. Jahrhundert geschrieben sein müsse. Sehr möglich, dass sie viel älter war,
aber nahezu gewiss, dass sie vor dieser Zeit in Italien nicht bekannt war.

Entschieden dem 15. Jahrhundert gehören vier weitere Handschriften an: die eine von Theodor Gaza geschrieben[2]), eine andre
ohne Namen, die dritte und vierte von Johann Rosos, einem kreti-
schen Priester, um 1492, und von Demetrios Chalkondylas mit
den Jahreszahlen 1494—1501, die erste in Venedig, die drei letzten
heute in Paris.

Der erste Druck[3]) der aristotelischen Politik ist im Folio-Bande
der 1495 begonnenen und 1498 vollendeten Aristotelesausgabe des Aldus Manutius zu Venedig erschienen. Das kolossale Werk einer
editio princeps der sämmtlichen Werke des Stagiriten war wohl die
glänzendste Probe der Leistungsfähigkeit einer Officin, welche mit
eiserner Ausdauer unter den schwierigsten Umständen den helden-
haften Plan verfolgte und durchführte, die gesammte griechische Literatur in korrekten Ausgaben zu vervielfältigen und zu verewigen.

Welch tiefem Bedürfniss dieses Werk in dem Zeitalter eines Macchiavelli und Guicciardini entgegenkam, beweist die eine Thatsache,
dass von der Politik im 16. Jahrhundert nicht weniger als 13 verschiedene Ausgaben, 6 besondere Commentare und 12 lateinische Uebersetzungen und Paraphrasen von sehr namhaften Gelehrten veranstaltet
worden sind, während das 17. Jahrhundert nur 1 Uebersetzung und
2 Abdrücke älterer Ausgaben, das 18. Jahrhundert keine Ausgaben,
sondern nur 2 französische, 2 englische, 2 deutsche Uebersetzungen

1) Vgl. Nisard: Les gladiateurs de la république des lettres aux XV, XVI et
XVII siècles. Paris 1860. I. Bd. S. 8.

2) Humphredus Hodius: de graecis illustribus linguae graecae literarumque
humaniorum instauratoribus. London 1742. S. 55 über Theodor Gaza: Aristotelis
Politica illius manu eleganter exarata asservatur hodiernum Venetiis in bibliotheca
S. Antonii, a Dominico Cardinali Grimano condita.

3) Die Uebersetzung des Aretino war bereits 1492 sammt dem Commentar des
h. Thomas zu Rom gedruckt per Eucharium Silber alias Frank; vgl. Botfield
Praefationes ed. princ. Einl. XXXIII.

und das 19. Jahrhundert nur 3 neue Ausgaben, die nicht blosse Abdrücke sind, und einige (worunter 4 deutsche) Uebersetzungen aufzuweisen hat. [1])

Ich hielt den Wiederabdruck dieser bereits früher veröffentlichten
Abhandlung an dieser Stelle um so weniger für überflüssig, als über
die hier erörterten Dinge selbst bei verdienten Aristotelikern auffällige
Irrthümer vorkommen. Was soll man zum Beispiel sagen zu folgender
Stelle in der Einleitung einer neueren Uebersetzung der Politik (Stutt-
gart 1861): »Im Jahre 1271 brachte Demetrius Chalkondylas (!) das
Original (einer lat. Uebersetzung, die schon im 11. Jahrhundert vorhanden gewesen sein soll) ins Abendland, und aus demselben Jahrhundert stammt auch die älteste noch vorhandene Handschrift (in
Paris), sowie eine jetzt noch zu Textverbesserungen benutzte, auf
einem anderen Original basirende lateinische Uebersetzung des nieder-
ländischen Mönchs Moerbecke, welche nachher Thomas v. Aquino
überarbeitet zu haben scheint.«

§. 6.
Die Ausgaben und die Ordnung der Bücher.

**Die aristotelische Politik im sechzehnten Jahrhundert. Die Zweifel an der
Ordnung der Bücher. H. Conring. Die Ausgaben von Schneider, Göttling,
Bekker, Barthélémy St. Hilaire. Die Umstellungslehre nach B. St. H. und
Spengel.**

Im sechzehnten Jahrhundert erlebt das Studium der aristotelischen
Politik seine Blüthezeit.

Zwei Dinge hatten während des Mittelalters der Aufnahme und
Würdigung dieses Werks hindernd entgegengestanden: einmal die
gänzliche Abkehr der Geister von jedem Sinne für das Wesen des weltlichen Staates und die Gesetze seiner geschichtlichen Entwicklung und
sodann der allgemeine Mangel an Kenntniss der Ursprache des Textes, den die einzige vorhandene Uebertragung auch nur annähernd auszugleichen nicht im Stande war.

Im sechzehnten Jahrhundert ändert sich Beides vollständig. Die
klassischen Studien sind über den enthusiastischen Dilettantismus des

---

[1]) Vgl. die Uebersicht, welche dem 2. Bande der Schneider'schen Ausgabe vom
J. 1809 vorgedruckt ist.

14. und der ersten Hälfte des 15. Jahrhunderts hinaus. Mit der Anwendung des Bücherdrucks zur Vervielfältigung der handschriftlichen Texte hat der Humanismus nothgedrungen den entscheidenden Schritt zur wissenschaftlichen Kritik gethan. Die Methode, nach der die Herausgeber und Uebersetzer verfahren, bleibt zwar noch lange abhängig einmal von der Unzulänglichkeit des Materials und dann von den Nachwirkungen der Gewohnheit, ohne Bewusstsein strenger Controle zu arbeiten. Aber die wichtigste Vorbedingung des Fortschritts ist gegeben. Die grammatische und lexikalische Kenntniss beider alten Sprachen hat einen ausserordentlichen Aufschwung genommen, die Vergleichung einer grösseren Anzahl von Texten hat die Zweifel an der Richtigkeit einer ungeprüften Vulgata geweckt, und die Nothwendigkeit, über die Auswahl unter abweichenden Lesarten mit sich selber ins Reine zu kommen, hat wenigstens die Anfänge eines bewussten planmässigen Verfahrens geschaffen.

Gleichzeitig damit tritt im Anschluss an die Staatskunst der neueren Zeit eine Staatslehre auf, die sich über ihren schroffen Gegensatz zum Mittelalter, wie ihre vielfältige Verwandtschaft mit dem Alterthum vollkommen klar ist. Dass der weltliche Staat ein eigenes Leben habe, das die Verquickung mit der Kirche nur verhüllt, das lernten die Humanisten aus der Anschauung der Politik des heidnischen Alterthums. Nicht mehr die Lehren der mittelalterlichen Scholastik von dem staatlichen Monde, der durch die kirchliche Sonne sein Licht empfange, sondern der energische Staatsgeist der Geschichtschreiber des Alterthums auf der einen, die Ereignisse und Bedürfnisse der tief bewegten Gegenwart auf der andern Seite sind nunmehr die Quellen der politischen Kenntniss und Einsicht. Die Staatskunst des Adelsstaates in Venedig, die populäre Tyrannis der Mediceer und der demokratische Kirchenstaat Savonarola's in Florenz, der Despotismus in Mailand, das humanistische Königthum in Neapel, das aufgeklärte Papstthum in Rom, endlich das ganze künstliche Schaukelsystem der vielgestaltigen italienischen Staatenwelt, das die Schule der modernen Diplomatie geworden ist: das Alles bildete den praktischen Anschauungsunterricht jener feingebildeten Politiker, die die Väter der modernen Geschichtschreibung und Staatslehre werden sollten: Macchiavelli und Guicciardini, die beide zuerst der Geschichtschreibung das politische Auge eingesetzt, die Staatslehre mit Hilfe der Geschichte befruchtet haben, und die beide zugleich dankbare Schüler der Alten gewesen sind, der Eine so weit, dass er ihren Geschichtschreibern die Liebhaberei für erfundene Reden entlehnt, der Andere der Art, dass er seinen Landsleuten aus der Geschichte des altrömischen Staates zeigen will, wie sie selber die verlorene Einheit und Grösse sich wieder zu erobern haben, nach dem von ihm entdeckten Gesetze der politischen Analogie.

Theils in Folge eigener Erlebnisse, die tief auf die Geister gewirkt haben, theils durch die Wiederbelebung des Alterthums und seines Staatssinnes sind die Romanen die Gesetzgeber der modernen historisch-politischen Wissenschaft geworden. Nächst den Italienern sind es die Franzosen, denen die Entbindung des weltlichen Staates und seiner Wissenschaft von ungehörigem Beiwerk zu danken ist. Johann Bodin hatte der französischen Geschichte ihr innerstes Gesetz abgelauscht, als er den Begriff von der Einheit der Staatsgewalten unter dem Namen Souveränetät in die Wissenschaft einführte, vor und nach ihm ist auf demselben Boden, den Germanen weit voraus, durch Nicolas d'Oresme[1] und Antoine Montchretien[2] die Lehre vom Wirthschaftsleben und Haushalt des Staates in den Anfängen begründet worden, und alle drei sind durch die Schule der aristotelischen Politik gegangen.

Das sind die beiden wichtigen Thatsachen, welche sich im sechszehnten Jahrhundert vereinigt haben, um demjenigen unter Aristoteles' Schriften, die bisher am meisten im Schatten gestanden, in weiten Kreisen ein bereites Verständniss und eine eifrige, vielseitige Pflege zu sichern. Daraus hauptsächlich haben wir es uns zu erklären, dass unter den Herausgebern dieses Werkes nicht die einseitigen Buchgelehrten,

---

1) Ueber diesen s. oben S. 77.

2) Ueber diesen geistvollen Denker (1595—1621) und dessen erst in unseren Tagen wieder bekannt gewordenes Werk traité d'Économie politique s. Jules Duval in den Séances et travaux de l'académie des sciences morales et politiques 1666. Bd. 85 u. 86. Eine Stelle aus dieser merkwürdigen Schrift, welche augenscheinlich an das'2. Capitel des I. Buchs der arist. Politik erinnert, über den Staat als Naturerzeugniss, setze ich hierher (a. a. O. Bd. 85. S. 389): L'Homère, duquel comme d'une source féconde coulèrent jadis tous les ruisseaux de la philosophie, a écrit en ces vers :

Celui méchant et sans loi faut-il dire
Qui seul à part des hommes se retire,

comme si délaisser la vie civile et commune, était rompre et violer la loi naturelle et mettre l'humanité à l'abandon — Si les hommes doivent prendre en ce point exemple des bêtes, voyons-nous pas celles qui vivent à part au fond des bois et des déserts, être ordinairement plus dommageables que profitables? Et celles qui vivent par troupeaux en nos campagnes extrèmement utiles! En la communauté des hommes la civilité s'apprend, le désir de faire plaisir pour en recevoir s'allume — de même façon ces hommes se maintiennent en leur société, unis et joints qu'il sont par une chaîne d'affection commune —.

sondern Männer, wie Victorius, Sepulveda und Joachim Camerarius in vorderster Reihe stehen, und dass die ersten Entdecker der unrichtigen Ordnung der Bücher gleichfalls in dies Jahrhundert fallen.

Den sämmtlichen Ausgaben, welche die Politik am Ende des fünfzehnten und im Verlauf des sechszehnten Jahrhunderts erlebt hat, ist gemeinsam, dass sie, wie das in jener Zeit Sitte war, von den Handschriften, auf denen sie beruhen, von der Methode, nach der sie benutzt worden sind, keine Rechenschaft geben. [1] Das gilt insbesondere von der editio princeps des Aldus Manutius in Venedig 1495. Die Aldinische Officin hat offenbar in diesen wie in allen übrigen Fällen über reiche handschriftliche Mittel geboten und von ihren Schätzen den geschicktesten Gebrauch gemacht und ihre Abweichungen — von Göttling zuerst genau verglichen und ausgebeutet — gelten darum für Zeugnisse eines wirklichen Quellenwerkes: aber über der Genesis des Textes, dem Detail seiner Grundlagen schwebt hier dasselbe Geheimniss, das wir bei allen Textesarbeiten der Zeit zu beklagen haben.

Bei den Nachfolgern tritt darin eine einzige Aenderung ein: die vetus translatio, die wir jetzt als das Werk des Wilhelm von Moerbecke kennen, kommt als Hilfsmittel der Texteskritik zu Ehren. Der gelehrte Baseler Buchhändler Michael Isingrinius[2] nennt sie ausdrücklich und gibt damit ein Beispiel, dem es an Nachfolge nicht gefehlt hat.

Der grosse Florentiner Philosoph und Staatsmann Petrus Victorius[3] bezeichnet sie »neben mehreren Handschriften«, die er oben näher bezeichnet, als seine ergiebigste Quelle an eigenthümlichen Lesarten und beurtheilt, wie wir oben gesehen haben, ihren eigentlichen Charakter vollkommen richtig. Auch Joachim Camerarius, von dem wir eine Uebersetzung und Erläuterung der sieben ersten Bücher der Politik nach seinem Tode 1561 in Frankfurt erschienen) besitzen, hält von seinen Hilfsmitteln dieses allein der Erwähnung und durchgängigen Benutzung werth.

[1] S. die Charakteristik, die Stahr in Jahn u. Klotz Neuen Jahrbb. für Philologie XV, S. 321—338 davon gegeben hat.

[2] Die Isingriniana 1550 ist die letzte und werthvollste der drei Baseler Ausgaben, von denen die ersten 1531 und 1538 erschienen sind. Den Werth ihrer Varianten, die vielfach durch die Bekker'sche Handschriftenforschung bestätigt worden sind, stellt Stahr, der sie zuerst genauer verglich, sehr hoch.

[3] Die erste der beiden Victorianae erschien 1552 als Grundlage der Vorlesungen, die Victorius zu Florenz über das Werk gehalten hat; sie ist sehr selten geworden und wird durch einen zu Paris 1556 von Morellius veranstalteten Abdruck ersetzt. In dieser Lutetiana erkennt Stahr die Grundlage der durch die Vollständigkeit ihres — nicht handschriftlichen — Apparates wichtigen Ausgabe von Sylburg 1587.

In die Zeit dieser regen Arbeit an Herstellung eines lesbaren Ur-
textes der Politik fällt auch das Erscheinen einer lateinischen Uebersetzung, die eine wirkliche Uebertragung und nicht, wie die meisten
übrigen, eine Paraphrase ist, die des G e n e s i u s S e p u l v e d a [1]) , die
um ihrer entschiedenen Ueberlegenheit willen in S c h n e i d e r ' s Ausgabe vom Ende des dritten Buchs an statt der Uebersetzung Lambin's
abgedruckt worden ist.

Nehmen wir die drei zuletzt genannten Namen zusammen, so
haben wir einen deutlichen Beweis für die Anziehungskraft, welche
die aristotelische Politik auf Männer des handelnden Lebens ausübte.
Alle drei gehören zu den ungewöhnlichen Naturen, durch welche die
Renaissancezeit vor allen früheren und vielen späteren ausgezeichnet
ist, zu jenen Gelehrten, die ein vielseitiges, an den Quellen erworbenes
Wissen verbinden mit herzhaftem Realismus, mit männlichem Erfassen
der Aufgaben des staatlichen und kirchlichen Lebens.

Der Florentiner P e t r u s V i c t o r i u s [2]) (1499—1565), von früher
Jugend an ungewöhnlich vorgeschritten in der Kenntniss der classi-
schen Sprachen und der Mathematik, hat als Mann unter die Gelehrten
ersten Ranges zählend, wie alle bedeutenderen Humanisten einer Zeit,
für die Fertigkeit in der lateinischen Rede erste Vorbedingung einer
staatsmännischen Laufbahn war, die Doppelthätigkeit eines vielbeschäf-
tigten Staatsmannes und eines gelehrten Professors der Redekunst, der
Alterthumskunde mit glänzendem Erfolg entfaltet.

Eine ähnliche Rolle hat der gelehrte Philolog und Theolog G e n e -
s i u s S e p u l v e d a von Cordova gespielt als Caplan, Geschichtschreiber
und Rathgeber des Kaisers Karl V. und als Erzieher des Infanten Philipp II., dem er seine Uebersetzung der Politik gewidmet hat.

Eine ganz hervorragende Erscheinung aber ist unser Landsmann,
der Bamberger J o a c h i m C a m e r a r i u s (1500—1574), .

Als Staatsmann den Reichsstädtern Gregor v. Heimburg, Wilibald
Pirckheimer vergleichbar, ist er durch die Vielseitigkeit seiner gelehrten
Leistungen selbst einem Erasmus und Melanchthon überlegen: er ist
Grammatiker, Dichter, Redner, Geschichtsforscher, Mediciner, Land-
wirth, Naturforscher, Geometer, Mathematiker, Astronom, Antiquar,
Theolog — Alles in einer Person, ein Alberti des gelehrten Wissens.
Mit Erasmus und Melanchthon zusammen bildet er das denkwürdige

---

1) Paris 1548, nachgedruckt zu Köln 1601 und Madrid 1775.

2) Ausführliches über seine gelehrte Laufbahn siehe in dem Aufsatz von Kämmel
in Jahn u. Fleckeisen N. Jahrbb. 1865. Bd. 92. S. 545 ff.

Triumvirat, dem Deutschland seine wissenschaftliche Wiedergeburt an der Seite der religiösen zu danken hat. Wie Melanchthon die humanistische Ergänzung Luther's war, so war er die politische Ergänzung Melanchthon's. Bei drei Kaisern, Carl V., Ferdinand I. und Max II., und zwoi Herzogen, Heinrich und Moritz von Sachsen, hat er im Vertrauen gestanden, auf den beiden Reichstagen von Augsburg 1530 und 1555 war er Vertreter der Stadt Nürnberg, auf dem ersteren hat er mit Melanchthon die Augsburger Confession gemeinschaftlich verfasst, und für die Wissenschaft ist er wichtig goblieben nicht bloss durch seine vortrefflichen Arbeiten über Cicero, Quintilian, Plautus, Terenz, Vergil, Aristoteles, sondern noch mehr durch seine Bemühungen um die humanistische Neugestaltung des höheren und mittleren Schulwesens. Aufs Glücklichste wetteifert er darin mit dem praeceptor Germaniae; zwei Universitäten, Leipzig und Tübingen, hat er nach humanistischen Grundsätzen reformirt und auf denselben Principien das akademische Gymnasium zu Nürnberg neu aufgebaut. [1]

So war noch vor Ausgang des 16. Jahrhunderts die Politik des Aristoteles nicht bloss ein Gemeingut der Gelehrten, sondern auch ein Liebling der Politiker geworden, — sehr nothwendig als Gegengewicht gegen die reizvolle Romantik der Plutarch'schen Biographieen mit ihrer verschrobenen Heldenmoral und ihrer- verführerischem Unkritik und nicht minder wohlthätig als Mittel zur Reinigung der politischen Leidenschaften gegenüber der verhängnissvollen Einwirkung, welche die neue Staatslehre des Macchiavelli nach oben zu äussern begonnen hatte.

In dasselbe Zeitalter fällt, als eines der ersten Zeichen des Erwachens der sog. höheren Kritik, die von zwei Gelehrten, unabhängig von einander, aufgestellte Ansicht, dass die Bücher 7 und 8, welche vom besten Staate handeln, nicht an ihrer rechten Stelle seien, sondern hinter das dritte Buch gesetzt werden müssten, weil dort ausdrücklich die Lehre vom besten Staat als unmittelbar folgend angekündigt werde, eine Behauptung, zu der schon der damals wieder vergessene Nicolas Oresmius geneigt gewesen war.

Im Jahre 1559 hat Bernardo Segni (Angelus Segnius nennt ihn Victorius), ein Edelmann in Florenz, Mitglied der dortigen Akademie, ohne von der Andeutung seines Vorgängers zu wissen, in seiner dem Cosimo von Medici gewidmeten italienischen Uebersetzung bemerkt, dass die Bücher 7 und 6 ihrem Inhalt nach nicht an das Ende, sondern

---

1) Ueber ihn u. Sepulveda s. die betr. Artikel der Biographie universelle. Eine Monographie über Camerarius gibt es leider noch immer nicht.

in die Mitte des Werkes, hinter das dritte Buch gehörten. Und 1577
hat ein gelehrter römischer Mönch, Antonio Scaino da Salo, der
schon durch Schriften über Aristoteles anderweitig bekannt war, in
einem lateinischen Schriftchen: in octo Aristotelis libros qui extant de
republica quaestiones, unter 5 Untersuchungen eine über die neue
Ordnung der Bücher veröffentlicht, die er aus sehr formellen Gründen,
gestützt auf verschiedene Stellen, unbedingt empfiehlt und in seiner
1578 erschienenen italienischen Paraphrase ohne Bedenken durchführt.
Schon Schneider kennt das Schriftchen nur aus Fabricius und theilt
danach (II, XV) von dem Inhalt desselben die folgenden Hauptsätze
mit: die Büchereintheilung rührt nicht von Aristoteles, sondern von
dem Rhodier Andronikos oder sonst einem alten Philosophen her, ist
also nicht bindend für uns, und: die Politik ist nicht, wie man vermuthet hat, unvollständig, sondern ein abgerundetes Werk. Aristoteles
hat Alles gehalten, was er versprochen hat. Unter den Neueren ist
Barthélemy St. Hilaire der Einzige, der das Schriftchen selbst gelesen
hat; er findet es remplie de bon sens et de clarté und theilt S. 186 der
Vorrede seiner Ausgabe die bescheidenen Schlussworte des biederen
Mönches mit: »Wenn man mir entgegenhält, ich sei keine Persöulich-
keit von dem Gewicht, um durch mein persönliches Urtheil solche Veränderungen durchzusetzen, so gebe ich gern zu, dass man mir, dem
Manne ohne Namen und von nur mittelmässigem Wissen, dieses Vermögen nicht einräumen kann. Mag denn ein Jeder bei dieser Frage in
die Wagschale werfen, was ihn Verstand und Ueberlegung heisst. Ich
für meine Person werde nie verschweigen, was mir mein Kopf eingibt.«
Die Ansicht Scaino's hat Erfolg gehabt. Victorius und Sepulveda
haben die Umstellung vorgenommen, und auch Joseph Scaliger
hat seinen Zweifel an der Richtigkeit der überlieferten Ordnung ausgesprochen.   In seinem auf der Heidelberger Bibliothek befindlichen
Handexemplar bemerkt er hinter dem dritten Buch: sequi debebat VIII
liber, was freilich nur theilweise mit der Umstellungslehre stimmt, aber
doch zeigt, dass er hier eine Lücke sieht. Von der Vollständigkeit der
Politik aber denkt er nicht wie Scaino, denn er schreibt am Ende des
achten Buchs τέλος ἀπλᾶς, d. h. hier ist ein Ende, aber kein Schluss,
wie das denn auch nach unserer Ansicht seine volle Richtigkeit hat.
Daniel Heinsius hat dann in seiner 1621 erschienenen Ausgabe ehrlich
erklärt, er spreche sich über die Sache nicht aus, weil er mit sich selber
noch nicht im Reinen sei (se nondum sibi satisfacere) ; dabei ist es für
ihn geblieben.
     Aus dem siebenzehnten Jahrhundert sind als die bedeutendsten

Arbeiten die des Juristen Hubert v. Giffen (Giphanius) aus Geldern und die des Helmstädter Polyhistors Hermann Conring zu nennen. Der erstere wegen seiner mit sachlichen und kritischen Anmerkungen ausgestatteten lateinischen Uebersetzung der Politik bis zur Mitte des 7. Buchs (nach seinem Tode zu Frankfurt 1608 erschienen), der letztere wegen seiner durch scharfe Kritik hervorragenden Ausgabe (Helmstädt 1656) und einer Abhandlung über die Umstellung der Bücher.

Hermann Conring hat bis vor Kurzem mit seiner Kritik wenig Beifall erfahren; man fand seine Kenntniss des Griechischen ausser Verhältniss zu der Kühnheit seines Urtheils über die Beschaffenheit des Textes im Ganzen wie im Einzelnen und machte sich die Widerlegung seiner Gründe so bequem als möglich, indem man ihn einfach todtschwieg. Die Missethat Conring's bestand darin, dass er im Text der Politik eine Menge Lücken und Unebenheiten entdeckte und mehr als das, die betreffenden Stellen durch Sternchen bezeichnete, so dass seine Ausgabe, die sich im dritten Bande seiner gesammelten Werke (Braunschweig 1730) befindet, beim Aufblättern in der That einem glitzernden Sternhimmel ähnlich sieht.

Diese Sternchen sind jetzt freilich verschwunden, aber viele der Lücken, die Conring zuerst entdeckte, sind noch ebenso merklich wie zu seiner Zeit, wenn auch nicht verschwiegen werden darf, dass er an manchen Stellen voreilig und unbedachtsam geurtheilt haben mag. Das steht fest, der Text unserer Politik ist nicht so spiegelglatt und eben, ist keineswegs ein so meisterlich geschlossenes, in sich aus- und abgerundetes Werk, wie sich viele glauben machen wollen, und Conring hat das Verdienst, diese Thatsache zuerst entdeckt und muthig vertreten zu haben. Das war mein Eindruck, als ich die Ausgabe vor beiläufig zehn Jahren zuerst durcharbeitete, und das ist derselbe, der jetzt mehr und mehr zur allgemeinen Geltung kommt. Er bleibt bei dem Satze, den schon Leibnitz aussprach, dass die Bücher der Politik hiatibus deformes seien (epp. II, 110), und es ist eine sehr erfreuliche Thatsache, dass man sich heutzutage minder scheut, sich offen dazu zu bekennen. [1]

Derselbe Gelehrte hatte bereits im Jahre 1637 in der Vorrede zur Uebersetzung des Giphanius nach eifrigen Studien in der Politik behauptet, die Bücher 7 und 8 müssten hinter Buch 3 eingereiht werden.

---

1) S. die oben S. 66 Anm. 2. angeführten Worte Spengel's und vergl. damit die Arbeiten Susemihl's und seiner Schüler. Des Ersteren; de Aristotelis Politicor. libris primo et secundo quaestiones criticae Index scholar. Gryphiswald. 1867 und Böcker's de quibusdam Politicor. Aristotel. locis diss. inaug. ib. 1867.

Neunzehn Jahre darauf hat er in seiner Ausgabe diese Behauptung aus
dem Texte zu beweisen gesucht; er war ganz selbständig zu dem Ergebnisse jenes römischen Mönches gekommen, über den er erst bei
Heinsius eine ganz flüchtige Andeutung fand. Er sagt (die Abhandlung steht im dritten Bande der gesammelten Werke S. 472—481):
»Das waren die Gründe, die mich schon in sehr jugendlichem Alter zu
dieser Ueberzeugung brachten; da ich nun fürchtete der Unbescheiden-
heit geziehen zu werden, wenn ich, ein Jüngling, gegen die einstim-
mige Ordnung der Handschriften und Ausleger, ebenso gelehrter als
scharfsinniger Männer, eine Umstellung ganzer Bücher des Aristoteles
beantragen wollte, so hat mich ausserordentlich ermuthigt, als ich am
Ende der Heinsiana die Angabe fand, dass bereits 200 Jahre vor ihm
ein Italiener, A. Scaino, auf denselben Gedanken verfallen sei.« Später
las er dann bei Victorius eine Angabe über seinen anderen Vorgänger,
Segni. In einer dann folgenden Abhandlung sucht Conring noch darzuthun, dass die Darstellung des besten Staates in den beiden letzten
Büchern der alten Ordnung nicht als vollendet betrachtet werden
könne, dass wir vielmehr den Verlust von mindestens vier weiteren
Büchern über diesen Gegenstand zu beklagen hätten (p. 478—481).

　　Nach Conring ist anderthalb Jahrhunderte lang von irgend bedeutenderen Arbeiten zum Texte der Politik Nichts zu melden. Mit dem
Ende des achtzehnten Jahrhunderts wird es anders.

　　Kurz nacheinander erscheinen zwei deutsche Uebersetzungen von
J. G. Schlosser (Lübeck u. Leipzig 1798. 3 Bde.) und Chr. Garve
(herausgeg. von Fülleborn. Wien u. Prag 1803. 3 Bde.), welche dem
Bedürfniss jener bewegten Zeit nach Vertiefung der Staatsansichten
Genüge thun wollten [1], und deren sachliche Erklärungen noch heute
Interesse haben.

　　Im Jahre 1809 erscheint zu Frankfurt die Ausgabe der Politik von
Joh. Gottlob Schneider, Saxo, wie er sich bebeinamt, und mit
ihr beginnt wieder ein regelmässiger Anbau dieser Studien.

　　Die Schneider'sche Ausgabe besteht aus zwei Bänden, von denen
der erste Einleitung, Text und lateinische Uebersetzung, der zweite
den sprachlichen und sachlichen Commentar enthält. Die Einleitung

---

1) Schlosser sagt in seinem sehr lesenswerthen Vorwort: »In der Zeit, in der
Jedermann sich berufen glaubt, über Staatsformen und Revolutionen, Bürgerrecht
und Regentenpflichten zu sprechen und abzusprechen, hat es mir nicht unnöthlich
geschienen, das, was wir noch von dem Buche übrig behalten haben, das Aristoteles
vor ein paar tausend Jahren über die Politik geschrieben hat, in deutscher Sprache
bekannt zu machen« u. s. w.

verbreitet sich über den Inhalt der Politik, gibt ein paar flüchtige Bemerkungen über die Ordnung der Bücher und einige Nachrichten über die kritischen Hilfsmittel, die er benutzt hat. Unter diesen steht obenan die vetus translatio, der er an 20 Stellen die richtige Lesart verdankt, die er aber nicht immer mit Victorius gleichlautend citirt. Eine Leipziger Handschrift hat er nicht weiter verglichen, als er sah, dass sie mit der Aldina I. fast völlig übereinstimme. Die lateinische Uebersetzung ist ein verbesserter Abdruck der Lambinschen vom I. bis Ende des III. Buchs; von da ab hat Schn. sie mit der bessern Uebersetzung des Sepulveda vertauscht.

Der zweite Theil enthält in der Einleitung eine vollständige Uebersicht

1) der Ausgaben von der Aldina I. bis auf die von Reiz 1776;
2) der lateinischen Uebersetzungen von der vetus translatio des Wilhelm von Moerbecke bis auf die des Giphanius;
3) der Uebersetzungen in italienischer, französischer, englischer und deutscher Sprache;
4) der besonders erschienenen Commentare von dem des Borrhäus 1545 bis zu dem von Meier 1669.

Darauf folgt dann der Commentar, vielleicht, wie Stahr meint, die schwächste unter Schneider's Arbeiten, aber bis heute ein ganz unentbehrliches Hilfsmittel, aus dem auch in Wahrheit weit mehr entnommen worden ist, als man eingestehen will. Was zunächst die sachliche Seite der Erläuterungen angeht, die von den Beurtheilern gewöhnlich ausser Acht gelassen wird, so sollte doch anerkannt werden, dass, was mit Fleiss und Belesenheit an erklärendem Stoff zusammengetragen werden kann, hier wirklich zusammengetragen ist. Man vergleiche nur mit den Parallelstellen, die er anführt, die erläuternden Noten, welche unseren neueren Uebersetzungen beigefügt sind, und man wird zugestehen müssen, dass ihm alles Werthvolle entnommen und fast gar nichts Neues hinzugefügt ist. Wir fordern für Schneider's Fleiss und Belesenheit Anerkennung, aber mehr auch nicht. Politisches Urtheil, historischen Blick darf man freilich bei ihm nicht suchen.

Was die sprachliche Seite betrifft, so muss beachtet werden, dass Schneider als Commentator vieler griechischen Prosaisten, als Verfasser des griechischen Lexikons nicht gewöhnliche grammatische und lexikalische Kenntnisse besass, welche seiner Stimme ein nicht unbedeutendes Gewicht verleihen. In Bezug auf die Kritik wird ihm grosse Keckheit und übereilte Neuerungssucht vorgeworfen; auch ich finde sehr viele seiner Vermuthungen misslungen, aber da, wo er eine

nöthig fand, trat mir doch fast immer eine wirkliche Schwierigkeit im
Text entgegen, über die man sich nicht täuschen sollte, und manche
seiner vermuthungsweisen Aenderungen sind sogar durch die neue
Bekker'sche Textesrecension handschriftlich bestätigt worden. Ein
wirklicher Mangel, den er freilich mit anderen Commentatoren theilt,
ist, dass entschieden schwierige Stellen manchmal gar nicht oder nur
flüchtig behandelt sind, dass er meistens sich begnügt, Stellen aus
älteren Ausgaben und Uebersetzungen einfach nebeneinanderzustellen
ohne eigene Kritik.

Dauernden Werth aber hat das Buch noch immer, einmal, weil es
eine mit ausserordentlichem Fleiss zusammengestellte Blumenlese
dessen bietet, was ältere Herausgeber oder Uebersetzer zu den meisten
wichtigen Stellen geben, und sodann, weil es in der Sammlung von
erklärenden Parallelstellen noch immer an Vollständigkeit nicht über-
troffen ist.

Ueber die Frage nach der Ordnung der Bücher, die im sechzehnten
und siebenzehnten Jahrhundert so viel Lärm gemacht, geht er mit auf-
fallender Flüchtigkeit hinweg. Conring's Abhandlung hat er gelesen,
und die des Scaino kennt er aus Fabricius: aber ihre Ergebnisse werden einfach verworfen. Statt sich mit den von Conring besprochenen
Stellen zu beschäftigen, dessen Gründe zu widerlegen, sagt er einfach:
eam opinionem nullo idoneo argumento firmatam fuisse nobisque teme-
rariam vanamque videri. Das ist der Standpunkt der alten Kritik, die
sich mit einem placet oder non placet über alle Fragen hinweghalf.

Die nächste Ausgabe nach Schneider ist die des Griechen K o r a ë s,
1621 erschienen, dessen Text, von einigen Conjekturen abgesehen, im
Wesentlichen der Schneider'sche ist. Interessant ist das Buch durch
eine schwungvolle Rede, die ihr als Einleitung vorangeht, und die in
begeisterten Worten den eben gegen die Türken aufgestandenen Hellenen zuruft, sie sollten den Helden ihrer Vorzeit in allem Guten und
Grossen nachfolgen, aber ihren Grundfehler meiden, die Zwietracht. [1]

Einen entschiedenen Fortschritt macht die Texteskritik der Politik
durch die Ausgabe von G ö t t l i n g. Jena 1824.

Göttling hatte durch Hase handschriftliches Material aus fünf
pariser Handschriften und einer mailändischen erhalten. Am genaue-
sten verglichen ist der Paris. 1. Dazu kamen genaue Variantensamm-
lungen aus beiden Aldinen, der dritten Baseler Ausgabe, den Texten

---

1) Auch in einer besonderen deutschen Uebersetzung herausgegeben [durch] den
Philhellenen Iken.

von Victorius, Camerarius, Sylburg, Casaubonus, Schneider, Koraës, verwerthet mit gründlicher Gelehrsamkeit, Scharfsinn und eindringender Kenntniss des Schriftstellers und seiner Sprache. Die sachliche Erklärung ist nur in Einzelheiten gefördert worden. Ausser dem angeführten Commentar verdienen vier zu Jena erschienene Abhandlungen zu schwierigen Stellen der Politik Beachtung. [1]

Ueber die Umstellungsfrage geht Göttling ebenso hinweg wie Schneider; eine einzige Stelle, die weder für noch gegen beweist, soll den ganzen Streit schlichten; nach seiner Meinung ist Alles in bester Ordnung.

Epochemachend für die Kritik des aristotelischen Textes im Allgemeinen, die der Politik im Besonderen ist das Jahr 1831, denn in diesem ist die grosse Berliner Aristotelesausgabe erschienen, welche die Akademie der Wissenschaften in Berlin auf Anregung Schleiermacher's unternommen und der berühmte Schüler F. A. Wolf's, Immanuel Bekker, zu Stande gebracht hat.

Diese Aristotelesausgabe nach 101 von dem Herausgeber selbst verglichenen Handschriften ist nicht nur ein grossartiges Denkmal deutschen Gelehrtenfleisses, sondern auch eine entscheidende That jener von F. A. Wolf begründeten philologischen Richtung, welche Bekker zuerst in Deutschland und damit in Europa zur Herrschaft gebracht hat, und deren wesentlichste Eigenheit eine streng wissenschaftliche methodische Kritik der Textesquellen, der Handschriften, ist. Bekker ist der Schöpfer des apparatus criticus, wie die Philologen sagen, d. h. er hat zuerst in mehreren grossen Leistungen die oberste Forderung aller modernen Philologie praktisch erfüllt, indem er bei Herstellung seiner Texte erstens von einer gewissenhaften, vollständigen Sammlung aller erreichbaren handschriftlichen Lesarten ausging und dann bei der Auswahl dieser Quellenangaben nach diplomatischen Gründen, nach Rücksichten auf den Geist und Sprachgebrauch des Verfassers methodisch verfuhr.

Auf diese Weise sind die Ausgaben des Thukydides und Tacitus, der attischen Redner und des Aristoteles entstanden.

Der Text des Letzteren beruht auf einer Vergleichung von 101 Handschriften in Deutschland, Italien und Frankreich.

---

1) 1821 de notione servitutis apud Aristotelem.
　1835 de Politicorum loco II, 3.
　1558 de machaera Delphica.
　1856 de loco primi libri Politicor. p. 1253, 1.
Dazu　1859 de veneno Stygis quod Aristoteles fertur misisse Alexandro.

Dass bei einer so ungeheuren Arbeit mancherlei Lücken und Un-
ebenheiten mitunterlaufen, versteht sich von selbst; zu der Grösse des
Umfangs kam die Schwierigkeit des in den zahlreichen Schriften des
Stagiriten so ausserordentlich verschiedenen Stoffes, dessen gleichartige
Bewältigung und Durchdringung für einen einzelnen Gelehrten eine
Sache der Unmöglichkeit war und ist. [1]

Allein ein Mangel des grossen Werkes lässt sich durch solche Erwägungen nicht entschuldigen, und der ist von grossem Gewicht.
Bekker gibt von dem durch ihn benutzten Material, das dem Abge-
sandten der Berliner Akademie mit beneidenswerther Reichhaltigkeit
zu Gebote stand, keine andere Meldung, als eine lakonische Uebersicht
in einem vier Seiten langen Verzeichniss der Nummern und Namen
mit Aufklärung über die abgekürzte Bezeichnung der Handschriften, die
er in seinem Apparate unter dem Texte gewählt hat. Das ist Alles.

Nicht ein Wort verliert er über die Eigenschaften der Handschrif-

_____

1) Ueber das, was der Textkritik auch nach der Bekker'schen Ausgabe zu thun
übrig bleibt, hat sich Bonitz in der Sitzung der kaiserl. Akademie der Wissenschaften vom 6. Febr. 1862 (Berichte der philos.-histor. Cl. Bd. 39, S. 185) folgendermassen ausgesprochen: »Durch die Bekker'sche Ausgabe des Aristoteles ist für
die Texteskritik der aristot. Schriften ein so bedeutender Schritt geschehen, als es
der Umfang der dazu aufgebotenen Mittel und der Name des Herausgebers erwarten
liess; dafür kann jede Seite des Bekker'schen Textes, verglichen mit den früheren
Ausgaben, Zeugniss geben. Dennoch kann für die Aufgabe der Kritik, den aristotelischen Text seiner ursprünglichen Gestalt möglichst anzunähern, Bekker's Recension
und kritischer Apparat n u r a l s G r u n d l a g e , nicht als ein wenigstens zeitweiser Abschluss betrachtet werden. Bekker hat mit der Schärfe seines Blickes und der Sicherheit seines Urtheils aus der Menge der ihm zugänglichen Handschriften diejenigen
herausgehoben und bei der Feststellung des Textes vorzugsweise benutzt, die sich
auch einer erneuten Prüfung als die glaubwürdigsten erweisen; aber diese Bevorzugung ist gegenüber der vorherigen Vulgata nicht immer mit der Strenge durchgeführt, welche dem wohlbegründeten Urtheil gebührt hätte. Ferner hat die bei der
grossen Aristotelesausgabe vorgenommene Theilung der Arbeit, dass die Herausgabe
der Auszüge aus den griechischen Erklärern von der Feststellung des aristot. Textes
getrennt wurde, diesem Texte die Ergebnisse entzogen, die sich aus jener wichtigen
Quelle gewinnen liessen. Endlich lässt ein eingehendes Studium des Aristoteles,
welches besonders seit dem Erscheinen der Bekker'schen Ausgabe, durch mannich-
fache Umstände gefördert, erhebliche Fortschritte gemacht hat, durch strenge Aufmerksamkeit auf den Gedankengang des Schriftstellers und auf seinen Sprachgebrauch an nicht wenigen Stellen Verderbnisse der Ueberlieferung erkennen und
öfters durch dieselben Mittel, die zu ihrer Entdeckung führten, sie beseitigen. Nach
diesen Gesichtspunkten bedarf der aristotelische Text noch erheblicher Revisionen
und ist derselben auch, selbst ohne die höchst wünschenswerthe neue Vergleichung
mancher Handschriften, schon mit den bisher vorhandenen kritischen Hülfsmitteln
fähig.«

ten, ob sie auf Pergament oder Papier, ob sie in Uncial- oder Cursiv-
schrift geschrieben sind, und in welches Alter sie nach solchen und anderen Anzeichen wahrscheinlich fallen. Nicht ein Wort über die Gründe,
aus denen ihm diese oder jene Handschrift vorzüglicher scheint, als eine
andere; warum er die Lesart des Textes das eine Mal dieser, das andre
Mal jener entlehnt. Er hat versprochen, eine Erklärung über all dieses
commodiore loco zu liefern, aber bis zu dieser Stunde ist dies Versprechen nicht erfüllt worden. [1]

So blieb, um Licht zu schaffen über die Genesis des Textes, Nichts
übrig, als einerseits dem Apparate selber seine Methode abzulauschen,
andererseits unter den von B. benutzten Handschriften mindestens
theilweise Nachlese zu halten. Das Eine hat Stahr in seiner unten
angeführten Recension, das Andre hat Barthélémy St. Hilaire in
seiner Ausgabe der Politik gethan. Der erstere hat nachgewiesen, dass
der Vollständigkeit der Ausgabe durch Nichtbenutzung ihrer Vorgänger,
insbesondere der Göttling'schen, die trotz ihrer werthvollen Varianten gar nicht erwähnt wird, ein grosser Nachtheil erwachsen ist, und
dass des Herausgebers Verfahren an Stellen, wo er gegen die Handschriften eigne Vermuthungen in den Text aufgenommen hat, durchaus einer Rechenschaftsablage bedurft hätte. Der letztere hat gezeigt,
dass von den 11 Pariser Handschriften der Politik B. nur 3, und von
diesen 2 nicht einmal vollständig, benutzt hat. Dabei müssen wir freilich mit Stahr offen zugestehen, dass die Nachträge, welche Barthélémy
aus seinen andern Handschriften beibringt, für die Reinigung des
Textes fast gänzlich werthlos sind, Bekker mithin mindestens in seiner
Auswahl im Wesentlichen das Richtige getroffen, wie er denn im Allgemeinen mit einer Genauigkeit gearbeitet hat, welche alle seine Vorgänger verdunkelt.

Die Ausgabe von Barthélémy St. Hilaire Paris 1837
(I. CLXXXIX u. 327, II. 559 S.), welche griechischen Text, franzö-
sische Uebersetzung — besser gesagt, sehr freie Paraphrase — und
Commentar enthält, zeugt von ungemeinem Fleisse, namentlich in

1) Stahr sagt darüber Berliner Jahrbb. für wissenschaftl. Kritik 1833 S. 430:
»Welch einen Einfluss ein solcher Mangel auf die Möglichkeit einer Beurtheilung
hat, wie hemmend und störend er für den Gebrauch selbst werden müsse, darüber
kann kein Zweifel sein: indem dadurch der ganzen Ausgabe der Charakter des Ab-
stossenden aufgeprägt scheint, ist darin zugleich der Grund zu suchen, weshalb sie
im Ganzen bis jetzt so wenig anregend auf das Studium des Aristoteles gewirkt hat.«
Sehr wichtig sind die Mittheilungen von Torstrick über die Authentica der Berliner
Ausg. Philologus XII, 529.

Benutzung der deutschen Literatur, die mittelbar oder unmittelbar mit
der Politik zusammenhängt, aber keineswegs von philologischer Befähigung; seiner Kritik geht Schärfe und Methode gänzlich ab, und
die Variantensammlung, die ihn so grosse Mühe gekostet, ist fast ganz
unbrauchbar.

Von wirklichem Werthe ist die Einleitung um zweier Dinge willen.
Sie gibt zum ersten Mal eine Beschreibung der pariser Handschriften, und sie behandelt ferner ausführlich die Frage von der
Ordnung der Bücher; in letzterer Beziehung wird der Umstellung
von 7 und 8 mit Nachdruck zugestimmt und überdies der Nachweis
versucht, dass auch Buch 5 und 6 der alten Ordnung ihre Plätze zu
tauschen hätten.

Von den 11 Pariser Handschriften sind die 6 Coisliniani N. 1657,
1656, 2023, 2025, 2026, 161 entschieden nach alten guten Originalien
geschrieben, wie man aus den Lesarten der zwei durch Bekker regelmässig angeführten (1656 und 161 L⁵ J⁶) entnehmen kann. Es verlohnt sich, dieselben nach Barthélémy's Beschreibung¹) näher anzusehen.

N. 1657 ist in Rom von Johann Rosos, kretischem Priester,
ums Jahr 1492 geschrieben und enthält die Politik und Oekonomik.
Die Handschrift ist sehr schön und leserlich, aber der Itacismus der
Byzantiner sehr häufig, der Abschreiber offenbar sehr unwissend. Das
Velinmanuscript gehörte dem König Heinrich II., dessen Namens-
zug sammt dem der Diana von Poitiers darauf steht. N. 1656
beginnt erst mit dem fünften Buch der alten Ordnung) — P⁵ L⁵ —
gleichfalls auf Velin, wird von B. in das sechszehnte Jahrh. gesetzt.
Die Hand ist geübt, aber nicht elegant. Das Manuscript ist das einzige, das Kapiteleintheilung hat. B. glaubt, daraus schliessen zu
können, dass es nach einem gedruckten Text copirt sei (?). Vielleicht
ist eher anzunehmen, dass die Kapiteleintheilung allein nachträglich
nach einem Druck hineingefügt worden wäre. Das Exemplar gehörte
Colbert.

N. 2023 — P¹ — ist auf Papier von Demetrios Chalcondylas
geschrieben, der am Ende des Bandes die Geburtstage seiner Kinder,
1494—1501, aufgeschrieben hat. Die Handschrift ist sehr elegant.
Die Glossen am Rande sind sehr zahlreich und alle von der Hand des
Abschreibers; sie verrathen einiges Wissen, aber wenig gesundes

---

1) Diese wie die Variantensammlung D.'s ist bei Stahr Aristoteles' Politik Griechisch u. Deutsch Leipz. 1639 S. VIII—XXV abgedruckt.

Urtheil. Das Manuscript trägt das Wappen Heinrich's IV. und enthält ausser der Politik auch die Ethik und Oekonomik. Nach Stahr's Vergleichung ist dieser Text nach der alten Uebersetzung des Wilhelm von Moerbecke vielfach corrigirt.

N. 2025 — P¹ — auf Pergament enthält die Politik, die Oekonomik und die Magna Moralia, gehört dem 15. Jahrhundert an und hat an den Stellen, wo sonst die Ziffer des Buches steht, eine weisse Lücke. Der Titel ist von einer späteren Hand hinzugefügt.

N. 2026 — P³ —, gleichfalls auf Pergament, hat das Wappen Heinrich's II., scheint aus dem 14. Jahrhundert und ist offenbar die älteste aller Pariser Handschriften der Politik. Die Schrift ist rund und voll Schnörkel; von Blatt 177 macht sie einer leserlicheren Hand Platz.

N. 161 — P³ J¹ — in Quarto enthält mehrere Schriften des Aristoteles ausser der Politik, welche von Blatt 166—219 steht. Die Schrift ist gedrängt, unleserlich, obgleich von einer geübten Hand. Das Manuscript hat dem Kloster des heil. Athanasios auf dem Berge Athos gehört, denn am Anfang wie am Ende steht: Βιβλίον τῆς ἁγίας λαύρας τοῦ ἁγίου Ἀθανασίου τῶν κατηχουμένων. Es ist auf Seidenpapier und muss entweder dem Ende des 14. oder Anfang des 15. Jahrhunderts angehören. —

Das ist die Handschrift, die Bekker am sorgfältigsten verglichen hat, und das mit Recht; denn sie enthält die meisten und eigenthümlichsten Varianten. Wenn nur Bekker's Collation mit der Hase's bei Göttling überall stimmte; aber das ist keineswegs der Fall. Ich halte nicht für unmöglich, dass sie zu den Schätzen gehört hat, welche Joannes Lascaris auf Befehl des Lorenzo von Medici auf dem Berge Athos erworben, aber erst nach dessen Tode nach Italien gebracht hat. [1]

In Sachen der Ordnung der Bücher entscheidet sich Barthélémy St. Hilaire für die Ansichten Conring's und seiner Vorgänger, ja er fordert zur Verzweiflung derer, die Alles in Ordnung fanden, noch eine zweite Umstellung, die der Bücher V und VI.

Die Begründung dieser letzteren Ansicht besprechen wir am besten im Zusammenhang mit der ausführlichen Abhandlung L. Spengel's, welche der ganzen Umstellungslehre in Deutschland Bahn gebrochen hat.

Inzwischen erwähnen wir noch aus dem Jahr 1639 einer deutschen

---

[1] Hodius: de graecis illustribus etc. London 1742. S. 249. Börner: de doctis hominibus graecis literarumque graecarum in Italia instauratoribus liber. Lps. 1750. S. 201—202.

Uebersetzung der Politik, die man erst unter die Ausgaben mitrechnen kann; wir meinen die von Adolf Stahr [1]), deren kritischer Apparat zur Vervollständigung des Bekker'schen vom entschiedensten Werthe ist. Die 1849 erschienene Abhandlung von Leonhard Spengel [2]) nimmt mit Nachdruck die Ansichten auf, welche von Schneider, Göttling u. a. deutschen Gelehrten einfach bei Seite gelegt worden waren: »Die gerühmte Gründlichkeit der deutschen Philologie«, bemerkt er, »hat in Bezug auf Aristoteles' Politik nicht nur das Richtige nicht geahnt, sondern auch sich als wenig fähig bewiesen, den von Italienern und Franzosen richtig erkannten Zusammenhang des Werkes auch nur zu würdigen und zu verstehen.« Er selbst tritt unbedingt der Lehre in dem ganzen Umfange bei, in dem sie Barthélemy St. Hilaire zuletzt vorgetragen, und seine Ausführung hat auf Immanuel Bekker solchen Eindruck gemacht, dass er kein Bedenken trug, im Texte seiner Oktavausgabe die doppelte Umstellung ohne Weiteres vorzunehmen, so dass die neue Ordnung der Bücher sich stellt, wie folgt: I, II, III, VII, VIII, IV, VI, V.

Die wichtigsten Gründe aber für ein solches Verfahren sind:

I. Die Stellung von VII und VIII.

Zwischen den Büchern III und IV der alten Ordnung ist offenbar eine beträchtliche Lücke. Das letzte Kapitel des III. Buches bricht plötzlich am Anfange eines Gedankens ab, der im folgenden Buche als erledigt vorausgesetzt wird. Welches der Inhalt dieses Gedankens ist, lehren die unvollendeten Schlussworte: »nach dieser Auseinandersetzung müssen wir nunmehr versuchen, aufzustellen, wie der beste Staat beschaffen, wie er zu gründen ist. Wer aber darüber das Richtige finden soll, der muss — [3]) Hier reisst der Text ab.

Die Lehre vom besten Staat wird als unmittelbar folgend angekündigt, und sie schliesst sich auch aus inneren Gründen mit

---

1) Aristoteles' Politik in acht Büchern; der Urtext nach Imm. Bekker's Textesrecension aufs Neue berichtigt und ins Deutsche übertragen, sowie mit vollständigem kritischem Apparat und einem Verzeichnis der Eigennamen versehen. Leipzig, C. Focke 1839.

2) Abhandlungen der philos.-philol. Klasse der k. baierischen Akademie V. 1849. S. 1—49.

3) διωρισμένων δὲ τούτων περὶ τῆς πολιτείας ἤδη πειρατέον λέγειν τῆς ἀρίστης τίνα πέφυκε γίνεσθαι τρόπον καὶ καθίστασθαι πῶς· ἀνάγκη δὴ τὸν μέλλοντα περὶ αὐτῆς ποιήσασθαι τὴν προσήκουσαν σκέψιν — so in dem Text der grossen Ausgabe II S. 1288b. Die Oktavausgabe (2. Abdruck Berlin 1853) dagegen hat die Worte von ἀνάγκη δὴ, — σκέψιν weggelassen. Warum? ist mir ganz unklar.

logischer Nothwendigkeit an die Lehre von den g u t e n Verfassungen, Aristokratie und Königthum, an, die im dritten Buch abgehandelt ist. Der beste Staat ist nun aber der Inhalt der Bücher VII und VIII, in welchen er, »wenn auch nicht vollständig, doch mehr als in den Anfängen und mit all der Grundlage, die Aristoteles hier verkündet«, aufbewahrt ist.

Fügen wir nun diese Bücher in den aus inneren Gründen geforderten Zusammenhang ein, so finden wir zugleich die Möglichkeit, die äussere Lücke im Texte so auszufüllen, dass die beiden auseinandergerissenen Ränder zusammenpassen wie die Zähne zweier ineinandergreifender Räder.

Das dritte Buch schliesst mit einem Vordersatz, dem der Nachsatz fehlt; das siebente beginnt mit den Worten: »Wer über den besten Staat die zutreffendste Untersuchung anstellen will, der muss zunächst ermitteln, welches die beste Lebensart ist.« [1]

Denken wir uns nun mit Spengel, dass »das eine Blatt« (oder vielleicht richtiger das letzte Blatt der einen Lage) mit den Worten: ἀνάγκη — σκέψιν endigte, das folgende aber mit διορίσασθαι — βίος fortfuhr, dann irgend ein äusserer Zufall die beiden Abschnitte von einander entfernte und so zur Ergänzung der Anfangsworte des aus seinem Zusammenhang gerissenen zweiten Abschnittes aufforderte, während die unvollendeten Schlussworte unbemerkt stehen blieben, — so haben wir auch äusserlich mit einiger Wahrscheinlichkeit erklärt, wie etwa jene sonderbare Lücke entstanden sein kann. [2]

Der Anfang des IV. Buches lehrt, dass es nicht genüge, einen Idealstaat aufgestellt zu haben, wie die einseitigen Philosophen zu thun pflegen. [3] Aufgabe des Gesetzgebers und wahrhaften Politikers sei auch, sich mit den Forderungen zu beschäftigen, welche aus den einmal gegebenen Verhältnissen fliessen, und mit den Mitteln, ihnen auf die beste Art gerecht zu werden. Wird der schlechthin beste Staat in diesem Zusammenhang genannt, so ist klar, dass er als bereits ab-

---

1) περὶ πολιτείας ἀρίστης τὸν μέλλοντα ποιήσασθαι τὴν προσήκουσαν ζήτησιν ἀνάγκη διορίσασθαι πρῶτον τίς αἱρετώτατος βίος.

2) Spengel sagt S. 18: Wie dadurch die äussere Form hergestellt wird und ein Satz entsteht, so auch die Gedankenfolge.

3) S. 145, 15 — ὥσπερ δῆλον ὅτι καὶ πολιτείαν τῆς αὐτῆς ἐστιν ἐπιστήμης τὴν ἀρίστην θεωρῆσαι τίς ἐστι καὶ ποία τις ἂν οὖσα μάλιστ' εἴη κατ' εὐχήν, μηδενὸς ἐμποδίζοντος τῶν ἐκτός, καὶ τίς τίσιν ἁρμόττουσα· πολλοῖς γὰρ τῆς ἀρίστης τυχεῖν ἴσως ἀδύνατον ὥστε τὴν κρατίστην τε ἁπλῶς καὶ τὴν ἐκ τῶν ὑποκειμένων ἀρίστην οὐ δεῖ λανθάνειν τὸν νομοθέτην καὶ τὸν ὡς ἀληθῶς πολιτικὸν u. s. w.

behandelt vorausgesetzt werden soll, und es ist nur eine Bestätigung dieser Annahme, wenn in der Reihenfolge, die nun für die weiteren Stoffe der Politik aufgestellt wird, der beste Staat gar nicht mehr vorkommt.

Aus all dem folgt, dass er vorausgegangen sein muss, und zwar unmittelbar; denn im Nachfolgenden ist keine Stätte mehr für ihn.

So ergibt sich eine Theilung des ganzen Werkes in zwei Abschnitte; der eine gründet auf eine kritische Auseinandersetzung mit den Vorgängern und eine Zerlegung der Grundbestandtheile des hellenischen Staatslebens ein Staatsideal, wie das nun einmal unter hellenischen Staatsdenkern nicht anders üblich war. Das sind die Bücher I, II, III, VII, VIII. Der andere versucht zum ersten Mal eine eingehende Lehre vom Staatsleben wie es ist, und lässt auf die Staatsbaukunde die Staatsheilkunde folgen. Das sind die Bücher IV, VI, V.

Zwei ausdrückliche Citate im zweiten und dritten Kapitel des IV. Buches, in denen der beste Staat als mit Königthum und Aristokratie in engster Verbindung stehend vorausgesetzt wird, beweisen aufs Neue die Nothwendigkeit der Umstellung. Eine andere aber, die demselben unmittelbar zu widersprechen schien, und die Spengel darum als eine »ungeschickte Interpolation« betrachtet wissen wollte, ist neuerdings in einem anderen und, wie wir fest überzeugt sind, dem einzig richtigen Sinne, verstanden worden; und mit dieser Erklärung ist auch der Widerspruch beseitigt. [1)]

II. Die Umstellung von Buch V und VI.

Im zweiten Kapitel des IV. Buchs d. a. O. wird für die noch zu behandelnden Gegenstände folgende Reihenfolge aufgestellt:

1) Eintheilung der Staatsformen und ihre Verschiedenheit mit Bezeichnung derjenigen unter ihnen, welche in der Mehrzahl der Fälle die erreichbarste und segensreichste sein dürfte. [2)]

Das ist der Inhalt des IV. Buchs.

---

1) Die Worte VII, 4. S. 101, 1 καὶ περὶ τὰς ἄλλας πολιτείας ἡμῖν πεπραγμάτευται πρότερον auf die Verfassungen zweiten und dritten Rangs neben dem schlechthin besten Staat bezogen, schienen den Inhalt der Bücher IV, V, VI vorauszusetzen. Gleichzeitig haben Hildenbrand in seiner Geschichte der Rechts- und Staatsphilosophie S. 365 und Teichmüller im Philologus 1860 S. 164 darauf hingewiesen, dass diese Worte besser auf den Inhalt des II. Buchs, die dort abgehandelten Politien zu beziehen seien. Der Letztere hat dies noch aus dem Sprachgebrauch klar gemacht.

2) p. 147, 24 ἡμῖν δὲ πρῶτον μὲν διαιρετέον πόσαι διαφοραὶ τῶν πολιτειῶν — ἔπειτα τίς κοινοτάτη καὶ τίς αἱρετωτάτη μετὰ τὴν ἀρίστην πολιτείαν, καὶ εἴ τις ἄλλη τετύχηκεν ἀριστοκρατική, καὶ συνεστηκυῖα καλῶς· ἀλλὰ ταῖς πλείσταις ἁρμόττουσα πόλεσι τίς ἐστιν.

2) Erörterung der Art, wie man bei Einführung dieser Staatsformen verfahren muss. [1]

Das ist der Inhalt des VI. Buchs.

3) »Ganz am Schlusse« Lehre von den Krankheiten und Heilmitteln des staatlichen Lebens. [2]

Inhalt des V. Buchs.

Diese Bestimmungen, zumal die letztere, sind vollkommen unzweideutig. Es lässt sich davon Nichts abmarkten, dass Aristoteles an dieser Stelle die Lehre von Krankheiten und Heilmitteln des Staatslebens »ganz ans Ende« versetzt wissen will, dass eben auch das Buch, das davon handelt, nur »ganz am Ende« gestanden haben kann bez. jetzt zu stehen hat. Nicht minder unzweideutig sind die Worte, mit welchen das eben bezeichnete Buch sich selber als das letzte kenntlich macht. Dasselbe beginnt mit den Worten: »alles Andere, wovon wir reden wollten, ist fast vollständig erschöpft« [3], d. h. es fehlt eben nur noch das letzte, was hier behandelt werden soll, und dann heisst es weiter: aus welchen Ursachen aber Staatsumwälzungen entstehen, welche Schäden jeder Staatsform eigen sind, nach welcher Seite sie am meisten zum Wechsel neigen, und welcherlei Heilmittel sich im Allgemeinen wie im Besonderen darbieten, das muss jetzt im Anschluss an das Gesagte zur Sprache kommen. [4]

Also im IV. Buch wird die Lehre von Krankheiten und Heilmitteln der Staatsverfassungen ganz ans Ende verlegt, und in dem Buche, das diesen Gegenstand zum Inhalt hat, heisst es: wir sind am Ende, bis auf die Lehre von den Uebeln, an denen Staatsverfassungen untergehen, und den Mitteln, mit denen man sie wieder aufrichtet. Das ist aber das V. Buch der alten Ordnung, das hienach nothwendig auch wirklich ans Ende gesetzt werden muss. Das bisher VI. Buch aber, das dann unmittelbar hinter das IV. kommt, enthält wirklich, was in

---

1) ib. 32 μετὰ δὲ ταῦτα τίνα τρόπον δεῖ καθιστάναι τὸν βουλόμενον ταύτας τὰς πολιτείας.

2) p. 148,3 τέλος δὲ πάντων τούτων, ὅταν ποιησώμεθα συντόμως τήν ἐνδεχομένην μνείαν, πειρατέον ἐπελθεῖν τίνες φθοραὶ καὶ σωτηρίαι τῶν πολιτειῶν καὶ κοινῇ καὶ χωρὶς ἑκάστης καὶ διὰ τίνας αἰτίας ταύτας μάλιστα γίνεσθαι πέφυκεν.

3) p. 193,31 περὶ μὲν οὖν τῶν ἄλλων ὧν προειλόμεθα σχεδὸν εἴρηται περὶ πάντων.

4) ib. 32: ἐκ τίνων δὲ μεταβάλλουσιν αἱ πολιτεῖαι καὶ πόσων καὶ ποίων, καὶ τίνες ἑκάστης πολιτείας φθοραὶ καὶ ἐκ ποίων εἰς ποίας μάλιστα μεθίστανται, ἔτι δὲ σωτηρίαι τίνες καὶ κοινῇ καὶ χωρὶς ἑκάστης, εἶσιν ἔτι δὲ διὰ τίνων ἂν μάλιστα σώζοιτο τῶν πολιτειῶν ἑκάστη] σκεπτέον ἐφεξῆς τοῖς εἰρημένοις.

7 *

jener Reihenfolge als der an zweiter Stelle zu behandelnde Gegenstand
bezeichnet wird.

Es ist nicht zu leugnen, dass es im Texte des bisherigen sechsten
Buchs Stellen gibt, welche auf einen Abschnitt über »Krankheiten und
Heilmittel der Verfassungen« als einen vorangegangenen hinweisen [1]),
allein dieser Widerspruch lässt sich recht wohl aus der Unordnung
erklären, die entstehen musste, als die alte Reihenfolge einmal zerstört
war. Man hat nur die Wahl, jene Stelle am Anfang des IV. Buchs, die
durchaus klar und logisch in sich zusammenhängt, oder jene gelegentlichen Citate mit Spengel als unecht zu erklären. Ein drittes gibt es
unseres Erachtens nicht, und nach allen Regeln der Kritik ist doch das
Letztere zulässiger als das Erstere.

Schliesslich wollen wir einer Ansicht Hildenbrand's gedenken,
die als geistvolle Vermuthung immerhin beachtet zu werden verdient. [2])
Hienach ist völlig unleugbar erstens, dass in der alten Ordnung zwischen III und IV eine Lücke sich befindet, die nur durch die Lehre
vom schlechthin besten Staate ausgefüllt werden könnte; zweitens dass
nach unwidersprechlichen Andeutungen des Textes selbst Aristoteles
die Absicht gehabt hat, nach dem III. Buch die Darstellung des
besten Staates folgen zu lassen.

Allein es muss beachtet werden, dass VII und VIII offenbar nicht
vollendet sind, und dass darum durch ihre Umstellung jene Lücke doch
nur zum Theil ausgefüllt werden würde. Woher nun diese Unfertig-
keit eines sehr wichtigen Theils in der Mitte eines Werks, dessen zweiter
Abschnitt ganz vollendet und wohlgerundet vorliegt?

Wahrscheinlich hat Aristoteles die Absicht, die er anfänglich hegte
und äusserte, später nicht so durchgeführt, wie er wollte; seiner eigenthümlichen Geistesrichtung und Neigung folgend, hat er die historisch-
empirischen Abschnitte früher vorgenommen und vollendet und die
Ausarbeitung des besten Staates auf später verschoben; der Tod hat
ihn dann mitten in der Arbeit daran überrascht, und so ist es gekommen, dass sich unter seinen Papieren das VII. und VIII. Buch als die
letzten Arbeiten an der Politik vorgefunden haben.

----

[1] Hildenbrand S. 378, der die vollständigste Besprechung der Literatur über
die ganze Umstellungsfrage gibt. Auf die Entgegnungen Bendixens (Philologus
1858, und Forchhammer's (Philologus 1859) hat Spengel geantwortet im X. Bd.
der Abhandlungen der philol.-philos. Classe der bairischen Akademie.

[2] S. 345—365. Ueber die gesammte neuere kritisch-exegetische Literatur zur
Ethik und Politik bis zum Jahre 1860 s. die ausgezeichneten Jahresberichte von Ben-
dixen im Philologus XI, 351. 544. XIV. 377 und XVI.

ERSTES BUCH.

Aristoteles' Bruch mit der Romantik in der hellenischen Staatslehre.

1.

Aristoteles und die theoretischen Staatsideale seiner Vorgänger.

Die Staatslehre der Hellenen hat denselben Umweg gemacht, den wir ihre ganze philosophische Weltbetrachtung beschreiben sehen.

Als Zöglinge einer Cultur, welche die Bildungskreise eines längst abgeschiedenen Weltalters in sich aufgenommen und nach vollbrachter Schulzeit ziemlich dort die eigene Arbeit angefangen hat, wo ihre Vorgänger geendigt haben, sind wir beim ersten Anblick überrascht, in der Reihenfolge der Probleme einen ganz anderen Gang vorzufinden, als der ist, den wir für den allein naturgemässen halten möchten. Wir besitzen einen hoch aufgespeicherten Schatz gut beglaubigten, stofflichen Wissens; wir verfügen über eine wohlgeschulte, durch tausenderlei eigene und fremde Erfahrungen gewitzigte Methode in Anstellung der Denkprocesse, und dennoch verlassen wir ungern die Grenzen des Mikrokosmos und nehmen unsern Ausgangspunkt unter allen Umständen von dem, was »vor unseren Füssen liegt«, um mit den Lakedämoniern zu reden. Anders die Väter der hellenischen Spekulation, die Ionier, die bereits anfingen, ein Weltbild in Gedanken aufzustellen und den Makrokosmos in seine vermuthlichen Bestandtheile zu zerlegen, zur Zeit, da ihre äussere Kenntniss des Erdballs noch nicht über die Länder- und Völkerkunde eines seefahrenden Handelsvolks hinausgekommen und eine Erforschung seines Innern noch gar nicht angestrebt war.

Die Staatslehre der Griechen weist dasselbe Verhältniss auf.

Das Suchen nach einem besten Staat, der zu jeder Zeit an jedem Ort für jede Gesellschaft die allein heilsame Form des Zusammenlebens wäre, erscheint uns als ein müssiges Jagen nach eiteln Hirngespinnsten, mindestens solange, als nicht die Erforschung der vorhandenen und geschichtlichen Staatengebilde ihr Werk zu einem gewissen erschöpfenden Abschluss gebracht hat.

Bei den Hellenen beginnt die Staatslehre mit eben dem Problem,
das wir bis auf das Ende einer langen, im Grunde gar nicht abschliess-
baren Arbeit vertagen, die Auffindung des idealen Staates beschäftigt
hier die hervorragenden Geister der Nation bereits zu einer Zeit, da
das buchführende Gedächtniss des staatlichen Lebens, die Geschichtschreibung, sich mit Herodot eben erst mühsam losringt aus der Logo-
graphie und dem Anekdotenklatsch, bevor noch Thukydides ihr das
politische Auge eingesetzt hat. Noch ist kein einziger der vorhandenen
Staaten in dem politisch so unendlich bunt gestalteten Hellas einer
genauen, wissenschaftlich strengen Zergliederung unterworfen, und
schon strebt der Flug der ungeduldigen Phantasie den entlegensten
Zielen nach.

Auch Aristoteles hat diesem Hange seinen Zoll entrichtet. Seine
Geistesart ist ihm innerlich so abgeneigt als möglich; seine sachliche
Vorbereitung ist umfassender, gründlicher, als sie irgend Einer vor und
neben ihm dazu mitgebracht, sein Standpunkt aufgeklärter, als der
aller seiner Vorgänger, aber untreu ist er darum doch dieser Ueberlieferung nicht geworden. Auch er will die u n b e d i n g t b e s t e der Staatsformen ergründen, und dass es ihm damit weniger ernst gewesen wäre
als Anderen, darf man nicht aus der Thatsache schliessen, dass sein
eigener Idealentwurf nur als ein wenig befriedigender Torso vor uns
liegt, und dass er daneben auch eine Lehre von dem v e r h ä l t n i s s -
m ä s s i g b e s t e n Staat entwickelt, bei der der moderne Betrachter
mehr seine Rechnung findet.

Die Schlussworte, mit welchen die Nikomachische Ethik unmittelbar zur Politik überleitet, könnte vielleicht noch einen Zweifel zulassen [1]) über die Absicht der nun beginnenden Erörterungen, aber die
ersten Worte des zweiten Buchs der Politik heben jede Unklarheit. [2])
Es gilt auch ihm, den besten aller Staaten zu ermitteln, und die
erste Frage ist: ist er schon e r d a c h t von einem erfinderischen Kopfe
oder ist er gar bereits v o r h a n d e n unter den Staaten der Wirklichkeit,
welche sich bei der öffentlichen Meinung den Verrang streitig machen?
Aristoteles beantwortet beide Fragen mit N e i n , und weshalb er sich
zu diesem Urtheil genöthigt sieht, das zu entwickeln, ist Aufgabe der
Betrachtung, die nun folgt.

---

1) Statt der Worte καλ̀ πολιτεία ἀρίστη möchte vielleicht Mancher τίς πολιτεία ἤ
ἀρίστη erwarten.

2) ἐπεὶ δὲ προαιρούμεθα θεωρῆσαι περὶ τῆς κοινωνίας τῆς πολιτικῆς ἤ κρα-
τίστη π α σ ῶ ν τοῖς δυναμένοις ζῆν ὅτι μάλιστα κατ' εὐχήν —.

Unter den idealen Staatsentwürfen hat den besten Klang der platonische, unter den vorhandenen Staaten der lykurgische. Mit
diesen beschäftigt er sich vorzugsweise, und der Geist, in dem er es
thut, rechtfertigt den Satz, den wir in der Ueberschrift unseres ersten
Buches andeuten wollten: Aristoteles bricht mit der Romantik in der hellenischen Staatslehre.

1.

Athen und Sokrates in der platonischen Politie.

**Der Bürgerkrieg der Demokratie und Oligarchie in Leben und Lehre. Die
gemässigten Aristokraten (Thukydides). Der Radikalismus Platon's. Die
Ehrenrettung des Sokrates.**

Die zehn Bücher platonischer Gespräche, vom »Recht«, wie wir
die beiden ersten, von »Staat«, wie wir die späteren nennen können[1]), sind empfangen unter den Schrecken und Wirren
des peloponnesischen Krieges und sind hinausgegeben
worden als politische Ehrenrettung des Sokrates und
seiner Schule.

Platon ist geboren und aufgewachsen unter Eindrücken, die sich
nicht vergessen. Der Hellene, als der politische Mensch schlechthin,
empfand in staatlichen Dingen früher und tiefer als der Moderne. Mit
der Macht seiner politischen Ueberlieferungen und Leidenschaften lässt
sich nur die der religiösen Bekenntnisse des sechszehnten Jahrhunderts
vergleichen.

Im Geburtsjahr[2]) Platon's 427 war der peloponnesische Krieg aus

---

1) K. Fr. Hermann, Die historischen Elemente des plat. Staatsideals (Ges.
Abhandlungen. Göttingen 1849, S. 132 ff.), macht sehr richtig auf den charakteristischen Umstand aufmerksam, der so häufig übersehen wird. Staat und Mensch,
d. h. Gesammt- und Einzelwesen, sind für Platon nur dem Umfang, nicht dem
Wesen und der Art nach verschiedene Begriffe. Der Mensch ist ein Staat im Kleinen, der Staat ein Mensch im Grossen (Phileb. p. 29). Ebenso ist es mit Sitte und
Recht, beide sind gleichartige Normen, verschieden nur nach dem äusseren Bereiche ihrer Geltung, jene bestimmt das Leben der Einzelnen untereinander, dieses,
ihr Verhältniss zur Gesammtheit zu regeln. Keines der Worte δίκη, δίκαιον, δικαιο
σύνη deckt sich mit unserem »Recht«, dem römischen ius, eben weil der Grieche Sitte
und Recht nicht scharf unterscheidet. Dies ist bei der von uns gewählten Bezeichnung für den Inhalt der beiden ersten Bücher wohl zu beachten.

2) Nach Hermodoros (Diog. Laert. III, 6) war Platon bei dem Tode des Sokrates
(Mai 399) 28 Jahre alt. Danach fällt seine Geburt ins Jahr 427. Ich halte diese be

einem Kampfe dreier Grossmächte um die Herrschaft über Festland
und Meer von Hellas zu einem politischen Glaubenskrieg zwischen den Principien der Demokratie und Oligarchie geworden. [1]
Am Nord-Westsaume des hellenischen Bodens, auf Kerkyra, kam er
zuerst zum Ausbruch, und fünfzehn Jahre später verlegte er seinen
Schauplatz nach Athen, um hier eine Kette von Staatsstreichen und
Umwälzungen zu erzeugen, aus denen dieser Staat erst 403 wieder her-
vortauchte, innerlich rasch gesundend, äusserlich auf Jahre hinaus ein
Wrack, das der Sturm entmastet auf den Strand geworfen.

Der Held der dreissig Tyrannen, der »Hammer« der athenischen
Demokratie, Kritias, war Platon's Verwandter, der Philosoph, der
seine Verknüpfung mit diesem und Alkibiades in den ersten Jahren
des wiederhergestellten Freistaates als Gottesleugner mit dem Leben
zu büssen hatte, Sokrates, war menschlich und politisch sein Ideal
seit dem zwanzigsten Jahr [2]: diese beiden Thatsachen kennzeichnen
schon das äussere und innere Verhältniss, in dem der junge Dichter —
das war er ja damals noch — zu dem grossen Conflict seiner Zeit aller
Wahrscheinlichkeit nach stehen musste.

Platon gehörte einer sehr vornehmen attischen Familie an, die von
väterlicher Seite mit dem Hause des Kodros, von mütterlicher mit Solon
zusammenhing. Der politische Hausgeist eines solchen Geschlechts
war der Regel nach ein streng aristokratischer; Männer wie Pisistratos,
Kleisthenes, Perikles galten in diesen Kreisen als Abtrünnige, als Verräther an allen Heiligthümern ihrer Partei und waren, gleich den Clau-
diern im alten Rom, den adeligen Standesgenossen womöglich noch
verhasster als die Demagogen der Gasse; die Demokratie selber aber
war ihnen Gegenstand eines mit der Muttermilch eingesogenen Ab-
scheues.

Je schärfer der athenische Volksstaat seine Consequenzen zog,
desto tiefer wühlte sich in diese Kreise der Hass ein gegen den »giftigen
Wurmfrass des gemeinen Wesens«, und je schwerer die Geissel des
Krieges auf den vornehmen Grundherren lastete, denen jedes Frühjahr
die offen liegenden Ländereien erbarmungslos verwüstet wurden, desto
ungeduldiger sahen sie einem Frieden entgegen, der ihnen Freund-

---

stimmte Angabe mit Grote (Plato I, 114 Anm.) für die glaubwürdigste gegenüber der
gewöhnlichen Annahme des Jahres 429. Ueber die letztere Zeller II, 1. 280/87 Anm.

1) S. Athen und Hellas II, 181. Nach Erzählung des Oligarchenblutbades in
Kerkyra sagt Thukydides III, 82 ausdrücklich, diese ὀρᾷ ἐτόλι sei um so mehr ins
Auge gefallen ὅσον ἐν τοῖς πρώτῃ ἐγένετο und seitdem καὶ πᾶν τὸ Ἑλληνικὸν ἐκινήθη.

2) Diog. Laert. III, 6 (ohne Angabe des Gewährsmannes).

schaft mit Sparta, ihrem Staatsideal, und vielleicht einen völligen Umschwung im Innern brachte.

Ein geistvolles Glaubensbekenntniss dieser ganzen Richtung, die
zuerst in den Vierhundert, zuletzt in den Dreissig ans Ruder gelangte,
liegt uns vor in dem Pamphlet gegen den »Staat der Athener«,
das uns vielleicht nicht erhalten wäre, wenn es nicht die Unkritik den
Schriften des Xenophon fälschlich beigezählt hätte. Das Ergebniss
dieser Betrachtung ist in den Worten des ersten Kapitels ausgesprochen [1]:
»Was du gesetzloses Treiben nennst, eben das betrachtet der Demos als
seine Stärke und seine Freiheit. Willst du hier gesunde Zustände schaffen, so musst du dich zunächst nach Gesetzgebern umsehen, die hier
aufzuräumen verstehen. Kommen die an die Spitze, dann werden die
Ehrenmänner die Schurken zu Paaren treiben, die Ehrenmänner werden

---

1) de republ. Athen. I, 9 : 8 γὰρ σὺ νομίζεις οὐκ εὐνομεῖσθαι, αὐτὸς ἀπὸ τούτων
ἰσχύει ὁ δῆμος καὶ ἐλεύθερός ἐστιν· εἰ δ' εὐνομίαν ζητεῖς, πρῶτα μὲν ὄψει τοὺς δεξιωτάτους
αὐτοῖς τοὺς νόμους τιθέντας· ἔπειτα κολάσουσιν οἱ χρηστοὶ τοὺς πονηροὺς καὶ
βουλεύσουσιν οἱ χρηστοὶ περὶ τῆς πόλεως· καὶ οὐκ ἐάσουσι μαινομένους
ἀνθρώπους βουλεύειν οὐδὲ λέγειν οὐδὲ ἐκκλησιάζειν. Dass die Apologie in
dieser Schrift nur Maske, die beissendste Invektive die wahre Absicht ist, wird jetzt
allgemein anerkannt. Aber so geschickt ist diese List durchgeführt, dass sich doch
einige Gelehrte dadurch haben täuschen lassen; so Wachsmuth in seiner Uebersetzung,
so Delbrück in seiner Ehrenrettung Xenophon's, der die Schrift »den Geist des
athenischen Gemeinwesens« nennen möchte, von »leidenschaftlicher Parteilichkeit
(man vergl. nur die oben abgedruckte Stelle!), von Spott und Schmähung nirgend eine
Spur entdeckt«, vielmehr überall »die Sprache eines einsichtigen und rechtschaffenen
Mannes« gefunden hat (S. 144/45). Dagegen hat schon O. Schneider (prolegg.
S. 92) darauf aufmerksam gemacht, quantum acerbitatis accedat censurae ex simu-
lata apologiae specie. Ganz richtig sagt auch Colonel Mure (critical history
of the language and literature of ancient Greece V, 22): the oldest extant specimen
of a political pasquinade. Under an assumed mask of apology which, though
purposely made to sit but loosely, has imposed on very learned commentators, the
essay is conceived throughout in a lively and bitter tone of sarcasm against the ab-
uses, real or imputed of the athenian democracy, und Böckh (Antiquarische Briefe
S. 52): »vom hochroth aristokratischen Standpunkt aus kann man die
Demokratie nicht besser charakterisiren und persiffiren, als in dieser geistreichen
Schrift geschehen ist.« Gegen die dort behauptete »thukydideische« Objektivität der
Betrachtung müssen wir freilich Verwahrung einlegen.

Auch dass Xenophon an dieser Schrift ganz unschuldig ist, kann für allgemein
zugestanden gelten; in der That für diesen ritterlichen Condottiere und Pferdebän-
diger, der sich immer wundert (πολλάκις ἐθαύμασα), weshalb unvernünftige Thiere
so viel leichter zu drillen sind, als vernünftige Menschen, ist sie zu geistreich.

Hinsichtlich der Abfassungszeit bleibe ich mit Roscher bei der Annahme,
dass dieselbe in die erste Phase des peloponnesischen Krieges zu verlegen ist, und
halte die Einwendung meines Freundes Helbig (Rhein. Museum 1862: »Alkibiades
als politischer Schriftsteller«), für ganz unbegründet.

allein den Staat verwalten, und das Redenhalten der Tollköpfe in Raths-
und Volksversammlungen wird ein Ende haben. « Die Bosheit dieser
Schrift besteht eben darin, dass sie unter dem Schein einer treuherzigen
Apologie darthut: die Demokratie in Athen ist so, wie sie sein muss
nach ihrem Princip; man kann sie wegwünschen, und wenn man die
Macht dazu hat, umstürzen, aber sie zu reformiren ist unmöglich. Durch
die originelle Einkleidung hindurch schimmert überall das bekannte
Gelöbniss oligarchischer Hetärien: »dem Demos will ich feind sein und
zu Leide thun, was ich kann.« [1])

Die Zeit kam, wo der fromme Wunsch eine fürchterliche Wahrheit
ward. Als 411 der Rhetor Antiphon, den Thukydides den »trefflich-
sten der Menschen« nennt [2]), die blutige Schreckensherrschaft der Hetärien organisirte, als, während der bewaffnete Demos auf Samos stand,
Pisander durch eine eingeschüchterte Volksversammlung auf Kolonos
das ganze bestehende Verfassungsrecht aufheben liess und mit seinen
400 Verschworenen die Prytanen auseinandertrieb, nicht ohne Jedem
von ihnen, zum Hohn, den ganzen Monatssold in die Hand zu drücken
— war Platon ein sechszehnjähriger Jüngling, in den musischen und
gymnastischen Künsten und ohne Zweifel auch in den politischen Ansichten eines vornehmen Atheners Uer alten Schule wohl bewandert.
Und als sein eigener Verwandter Kritias an der Spitze der 30 »Bie-
dermänner« sich anschickte, »die Schurken und Verräther« zu züch-
tigen, ganz wie es in jenem Pamphlet zu lesen ist, die »Stadt zu reinigen
von dem Gesindel und die übrigen Bürger zur Tugend und zur Gerechtigkeit anzuhalten« [3]), der Art, dass selbst ein Sokrates das Redenhalten musste bleiben lassen, da war Platon bereits drei Jahre Zögling
dieses Meisters, hatte dem Ehrgeiz eines Dichters entsagt und sich
ganz dem Ernste einer Philosophie hingegeben, die überall an die Kritik
des Staates und der Gesellschaft anknüpfte.

Solche Ereignisse erlebt man nicht, ohne einen tiefnachhaltigen
Eindruck mit fortzunehmen. Thukydides war kein Augenzeuge des
entsetzlichen Oligarchenblutbades auf Kerkyra und lebte seit 13 Jahren
in der Verbannung auf seinen thrakischen Gütern, als dieselbe Krank-

---

1) Aristot. Pol. V, 7, 19 : Καὶ τῷ δήμῳ κακόνους ἔσομαι καὶ βουλεύσω ὅτι ἂν ἔχω
κακόν.

2) βέλτιστος ἀνθρώπων VIII, 47.

3) Lysias ctr. Eratosth. 5 p. 121 : — πονηροὶ καὶ συκοφάνται — φάσκοντες χρῆναι
τῶν ἀδίκων καθαρὰν ποιῆσαι τὴν πόλιν καὶ τοὺς λοιποὺς πολίτας ἐπ' ἀρετὴν καὶ δικαιοσύνην
τρωπέσθαι.

heit in Athen zum Ausbruch kam, und doch weiss er in dem unsterblichen Kapitel 82 des dritten Buchs von dem Geisteszustande solcher
Zeiten eine Schilderung zu geben, von der man auch sagen kann, dass
sie »wahr bleiben wird, solange die Menschennatur dieselbe bleibt«.
So tief lagen diese Dinge dem damals lebenden Geschlechte im Blute,
so unmittelbar war die Ueberwirkung des Drucks dieser Atmosphäre
noch auf die, die einmal in ihr gelebt hatten und ihr dann weit ent-
rückt worden waren. Nimmt man nun noch hinzu, dass Platon's Berührung mit diesen Wechselfällen durch starke persönliche Empfindungen geschärft war, so wird man sich nicht wundern, wenn man
sieht, wie seine Politie förmlich geschwängert ist mit Erinnerungen
und Schilderungen aus dieser Zeit. Der Name Athen wird nirgend
genannt, aber dass die Demokratie, die hier von aussen und innen mit
den bittersten Angriffen überschüttet wird, nicht auf dem Monde liegt,
das ist mit Händen zu greifen. Wir berufen uns hier nicht auf einen
allgemeinen Eindruck, der am Ende Geschmackssache wäre, sondern
auf eine Reihe schlagender Stellen, durch die sich erweisen lässt, dass
Platon in diesem Werke denselben Kampf t h e o r e t i s c h fortsetzt, den
Antiphon, Lisander, Kritias p r a k t i s c h aufgenommen haben. Es ist
das nur ein Beispiel für die Erscheinung, die nach allen grossen Er-
schütterungen wiederkehrt, und die in der tiefsinnigen Sage von der
Schlacht auf den katalaunischen Feldern aufgegriffen ist: die Geister
der Erschlagenen setzen den Kampf in den Lüften fort.

Von Platon's äusserem Leben in dieser Zeit, von seinem Staatsdienst als junger athenischer Bürger wissen wir Nichts, aber annehmen
müssen wir, dass von den Gesetzen, die für alle athenischen Bürger
seines Alters und seines Ranges galten, zu seinen Gunsten um so
weniger wird eine Ausnahme gemacht worden sein, als eben damals
wiederholt die Existenz dieses Staates auf dem Spiele stand und ein
ausserordentliches Zusammenraffen aller Kräfte der Nation erforderlich
war, die Prüfung zu bestehen.

Auch er hatte, mit 18 Jahren in das Bürgerverzeichniss aufgenommen, wie jeder Athener in dem Ephebeneid geschworen, nicht bloss
im Waffendienste für die Sicherheit und Grösse des Vaterlandes Leib
und Leben einzusetzen, sondern auch »den bestehenden Gesetzen des
Landes und den Abänderungen, welche das versammelte Volk ein-
müthig vornehmen würde, treuen Gehorsam zu leisten«, und »wenn
Einer unternehmen sollte, diese Gesetze umzustürzen oder ihnen un-
gehorsam zu werden, dem entgegenzutreten, sei es allein, sei es mit

Allen, und die vaterländischen Heiligthümer in Ehren zu halten«. [1]) Der Sicherheitsdienst, den jeder attische Ephebe in den zwei ersten Jahren seines Bürgerthums als berittener Landjäger [2]) an den Grenzen leisten musste, auch wenn drinnen und draussen Alles still und ruhig war, kann damals um so weniger irgend eine Ausnahme gelitten haben, als die Jahre von 409—403, in welchen Platon Ephebe gewesen ist, eine Zeit voll der ausserordentlichsten Ereignisse waren. Niemals, auch nicht in der Zeit der Perserkriege, sind gleichzeitig der Vaterlandsliebe und der Verfassungstreue der Athener grössere Opfer zugemuthet worden, als in jenen drangvollen Tagen, da man von der Akropolis aus die spartanischen Posten in Dekelea stehen sah, da die Bürgerschaft selber sich in ein Heerlager von Tag und Nacht unter Waffen stehenden Vertheidigern verwandelt hatte [3]); da zum Entsatz Mytilenes in drei Tagen eine Ausrüstung von 110 Kriegsschiffen in See gestellt werden musste, die mit Allem, was Waffen tragen konnte, Freien und Sklaven, bemannt wurden, und dann nach der Katastrophe von Aegos Potamoi die Leiden der Belagerung, der Hungersnoth und der Tyrannei der Dreissig hereinbrachen.

Auch ohne das zweifelhafte Zeugniss des siebenten der angeblich platonischen Briefe (324—25), welche Grote für echt hält [4]), müssten

---

1. Pollux VIII, 105 vgl Stob. floril. 43, 8 — τοῖς θεσμοῖς τοῖς ἱδρυμένοις πείσομαι καὶ οὕστινας ἂν ἄλλους τὸ πλῆθος ἱδρύσηται ὁμοφρόνως · καὶ ἄν τις ἀναιρῇ τοὺς θεσμοὺς ἢ μὴ καίθηται, οὐκ ἐπιτρέψω, ἀμυνῶ δὲ καὶ μόνος καὶ μετὰ πάντων καὶ ἱερὰ τὰ πάτρια τιμήσω. Dittenberger de ephebis acticis. Göttingen 1863. S. 9.
2] περίπολος.
3] Thucyd. VII, 27. VIII, 69.
4] Plato I, 118. Vgl. dagegen Karsten: Commentatio critica de Platonis quae feruntur epistolis praecipue tertia, septima, octava. Trai. ad Rhen. 1864, dessen Schlussergebniss (S. 240 ff.) folgendermassen lautet:

Tredecim quae feruntur Platonis epistolae etsi argumento et colore dissimiles, cognatam tamen aut vicinam produnt originem. Omnes vultum et habitum referunt a Platonis ingenio et moribus diversum. Praecipue tam rerum copia quam orationis cultu est VII[a] quae materiem fere continet e qua ceterae sint effectae. Proxime ad hanc accedunt III[a] et VIII[a] quae illi ita similes sunt ut ab uno artifice potuerint esse confectae. Si aetas earum et origo quaeritur, e scriptorum testimoniis probabili ratione colligi potest eas, pro parte saltem, iam Aristophani grammatico innotuisse, atque adeo ante medium saeculum III a. C. exstitisse.

Argumentum, compositio, oratio epistolarum eiusmodi sunt quae declamatorium dicendi genus et rhetoricam palaestram redolent. Res quae tractantur fictioni potius quam veritati similes, exordia quaesita, longae et crebrae egressiones, panni inepte assuti, compositio artificiosa nec proposito apte congruens. Oratio ad Platonis exemplum conformata, sed ita, ut diligens spectator facile fucatum nitorem, non naturalem agnoscat. Ubivis vestigia apparent imitationis vel verborum vel dictionum vel sententiarum, tam crebra, ut epistola VII revera sit centoni similis e Platonis scriptis

wir annehmen, dass Platon in diesen Tagen der fürchterlichsten Parteizerrissenheit nichts weniger als der entsagende Philosoph war, der, in
einem poetischen Ideenhimmel verloren, den jugendlichen Ehrgeiz
der That abgeschworen, dass er vielmehr denselben Drang zu politischer Thätigkeit und Auszeichnung verspürte, der seine ganze Familie
beherrschte, und der in seinem jüngeren Bruder Glaukon so mächtig
war, dass Sokrates seinen Ungestüm glaubte zügeln zu müssen.[1] Die
platonische Politie beweist es, und der Zug zorniger Resignation, der
durch dies Werk hindurchgeht, bezeugt uns, wie schwer ihm die noth-
gedrungene Unthätigkeit geworden ist.

Hier lernen wir auch, in welchem Sinne sich Platon an dem Staatsleben seiner Heimat betheiligt haben würde, wenn ihm das Schicksal
eine leitende Rolle beschieden hätte.

Innerhalb der athenischen Aristokratie standen sich Gemässigte
und Radikale gegenüber. Zu den Gemässigten gehörte Thukydides,
der Geschichtschreiber, zu den Radikalen Platon. Das erhellt, wenn
man die Aeusserungen des Ersteren über das Hetärieenwesen seiner
eigenen Partei vergleicht mit den Geständnissen des Letzteren über die
Demokratie und die Art, wie die Herrschaft des hundertköpfigen Un-
geheuers durch das Regiment der Philosophen zu ersetzen sei.

Das schon erwähnte 52. Kapitel des 3. Buches in dem Geschichts-
werk des Thukydides wird gemeiniglich aufgefasst als das tendenzlose
Urtheil des Historikers über die Krankheit eines dem Bürgerkrieg und
Parteienhader im Allgemeinen verfallenen Staatswesens. Blickt man

concinnato; his autem asperguntur passim maculae, sordes, negligentiae a sanitate
et puritate Attici sermonis prorsus abhorrentes.

Quod ad res attinet sunt in iis nonnulla quae scriptorem parum diligentem imo
in rebus Atheniensium passe hospitem arguunt; quae autem Platonem tangunt,
pauca continent Epistolae quae non ab aliis quoque scriptoribus relata fuerint; quae
propria habent, minuta sunt et pleraque commentis similia. Sapientiae denique Platonicae talem adumbrant effigiem in qua non germana viri philosophia, sed simula-
crum potius Pythagoricis commentis deformatum apparet.

His rationibus efficitur, epistolas opus esse habendas otiosi hominis vel rhetoris
φιλοπλάτωνος sive unius sive plurium qui lectione illius imbutus et oratione coloratus
Platonis nomine apologiam scribere sibi proposuerit quae aemulorum et invidorum
maledicta ei ingenia refutaret eumque talem fuisse ostenderet, qui non tantum verbis,
sed etiam factis philosophiam ad salutem hominum et civitatum conferre studeret.

non tamen nullius momenti sunt putandae. — sunt certe in vetustissimis nume-
randae monumentis quae de Platonis vita et rebus ad nos pervenerunt. — ostendunt
quomodo iam proximo post Platonis mortem seculo illius doctrina et philosophandi
ratio commentis deformata et mysteriorum nube involuta sit.

1) Xen. Memorab. III, 6, 1.

etwas näher hin, so überzeugt man sich, dass man zugleich ein individuelles Glaubensbekenntniss vor sich hat, das über die persönliche Parteistellung des Verfassers keinen Zweifel übrig lässt, und das ihm um so mehr Ehre macht, als es, obgleich in der Verbannung geschrieben, frei ist von jenem verbissenen Emigrantengeist [1]), den nicht erst die Neuzeit kennen gelernt hat.

Thukydides hat Manches an der Verfassung des athenischen Volksstaates auszusetzen; etwas mehr Bürgschaften gegen die Uebereilungen einer fessellosen Demokratie wären ihm erwünscht, und namentlich das ganze Soldwesen ist ihm ein Dorn im Auge [2]), aber er hat Achtung vor dem bestehenden Staatsrecht, vor den verfassungsmässig giltigen Gesetzen, protestirt gegen Verschwörung zu Umsturz und Staatsstreich auch von aristokratischer Seite und will also bloss von verfassungsmässigen Reformen wissen. Er hasst das Unwesen der Hetärien, jener im Finsteren schleichenden Clubs, die durch Antiphon's Organisation dem Bürgerfrieden Athens so furchtbar geworden sind, denn sie sind geschlossen [3]) »nicht zu gegenseitigem Schutz auf Grund der bestehenden Gesetze, sondern in dem Ehrgeiz, die Verfassung umzustürzen, und den Eid, den sie einander leisten, haben sie nicht bekräftigt durch religiöse Weihe, sondern durch gemeinsame Frevel wider Recht und Gesetz.« Die ganze Ausführung ist bestimmt, das Unheil zu zergliedern, das dem Staate und dem schlichten Bürgersinn seiner Angehörigen durch den Fluch der Parteizerrissenheit zugefügt wird, und dann gegen den Terrorismus der Radikalen links und rechts das gute Recht der gemässigten, unverblendeten Mittelpartei zu wahren.

---

1) Der φυγαδικὴ προθυμία in Alkibiades' Rede VI, 92.

2) Vgl. sein Urtheil über die Verfassung Athens nach dem Sturz der Vierhundert im Sommer 411, als mit den Fünftausend des Pisander Ernst gemacht, der Staat ausschliesslich in die Hände der besitzenden Klasse gegeben und jeder Sold abgeschafft wurde VIII, 97: Καὶ οὐχ ἥκιστα δὴ τὸν πρῶτον χρόνον ἐπί γ' ἐμοῦ Ἀθηναῖοι φαίνονται εὖ πολιτεύσαντες· μετρία γάρ ἥ, τε ἐς τοὺς ὀλίγους καὶ τοὺς πολλοὺς ξύγκρασις ἐγένετο καὶ ἐκ πονηρῶν τῶν πραγμάτων γενομένων πρῶτον ἀνήνεγκε τὴν πόλιν. Ueber die kurze Dauer dieser Verfassung s. Vischer, Untersuchungen über die athenische Verfassung in den letzten Jahren des pelop. Krieges. Basel 1814.

Thukydides' Sympathien für Spartas oligarchische Verfassung gehen hervor aus der Stelle VIII, 24, wo gesagt ist, nächst den Lakedämoniern (μετὰ Λακεδαιμονίους) hätten in seinen Augen die Chier den Preis gefunden Staatslebens davongetragen.

3) III, 82: αἱ γὰρ μετὰ τῶν κειμένων νόμων ὠφελίᾳ [so lese ich statt des unerklärbaren ὠφελίας], ἀλλὰ παρὰ τοὺς καθεστῶτας πλεονεξίᾳ· καὶ τὰς ἐς σφᾶς αὐτοὺς πίστεις οὐ τῷ θείῳ νόμῳ μᾶλλον ἐκρατύνοντο ἢ τῷ κοινῇ τι παρανομῆσαι.

Die Schilderung der Sprachverwirrung, welche die Partei-
fanatiker geschaffen haben, indem sie jede gesinnungstüchtige Tollheit
als Heldenthat und Alles, was unter dieser Linie bleibt, als Niedertracht oder Erbärmlichkeit darstellen, ist aus dem Leben gegriffen und
athmet die ganze Entrüstung eines ehrlichen Patrioten, dem Verstand
und Gewissen noch über den Beifall der Verschwörer geht.

»Die Bezeichnungen für das Thun der Menschen«, sagt er [1]), »haben
ihre gewohnte Geltung verloren. Tollkühne Verwegenheit heisst der
männliche Muth eines aufopfernden Parteimannes, behutsame Vorsicht
ist gut bemäntelte Feigheit getauft worden; wer jeden Schritt wohl
überlegt, der heisst eine Schlafmütze; wer mit blindem Feuereifer
kopfüber ins Zeug geht, der heisst ein ganzer Mann; wer gewissenhaft
mit sich zu Rathe geht, der sucht einen anständigen Vorwand, um
nicht mitzumachen. Wer zu Allem Ja sagt, der ist zuverlässig; wer
widerspricht, ist verdächtig. [2]) Wem ein Anschlag wider den Feind

1) III, 62: καὶ τὴν εἰωθυῖαν ἀξίωσιν τῶν ὀνομάτων ἐς τὰ ἔργα ἀντήλλαξαν τῇ δικαιώσει.
τόλμα μὲν γὰρ ἀλόγιστος ἀνδρία φιλέταιρος ἐνομίσθη, μέλλησις δὲ προμηθὴς δειλία
εὐπρεπής, τὸ δὲ σῶφρον τοῦ ἀνάνδρου πρόσχημα καὶ τὸ πρὸς ἅπαν ξυνετὸν ἐπὶ πᾶν ἀργόν,
τὸ δ' ἐμπλήκτως ὀξὺ ἀνδρὸς μοίρᾳ προσετέθη, ἀσφαλείᾳ δὲ τοῦ [mit Döderlein nach mss]
ἐπιβουλεύσασθαι ἀποτροπῆς πρόφασις εὔλογος.
  Ich weiss nicht, ob mit dieser Stelle schon von Anderen die Worte Cato's bei
Sallust Catil. 52, 11 verglichen worden sind: Iam pridem equidem nos vera voca-
bula rerum amisimus: quia bona aliena largiri liberalitas, malarum rerum
audacia fortitudo vocatur, eo res publica in extremo sita est.
  2) ib. καὶ ὁ μὲν ξυνεκαιῶν (so lese ich statt des mir anstössigen χαλεπαίνων)
πιστὸς ἀεί, ὁ δ' ἀντιλέγων αὐτῷ ἱτερ?· ὕποπτος. ἐπιβουλεύσας δέ τις τυχὼν ξυνετὸς καὶ
ὑπονοήσας ἔτι δεινότερος· προβουλεύσας δὲ, ὅπως μηδὲν αὐτῶν δεήσει, τῆς τε ἑταιρίας
διαλυτὴς καὶ τοὺς ἐναντίους ἐκπεπλῃγμένος. ἁπλῶς τε ὁ φθάσας τὸν μέλλοντα κακόν τι δρᾶν
ἐπῃνεῖτο καὶ ὁ ἐπικελεύσας τὸν μὴ διανοούμενον. καὶ μὴν καὶ τὸ ξυγγενὲς τοῦ ἑταιρικοῦ
ἀλλοτριώτερον ἐγένετο διὰ τὸ ἑτοιμότερον εἶναι ἀπροφασίστως τολμᾶν. Ich betone die
Worte φιλέταιρος, τῆς ἑταιρίας διαλυτής, und ἑταιρικόν, weil sie beweisen,
dass es sich hier nicht um Parteigeist im Allgemeinen, sondern um die politischen
Clubs in Athen, die oligarchischen insbesondere, handelt. Nur von solchen
hören wir noch in der athenischen Geschichte dieser Zeit, und das mit gutem Grunde.
Demokratische Hetärien hatten Sinn und haben gewiss auch bestanden, solange die
Demokratie in der Opposition und noch nicht an der Herrschaft war, d. h. also zur
Zeit, da Perikles und Ephialtes anfingen, den Sieg des souveränen Demos vorzu-
bereiten. Als einmal der Volksstaat über ein Menschenalter hindurch in unbestrit-
tener Geltung bestand, lag die Sache anders. Eine Partei, die die Massen unbedingt
hinter sich wusste, die Recht und Gericht, Heer, Flotte, Finanzen, Bundesreich, kurz
Alles in Händen hatte, bedurfte keiner Verschwörungen, keiner Clubs mehr. Nur
ein ausserordentliches Ereigniss, wie die Katastrophe in Sikilien, welche die Blüthe
des Demos wegraffte, konnte einen Umschlag wie den von 411 überhaupt ermög-
lichen, und doch wäre auch dieser nicht geglückt, wenn nicht das Bürgerheer auf
Samos gestanden und wenn es in Athen selber demokratische Verbrüderungen ge-

geglückt ist, der heisst ein Schlaukopf; wer den eines Gegners vor-
ausgewittert hat, gilt für den noch grösseren Meister. Wer aber von
vornherein Bedacht darauf genommen hat, dass ihm solche Kriegführung
ganz überflüssig ist, der ist ein Verräther am Club, und den hat die
Angst vor dem Feind zur Memme gemacht. Ueberhaupt, wer dem Andern den ersten Hieb versetzt und einen arglosen Menschen zum
Frevler macht, der erntet Lob. Selbst die Blutsverwandtschaft
muss zurücktreten vor der Gesinnungsverwandtschaft, weil,
wer sich solcher Bande entledigt hat, zu jeder Parteipflicht geschickt ist.«
   Thukydides hat hier offenbar das Treiben der oligarchischen
Clubs vor Augen, und die Anschaulichkeit seiner Schilderungen trägt
das volle Gepräge des selbst Erlebten. Die Schlussworte seiner Betrachtung sind dann allgemeinerer Natur, gegen den gesetzwidrigen
Ehrgeiz der Parteiführer überhaupt gerichtet, die den Staat zerfleischen
und Allem, was nicht zur Farbe gehört, auf den Nacken treten.
   »Die gemässigte Mittelpartei«, klagt Thukydides in seinem
und so vieler schüchterner Gleichgesinnter Namen, »wird von beiden
Seiten zu Grunde gerichtet, entweder weil sie nicht mitgemacht haben
oder weil man ihnen nicht gönnt, dass sie unversehrt davonkommen.«[1]
   Wir hielten diese kleine Einschaltung für nöthig, um dem gemässigten Aristokraten Thukydides in dem Verfasser der Politie einen
Radikalen gegenüberzustellen. Seit wir uns mehr und mehr gewöhnt
haben, die platonische Politie nicht mehr, ich möchte sagen, alle-
gorisch zu erklären, wie einst Krates von Mallos den Homer, das christ-
liche Mittelalter den Vergil, sondern sie trotz aller ihrer poetischen,
unserem Geschmack so fremdartigen Bestandtheile, ganz so ernsthaft
zu nehmen], wie sie genommen sein will, sind wir auch verpflichtet,
ihre haudgreiflichen zeitgeschichtlichen Ausfälle als sehr
ernstgemeinte Umrisse zu fassen, gegen deren Befangenheit sich der His-
toriker verwahren mag, die aber dem Darsteller der platonischen Staatsanschauung noch weniger entgehen dürfen, als die gelegentlichen Anspielungen auf ausserathenische, insbesondere spartanische Zustände.[2]

---

geben hätte, die den oligarchischen unter Antiphon's meisterhafter Leitung gewachsen gewesen wären. Wir hören aber nicht einmal auch nur von dem Vorhandensein
solcher.

1) τὰ δὲ μέσα τῶν πολιτῶν ὑπ᾽ ἀμφοτέρων ἢ ὅτι οὐ ξυνηγωνίζοντο ἢ φθόνῳ τοῦ περι-
εἶναι διεφθείροντο. Auch zu dieser Stelle findet sich ein Anklang bei Sallust. Iug. 41,5.
Ita omnia in duas partis abstracta sunt, res publica quae media fuerat, dilacerata.

2) Seltsamer Weise spricht Hermann in dem oben angeführten Aufsatze nur von
den letzteren, von den ersteren gar nicht. Dieselbe Beobachtung machen wir in den
meisten übrigen Darstellungen, die hier einschlagen.

Dem Politiker aber, dem die Einführung der Weiber-, Kinder- und Gütergemeinschaft, d. h. die denkbar vollkommenste sociale Umwälzung, zwar schwierig, aber keineswegs unmöglich dünkt, wird man doch wohl auch den stillen Plan einer radikalen p o l i t i s c h e n U m w ä l z u n g A t h e n s zutrauen dürfen, wenn er auch niemals praktisch Hand ans Werk gelegt hat.

Zunächst muss Jedem auffallen, dass Platon in den vielen Untersuchungen über Q u e l l e u n d M a s s s t a b des R e c h t s niemals auch nur mit einem Worte der V e r b i n d l i c h k e i t d e s b e s t e h e n d e n u n d b e s c h w o r e n e n R e c h t s gedenkt.

Bei den tiefsinnigen Erörterungen über das Wesen der Gerechtigkeit oder besser, der Rechtsgemässheit, im Gorgias und den beiden ersten Büchern der Politie liegt uns fort und fort die Frage auf der Zunge: und was sind denn die vorhandenen Gesetze z. B. im athenischen Staate; sind die Erfahrungen, Bedürfnisse, Anschauungen des Volks, aus denen sie doch wahrlich auf sehr natürlichem Wege hervorgegangen, denn gar keiner Berücksichtigung werth; gilt der Eid auf Verfassung und Landesrecht gar Nichts, und ist nicht eine schlichte unverbildete Bürgertugend denkbar, die dem Brauch der Väter treu bleibt und in Zweifelfällen nach Ehre und Gewissen entscheidet?

Dass Platon alles Bestehende, nach seinem Ideal gemessen, unvollkommen findet, versteht sich von selbst; dass er es aber darum auch ohne Weiteres als nicht vorhanden, als unverbindlich und verabscheuenswerth erklärt, das unterscheidet ihn von den Gemässigten, die, wie Thukydides, das bestehende Recht keineswegs fehlerfrei finden, aber gleichwohl nicht vergessen, was sie ihm als Patrioten und Bürger schuldig sind, das reiht ihn den Radikalen ein, und der ganze Unterschied besteht dann nur darin, dass der Radikalismus der Einen im Namen der rohen Gewalt, der Platon's im Namen einer Idee aber mit nicht geringerer Gewaltsamkeit geübt werden soll, als das Programm des lockeren Junkers Kallikles oder des Sophisten Thrasymachos.

Es gilt einmal den strengen Aristokraten dieses Volkes für ausgemacht, dass Gesetze, die sie nicht selbst gemacht haben, für sie auch nicht verpflichtend sind, dass der Eid, durch den sie in der Hetärie dem Demos den Tod geschworen, heiliger ist als der Epheben- oder Richterschwur, durch den sie Treue den Gesetzen und der Verfassung gelobt haben, und den Philosophen unter ihnen wird es nicht schwer, aus der Idee des ungeschriebenen Rechts zu beweisen, dass dem gar nicht anders sein könne.

Der platonische Sokrates erhebt sich allerdings überall mit der

8 *

grössten Schärfe gegen Willkür, rechtsverachtenden Uebermuth
und zügellose Herrschsucht, allein er thut es nicht im Namen
irgend eines von Allen anerkannten vorhandenen Rechts, sondern im
Namen eines idealen Sittengesetzes, dessen einziger Ausleger der Philosoph, der wissenschaftlich gebildete Staatsmann vom Fache, wie er
im Politikos genannt wird, d. h. eben doch nur ein sterblicher Mensch
ist, und über das der Masse der Regierten durchaus keinerlei Urtheil
zugestanden werden soll. Das entspricht dem vornehmen Ethos dieses
Denkers, aber nach den Erfahrungen gewöhnlicher Menschen führt es
geradeswegs zum Terrorismus der Idee, den die Völker ebenso wenig
ertragen als den Terrorismus des Säbels.

Den geborenen Staatsmann, sagt der Eleate im Politikos, an bestimmte Gesetze binden und für deren Uebertretung vor irgend einen
Gerichtshof schleppen wollen, wäre so widersinnig, als den Steuermann
oder den Arzt dem Buchstaben gegebener Vorschriften unterwerfen
und, falls er die mindeste Abweichung begeht, wegen Gesetzesver-
letzung bestrafen, als ob über solche Dinge jeder hergelaufene Laie
gleich dem Fachmanne mitreden und zu Gerichte sitzen könnte. Das
würde, fügt sein Mitunterredner hinzu, das Leben im Staat, das ohne
hin schon jetzthart genug ist, vollends unerträglich machen. [1]

Dass die Beobachtung gewisser Schranken uns eine unerlässliche
Bürgschaft gegen Irrthümer und Fehler auch hervorragender Herrscher-
naturen gewährt, wird dann wohl flüchtig eingestanden, allein nicht zu
Gunsten irgend welcher vorhandener Gesetze in den wirklichen
Staaten. Vielmehr wird die Fülle der gesetzlichen Vorkehrungen gegen
Missbrauch der Staatsgewalt gedeutet als ein klägliches Zeugniss der
Armuth an Männern, die geeignet wären, die Gesetze des Misstrauens
durch ihre Persönlichkeit zu entwaffnen. Es sei überhaupt erstaunlich,
wie die Staaten bei ihren durch und durch schlechten Einrichtungen
bestehen könnten: man müsse daraus entnehmen, welch ein unver-
wüstlich Ding ein Staat von Natur sei. [2]

Das unbedingte politische Erstgeburtsrecht der Philosophen, die
absolute Verwerflichkeit oder Verächtlichkeit aller Ordnungen, die ihn
beschränken, steht für Platon ebenso fest, wie jedem Aristokraten der
alten Schule seit Theognis' Elegieen ausgemacht galt, dass Leute seiner
Farbe »Ehrenmänner« und die Demokraten eitel »Schurken« seien; dar-

---

1) Polit. 295/299. D. E. ἔστι ὁ βίος, ἂν καὶ νῦν χαλεπός, εἰς τὸν χρόνον ἐκεῖνον ἀβίω-
τος γίγνοιτ᾽ ἂν παράπαν.
2) p. 302. A. ἢ ἐκεῖνο ἡμῖν θαυμαστέον μᾶλλον, ὡς ἰσχυρόν τι πόλις ἐστὶ φύσει.

aus folgt mit Nothwendigkeit auch ohne ausdrückliches Geständniss, dass ihm ein radikaler Umsturz alles Bestehenden zu Gunsten seiner Idee lediglich unter dem Gesichtspunkt einer segensreichen rettenden That, und jeder Versuch, im Einklang mit den durch und durch verderbten Gesetzen im Kleinen statt im Grossen zu reformiren, nicht bloss als armseliger Nothbehelf, sondern als eine Verschlimmerung des Uebels erscheinen muss. Seine Sprache darüber lässt an Deutlichkeit Nichts zu wünschen übrig. Den Staaten, sagt er, die sich nur in Aeusserlichkeiten flicken und nachbessern lassen, geht es wie den Kranken, die durch Mediciniren und Beschwörungen gesund zu werden hoffen und dabei den liederlichen Lebenswandel fortführen, der sie krank gemacht hat. Die Staatsmänner aber, die dieser Schwäche fröhnen durch Rath und That, die statt dem Uebel auf den Grund zu gehen, immer nur an der Oberfläche herumdoktorn, gleichen schlechten Aerzten, die ihre Kranken vollends zu Grunde richten; sie haben es mit einer Hydra zu thun und wissen nicht, dass für jeden Kopf, den sie abschlagen, zehn neue Köpfe nachwachsen. [1]

Dies verdammende Urtheil gilt von allen vorhandenen Staaten, »denn«, sagt Sokrates, »das ist ja das Unglück, dass von den heutigen Staaten auch nicht einer zu nennen ist, der für die Entwicklung eines echt wissenschaftlichen Kopfes der rechte Boden wäre«. [2] Die Philosophie selber leidet darunter aufs Schwerste. Sie artet aus, wird ihrem ursprünglichen Wesen entfremdet; es geht ihr wie einem ausländischen Gewächs, das, auf anderes Erdreich verpflanzt, endlich den übeln Einflüssen der neuen Heimat erliegt. [3]

Ganz besonders gilt das von der Demokratie, die Platon unbedenklich die schlechteste aller Verfassungen nennt, ja hinsichtlich deren ihm zweifelhaft ist, ob sie überhaupt noch des Namens einer Verfassung werth ist.

In der Schilderung, die Platon von dieser Staatsform macht, erkennt man beim ersten Blick zwar nicht den wirklichen athenischen Staat — der war nach unserer festen Ueberzeugung besser als sein Ruf

---

1) IV p. 426 A—E. — νομοθετοῦντές τε — καὶ ἐπανορθοῦντες ἀεὶ οἰόμενοί τι πέρας εὑρήσειν περὶ τὰ ἐν τοῖς ξυμβολαίοις κακουργήματα καὶ περὶ ἃ νῦν δὴ ἐγὼ ἔλεγον, ἀγνοοῦντες ὅτι τῷ ὄντι ὥσπερ ὕδραν τέμνουσιν.

2) VI p. 497. B. τοῦτο καὶ ἐπαινέσομαι, μηδεμίαν ἀξίαν εἶναι τῶν νῦν κατάστασιν πόλεως φιλοσόφου φύσεως.

3) Ibid. ὥσπερ ξενικὸν σπέρμα ἐν τῇ ἄλλῃ σπειρόμενον ἐξίτηλον εἰς τὸ ἐπιχώριον φιλεῖ κρατούμενον ἰέναι.

bei den verbissenen Aristokraten —, wohl aber Zug für Zug das
Bild wieder, das sich von ihm in den Augen aller Oligarchen spiegelte.
Die Demokratie bedeutet für Platon die Verwilderung der Sitten,
die Entzügelung jeder Leidenschaft, die Anarchie zum Staatsrecht erhoben; sie führt zu Bürger- und Bruderkrieg, erzeugt die Tyrannis
der Demagogen und Feldherren und macht das Regiment der echten
Staatsmänner und Gesetzgeber, der »Philosophen« rein unmöglich.
Platon nennt sie scherzhaft eine buntscheckige Musterkarte, eine Schau-
bude von Bruchstücken aus allen möglichen Verfassungen [1]; wir können hinzufügen, sie ist ihm der Inbegriff alles dessen, was ihm und
seiner ganzen Richtung das Leben im Staate abscheulich und unerträglich macht.

Die ganze Auseinandersetzung über die Verfassungsformen im
achten Buche zeigt, dass Platon kein Thukydides ist; in seinem Elemente ist er erst wieder, da er seine Ansicht von der Staatsform in der
Schilderung eines Charakters niederlegt, der sie verkörpern soll. Der
demokratische Mensch ist ihm ein Mann, der trotz seiner Jahre
das Wesen eines unerzogenen Knaben an sich hat, sich heute dieser,
morgen jener Dummheit hingibt und verständige Ermahnungen reife-
rer Geister wie ein Gassenjunge in den Wind schlägt. Er lebt gedankenlos in den Tag hinein, ein Spielball jeder flüchtigen Laune. Heute
fällt ihm ein, sich zu betrinken und mit Flötenspiel die Zeit zu vertän-
deln, morgen fastet er bei Wasser und Brod; das eine Mal turnt er, bis
ihm der Schweiss von der Stirn trieft, das andere Mal dehnt er sich
auf der Bärenhaut und denkt an gar Nichts auf der Welt; dann wieder vertieft er sich mit Kennermiene in das Studium der Philosophie,
um am nächsten Tag sich auf die Geschäfte des Staatsmannes zu werfen. In der Volksversammlung springt er von seinem Sitze in die Höhe
und sagt und thut, was ihm gerade durch den Sinn fährt; wenn ihm
der Ruhm des Feldherrn in die Augen sticht, spielt er den Kriegshel-
den, und wird er neidisch auf den Gewinn von Geschäftsmännern,
dann macht er auch darin. Kurz, es ist kein Sinn und Verstand in
seinem Wandel, und eben das macht ihm sein Leben so süss, so frei,
so selig. [2]

---

1) p. 557. C. ἱμάτιον ποικίλον πᾶσιν ἄνθεσι πεποικιλμένον — D. παντοδάπων πολιτειῶν.

2 p. 561. A. B. C — διεξίζ τὸ καθ' ἡμέραν οὕτω χαριζόμενος τῇ προσπιπτούσῃ ἐπιθυμίᾳ
τοτὲ μὲν μεθύων καὶ κατακλιζόμενος, αὔθις δὲ ὑδροποτῶν καὶ κατισχναινόμενος, τοτὲ δ' οὖ
γυμναζόμενος, ἔστι δ' ὅτε ἀργῶν καὶ πάντων ἀμελῶν, τοτὲ δ' ὡς ἐν φιλοσοφίᾳ διατρίβων · πολλάκις δὲ πολιτεύεται, καὶ ἀναπηδῶν ὅτι ἂν τύχῃ λέγει τε καὶ πράττει. κἄν ποτέ τινας πολε-

Hat Thukydides den Oligarchen eine Sprachverwirrung nachgewiesen, die zu Ungunsten der gesetzestreuen Mitbürger die gewohnte
Geltung der Ausdrücke umstösst, so weiss Platon von einer gleichen
Sprachverwirrung bei Demokraten zu erzählen. Kindliche Scheu
heisst hier kindische Albernheit, Besonnenheit — Feigheit, haushälte-
rische Mässigkeit — schmutziges Spiessbürgerthum[1]; Frevelmuth
heisst Seelenadel, Anarchie heisst Freiheit, Liederlichkeit heisst grossartiges Wesen, Schamlosigkeit — männliche Tapferkeit.[2]

Auch in dieser Schilderung zittern lebendige Jugendeindrücke
nach, die in einer furchtbar erregten Zeit gesammelt worden sind.

Die wunderbare Beweglichkeit des unendlich vielseitig angelegten
attischen Volkscharakters, die Thukydides in der perikleischen Leichen-
rede so unübertrefflich geschildert hat, und die, mehr als das, durch
zahlreiche Thatsachen erhärtet ist, erscheint hier als eine hässliche
Fratze, in der kein Strich an den ursprünglichen Adel dieser Züge
erinnert. Geschichtlich treu kann man die Zeichnung nicht nennen.
Auch in den schlimmsten Zeiten dieses entsetzlichen Krieges hat der
Demos von Attika mehr Würde und Haltung, mehr Vaterlandsliebe
und gesetzlichen Sinn, mehr aufopfernde Spannkraft und Seelenadel
selbst an den Tag gelegt, als die oligarchischen »Ehrenmänner«, die
sich heute mit Persien, morgen mit Sparta gegen ihre unglücklichen
Mitbürger verschwören und dann mit Mord und Todtschlag, Gewalt
und Niedertracht jeder Art den Sieg des Regiments der »Edlen« feiern.

Es bleibt doch ewig wahr, was Thrasybulos an der Spitze des
siegreich zurückkehrenden Demos, als er die Wiederherstellung des
schmählich umgestossenen Rechtsstaates stz.t durch Thaten der Rache
durch eine hochherzige Amnestie besiegelte, zu seinen aristokratischen
Mitbürgern sagte[3]: »Ueberlegt euch doch einmal ernstlich, was ihr
denn vor uns voraus habt, was euch ein Recht geben soll, über uns zu
herrschen? Thut ihr es uns etwa an Rechtssinn zuvor? Nun, der Demos ist arm, aber trotz seiner Armuth ist er eurem Eigenthum nie zu
nahe getreten. Ihr aber seid reicher als alle, die zum Demos gehören,

μικρούς ζηλώσῃ, ταύτῃ φέρεται, ἢ χρηματιστικούς, ἐπὶ τοῦτ' αὖ καὶ οὔτε τις τάξις οὔτε ἀνάγκη
ἔπεστιν αὐτοῦ τῷ βίῳ ἀλλ' ἡδύ τε δὴ καὶ ἐλευθέριον καὶ μακάριον καλῶν τὸν βίον τοῦτον
χρῆται οὖτ ρ διὰ παντός.

1) p. 560 D — αἰδῶ ἠλιθιότητα ὀνομάζοντες, σωφροσύνην δὲ ἀνανδρίαν —, μετριότητα
δὲ καὶ κοσμίαν δαπάνην ὡς ἀγροικίαν καὶ ἀνελευθερίαν οὖσαν πείθοντες —.

2) p. 560 E — ὕβριν μὲν εὐπαιδευσίαν καλοῦντες ἀναρχίαν δὲ ἐλευθερίαν, ἀσωτίαν δὲ
μεγαλοπρέπειαν, ἀναίδειαν δὲ ἀνδρείαν.

3) Xen. Hell. II. c. 4. 40.

und habt trotzdem aus schnöder Gewinnsucht viel Schändlichkeiten
begangen. ¹) Seid ihr uns an Tapferkeit überlegen? Nun darüber hat
der Verlauf dieses Krieges gerichtet, der uns als Sieger hiehergeführt
hat. Oder dürft ihr euch grösserer Umsicht rühmen? Ihr, die ihr im
Besitz von Waffen, Geld und peloponnesischen Bundesgenossen, uns
unterlegen seid, die Nichts von all dem hatten? Oder macht euch das
Verhältniss zu den Lakedämoniern stolz? Nun die edlen Verbündeten
haben, wie man bissige Hunde mit einem Knebel bändigt, so euch
diesem misshandelten Demos gebunden ausgeliefert und sind dann da-
vongegangen.«

Aber gewiss ist, jene glückliche Harmonie des Lebens, jenes
schwebende Gleichgewicht aller Volkskräfte, das Athen im Zeitalter
des Perikles besessen, hat Platon nicht mehr erlebt, was er sah, und
zwar mit den Augen eines gesinnungstüchtigen Parteimannes, das
zeigte ihm diesen Demos als eine Beute des jähen Wechselspiels der
Faktionen, durch feindliche Waffen, durch eigenen überstürzenden Ehrgeiz und innere Zersetzung dem Verhängniss rettungslos verfallen.
Unter Eindrücken dieser Art hat er den tiefen Widerwillen eingesogen
gegen eine Verfassung, die, wie er glaubt, den Bruderkrieg verschuldet
hat und die ihre besten Bürger, die Philosophen von Sokrates' Schule,
nicht zu würdigen weiss.

Der Krieg von Hellenen wider Hellenen schmerzt ihn in
tiefster Seele, und eine der schönsten Stellen des ganzen Werkes ist
der feierliche Protest, den er dagegen einlegt.

»Ich nenne«, sagt er, »das gesammte Helleneuthum eine grosse
Familie von lauter Blutsverwandten, die der Barbarenwelt fremd und
anders geartet gegenübersteht. Dass Hellenen gegen Barbaren und
Barbaren gegen Hellenen im Kampfe stehen, ist natürlich, denn sie
sind geborene Feinde, und ihr Kampf beruht auf ursprünglichem Hass.
Thun sich aber Hellenen untereinander dergleichen an, sie, die von
Natur Brüder sind, so zeigt sich, dass die hellenische Völkerfamilie
krank, durch unnatürlichen Zwist zerrissen ist, und diesen nennen wir
Brudermord. Wo bei uns Hellenen über Hellenen herfallen, die Einen
den Anderen die Saaten verheeren, die Häuser niederbrennen, da ist
auf beiden Seiten das Vaterlandsgefühl untergegangen, sonst würden
sie nicht ihre gemeinsame Amme und Mutter so zerfleischen, sich vielmehr entsinnen, dass sie wieder zusammenkommen müssen und nicht
ewig einander in den Haaren liegen können.«

---

¹) Man vergleiche die Rede des Lysias gegen Eratosthenes.

Der Staat, den Platon gründen will, soll sein ein echter Hellenenstaat, der keinen Bruderhass noch Brudermord aufkommen lässt, der, wenn er nothgedrungen zu den Waffen greift, nicht als Feind, sondern als väterlicher Erzieher seiner verblendeten Stammverwandten auftritt, und der sich hüten wird, den Brüdern ihre Fluren zu verwüsten, ihre Häuser zu verbrennen, sie auszumorden mit Weib und Kind oder in die Sklaverei zu verkaufen.[1]

Auch diese Stelle ist unzweifelhaft auf die athenische Demokratie gemünzt, der von allen Aristokraten die alleinige Schuld an dem Bruderkriege aufgebürdet wurde; der Angriff wird noch durchsichtiger in den Bemerkungen über den »Tyrannen«, der aus der Prostatie hervorgeht[2], und der, um sich, den Feldherrn, unentbehrlich zu machen, den Staat in auswärtige Kriege stürzt. Eine Auffassung, die buchstäblich zusammenstimmt mit dem Zerrbilde, das der Parteigeist in der ersten Zeit des peloponnesischen Kriegs von der Rolle des Perikles dabei entworfen hatte.[3] Alles Uebrige freilich, was von der Tyrannis ausgesagt wird, passt wohl auf Dionysios I. von Syrakus, aber nicht im mindesten auf Perikles.

Dass unter dem »Drohnengezüchte« der Demagogen und Volksverführer, welche der Masse den ungemischten Wein massloser Freiheit vorsetzen und die Trunkenen zum Angriff auf ihre schlechtgesinnten, oligarchischen Beamten hetzen[4], wenn diese nicht ganz geschmeidig sich jedem Winke fügen, die öffentlichen Ankläger, wie Kleon, Hyperbolus, gemeint sind, versteht sich von selbst, und dass diesen Tod und Vernichtung angekündigt wird, kann auch Niemanden Wunder nehmen.

---

1) p. 170 C. φημὶ γὰρ τὸ μὲν Ἑλληνικὸν γένος αὐτὸ αὑτῷ οἰκεῖον εἶναι καὶ ξυγγενές, τῷ δὲ βαρβαρικῷ ὀθνεῖόν τε καὶ ἀλλότριον. — Ἕλληνες μὲν ἄρα βαρβάροις καὶ βαρβάρους Ἕλλησι πολεμεῖν μαχομένους τε φήσομεν καὶ πολεμίους φύσει εἶναι καὶ πόλεμον τὴν ἔχθραν ταύτην κλητέον· Ἕλληνας δὲ Ἕλλησιν, ὅταν τι τοιοῦτο δρῶσι, φύσει μὲν φίλους εἶναι, νοσεῖν δ' ἐν τῷ τοιούτῳ τὴν Ἑλλάδα καὶ στασιάζειν καὶ στάσιν τὴν τοιαύτην ἔχθραν κλητέον. — Ε. Ἑλληνὶς ἔσται (ἡ πόλις) — τὴν πρὸς τοὺς Ἕλληνας διαφορὰν ὡς οἰκείους στάσιν ἡγήσονται καὶ οὐδὲ ὀνομάσουσι πόλεμον. — Κόμενδς δὲ, σωφρονούσαν οὐκ ἐπὶ δουλείᾳ κολάζοντες οὐδ' ἐπ' ὀλέθρῳ, σωφρονισταὶ ὄντες οὐ πολέμιοι. οὐδ' ἄρα τὴν Ἑλλάδα Ἕλληνες ὄντες κεροῦσιν οὐδὲ οἰκήσεις ἐμπρήσουσιν, οὐδὲ ὁμολογήσουσιν ἐν ἑκάστῃ πόλει πάντας ἐχθρούς αὐτοῖς εἶναι καὶ ἄνδρας καὶ γυναῖκας καὶ παῖδας — υ. s. f.

2) 565. D — ὅταν φύηται τύραννος ἐκ προστατικῆς ῥίζης. 566. Ε — πολέμους τινὰς δεῖ κινεῖ.

3) Ueber den gerade entgegengesetzten wirklichen Sachverhalt s. Athen und Hellas II, 166 ff.

4) p. 562. C. ὅταν δημοκρατουμένη πόλις ἐλευθερίας διψήσασα κακῶν οἰνοχόων προστατούντων τύχῃ, καὶ πορρωτέρω τοῦ δέοντος ἀκράτου αὐτῆς μεθυσθῇ, τοὺς ἄρχοντας δή, ἂν μὴ πάνυ πρᾶοι ὦσι καὶ πολλὴν παρέχωσι τὴν ἐλευθερίαν, κολάζει αἰτιωμένη ὡς μιαρούς τε καὶ ὀλιγαρχικούς.

Sie sind wie ein eiterndes Geschwür am Staatskörper. Der gute Arzt und Gesetzgeber muss Sorge tragen, dass sie sich nirgends ansetzen; wenn sie aber da sind, muss er sie sammt den Schwaden ausschneiden. [1])
Der grosse Haufe der unmündigen Tagediebe, die in einer Demokratie um die Rednerbühnen sitzen und jedes missliebige Wort tobend niederschreien [2]), muss Herren erhalten, die ihm zeigen, wozu er da ist; das sind die Philosophen der sokratisch-platonischen Schule, und seine gänzliche Unempfänglichkeit für die politischen Grundsätze dieser setzt seiner Unheilbarkeit die Krone auf.
Platon ist unerschöpflich in Bildern, um das trostlose Erdenwallen des idealen Staatsmannes mitten in dem Urwald der anarchischen Demokratie zu schildern. Bald ist er der Alleinsehende unter den Blinden, bald der einzig Nüchterne unter den Trunkenen, bald der einzig Vernünftige unter den Tollen, bald der einzig kundige Steuermann auf einem Schiffe, das ohne Richtung vor den Wogen treibt, dessen Bemannung meutert, dessen Fahrgäste wimmern, immer aber wird er, der allein helfen könnte, von den Verblendeten gehasst und zurückgestossen.
Das Schicksal des Sokrates schwebt uns dabei unwillkürlich stets vor Augen. Dass der platonische Staat in der Hauptsache nur der Ausbau sokratischer Ideen ist, hoffen wir im Folgenden zu zeigen, dass sein persönliches Verhängniss in Athen an all den Stellen gemeint ist, wo von der Unvereinbarkeit der Demokratie und der Herrschaft des philosophischen Staatsmannes gesprochen wird, wollen wir hier noch kurz hervorheben.
Eine Stelle spreche für alle: das prächtige Gleichniss von der Seefahrt im sechsten Buch, in dem Platon die ganze Leidensgeschichte seines Staatsmannes mit individueller Anschaulichkeit gemalt hat. In solchen Episoden, können wir sagen, arbeiteten sich der Bildhauer Sokrates und der Dichter Platon mit ebenbürtiger Meisterschaft in die Hände. «Ganz beispiellos», sagt Sokrates, «ist das Verhältniss der anständigen Leute zu den Staaten der Gegenwart; um es abzubilden, genügt kein einfacher Vergleich mit Diesem oder Jenem; man muss mehrerlei zusammennehmen und wie die Maler verschiedene Farben anreiben. Denke dir also eine Flotte oder ein einzelnes Schiff und als

---

1) p. 564. C. ἃ δὴ καὶ δεῖ τὸν ἀγαθὸν ἰατρόν τι καὶ νομοθέτην πόλεως — κύρρωθεν εὐλαβεῖσθαι, μάλιστα μὲν ὅπως μὴ ἐγγενήσεσθον, ἂν δὲ ἐγγένησθον, ὅπως ὅτι τάχιστα ξὺν αὐτοῖσι τοῖς κηρίοις ἐκτετμήσεσθον.
2) p. 564. D — περὶ τὰ ῥήματα προσίζον βομβεῖ δὲ καὶ οὐκ ἀνέχεται τοῦ ἄλλα λέγοντος.

Eigenthümer einen Riesen, der an Kraft und Körperlänge Alles über-
ragt, aber schlecht hört, nicht gut sieht und wenig vom Handwerk
versteht. Unter der Mannschaft ist Streit darüber, wer das Steuerruder
führen soll. Jeder meint, er sei dazu der rechte Mann, auch wenn er
nichts davon gelernt hat. Sie behaupten sogar, das Steuern brauche
gar nicht gelernt zu werden, und machen Miene, den, der das Gegentheil behauptet, niederzuhauen. Sie bestürmen den Schiffsherrn, er
möge ihnen das Ruder überlassen, werfen die, die bei ihm in grösserer
Gunst stehen, über Bord oder schaffen sie mit dem Schwert aus dem
Wege, setzen dem Riesen, der bei all seiner Körperkraft doch nur
ein gutherziger Tropf ist, mit starken Getränken zu, um ihn einzu-
schläfern, bemächtigen sich dann des Schiffs mit allen Vorräthen,
zechen und schmausen nach Herzenslust und lassen das Fahrzeug
munter auf den Wellen schaukeln. Den Schlaukopf, der bei Ueberlieferung des Schiffsherrn am meisten Geschick und Thatkraft an den
Tag gelegt, nennen sie natürlich den Meister des Seewesens und der
Steuerung und Jeden, der solche Verdienste nicht aufzuweisen hat,
einen unbrauchbaren Tölpel. Dabei sind sie einfältig genug, nicht zu
wissen, dass der ächte Steuermann auf Jahres- und Tageszeit, auf
Sonne, Mond und Sterne, Winde und Luftströmungen Acht haben,
d. h. eben Kenntnisse besitzen muss, die Niemandem angeboren sind,
und zu meinen, die Wissenschaft der Steuermannskunst sei sogar
ein Hinderniss für die Praxis der Ruderführung. Auf Schiffen, wo der
souveräne Unverstand herrenloser Matrosen das Wort und das Ruder
führt, wird natürlich der stille Weise, der allein von der Sache ein
gründliches Wissen hat, ein Grillenfänger, ein phantastischer Luft-
schiffer, ein unpraktischer Geselle gescholten werden.«
    Aus all dem folgt, dass, wie die Staaten zur Stunde beschaffen
sind, die Philosophen, die gelehrten Staatsmänner die Stelle darin nicht
einnehmen können, die ihnen zukommt, die Schuld dieses Unrechts
aber nicht an ihnen, sondern an ihren Gegnern liegt, und darum das
natürliche Verhältniss erst dann sich herstellen wird, wenn die der Be-
herrschung Bedürftigen selber kommen zu den Philosophen und zu
ihnen sagen: ergreift ihr das Steuer, denn das ist euer Beruf. [1]
    Die Anspielungen sind keinem Missverständniss unterworfen. Der
Weise, der lebenslang seinem Volke wie eine »Bremse« im Nacken
sitzt, der seinen Landsleuten Tag für Tag einschärft, dass die »Wissen-
den« regieren sollen, und dass die, die sich Kenner dünken, in der

---

[1] p. 488—489. C.

That »Nichts wissen«, der bei dem Process der Feldherren in der Arginusenschlacht allein an das vergessene Gesetz erinnert und von dem Toben der Gegner überschrieen wird, um am Ende »über Bord geworfen zu werden«, damit man seine verhasste Stimme nicht länger hören muss, ist Sokrates, in dem seine ganze Schule tödtlich beleidigt und zurückgestossen wird. Was Athen als Staat mit diesem Manne und seinem System verloren hat, das zu entwickeln, ist Aufgabe der Politie, in der gewissermassen sein politisches Testament vorgelegt werden soll.

Solange das Unrecht, das ihm und seiner ganzen Schule zum grossen Schaden des athenischen Staates widerfahren, nicht wieder gut gemacht ist, wird dem Staatsmann der Idee Nichts übrig bleiben, als dem ganzen Staatswesen der Gegenwart den Rücken zu kehren. Sein Verhältniss ist, wie es im Theaetet geschildert wird: »Die ächten Philosophen kennen von Jugend auf den Weg zur Agora nicht, und ebenso wenig wissen sie, wo das Rathhaus oder der Gerichtshof oder sonst ein öffentlicher Versammlungsplatz liegt. Von Gesetzen und Volksbeschlüssen sehen und hören sie Nichts. Clubumtriebe, Zweckessen, Zechgelage mit Flötenspielerinnen mitzumachen, fällt ihnen im Traum nicht ein. Ob sich Jemand in der Stadt gut oder schlecht befindet oder was irgend Einem von seinen Vorfahren her Ungünstiges anhängt, das ist dem Philosophen so unbekannt wie die Tropfen im Meere. Ja er weiss nicht einmal, dass er von all dem nichts weiss: nicht aus Dünkel hält er sich davon fern, sondern weil in Wahrheit nur sein Leib im Staate wandelt und gewissermassen auf der Durchreise sich aufhält; seine Seele aber, die Alles für eitlen Tand erachtet, weilt fern davon, durchmisst den Himmelsraum und durchforscht die Natur des Alls[1].

Die platonische Politie gibt also das literarische Nachbild des politischen Parteienkampfes, der den athenischen Staat während des peloponnesischen Krieges zerfleischte, in dem Sinne, in welchem die

---

1) Theaetet. p. 173. C. οὗτοι δὲ πω ἐκ νέων πρῶτον μὲν εἰς ἀγορὰν οὐκ ἴσασι τὴν ὁδόν οὐδὲ ὅπου δικαστήριον ἢ βουλευτήριον ἢ τι κοινὸν ἄλλο τῆς πόλεως· συνέδριον· νόμους δὲ καὶ ψηφίσματα λεγόμενα ἢ γεγραμμένα οὔτε ὁρῶσιν οὔτε ἀκούουσι· σπουδαὶ δὲ ἑταιριῶν ἐπ᾽ ἀρχὰς καὶ σύνοδοι καὶ δεῖπνα καὶ σὺν αὐλητρίσι κῶμοι οὐδὲ ὄναρ πράττειν προσίσταται αὐτοῖς· εὖ δὲ ἢ κακῶς τις γέγονεν ἐν πόλει ἢ τί τῳ κακὸν ἐστιν ἐκ προγόνων γεγονὸς ἀνδρῶν ἢ γυναικῶν, μᾶλλον αὐτὸν λέληθεν ἢ οἱ τῆς θαλάττης λεγόμενοι χόες. καὶ ταῦτα πάντ᾽ οὐδ᾽ ὅτι οὐκ οἶδεν, οἶδεν. οἶδε γὰρ αὐτῶν ἀπέχεται τοῦ εὐδοκιμεῖν χάριν, ἀλλὰ τῷ ὄντι τὸ σῶμα μόνον ἐν τῇ πόλει κεῖται αὐτοῦ καὶ ἐπιδημεῖ, ἡ δὲ διάνοια, ταῦτα πάντα ἡγησαμένη σμικρὰ καὶ οὐδέν, ἀτιμάσασα πανταχῇ φέρεται κατὰ Πίνδαρον, τά τε γῆς ὑπένερθε καὶ τὰ ἐπίπεδα γεωμετροῦσα οὐρανοῦ τε ὕπερ ἀστρονομοῦσα καὶ πᾶσαν πάντη φύσιν ἐρευνωμένη τῶν ὄντων ἑκάστου ὅλου, εἰς τῶν ἐγγὺς οὐδὲν αὐτὴν συγκαθιεῖσα.

sokratische Schule dabei betheiligt und nicht betheiligt war. Sie begnügt sich nicht, die Anklagen zu wiederholen, welche die aristokratische Philosophie gegen die Demokratie von jeher erhoben hat, sie
gibt auch einen ausgeführten Neugestaltungsplan nach idealen Gesetzen. Das ist die Ehrenrettung, die der dankbare Schüler dem Andenken seines grossen Meisters schuldig zu sein glaubt und bezweifeln
wollen, dass es ihm mit seinem Staatsentwurf ernst gewesen, hiesse für
möglich halten, dass er an seine »Ideen«, an seinen Sokrates, nicht geglaubt habe.

2.
Der Aufbau des platonischen Idealstaates in seinen Grund-
zügen.

**Das sokratische Element in der Politie: Erziehung eines neuen Geschlechts in
einem neuen Staat — die Ausrottung des Sondergeistes durch Aufhebung von
Familie und Eigenthum — Geschichtliche Analogieen — die Nothwendigkeit
und Ausführbarkeit der socialen Revolution im platonischen Sinn. — Zur Abfassungszeit der Politie.**

Die kürzeste Bezeichnung für den äusseren Aufbau der platonischen Politie hat Plutarch gefunden, indem er einfach sagt: Platon
hat mit Sokrates den Lykurg und Pythagoras verschmol-
zen [1]. Der pythagoreische Denkerstaat mit dem lykurgischen Heer-
und Lagerstaat verbunden durch die zur platonischen Idee verklärte,
sokratische Tugend- und Rechtslehre, die Kalokagathie, das ist in der
That der Inbegriff der platonischen Politie. Das sokratische Element aber ist die Seele des ganzen Organismus und nur aus diesem
lässt sich derselbe innerlich erklären und innerlich wieder aufbauen.

Der Sokrates der platonischen Dialoge ist in vielen und wichtigen
Zügen ein anderer als der Sokrates der Wirklichkeit, wie wir ihn
aus sonstigen Zeugnissen, hauptsächlich aus Xenophons naiv treuer
Schilderung zu errathen haben. Der Erstere hat mit dem Letzteren oft
Nichts gemein als den Namen, die berufene Stumpfnase in dem Silen-
engesicht und die dialektische Meisterschaft, und das kann nicht bloss
an der grossen Wesensverschiedenheit dieser beiden Schüler und darum
auch ihrer Wiedergabe liegen. Der Sokrates, der sich den ganzen Tag

------

1) Q. Symp. s. 2, 2: Πλάτων τῷ Σωκράτει τὸν Λυκοῦργον ἀναμιγνὺς καὶ τὸν Πυθα-
γόραν.

auf dem Markt und in den Gassen, an den Wechslertischen und in dem
Staub der Werkstätten herumtreibt, um heut diesen morgen jenen Ba-
nausen vor sich selber lächerlich zu machen, hat nicht den vornehmen
Zuschnitt des platonischen Denkers, der sich stets in der ausgesuch-
ten attischen Gesellschaft bewegt, um mit den angesehensten Sophisten — und die bedeutenden unter ihnen, die Gorgias, Protagoras
u. A. waren gefeierte Grössen — und den einflussreichsten Staatsmännern die höchsten Probleme der Philosophie zu erörtern, der ganze
überirdische Ideenhimmel Platons passt nicht in die nüchterne, im
Grunde ihres Wesens ziemlich prosaische Existenz dieses »Philosophen
für die Welt«, der überall mitten im Leben stand, als Buleut, als
Hoplit eifrig seine Pflicht that und nie daran dachte, sich aus der lebendigen Berührung mit seinem Volke, das er geisselte, weil er es liebte, in
das selbstgeschaffene Jenseits zurückzuziehen, in dem sein genialster
Schüler am Ende allein eine tröstende Zuflucht fand. Man vergleiche
nur, um auf das erste Beste aufmerksam zu machen, die am Schlusse
des vorigen Abschnitts angeführten Worte des platonischen Sokrates
im Theätet mit dem Leben, das der historische geführt hat und der
Widerspruch liegt grell am Tage. Der Sokrates der Dialoge ist eine
Idealbüste, in der wir die allbekannte Sokratesherme nur mit Hilfe
einer gewissen geistigen Anstrengung wieder erkennen, er ist eine poetische Verklärung der historischen Gestalt und gibt das Heiligen-
bild wieder, das ein Märtyrer in den Seelen seiner Jünger zurückgelassen.

Auch der Idealstaat der Politie ist eine Verklärung der Ansichten
und Grundsätze, welche Sokrates in seiner Lehre ausgesprochen, in
seinem Leben bethätigt hat und diese doppelte Bewährung unterscheidet ihn von all seinen Schülern, er hat seine Lehre gelebt, und
sein Leben gepredigt. Der Sokrates der Xenophontischen Denkwürdig-
keiten ist schwerlich der ganze, aber ganz gewiss lauter Sokrates.
Jenen aus dem Vollen zu gestalten, reichte Xenophons Begabung nicht
aus, aber dass, was er uns unter diesem Namen gibt, echt und treu ist,
dafür bürgt uns nicht bloss die Gewissenhaftigkeit des Berichterstatters,
sondern noch mehr sein Mangel an eigenen Gedanken und an origina-
ler Phantasie. Aber trotz der naturgemässen Verschiedenheit, welche
zwischen den Auffassungen eines philosophisch angeregten, sonst aber
sehr trockenen Kriegsmannes und der eines poetischen Genius bestehen muss, lässt sich nachweisen, dass der Staatsgedanke in der Politie
und den Commentarien im Wesentlichen derselbe ist, dort nur eine
allerdings rigorose Ausbildung von Ideen vorliegt, die hier bereits we-

nigstens im Keime vorhanden sind, dass an der einen Stelle ein idealer
Ausbau dessen versucht wird, was an der anderen gewissermassen nur
in den Elementen angedeutet ist. Niemand kann sagen, ob das fertige
Staatsideal des Sokrates genau die Gesichtszüge des platonischen getragen haben würde, aber der enge Zusammenhang beider in allem,
worauf es ankommt, lässt sich mit Händen greifen.

Auf drei Dinge hat Platon sein Absehen gerichtet: erstens ein
neues Geschlecht von Bürgern heranzubilden, und durch dieses einen
neuen Staat, zweitens in diesem neuen Bürgerthum den Geist der
Selbstsucht mit der Wurzel auszurotten, drittens in der Gliederung dieses neuen Staats den Grundsatz der Arbeitstheilung und
der beruflichen Fachbildung für die Hauptzweige öffentlichen
Lebens strenge durchzuführen.

Genau dieselben Ziele verfolgt Sokrates in den weitaus meisten
Unterredungen, die uns Xenophon als Ohrenzeuge von ihm überliefert,
und zum Theil auch unter Empfehlung derselben Mittel; nicht syste-
matisch, nicht vornehm auf sich selbst zurückgezogen, wie Platon,
aber mit nicht geringerer Wärme und unstreitig mit mehr persönlicher
Aufopferung. Er sagt nicht, wie sein idealer Doppelgänger in der Politie: der echte Staatsmann wandelt in den Sternen und überlässt den
gemeinen Sterblichen, ihn herabzurufen, damit er sie glücklich macht,
er macht sich auf den Weg nach all den Orten, wo der Irrthum und
der Dünkel nistet, er scheut nicht den Kampf mit der Blindheit, dem
Götter selbst erliegen, er tummelt sich wie ein Athlet im Wortgefechte
mit Hoch und Gering und da er von der Volksversammlung im Grossen
ein ähnliches Schicksal zu erwarten hätte, wie es ihm die Wolken des
Aristophanes auf der komischen Bühne bereitet haben, so sucht er sie
in ihren einzelnen Bestandtheilen auf und predigt nicht den Pharisäern
und Schriftgelehrten, sondern den Zöllnern und Sündern, den »Malern,
Schustern, Zimmerleuten, Erzarbeitern, Bauern und Kaufleuten,« d. h.
denen, die es am Nöthigsten haben.

Sokrates' Umgang wird uns bei Xenophon gezeichnet als eine
Schule der Kalokagathie, als eine lebendige Unterweisung in der Kunst
sein Haus zu bestellen, und den Staat zu verwalten, die Menschen
und alle menschlichen Dinge nach dem in ihnen liegenden Masse richtig zu behandeln[2]. Das zu leisten, war auch der Anspruch der

1) Comment. III, 7. 6. — γραφεῖς, σκυτεῖς, τέκτονας, χαλκεῖς, γεωργοί, ἔμποροι.
2) IV, 1. 2: — τῶν μαθημάτων πάντων, δι' ὧν ἔστιν οἰκίαν τε καλῶς οἰκεῖν καὶ πόλιν, καὶ τὸ ὅλον ἀνθρώπους καὶ τοῖς ἀνθρωπίνοις πράγμασιν εὖ χρῆσθαι.

Sophisten, aber sie thaten es, mit einem in Sokrates' Augen verwerflichen Eigennutz und in einer falschen Richtung. Sie predigen die selbstgenügsame Zufriedenheit mit dem Bestehenden, sie reden den Machthabern nach dem Munde, und den Dünkelhaften zu Gefallen. Sokrates schärft den Seinen das Gewissen, geht der Selbstüberhebung unerbittlich zu Leibe, entkleidet die falschen Grössen ihres erborgten Glanzes und ruft seiner ganzen Zeit, den Einzelnen und den Gesammtheiten ein gebieterisches γνῶθι σαυτόν zu. Fast alle Unterredungen des Sokrates beschäftigen sich mit dem Verhältniss des Einzelnen zum Staat, den Pflichten des erstern, den Satzungen des letztern und durch alle Erörterungen dieser Art geht ein scharfer oppositioneller Zug, ihr Zweck ist Bürger und Staatsmänner auf eine neue Weise heranzubilden, Politiker zu erziehen, die wissen, was sie sollen und was sie thun und die sich unabhängig fühlen von dem Wahn der grossen Menge [1].

Ein Geist idealer Liebe, in der Alles untergegangen ist, was sonst die Menschen trennt, soll die Gemeinde der echten Staatsmänner verknüpfen. Hören wir darüber Sokrates selbst:

»Durch alles Das, was Menschen gewöhnlichen Schlages einander entfremdet, schlingt die Freundschaft ihr Band um die Edlen. Tugendhaft wie sie sind, ziehen sie unangefochtenen mässigen Besitz dem Ehrgeiz vor, mit Gewalt Alles an sich zu reissen; sie können, wenn sie hungert oder dürstet, ohne Anstoss Speise und Trank mit einander gemeinsam theilen und ihrem Liebesdrang nachgehen ohne unziemlicher Weise irgend Jemanden zu kränken. Auch in Geldsachen können sie nicht bloss ohne Uebervortheilung gesetzmässig gemeinsames Eigenthum haben, sondern auch einander aus der Noth helfen. Haben sie einmal Streit, so vertragen sie sich so, dass nicht bloss Keiner eine Kränkung, sondern auch Jeder Vortheil davon erführt und den Zorn halten sie im Zaum, ehe sie zu bereuen haben, dass er sie übermannt. Neid und Missgunst aber rotten sie gänzlich aus, indem sie ihr Eigenthum jedem Freunde zur Verfügung stellen und das ihrer Freunde als ihres betrachten« [2].

---

1) I, 6. 15. ποτέρως δ' ἂν μᾶλλον τὰ πολιτικὰ πράττοιμι, εἰ μόνος αὐτὰ πράττοιμι, ἢ εἰ ἐπιμελοίμην τοῦ ὡς πλείστους ἱκανοὺς εἶναι πράττειν αὐτά.

2) Comment. II, 6. 22—23. — ἀλλ' ὅμως διὰ τούτων πάντων ἡ φιλία διαπορεύεται συνάπτει τοὺς καλούς τε κἀγαθούς, διὰ γὰρ τὴν ἀρετὴν αἱροῦνται μὲν ἄνευ πόνου τὰ μέτρια κεκτῆσθαι μᾶλλον ἢ διὰ πολέμου πάντων κυριεύειν καὶ δύνανται πεινῶντες καὶ διψῶντες ἀλύπως σίτου καὶ ποτοῦ κοινωνεῖν καὶ τοῖς τῶν ὡραίων ἀφροδισίοις ἡδόμενοι ἐγκαρτερεῖν, ὥστε

Der Kern dieser Freundesliebe ist jene Tugend, vermöge deren der Einzelne sein Selbst beherrscht, jene Entsagung, die das eigene Ich vergisst und die, weil sie in einem fortwährenden inneren Kampf errungen wird, erlernt und durch stete Uebung gestählt werden muss [1]).

Die Anklänge an Platon springen schon hier in die Augen. Die philosophische Erziehung des echten Staatsmannes, die Verwendung der Liebe [2]) als politisch-sittlichen Hebels, die Empfehlung eines Zustandes der Gesellschaft, in dem mit dem starren Begriff des Eigenthums die ergiebigste Quelle der Zwietracht und der Leidenschaft verstopft wird, sind uns als die bedeutsamsten Grundgedanken des platonischen Idealstaates bekannt.

Nicht minder schlagend ist der Zusammenhang zwischen der sokratischen Forderung einer fachmässigen Ausbildung zum Berufe des Politikers und des Feldherrn und dem platonischen Staate der Philosophen und Wächter. Der uns schon geläufige Satz des Politikos, dass der Wissende allein gebieten und der Unwissende Nichts als gehorchen soll, tritt uns hier als echt sokratische Weisheit in vielerlei Tonarten entgegen.

An der Spitze des Staates, im Besitze des allmächtigen Einflusses sieht er nicht Männer von Verdienst und wahrhaftem, innerem Beruf, sondern Schreier und Schwätzer [3]), Speichellecker und Höflinge der Massen, die das Volk mit ihren Sirenenstimmen betäuben; selbst einen Perikles rechnet er zu diesen [4]), ganz im Einklang mit Platon [5]). An ihrer Statt wünscht er Männer, die die Kenntnisse und die Tugenden wirklicher Staatsmänner und Feldherren sich angeeignet und in der Probe der Erfahrung bethätigt haben [6]).

μὴ λυπεῖν οὓς μὴ προσῆκει · δύνανται δὲ καὶ χρημάτων οὐ μόνον τοῦ πλεονεκτεῖν ἀπεχόμενοι νομίμως κοινωνεῖν, ἀλλὰ καὶ ἐπαρκεῖν ἀλλήλοις · δύνανται δὲ καὶ τὴν ἔριν οὐ μόνον ἀλύπως ἀλλὰ καὶ συμφερόντως ἀλλήλοις διατίθεσθαι καὶ τὴν ὀργὴν κωλύειν εἰς τὸ μεταμελησόμενον προϊέναι · τὸν δὲ φθόνον παντάπασιν ἀφαιροῦσι, τὰ μὲν ἑαυτῶν ἀγαθὰ τοῖς φίλοις οἰκεῖα παρέχοντες, τὰ δὲ τῶν φίλων ἑαυτῶν νομίζοντες.

1) Ib. II, 6. 39: ὅσαι δ' ἐν ἀνθρώποις ἀρεταὶ λέγονται, σκοπούμενος εὑρήσεις πάσας μαθήσει τε καὶ μελέτῃ αὐξανομένας. vgl. I, 2. 24—25, III, 9. 1—3 u, s. w.

2) Die πόλις wird unter der Analogie des ἔρως geradezu eingeführt a. a. O. 28: ἴσως δ' ἄν τί σοι κἀγὼ συλλαβεῖν εἰς τὴν τῶν καλῶν τε κἀγαθῶν θήραν ἔχοιμι διὰ τὸ ἐρωτικὸς εἶναι· ... δεινῶς γὰρ ἄν ἐν ἐπιθυμήσω ἀνθρώπων ὅλος· ὁρμήσομαι ἐπὶ τὸ φιλεῖν τε αὐτοὺς ἀντιφιλεῖσθαι ὑπ' αὐτῶν καὶ ποθῶν ἀντιποθεῖσθαι καὶ ἐπιθυμῶν ξυνεῖναι καὶ ἀντεπιθυμεῖσθαι τῆς ξυνουσίας.

3) ἀλαζόνες, ἀκατάσχετοι I, 7. 5.

4) II, 6. 13.

5) Gorgias 515. E.

6) III, 1. 1—11. Von dem προστάτης τῆς πόλεως verlangter Kenntnisse 1) von

Oncken, Aristoteles' Staatslehre.   9

Schlechte Hirten lassen die Heerden verwildern [1], es ist darum
nicht zu verwundern, dass bei den Hopliten soviel zuchtlose Unbot-
mässigkeit herrscht [2], und in der Masse soviel anarchisches Gelüste
und so viel dilettantischer Dünkel, der wieder Schuld daran ist, dass
die Unfähigen emporkommen und die Fähigen zurückgesetzt werden.
Die Anmassung, ohne Sachkenntniss und guten Willen ganz gewöhnliche Geschäfte anzugreifen oder auch nur zu beurtheilen, erscheint Jedermann lächerlich und streift in der That an Wahnsinn [3];
aber man findet es in der Ordnung, dass Männer, die vom Staate und
vom Kriege Nichts verstehen, Aemter und Feldherrnstellen schlankweg
übernehmen [4]. Um dies Uebel aus der Wurzel zu heben, wendet sich
Sokrates nicht bloss an den künftigen Staatsmann und Feldherrn, sondern an den gemeinen Mann, sucht ihn aufzuklären über sich selbst,
und seine Stellung in der Gesammtheit, und so Sandkorn zum Sandkorn für den Aufbau eines besseren Staatslebens zusammenzutragen.

Genau aus diesen Erwägungen, die in der Politie verschärft wiederkehren, ist die Nothwendigkeit der Einführung eines Standes von
regierenden Staatsmännern und eines stehenden Heeres
von Kriegern bei Platon hergeleitet, während die stumpfe Masse von
jeder Mitwirkung am Regiment ausgeschlossen ist.

 Zu dieser sachlichen Uebereinstimmung kommt nun noch dieselbe
Liebhaberei für Vergleiche aus der Thierwelt [5], dieselbe Bewunderung
spartanischer und kretischer Zustände [6] und die gleiche Abneigung
gegen den sinnlichen Anthropomorphismus der religiösen Dichter Homer und Hesiod [7] hinzu.

Bei all dem darf freilich nicht übersehen werden, dass der Sokrates
der Geschichte dem vorhandenen athenischen Staat ganz anders gegenübersteht als der Sokrates der Dialoge. Obwohl missvergnügt über den
Geist, der die Regierenden und die Regierten beherrscht, ist er gleich-

---

den Ausgaben und Einnahmen des Staats, 2) von der Wehrkraft des Landes und seiner Nachbarn zur See und zu Lande, 3) von der Nährkraft des attischen Bodens und
dem Bedürfniss fremder Einfuhr III, 6. 6—13. Die Lehren für den angehenden Feldherrn s. Ib. 5, 22—23.

1) I, 2, 32.
2) III, 5. 19.
3) III, 9. 6. μανίας ἐγγυτάτω.
4) αὐτοσχεδιάζειν III, 5. 21. III, 4. 1.
5) Comment. IV, 1. 3.
6) Comment. III, 5. IV, 4. 15. Plato Criton p. 52. K. Protag. p. 342.
7) Soviel wird doch wohl von der Rechtfertigung, welche Xenophon Comm. I, 2.
56 ff. versucht, übrig bleiben.

wohl den Gesetzen dieses Staates treu, und was er zu seiner Reform
versucht, das geschieht und soll geschehen im Einklang mit denselben.
Er ist keineswegs der verbissene Aristokrat, der Volksbeschlüssen jede
Rechtskraft abspricht, bloss weil sie vom Demos ausgehen, einerlei was
sie an sich taugen ; er ist auch nicht der unsühnbar verstimmte Säulen-
heilige, der, weil die Welt nicht nach seinen Heften gehen will, sich
in die Intermundien seiner Phantasie zurückzieht: er ist trotz allen
Aergers über die Tagespolitik ein guter Bürger gerade dieses Staates [1],
der nicht bloss seine Pflicht niemals versäumt, sondern auch von dem
Segen des ernsthaften Bürgerthums mit Wärme erfüllt ist und der, auf
den Tod angeklagt, sich mit demselben Heldenmuthe dem Urtheilsspruch seiner Landsleute unterwirft, mit dem die Helden des Leonidas
bei den Thermopylen in den Tod gegangen sind, den Gesetzen ihres
Landes getreu.«

Der Kyrenäer Aristippos betrachtet den Staat als eine Zwangsan-
stalt, ganz unleidlich für die, welche gehorchen und höchst beschwer-
lich selbst für die, welche gebieten müssen. Beiden entgeht was ihm
das Höchste ist, der Genuss des Lebens in vollkommener Freiheit, und
darum will er grundsätzlich staatlos bleiben, nirgends eine Heimath
haben, die ihn bindet, überall der Freiheit sich erfreuen, die der Genuss
voraussetzt [2].

Ihm zeigt Sokrates, dass der Staat vielmehr eine Schutzanstalt ist,
ohne die auch jene Freiheit der Person und des Eigenthums ein Unding
wäre, errichtet um die Idee des Rechtes Aller zu sichern gegen die
Anarchie der Leidenschaft und der Willkür, noch mehr, dass er eine
Schule der besten Tugenden, ein Quell der edelsten Freuden ist.

Und dem Freunde, der ihn bestimmen will, wider das Gesetz aus
dem Gefängniss zu entweichen, in dem er den Giftbecher leeren soll,
antwortet er, was würde aus Recht, Gesetz und Staat, wenn der Bürger
sie nur anerkennen wollte, wo sie seiner Eitelkeit schmeicheln, oder
seinem Vortheil dienen, und sie brechen wollte, sobald sie ihm Opfer
und Entsagung auferlegen? Er führt die Gesetze selber redend ein und
Kriton muss verstummen [3].

1) Diesen entscheidenden Punkt hat Forchhammer in seiner geistvollen
Schrift Die Athener und Sokrates Berlin 1837 ganz übersehen.
2] Xen. Comment. II, 1. Wie die Existens eines solchen δαφήτωρ, ἀθέμιστος,
ἀνέστιος in Athen möglich war, davon gibt abgesehen von Timon und Diogenes jener
Krates ein Beispiel, von dem Musonios bei Stobaeos Floril. 67 (85) p. 412 erzählt:
Κράτης δοκεῖς τε καὶ δοκευής καὶ ἀτίμων πόλεων ἦν, ἀλλ' ὅμως ἔγνωμεν · εἶτα μηδ' ὑπόδυσιν
ἔχων ἔβιον, ἐν ταῖς δημοσίαις Ἀθήνησι στοαῖς δημάρχων καὶ διανυκτέρευ μετὰ τῆς γυναικός;.
3. Criton. c. 14.

9 *

Die Philosophie also, die sich über das bestehende Recht erhaben dünkt, ist nicht die Lehre des historischen Sokrates, sondern die seiner verzweifelnden Schüler, die das ungerechte Schicksal des Meisters nicht verwinden können und darum mit all ihren Hoffnungen auf eine Besserung von Innen heraus gebrochen haben.

Mit Hilfe der sokratischen Vorbegriffe wird es dem Leser leicht werden, sich in der ihm sonst so fremden Anlage des platonischen Staates zurechtzufinden, er hat wenigstens die Handhaben vor Augen, an die dieser Entwurf durchweg anknüpft.

Die drei Grundforderungen eines neuen Staates, Erziehung eines philosophisch vorgebildeten Bürgergeschlechts, Theilung der Arbeit im Staatsdienste unter Fachmänner, und Ausrottung der Selbstsucht, des Quells aller Zwietracht und Anarchie, werden hier mit radikaler Folgestrenge durchgeführt; sie bilden nicht nur die Grundlage einer vernichtenden Beurtheilung alles Bestehenden, sie zeichnen auch den Aufriss vor für einen vollständigen Neubau des Staates und der Gesellschaft.

Sokrates bemächtigt sich der höher strebenden Jugend in der athenischen Demokratie als Einer, der selbst auf ihrem Boden steht und ihre Gebrechen von Innen heraus auf dem langsamen Wege der Lehre und Unterweisung, der sittlichen Besserung zu heilen beabsichtigt. Platon will diese Jugend ganz aus dieser Welt der Verführung und Verirrung herausgehoben wissen, denn was ein einzelnes tüchtiges Vorbild heute gut macht, das wird durch tausend schlechte Eindrücke morgen wieder weggewischt und ins Gegentheil verkehrt.

Die beste Naturanlage, lässt er im Gespräche mit Adeimantos entwickeln [1], muss zu Grunde gehen oder der schlimmsten Entartung verfallen, wenn sie der rechten Pflege entbehrt, von einer falschen Richtung verdorben wird. Die falsche Lehre, die alle guten Keime zerstört, ist nicht die Predigt einzelner Afterphilosophen, die da und dort ihre Weisheit feil bieten und die anzuhören ja Niemand gezwungen ist, nein sie liegt in der Luft eines ungesunden Staatswesens, der sich Niemand, am Wenigsten die Jugend entziehen kann. Was soll die Jugend Gutes lernen, wenn sie mit ansieht, wie das Volk im Theater, in der Ekklesie, oder im Kriegslager sein Wesen treibt, mit anzuhören verdammt ist, wie hier ungewaschene Reden bald mit lärmendem Beifall, bald mit tobendem Tadel überschüttet werden? Welche Schule könnte aufkommen gegen diesen Schwall vergiftender Worte, welche Kraft trotzen diesem reissenden Strom?

---

1) p. 492.

Also nicht die Sisyphosarbeit des Sokrates, der auf den lauten Strassen einer Weltstadt ein neues Geschlecht erziehen wollte, sondern die entschlossene Flucht aus der Wirklichkeit und die Einkehr in das stille Dunkel des reinen Denkens wird den Wandel schaffen.

Sokrates will dem Sondergeist seinen Stachel nehmen, indem er eine Gütergemeinschaft nicht des Gesetzes, wohl aber der Sitte empfiehlt[1]). Platon geht einen Schritt weiter, indem er das Eigenthum des Einzelnen überhaupt aufhebt und — was von selbst hieraus folgt — die Aufhebung der Familie, des abgesonderten Hausstandes, der ohne Privateigenthum nicht denkbar ist, hinzufügt.

Platon spricht mit ganz besonderem Abscheu von dem Unheil des Capitalwuchers, welcher das rohe Geldprotzenthum auf der einen, das hungernde Proletariat auf der anderen Seite erzeuge. Von dieser socialen Krankheit entwirft er eine plastische Schilderung. Da sitzen sie nun in der Stadt, bestachelt und gewappnet, die Einen von Schul-' den überbürdet, die Anderen ehrlos geworden, noch Andre Beides, Alle voll Hass und über Anschlägen brütend auf die, die sie um das Ihrige gebracht haben wie auf die ganze Welt, lauernd auf einen allgemeinen Umsturz. Die Geldmänner aber schleichen geduckt umher wie das leibhaftige böse Gewissen, sehen hinweg über die, die sie unglücklich gemacht haben, bohren den ersten besten jungen Herrn, der sich nichts böses versieht, mit einer Ladung ihres Geldes an, streichen die Wucherzinsen ein und erfüllen die Stadt mit Drohnen und Bettlern, denen sie den letzten Blutstropfen ausgesogen haben[2]).

Das Geld soll ganz aus der Welt und es wird von selbst verschwinden, wenn es kein Privateigenthum mehr gibt.

Ueber das Recht auf Privateigenthum überhaupt denkt Platon so, als ob die dorische Wanderung und die Vertheilung der Peloponnes unter die siegreichen Stammeshäupter und ihre Waffenbrüder nicht ein halbes Jahrtausend sondern höchstens ein Menschenalter vor seiner Zeit und nichts weniger als unwiderruflich geschehen wäre: nicht unähnlich den communistischen Levellers zu Cromwells Zeit, die auch meinten, es müsse nicht allzuschwer sein, das Unrecht der Normannen-

---

1) Es ist darunter wohl nur eine gemässigte nicht eine radikale Gütergemeinschaft zu verstehen, wie sie z. B. bei den Pythagoräern bestand. Ich bin geneigt, das περὶ τὰ τῶν φίλων mit Röth (Geschichte der abendländischen Philosophie II, 476/77) in einem beschränkteren Sinne auszulegen, als dies gewöhnlich geschieht.

2) p. 555. D. E.

eroberung wieder gutzumachen und die damals getroffene, räuberische
Gütervertheilung umzustürzen.

Der Vorgang eines so umfassenden Besitzwechsels lässt eben in
der Erinnerung eines Volkes Furchen zurück, die sehr schwer ausge-
glättet werden. Im Alterthum haben nur die Römer eine Rechtslehre
geschaffen, die auf die Unantastbarkeit des Privateigenthums wie auf
einen Felsen gebaut ist, obgleich eben ihr Eigenthumssymbol, die
Lanze, auf das Recht des Stärkern, auf die Uebergewalt der Waffe,
als die historische Quelle ihres Eigenthums deutlich hinweist, und vielleicht haben es die Germanen wesentlich der Einführung des strengen
römischen Rechtssystems zuzuschreiben, dass ihnen so vollständig die
Erinnerung der Zeit abhanden gekommen ist, wo, nach Cäsars authen-
tischer Meldung, alljährlich der Gaufürst die Ländereien neu unter die
Freien vertheilte, damit keine Ungleichheit eureisse zwischen Reich
und Arm, die Liebe zum Besitz die kriegerische Tüchtigkeit nicht au-
fresse, die Germanen Männer des Schwertes blieben und nicht Leib-
eigne der Scholle würden.

Der Gedanke, mit den Banden der Familie und des Eigenthums
vollständig zu brechen, der dem Communismus bis auf die neueste Zeit
eigen geblieben ist, konnte auf griechischem Boden leichter aufkeimen
als auf irgend einem anderen. Das Mass von Entsagung und Aufopferung des Einzelnen war in diesen kleinen Stadtrepubliken einer grösseren Ausdehnung, einer strafferen Anspannung fähig und bedürftig, als
es in unseren staatlichen Verhältnissen denkbar ist. Ein Familienleben
in unserem Sinn kannte der Hellene der geschichtlichen Zeit überhaupt
nicht, die Ehe entbehrte in Athen wie in Sparta vor Allem der sittlichen
und geistigen Lebensgemeinschaft[1], ob man ihr ganz entsagen solle
oder nicht, war lediglich eine Frage der Zweckmässigkeit; das Eigenthum der Spartiaten war in Ansehung der Heloten vollständig, in anderen Dingen annähernd gemeinsam und die hellenische Lesewelt liess sich
ohne Grauen und ohne Unglauben von Völkern erzählen, die gar keine
Ehe und gar kein Eigenthum kannten. Von den Galaktophagen,
dem «gerechtesten der Völker» ward verbreitet, sie hätten Güter, Weiber und Kinder vollständig gemein. Alle Aelteren hiessen bei ihnen
Väter und Mütter, alle Jüngeren Kinder und alle Gleichaltrigen Geschwister[2]; eine Erzählung, die derart mit Platons Ideal überein-

1) Athen und Hellas II, 53 ff.
2) Nicolaus Damascenus, offenbar nach einer viel älteren Quelle: τοῖ δὲ καὶ δι-
καιότατοι κοινὰ ἔχοντες τά τε κτήματα καὶ τὰς γυναῖκας· ὥστε τοὺς μὲν πρεσβυτέρους αὐ-

stimmt, dass man fast an eine g e m a c h t e Uebereinstimmung zu denken versucht ist.

Eine solche Unterstellung ist unmöglich bei dem, was der biedre Herodot von den A g a t h y r s e n erzählt [1]). Das ist ein Volk, das herrlich und in Freuden lebt, im Golde schwimmt und weder Hass noch Neid noch Eifersucht kennt. Die Weiber sind Gemeingut der Männer und werden als solche behandelt, damit Jeder des Anderen Verwandter und Hausgenosse sei.

Dem Zeitalter Herodots traut man vielleicht mehr historischen Aberglauben zu als dem des Sokrates und der Akademie. Und in der That nimmt es sich seltsam genug aus, dass derselbe weltkundige Erzähler, der es den Athenern so verargt, dass sie sich von Pisistratos in der plumpen Falle haben fangen lassen, in der stattlichen Phye vom Hymettos die leibhaftige Göttin Athene anzubeten, seinerseits an die verschiedenen Härte der Priesterin von Pedasia, an den Schlangenfrass der Pferde des Krösos, an die Wiederbelebung gedörrter Fische in einer über dem Feuer stehenden Pfanne u. s. w. glaubt [2]). Allein in dem, was uns hier angeht, blieb auch das vierte Jahrhundert keineswegs hinter dem fünften zurück.

Der Schüler des aufgeklärten Isokrates, der gelehrte T h e o p o m - p o s weiss uns von den Tyrrhenern, den Saunitern und Messapiern und den italiotischen Hellenen ganz ähnliche Wunderdinge zu berichten. Im 43. Buche seiner Geschichte schildert er uns den Zustand der Weiber bei Tyrrhenern und den anderen eben genannten Völkern in einer Weise, die dem platonischen Ideal Zug für Zug entspricht [3]).

τὸν πατέρας ἀνομάζειν, τοὺς δὲ νέους παῖδας, τοὺς δὲ ἥλικας ἀδελφούς. Müller fragm. hist. graec. III S. 460.

1) Herod. IV, 101. Ἀγάθυρσοι δὲ ἁβρότατοι ἄνδρες εἰσὶ καὶ χρυσοφόροι τὰ μάλιστα, ἐπίκοινον δὲ τῶν γυναικῶν τὴν μῖξιν ποιεῦνται, ἵνα κασίγνητοί τε ἀλλήλων ἔωσι καὶ οἰκήιοι ἐόντες πάντες μήτε φθόνῳ μήτ' ἔχθεϊ χρέωνται ἐς ἀλλήλους.

2) I, 175. I, 78, IX, 120, vgl. Mure critical history of the literature of ancient Greece IV, 382 ff. und Rawlinson Herodotus I, 89 ff.

3) Müller fragmenta historicorum graecorum. Paris 1841. I, S. 314 — 15. Aus Athenaeus XII p. 517 ff. ι Θεόπομπος δ' ἐν τῇ μγ' τῶν ἱστοριῶν καὶ νόμον εἶναί φησι παρὰ τοῖς Τυρρηνοῖς κοινὰς ὑπάρχειν τὰς γυναῖκας· ταύτας δὲ ἐπιμελεῖσθαι σφόδρα τῶν σωμάτων καὶ γυμνάζεσθαι πολλάκις καὶ μετ' ἀνδρῶν, ἐνίοτε δὲ καὶ πρὸς ἑαυτάς· οὐ γὰρ αἰσχρὸν εἶναι αὐταῖς φαίνεσθαι γυμναῖς· δειπνεῖν δὲ αὐτὰς οὐ παρὰ τοῖς ἀνδράσι τοῖς ἑαυτῶν, ἀλλὰ παρ' οἷς ἂν τύχωσι τῶν παρόντων καὶ προπίνουσιν οἷς ἂν βουληθῶσιν· εἶναι δὲ καὶ πιεῖν δεινὰς καὶ τὰς ὄψεις πάνυ καλάς· τρέφειν δὲ τοὺς Τυρρηνοὺς πάντα τὰ γινόμενα παιδία, οὐκ εἰδότας ὅτου πατρός ἐστιν ἕκαστον. Ζῶσι δὲ καὶ οὗτοι τὸν αὐτὸν τρόπον τοῖς θρεψαμένοις, πότους δὲ τὰ πολλὰ ποιούμενοι καὶ πλησιάζοντες ταῖς γυναιξὶν ἁπάσαις· (οὐδὲν δ' αἰσχρόν ἐστι Τυρρηνοῖς, οὐ μόνον αὐτοὺς ἐν τῷ μέσῳ τι ποιοῦντας ἀλλὰ καὶ πάσχοντας φαίνεσθαι·

Die Frauen der Tyrrhener haben weder Gatten noch Hausstand, noch eigne Kinder, noch überhaupt etwas Weibliches mehr. Sie turnen mit den Männern um die Wette, erscheinen unbekleidet, ohne dass das irgend auffiele, sie essen heut an dieser morgen an jener Tafel, übernachten heut in diesem, morgen in jenem Haus, und leisten Grosses im Zechen. Die Kinder werden als Gemeingut aufgezogen, ohne dass irgend Jemand weiss, wer ihre Väter sind. Die Männer lassen sichs beim Genuss des Weins und der Weiber wohl sein, ohne irgend welche Scheu vor der Oeffentlichkeit, noch vorzüglicher aber dünkt ihnen der Genuss der Knaben und Jünglinge, die bei ihnen ganz besonders schön sind.

Wir führen diese Dinge nur als Beispiel dessen an, was man nach dieser Seite noch im vierten Jahrhundert glaublich fand, um zu zeigen, wie ernsthaft man desshalb auch den Vorschlag des platonischen Staatsideals genommen, wie wenig man denselben ohne Weiteres als phantastisch belächelt haben wird.

Geht doch Platons Absehen nicht darauf, den rohen sinnlichen Genuss von jeder Schranke zu entledigen, sondern einem gewaltigen Staatsgedanken, um den Preis auch der höchsten Opfer, der Familie und des Eigenthums, eine Durchführung zu sichern, die für griechische Anschauungen kaum fremdartiger war, als uns die Idee des mittelalterlichen Mönchthums und des Cölibats der Geistlichen.

Platons ideale Gesellschaft soll eine unbedingte Einheit sein[1]. Nichts trennt die Menschen mehr als die Empfindungen, die sich anknüpfen an die Worte »Mein« und »Dein«, der Hang zu irgend einer Person, die Liebe zu irgend einer Sache. Daraus entsteht Neid, Eifersucht, Hass, Zwietracht. Um diese Folgen zu beseitigen, rottet er die Ursachen aus, indem er die Gegenstände gemeinsam macht, deren getrennter Besitz an aller Krankheit der Gesellschaft schuld ist[2]. Der Mensch ist der Staat im Kleinen, der Staat der Mensch im Grossen[3].

Καὶ τοσούτου δέουσιν αἰσχρὸν ὑπολαμβάνειν, ἅστε καὶ λέγουσιν, ὅταν ὁ μὲν δεσπότης τῆς οἰκίας ἀφροδισιάζηται, ζητῇ δέ τις αὐτόν, ὅτι πάσχει τὸ καὶ τὸ, προσαγορεύοντες αἰσχρῶς τὸ πρᾶγμα· Dann kommt eine Schilderung der Gelage, die mit Wein beginnen und mit Weibern und schönen Knaben endigen und schliesslich eine Angabe über die gräuliche Prostitution, die sich in den Barbierstuben ganz öffentlich breit gemacht haben soll.

1) ὅπως μία γίγνηται (ἡ πόλις) ἀλλὰ μὴ πολλαί. 439—442. ἡ τοιαύτη πόλις — ἡ ξυνησθήσεται ἅπασα, ἢ ξυλλυπήσεται p. 462. D.

2) ὅταν μὴ ἅμα φθέγγωνται ἐν τῇ πόλει τὰ τοιάδε ῥήματα, τό τε ἐμὸν καὶ τὸ οὐκ ἐμόν.

3) 369 D. p. 543. ὁρθότατ' ἂν φαῖμεν ταύτην τὴν ὁμόνοιαν σωφροσύνην εἶναι χείρονός τε κρείττονος κατὰ φύσιν ξυμφωνίαν ὁπότερον δεῖ ἄρχειν καὶ ἐν πόλει καὶ ἐν ἑνὶ ἑκάστῳ.

Der Streit der Begierden ist dort derselbe wie hier. Seine üblen Folgen sind sich gleich, sein Sitz an beiden Stellen der nämliche und darum gibt es auch nur ein Heilmittel für die Einzelnen wie für die Gesammtheit.

Nachdem so die Gemeinschaft der Interessen, die Einheit der Empfindungen hergestellt ist, ist die erste schwierigste Hälfte des Weges zurückgelegt, die Grundlage des neuen Staates geschaffen und der Aufbau der Staatsgewalt kann in Angriff genommen werden.

Der sokratische Satz, dass aller Staatsdienst ein Wissen und Können voraussetzt, das fachmässig erlernt und angeeignet sein wolle, führt, auf die Spitze getrieben, mit Nothwendigkeit zur Aufstellung von mindestens zwei Ständen als Inhabern der Staatsgewalt, deren der eine die Regierung und Verwaltung, deren der andre die Vertheidigung des Landes übernimmt. Sie liegt vor in den »Philosophen« und den »Wächtern« der platonischen Politie.

Diese Theilung der Arbeit im öffentlichen Dienste ist, rein als Thatsache betrachtet, ein überaus charakteristisches Symptom der Zeit, in welcher Platon schreibt. Sie ist dem alten, echten Hellenenthum ganz fremd und kündigt die moderne Umbildung desselben zum Hellenismus an.

Bürger, Staatsmann, Krieger sind noch im ganzen fünften Jahrhundert Begriffe, die sich vollständig decken, insbesondre die Grösse Athens beruhte auf dieser Einheit und der stolze Kerngedanke der unsterblichen Weihrede, welche Thukydides seinem Perikles in den Mund legt, ist eben kein andrer als der, dass der Vollbürger des hellenischen Musterstaates im Gerichte, im Rathe, und in der Volksversammlung, auf der Flotte und in den Reihen der Hopliten, bei den Opfern und Festen, im Chor und im Amphitheater der Lust- und Trauerspiele immer derselbe ist, überall seinen Mann stellt und den unendlich vielseitigen Aufgaben eines solch athemlosen Lebens ebenbürtig bleibt. Das ändert sich im vierten Jahrhundert.

Die Einheit, welche bisher zwischen dem öffentlichen und persönlichen, dem kriegerischen und dem friedlichen Leben der Bürger bestanden, zersetzt sich; der Bürger entsagt dem Waffendienst, der Krieger wird zum Söldner, der Denker zum Privatmann. Diese Scheidung, die sich im Leben bereits kundgegeben, führt Platon nun auch in die Lehre ein, aber entschlossener als Sokrates und gemäss seinem Systeme in seinem Idealentwurf auch sogleich verkörpert, so zwar, dass er die

445 C. ὅσοι πολιτειῶν τρόποι εἰσίν εἴδη, ἔχοντες, τοσοῦτοι κινδυνεύουσι καὶ ψυχῆς τρόποι εἶναι.

beiden Elemente, welche der damalige athenische Staat theils ausstiess, theils bei Seite schob, die Krieger und die Denker, an die Spitze des eignen Staates beruft.

Ueber die Lebensbedingungen dieser beiden regierenden Stände wissen wir schon Bescheid. Eigenthum und Ehe kennen sie nicht. Für ihren Unterhalt sorgt das arbeitende Volk, die niedre Masse, der man die Lebensart gewöhnlicher Sterblichen lassen muss, weil man nicht weiss, wie man sie für den Verlust entschädigen wollte, und für gesunden Nachwuchs sorgen die Weiber.

Die Stellung der Weiber wird nun auf eine ganz eigenthümliche Weise geordnet. Genommen wird ihnen die Sorge für das Haus und die Kinder, denn beides geht im Staate auf, gegeben wird ihnen dafür die Theilnahme an den Kenntnissen und den Befugnissen, der Lehre und dem Leben der Männer: das ist im Sinne der Alten, ihre Emancipation.

Platon betrachtet als ausgemacht, dass das weibliche Geschlecht nach der Ausstattung, die ihm von der Natur geworden, nur eine minderjährige Spielart des männlichen Geschlechtes ist, dass zwischen beiden nicht eine Verschiedenheit der Natur, sondern nur des Masses der mitgebrachten Anlagen besteht, dass das Weib nur gewissermassen die an Kräften des Leibes und des Geistes schwächre Schwester des Mannes, sonst aber durchaus seines Wesens ist, dass der Unterschied beider bei Erzeugung der Kinder in einer rein zufälligen, äusserlichen Thatsache wurzelt: die Einen »säen«, die andern »gebären« [1]).

Die Frage, die Platon hier berührt, bezeichnet er selbst als eine »Sturzwelle«, der mit Geschick begegnet sein will, wenn sie nicht das ganze schwache Fahrzeug in den Wellen begraben soll [2]) und überaus bezeichnend ist das Verfahren, dessen er sich dabei bedient.

Der Hauptsatz des ganzen Systems, dass in dem idealen Staate »Jeder das Seine thun« soll [3]) scheint zu fordern, dass die Männer bei männlichen, die Weiber bei weiblichen Dingen bleiben, vorausgesetzt nämlich, dass zwischen Weib und Mann wirklich ein Unterschied des Wesens besteht.

Aber diese Voraussetzung ist falsch. Bei den Thieren ist das anerkannt. Jedermann weiss und findet natürlich, dass die Weibchen der Hunde, abgesehen vom Gebären der Jungen, genau dasselbe verrichten

1) σπείρουσι — τίκτουσι · p. 454. D — τῷ τὸ μὲν θῆλυ τίκτειν, τὸ δὲ ἄρρεν ὀχεύειν.
2) ὥσπερ κῦμα διαφεύγειν p. 457. B.
3) τὰ αὑτοῦ πράττειν.

wie die Männchen, mit ihnen hüten, mit ihnen jagen und sonstige Dinge treiben, nur mit etwas geringeren Kräften. Aber bei den Menschen ist es ebenso, obgleich das Vorurtheil sich dagegen sträubt. Tonkunst, Turnkunst, Weisheit und Wachsamkeit sind Fertigkeiten und Tugenden, die, wie die Erfahrung lehrt, Weibern ebenso gut eigen sein können, als Männern; in der Ausübung stehen Jene meistens diesen nach, aber daraus folgt doch nur ein geringeres Mass, nicht eine Artverschiedenheit der Begabung, und wo das Letztere wirklich der Fall zu sein scheint, da liegt es eben nur an der mangelhaften Erziehung und Ausbildung.

Das erste Mal, wenn nackte Frauen und Mädchen neben den Epheben auf dem Ringplatz erscheinen und wacker mitturnen werden, wird es freilich Gelächter und Spott genug geben. Aber was thut das! Gelacht wird auch, wenn die Alten kommen mit den runzeligen Gesichtern und den steifen Gliedern und es den schlanken bartlosen Jungen gleich thun wollen. Und wie lange ist es denn her, dass man sich bei uns überhaupt daran gewöhnt hat, nackte Männer und Jünglinge zu sehen, seit die Kreter und die Lakedämonier damit den Anfang gemacht haben? Unsere fremden Nachbarn begreifen das heute noch nicht, denen erscheint das Eine, was bei uns alltäglich ist, noch jetzt genau so anstössig und unerhört als uns das Andre.

Schreiten wir also, vom Geschrei der Thoren unbeirrt, den steilen Pfad des Gesetzes hinauf, kehren wir zurück zu der Natur, die von einer falschen Sitte in ihr Gegentheil verwandelt worden [1] ist, und wollen wir das Nothwendige.

»Die Weiber des herrschenden Standes legen ab ihre Kleider und legen an das Gewand der Tugend, sie nehmen Theil am Kriege und am gesammten Wächterdienst im Innern des Staates und lassen alles Andre bei Seite liegen. Nur werde ihnen stets die leichtere Arbeit zu Theil wegen der Schwäche ihres Geschlechtes. Der Mann aber, der lacht über die nackten Weiber, wenn sie zum allgemeinen Besten ihre Leibesübung vornehmen, der weiss nicht was er thut, denn es bleibt doch ewig wahr, was nützt ist schön, was schadet ist hässlich[2]).

---

1) p. 456 C. οὐκ ἄρα ἀδύνατά γε οὐδὲ εὐχαῖς ὅμοια ἐνομοθετοῦμεν, ἐπείπερ κατὰ φύσιν ἐτίθεμεν τὸν νόμον· ἀλλὰ τὰ νῦν παρὰ ταῦτα γιγνόμενα παρὰ φύσιν μᾶλλον, ὡς ἔοικε, γίγνεται.

2) p. 457. Ἀποδυτέον δὴ ταῖς τῶν φυλάκων γυναιξίν, ἐπείπερ ἀρετὴν ἀντὶ ἱματίων ἀμφιέσονται καὶ κοινωνητέον πολέμου τε καὶ τῆς ἄλλης φυλακῆς τῆς περὶ τὴν πόλιν, καὶ οὐκ ἄλλα πρακτέον· τούτων δ' αὐτῶν τὰ ἐλαφρότερα ταῖς γυναιξὶν ἢ τοῖς ἀνδράσι δοτέον διὰ τὴν τοῦ γένους ἀσθένειαν· ὁ δὲ γελῶν ἀνὴρ ἐπὶ γυμναῖς γυναιξί, τοῦ βελτίστου ἕνεκα γυμνα-

So wäre denn Alles in Ordnung und der ursprüngliche Wille der Natur, von aller Trübung durch menschliche Verkehrtheit, rücksichtslos befreit. Die Weiber des platonischen Herrenstandes kennen kein eheliches Joch, kennen keine Zurücksetzung durch Gesetz und Sitte, sie sind frei und gleich, nicht die Aschenbrödel, sondern die Gehülfen der Männer in dem edelsten aller Berufe. Wie sehr nun in dieser Rechnung Alles zu stimmen scheint, ganz wohl ist Platon doch nicht bei der Sache. Die Ehe hat er aufgehoben, aber die Vermählung muss er nur um so schärfer reglementiren, und wie diese, nachdem sie der Schranken der alltäglichen bürgerlichen Moral enthoben worden ist, auch vor gänzlicher Verwilderung und Zuchtlosigkeit bewahrt bleibe, das ist seine sehr ernsthafte Sorge. »Möglichst heilig« sollen die Vermählungen sein, aber wie sie dabei gleichzeitig auch die »zweckmässigsten« [1]) sein können, das ist die grosse Frage. Platon versucht sie zu lösen, indem er durch sorgfältige Auswahl der ebenbürtigen Paare, die sich vermählen sollen, auf die Güte des Nachwuchses [2]), durch grosse feierliche Vermählungsfeste, bei denen die schönsten und tapfersten Männer mit den besten Weibern belohnt werden, auf die Heiligkeit des geschlechtlichen Umgangs Bedacht nimmt [3]). In beiden Fällen ist darauf zu sehen, dass die Anzahl der zu erwartenden Geburten eine aus dem gewöhnlichen Abgang durch Krieg und Krankheit gezogene Durchschnittsziffer regelmässig inne hält [4]).

Dass dann die Kinder sofort nach der Geburt von der Mutter getrennt, und nachdem die unbrauchbaren ausgeschieden worden, an einem abgesonderten Orte aufgezogen werden [5]), versteht sich nach der Lehre von der Kindergemeinschaft von selbst.

Auf solche Weise soll das neue Geschlecht erzielt werden, das den idealen Staat als die fleischgewordene Philosophie regieren soll.

ζομένοις, „ἀτελῆ τοῦ γελοίου σοφίας ὁρᾶται καρπόν“, οὐδὲν οἶδεν, ὡς ἔοικεν, ἐφ' ᾧ γελᾷ οὐ δ' ὅ τι ἐρᾶσται· κάλλιστα γὰρ δὴ τοῦτο καὶ λέγεται καὶ λελέξεται, ὅτι τὸ ὠφέλιμον καλόν, τὸ δὲ βλαβερὸν αἰσχρόν.

1) p. 458. E. Δῆλον δὴ ὅτι γάμους ποιήσομεν ἱεροὺς εἰς δύναμιν ὅτι μάλιστα· εἶεν δ' ἂν ἱεροὶ οἱ ὠφελιμώτατοι.

2) p. 459.

3) ib. E. οὐκοῦν δὴ ἑορταί τινες νομοθετητέαι ἔσονται, ἐν αἷς ξυνάξομεν τάς τε νύμφας καὶ τοὺς νυμφίους καὶ θυσίαι καὶ ὕμνοι ποιητέαι τοῖς ἡμετέροις ποιηταῖς πρέποντες τοῖς γιγνομένοις γάμοις.

4) p. 460. — τὸ δὲ πλῆθος τῶν γάμων ἐπὶ τοῖς ἄρχουσι ποιήσομεν, ἵν' ὡς μάλιστα διασώζωσι τὸν αὐτὸν ἀριθμὸν τῶν ἀνδρῶν, πρὸς πολέμους τε καὶ νόσους καὶ πάντα τοιαῦτα ἀποσκοποῦντες, καὶ μήτε μεγάλη ἡμῖν ἡ πόλις κατὰ τὸ δυνατὸν μήτε σμικρὰ γίγνηται.

5] 460. 461.

Sehr genau ist die Heranbildung und die Charakterbeschaffenheit der beiden Glieder des Herrenstandes, der »Denker« und der »Wächter« sammt deren Frauen, gezeichnet [1]. Der Nährstand, von dessen Arbeit und Erwerb die Gemeinde der Vollbürger lebt, wird dagegen mit ein paar Worten abgemacht, es genügt darüber die Andeutung, dass er im Staate zu gehorchen und Nichts zu sagen hat, denn es ist einmal ausgemacht, einen Staat im höchsten Sinn des Wortes können nur die Zöglinge der echten Philosophie bilden, alle Uebrigen sind stantlos, der erleuchteten Willkür ihrer Herrscher unbedingt anheimgegeben.

»Es wird eben, so lautet Platons sprichwörtliches Credo, weder in den einzelnen Staaten, noch im Menschengeschlecht überhaupt jemals besser werden, und noch weniger der ideale Staat je ans Licht treten können, solange nicht entweder die Philosophen Könige oder die Könige und die sonstigen Machthaber wirkliche und wahrhaftige Philosophen geworden sind, solange nicht Philosophie und politische Macht zusammenfallen, solange nicht alle die, die, wie das heute an der Tagesordnung ist, dem Einen ohne das Andre nachjagen, von aller staatlichen Thätigkeit ausgeschlossen sind« [2].

Nächst der Gleichstellung der Weiber ist die Einführung des halb philosophisch, halb kriegerisch gebildeten Wächterstandes gewiss die am Meisten bezeichnende Eigenheit des ganzen Ideals.

Platon möchte den Bruderkrieg unter Hellenen aus der Welt schaffen und sein Erstes ist gleichwohl die Errichtung eines stehenden Heeres von Kriegern, das entweder unaufhörlich mit den Barbaren im Felde liegen, oder mit den stammverwandten Nachbarn Fehde haben muss, wenn nicht seine ritterlichen Tugenden einrosten sollen. Platon will in seinem Staate die unbedingte Einheit und er schafft sogleich eine tiefe Kluft zwischen bewaffneten und unbewaffneten Bürgern; er erhebt sich voll Entrüstung gegen die Tyrannei der Demagogen, die ihren Mitbürgern durch Reden und Processe unangenehm werden, und ersetzt sie durch die absolute Gewalt einer bewaffneten Kaste, deren Schwerter und Leidenschaften nur durch Philosophie und Musik gezügelt werden.

---

1) Dargelegt u. A. bei Hildebrand S. 140 ff. Ausführlicher in Susemihls System der platonischen Philosophie.

2) p. 473. D. ἐὰν μὴ ἢ οἱ φιλόσοφοι βασιλεύσωσιν ἐν ταῖς πόλεσιν ἢ οἱ βασιλεῖς οἱ νῦν λεγόμενοι καὶ δυνάσται φιλοσοφήσωσι γνησίως καὶ ἱκανῶς καὶ τοῦτο εἰς ταὐτὸν ξυμπέσῃ, δύναμίς τε πολιτικὴ καὶ φιλοσοφία, τῶν δὲ νῦν πορευομένων χωρὶς ἐφ' ἑκάτερον αἱ πολλαὶ φύσεις ἐξ ἀνάγκης ἀποκλεισθῶσιν, οὐκ ἔστι κακῶν παῦλα ταῖς πόλεσι, δοκῶ δ' οὐδὲ τῷ ἀνθρωπίνῳ γένει, οὐδὲ αὕτη ἡ πολιτεία μή ποτε πρότερον φυῇ τε εἰς τὸ δυνατὸν καὶ φῶς ἡλίου ἴδῃ, ἣν νῦν λόγῳ διεληλύθαμεν.

Gleichwohl liegt auch darin nur die freilich einseitige Umprägung eines echten althellenischen Gedankens. Die altherkömmliche Vorstellung, dass wehrlos ehrlos sei, dass Bürger und Krieger zusammenfallen, führt, berichtigt durch die Anschauung des modernen Griechenthums, dass der Krieg eine Kunst, seine Ausübung ein Fachberuf sei, ganz von selbst zu der Absonderung eines Standes von Waffentragenden, der sich in der Lehre Platons von der Wirklichkeit nur durch die philosophisch-ethische Heimischung des sokratischen Ideals unterscheidet.

Die Durchführung dieses Vorschlags erscheint mir als eine der schwächsten Partieen des ganzen Entwurfs.

Vorausgesetzt wird ein Schlag Menschen, der starke Knochen, scharfe Sinne, gelenke Glieder und ein ungestümes, leidenschaftliches Herz, aber zugleich ein sanftes, wohlwollendes Gemüth hat. Ob sich diese Eigenschaften nicht widersprechen? meint Glaukon. Müssen nicht Naturen von jähem kriegerischen Sinne, den Mitbürgern, mit denen sie täglich zu thun haben, noch furchtbarer werden, als den Feinden, mit denen sie sich nur ausnahmsweise raufen? Das sollte man allerdings meinen, erwidert Sokrates, aber möglich ist doch auch das Gegentheil, denn es gibt ja auch — Hofhunde von besonders edler Race, die jedem Unbekannten auf den Leib fahren und vor ihren Herren und Vertrauten schweifwedelnd sich niederlegen [1].

Das Gleichgewicht zwischen diesen seelischen Eigenschaften, die sich im rohen Zustand widerstreiten, muss nun eine sorgfältige Erziehung schon in den Knaben herstellen und zur zweiten Natur machen. Aus den Erzählungen, an denen sich das erwachende Weltbewusstsein des Knaben bildet, ist sorgfältig Alles zu verbannen, was seine unlauteren Triebe, insbesondere den Dämon der Lust zu Frevel und Gewaltthat wecken könnte; was Homer, Hesiod u. A. von den Liebschaften und Kämpfen der Götter und Heroen melden, darf ihre Ohren nicht entweihen [2] und die Unwahrheiten, die Erfindungen, die nun einmal der Kindheit gegenüber nicht entbehrt werden können, müssen mindestens anständig und sauber sein. Die Bilder vom Hades, vom Kokytos und Styx müssen ferngehalten werden, damit nicht eine Todesangst sich in die jungen Seelen einschleiche, die das Grab des Muthes und der Tapferkeit wäre [3]. Die grösste positive Wirkung auf den werden-

---

1) p. 375. E. οἶσθα γάρ που τῶν γενναίων κυνῶν, ὅτι τοῦτο φύσει αὐτῶν τὸ ἦθος, πρὸς μὲν τοὺς συνήθεις τε καὶ γνωρίμους ὡς οἶόν τε πραοτάτους εἶναι, πρὸς δὲ τοὺς ἀγνῶτας τοὐναντίον.

2) p. 377 ff.

3) p. 388 ff.

den Charakter hat aber die Musik, denn der Rhythmus und die Harmonie dringt am tiefsten in die Seele, und schafft ein natürliches Gefühl für Mass, Schönheit und Anstand, das auf anderem Wege gar nicht einzuprägen ist [1]. Der Musik wird es auch allein gelingen, eine Leidenschaft zu adeln, die sonst in der hässlichsten Sinnlichkeit auftritt, die Liebe des Mannes zum Jüngling, die Knabenliebe. Ihr wird eine besondere Mission zugedacht, sie soll den Ehrgeiz jeder würdigen Auszeichnung stacheln und durch Empfindungen ersetzen, was Andre durch geschriebene Gesetze umsonst zu erreichen streben [2]. Aber diese Knabenliebe soll, nach dem Vorbild des Umgangs, den Sokrates mit seinen jungen Freunden pflog, rein sein von dem Schmutz der sonst daran hing. In dem neuen Staat wird ein Gesetz bestehen, welches verordnet, dass der Liebhaber seinen Liebling küssen, umarmen, mit ihm zusammen sein, ihn berühren dürfe wie einen Sohn, um der Schönheit willen, der er huldigt, vorausgesetzt, dass der Geliebte dazu willig ist, in allem Uebrigen sich strenge an diese Grenze des Anstandes binde und keinen Schritt darüber hinausgehe, widrigenfalls ihn der Vorwurf der Rohheit und der Unanständigkeit treffe.

Was Tonkunst und Liebe durch das Uebermass der Erweichung verderben könnten, das wird durch die rauhen Uebungen der Turnerei wieder ausgeglichen, welche als eine mit den Jahren sich steigernde Anspannung aller Körperkräfte der ganzen Erziehung erst das rechte Mark verleiht [3].

Erst an der Seite solcher Genossen wird es den wahren Philosophen möglich werden, Bürgerpflichten mit Liebe zu üben, die den Männern des reinen Denkens sonst stets eine unerträgliche Last sind.

Sind es doch zwei ganz verschiedene Welten, in denen der gewöhnliche Sterbliche einer- und der Philosoph andererseits zu Hause ist. Die Masse gleicht einem Volke von Sträflingen, die mit Halseisen und Fussschellen gefesselt in einer dunkeln unterirdischen Höhle ihr Leben vertrauern und von dem Leben der Oberwelt Nichts gewahren,

---

1) p. 401. D. — μάλιστα καταδύεται εἰς τὸ ἐντὸς τῆς ψυχῆς ὅ τε ῥυθμὸς καὶ ἁρμονία, καὶ ἐρρωμενέστατα ἅπτεται αὐτῆς, φέροντα τὴν εὐσχημοσύνην καὶ ποιεῖ εὐσχήμονα, ἐάν τις ὀρθῶς τραφῇ —.

2) p. 403 ι ὁ δὲ ὀρθὸς ἔρως πέφυκε κοσμίου τε καὶ καλοῦ σωφρόνως τε καὶ μουσικῶς ἐρᾶν.

3) p. 403. B. νομοθετήσεις ἐν τῇ οἰκιζομένῃ πόλει φιλεῖν μὲν καὶ ξυνεῖναι καὶ ἅπτεσθαι ὥσπερ υἱέος παιδικῶν ἐραστήν, τῶν καλῶν χάριν, ἐὰν πείθῃ · τὰ δ' ἄλλα οὕτως ὁμιλεῖν πρὸς ὅν τις σπουδάζοι, ὅπως μηδέποτε δόξει μακρότερα τούτων ξυγγίγνεσθαι · εἰ δὲ μή, ψόγον ἀμουσίας καὶ ἀπειροκαλίας ὑφέξοντα.

4) p. 404 ff. 411.

als was durch das sparsame Licht einer Erdspalte über ihren Häuptern
in Schattenumrissen sichtbar wird, während die Philosophen im Lichte
wohnen, die Gestalten selber vor Augen haben, von denen Jene nur
das halbe unsichre Nachbild sehen, und den Geist der Natur in seiner
Werkstatt selber beobachten [1]).
Wer ans Licht gewöhnt ist, wird im Dunkeln nimmer heimisch.
Wer den Philosophen im wirklichen Staatsleben der Gegenwart als
einen unbeholfenen Tölpel zu erkennen glaubt, der vergisst, dass er
selber im Finstern tappt und dass ein Wesen höherer Ordnung, wie der
Philosoph, unter denen, die in den Handen der Sinne gefesselt liegen,
wie ein unsicher tastender erscheinen muss, während er in Wahrheit
der einzig Freie ist.

Die Erziehung des zur Herrschaft bestimmten Philosophen muss
nun darauf ausgehen, ihn zunächst von allen Banden der Sinnlichkeit
frei zu machen. Das geschieht durch Gymnastik, Musik, mathematische
Studien und Dialektik, welche letztre ihn lehrt, das Ewige, die Idee
rein anzuschauen, ohne Hülfe der Sinne. Durch diese Studien erheben
sie sich über die Menge des Wächterstandes und kehren erst wenn mit
dem 35. Jahre die Dialektik abgeschlossen ist, in das Dunkel des Lebens
zurück, um die Aemter des Staates in Krieg und Frieden zu übernehmen.
Diese Probezeit dauert 15 Jahre. Denn mit dem 50. Jahre sind
sie die geweihten Hohenpriester sowohl der Idee als des staatlichen
Lebens, sie dürfen die meiste Zeit ihren Studien leben, sind aber verpflichtet,
der Reihe nach abwechselnd, sich auch der Prosa ihrer Herrscherpflicht
zu unterziehen.

Und dieser ganze Staatsbau, sagt Platon wiederholt, ist nothwendig,
ist unerlässlich, wenn das Staatsleben gesunden soll. Von
zwei Dingen muss Eines geschehen. Entweder es erfolgt von Ungefähr
eine grosse Nöthigung des Schicksals, welche die Philosophen zwingt
durch höhere Gewalt, sich der kranken Staaten anzunehmen, sie mögen
wollen oder nicht. Oder die Machthaber bekehren sich selber und freiwillig
zu dieser einzigen Staats- und Regentenweisheit. Erst müsste nachgewiesen
werden, dass weder das Eine noch das Andre möglich ist, bis
man uns vorwerfen dürfte, dass wir fromme Wünsche ins Leere hinaus
sprechen [2]). Dieser Beweis ist aber nicht zu erbringen. Vielmehr bleibt
denkbar, dass irgendwie die Probe wirklich gelingt und uns zu dem
Satze berechtigt:

1) S. das schöne Gleichniss p. 514—517 und das Folgende oberhaupt.
2) p. 499. C. οὕτω γάρ ἄν ἡμᾶς δικαίως κατηγελήμεθα ὡς ἄλλως εὐχαῖς ὁμοια
λέγοντες.

Unser Staat ist wirklich gewesen, ist wirklich vorhanden und wird wirklich vorhanden sein, wenn die echte Weisheit sich des Staatslebens bemächtigt haben wird; denn unausführbar ist er nicht, Unmögliches verlangen wir nicht, wenn wir auch die Schwierigkeiten gerne zugeben[1].

Die Hauptsache ist hier wie in allen Dingen der Anfang. Ist der Staat nur einmal im rechten Gang, dann wird er sich schon selber forthelfen, die neue Erziehung wird ihre unaufhaltsame Wirkung üben, das neue Bürgerthum wird wachsen und grösser werden, wie ein Kreis, der aus dem Inneren heraus sich dehnt und entfaltet[2].

Hier liegt freilich die grösste aller Schwierigkeiten. Es gilt eine vorhandene Staatsgemeinde erst gewissermassen in eine saubre Tafelfläche umzuwandeln, auf die dann der Maler der Ideen ein Bild auftragen kann[3] und das ist nicht bildlich, sondern buchstäblich zu verstehen, wie wir an einer andern Stelle erfahren. Angenommen, in einem Staat kommt ein Philosoph oder eine Gesellschaft von Philosophen unsres Schlages an das Ruder, so wird folgendermassen verfahren werden, um reinen Tisch zu machen. Die ganze Bevölkerung, soweit sie über zehn Jahre alt ist, wird ausgetrieben und nur eben die noch unerzogenen Kinder unterhalb dieses Alters werden zurückbehalten, um, fern von dem verderblichen Einfluss ihrer Eltern und Verwandten, von ihren nunmehrigen Vormündern in der neuen Weise zu Wächtern und Philosophen erzogen zu werden, die keine Ehe, kein Eigenthum, keinerlei persönliche Leidenschaft und nur die echte Staatsweisheit kennen[4].

Das ist die erste rettende That zur Gründung eines Staaten, der, wie man sieht, auf nichts weniger als auf ein Luftschloss angelegt ist; mit ihr ist das Gröbste gethan. Es gilt nun noch eine zweite weit weniger gewaltsame, bei der man sich nur erinnern muss, dass regierenden Staatsmännern, ganz ebenso wie Eltern ihren Kindern gegenüber in geschlechtlichen Dingen, eine herzhafte Lüge erlaubt, ja im Namen eines guten Zwecks geradezu rathsam ist[5].

1) 499. D. — ὡς γέγονεν ἡ εἰρημένη πολιτεία καὶ ἔστι καὶ γενήσεταί γε, ὅταν αὕτη ἡ μοῦσα πόλεως ἐγκρατὴς γένηται· οὐ γάρ ἀδύνατος γενέσθαι οὐδ' ἡμεῖς ἀδύνατα λέγομεν· χαλεπὰ δὲ καὶ παρ' ἡμῶν ὁμολογεῖται.

2) p. 424. πολιτεία ἐάνπερ ἅπαξ ὁρμήσῃ εὖ, ἔρχεται ὥσπερ κύκλος αὐξανομένη.

3) p. 501. λαβόντες ὥσπερ πίνακα πόλιν καὶ ἤθη ἀνθρώπων πρῶτον μὲν καθαρὰν ποιήσειαν ἄν. u. s. w.

4) p. 540/41.

5) p. 389. B. Τοῖς ἄρχουσι δὴ τῆς πόλεως εἴπερ τισίν ἄλλοις προσήκει ψεύδεσθαι ἤ

Das Gebäude zu krönen, soll den Wächtern und Philosophen zuerst, den Andern in der Folge, ein γενναῖον ψεῦδος — honestum mendacium würde Tacitus sagen — als Wahrheit aufgebürden werden. Es gilt ihnen den Glauben beizubringen, die Erziehung, die sie von Seiten der Schöpfer des neuen Staates genossen, sei nicht von Menschenhänden auf gewöhnlichem Wege mit ihnen vorgenommen worden; sie hätten vielmehr die Zeit träumend unter der Erde verbracht und seien dort von dem Werkmeister der Welt selber geknetet, geformt und zu dem gebildet worden, was sie jetzt seien, zu Söhnen derselben Mutter Erde und zu Angehörigen dreier verschiedenen Kasten, die sich gleichwohl als Brüder zu betrachten hätten. Die Philosophen hätten Gold, die Wächter Silber, die Arbeiter Eisen und Erz ihrem Wesen beigemischt erhalten und so unmöglich es sei, dass diese Metalle sich vermischten, so unmöglich sei eine Umwillung dieses Kastenstaates, was freilich nicht ausschliesse, dass Kinder gezeugt würden, die der Kaste ihrer Väter nicht ebenbürtig und darum mitleidlos eine Stufe tiefer zu stossen wären [1].

Platon sieht selbst, die erste Generation werde er kaum dahin bringen, dass sie ihre harte Erziehungszeit als einen Traum und den Traum für Wahrheit nehme, aber deren Söhne und Enkel, vertraut er, würden schon stärker im Glauben sein.

Das ist die platonische Politie, getreu nach den Quellen dargestellt. Man wird sich überzeugt haben, einmal dass der politische und sociale Radikalismus Platons weder in der Theorie noch in der Praxis überboten werden konnte und sodann, dass es ihm mit seinen Reformvorschlägen ebenso vollkommener Ernst gewesen ist als mit der unbarmherzigen Kritik, der er den Staat der Wirklichkeit überhaupt, den athenischen insbesondre, unterworfen hat.

Der vorstehende Abschnitt hat keinen anderen Zweck als den, dem Leser der aristotelischen Politik von dem platonischen Staate ein vollständigeres Bild zu gewähren, als er es sich aus der Kritik desselben wird entwerfen können. Mit diesem Zwecke vertrug sich nicht wohl ein tieferes Eingehen auf die grosse Fülle dessen, was in neuerer Zeit über denselben Gegenstand geschrieben worden ist. Wer darüber genauere Auskunft wünscht, den verweisen wir auf die ausführliche

πολιτείαν ἤ, πολιτῶν ἕνεκα ἐπ᾽ ἀφελίᾳ τῆς πόλεως· vorher ψεῦδος ἀνθρώποις χρήσιμον ὡς ἐν φαρμάκου εἴδει.

1) p. 414—415. Das Wort Kaste wird uns um so mehr gestattet sein, als Platon sein Märchen selber Φοινικικόν τι nennt.

Darstellung von Susemihl[1], mit der er Zeller und Hildenbrand[2] vergleichen möge. Wir mussten uns begnügen, die entscheidenden Gesichtspunkte sofort herauszuheben, schärfer, als es sonst wohl geschieht, wie in ihrer aus Aristoteles nicht wohl errathbaren Einheit zu fassen und nach beiden Seiten hin uns streng an die Quellen selber zu halten.

Ein Wort aber über die muthmassliche Abfassungszeit der Politie können wir nicht unterdrücken, obwohl wir selbstverständlich die entscheidende Stimme den Platonikern von Fach überlassen müssen. Bei der engen Beziehung, die wir zwischen den Erlebnissen und Eindrücken der sokratischen Schule im peloponnesischen Kriege bis zum Tode ihres Stifters und den leitenden Gedanken der Politie nachzuweisen versucht haben, wird es den Leser nicht überraschen zu vernehmen, dass wir zu denen gehören, welche der Ansicht sind, dass die Abfassung der Politie mehr an den Anfang als an das Ende der schriftstellerischen Wirksamkeit Platons gesetzt werden müsse. Auf die vielbesprochene Uebereinstimmung Platons mit der verkehrten Welt, welche Aristophanes in seinen wahrscheinlich 392 aufgeführten Ekklesiazusen vorführt, wird man kein zu grosses Gewicht legen dürfen, denn einmal könnte dem Philosophen ebensogut Reminiscenzen aus dem Dichter, als dem Dichter aus dem Philosophen vorgeschwebt haben und dann ist denn doch die Weiberherrschaft des Aristophanes etwas wesentlich andres als die Weiberemancipation bei Platon. Phantasieen aber über einen Gesellschaftszustand ohne Ehe und persönliches Eigenthum waren überhaupt, wie wir gesehen haben, häufig in jenen Tagen und durchaus keine Domäne der Sokratiker allein.

Bedeutsamer sprechen für eine verhältnissmässig frühe Abfassung der Politie folgende Punkte:

Erstens die auffallende Unvollkommenheit der Handhabung des Dialogs, d. h. derjenigen Kunstform, in der es Platon später zur Meisterschrift gebracht hat — das ganze Werk ist im Grunde kein Dialog, sondern ein Monolog, nur unterbrochen durch kurze Aeusserungen der Neugier, des Zweifels, der Ueberraschung von Seiten der Hörer[3].

Ferner die ausgesprochene Vorliebe des Hauptredners für eine poe-

---

1) Genetische Entwickelung der platonischen Philosophie II. 1. Hälfte. Leipz. 1857, S. 56—303.

2) Geschichte und System der Rechts- und Staatsphilosophie, 1. Bd. S. 121—166.

3) Allerdings gibt sich das Werk als ein wieder erzähltes Gespräch. Allein eben diese Form, die sich sonst nur noch im Lysis und Charmides findet, konnte Platon nicht mehr wählen, als er bereits seine volle Schriftstellerreife erreicht hatte.

10*

tische Bildersprache, die lebhaft an den von dem Dialektiker noch nicht
überwundenen Dichter in dem Philosophen erinnert, endlich die noch
sehr unentwickelte Gestalt, in der die Ideenlehre erscheint.

Schwierig ist es, aus den historischen Anspielungen des Redners
strenge auf die Zeit der Abfassung zu schliessen, weil hier wie in der
Regel die Zeit, in welcher der Verfasser das Gespräch selber als gehalten will erscheinen lassen, ganz verschieden ist von der, in welcher er
es erfunden und dargestellt hat. Nach Hermann's Untersuchungen[1]
müsste der Dialog auf Grund dessen, was sich über den Aufenthalt des
Syrakusiers Kephalos in Athen zwischen 460 und 431 mit Wahrscheinlichkeit annehmen lässt, in die Zeit zu Anfang des peloponnesischen Kriegs 431/30 verlegt werden. Nichts destoweniger verrathen die
unwillkürlichen Anachronismen, die Schilderungen des Bürgerkriegs
der Parteien, zu denen die Ereignisse des peloponnesischen Kriegs
Muster gewesen sein müssen, die Erwähnung des Ismenias von The-
ben, der erst 403 zu Bedeutung kommt, die Charakteristik der Tyrannis, bei der nach allgemeiner Annahme Dionysios vorgeschwebt haben
mag, die Hindeutungen auf das Schicksal des Sokrates, von denen oben
gesprochen worden ist, wohin der Kreis von Anschauungen, in welchen
der Verfasser zu Hause war, verlegt werden muss; dass unter diesen
Anachronismen keiner vorkommt, der auf das Emporkommen Thebens
und Makedoniens deutet, während von den Barbaren in einem ähnlichen Ton gesprochen wird, wie in dem Panegyrikos des Isokrates unter dem Eindruck des antalkidischen Friedens, erscheint uns nicht minder bedeutsam. Und so kommen wir auf theilweise anderem Wege zu
einem ähnlichen Ergebniss wie Susemihl, der die Abfassungszeit der
Politie jedenfalls nach der Rückkehr von der ersten sikelischen Reise
und wahrscheinlich in das Jahrzehnt zwischen 360 und 370 setzte[2],
nur mit dem Unterschied, dass wir nicht unter das Jahr 360 hinabgehen
möchten, zumal dann nicht, wenn wir den Hieb, den Spengel in einer
Stelle der Politie auf Isokrates entdeckt hat[3], auf den spätestens 364
vollendeten Panegyrikos beziehen dürften.

---

[1] De reipubl. Platonicae temporibus. Marb. 1839 cf. de Thrasymacho Chalcedo-
nio. Gotting. 1848.
[2] Genetische Entwickelung der platonischen Philosophie II, 1. 296.
[3] VI, p. 505 C. s. Philologus XIX, 1863. S. 597. vgl. mit der bekannten Abhandlung «Isokrates und Platon» in den Abhandlungen der bair. Akademie der Wis-
sensch. VII, Abthl. 3. 1855.

3.

Aristoteles und Platon.

Aristoteles in Athen.

Der Freimuth des Metökoa. Der Realismus seiner Philosophie und Lebensweise. Die Ehe. Die makedonische Gesinnung.

Der Stagirit Aristoteles hat von den 63 Jahren seines Lebens (384—322) über die Hälfte, im Ganzen 33 Jahre, in Athen zugebracht und zwar in zwei durch einen längeren Abschnitt geschiedenen Zeiträumen. Als ein 17/18jähriger Jüngling trat er 367 in die platonische Akademie ein und verweilte erst als Schüler, dann als selbständiger Meister zusammen 20 Jahre in der Hauptstadt der hellenischen Bildung (367—17). Nachdem er dann drei Jahre bei seinem Freunde Hermias, dem Fürsten von Atarneus zugebracht, durch dessen Katastrophe nach Mytilene verschlagen und, bald darauf als Erzieher Alexanders nach Makedonien berufen, dort 6—7 Jahre gewesen war, kam er nach Athen zurück und blieb daselbst abermals 13 Jahre (335—322), um endlich als Flüchtling auf Euböa in demselben Jahre mit Demosthenes zu sterben [1].

Dieser lange Aufenthalt des in der Fremde Geborenen deutet auf eine ausgesprochene persönliche Vorliebe, wenn nicht für die Form dieses Staates, so doch für die Verhältnisse hin, unter denen hier einem ausländischen Gelehrten zu wohnen verstattet war und deren Anziehungskraft uns um so mehr überraschen muss, je ernster der ganze Charakter dieser Zeit, je erbitterter während des grössten Theils derselben der Kampf war zwischen der Partei der demokratischen Patrioten und der makedonisch gesinnten Monarchisten. Aristoteles muss sich in dieser Stadt, wie in einer zweiten Heimath gefühlt haben, wenn er auch das Gefühl des Fremdseins aus mehreren Gründen nie ganz verlieren konnte. Nach den Regeln des athenischen Staatsrechtes kann er nicht mehr als ein Metöke gewesen sein, der mit jedem Bürger den gesetzlichen Rechtsschutz seiner Person, seines Eigenthums und seiner Ueberzeugung gemein hatte, im Uebrigen aber nur ein geduldeter Privatmann war, vor Gericht einen Vormund brauchte, dem Staate seine jähr-

---

[1] All diese Daten nach Apollodors' Chronologie bei Diog. Laert. vita Arist. 9. vgl. Blakesley S. 11. Zeller II, 2. 2 ff.

lichen 12 Drachmen Schutzgeld zahlte, wenn er nicht als Sklave verkauft werden wollte, bei feierlichen Aufzügen Schirme und Gefässe tragen musste und durch die Sitte überdies zu einem besonders zurückhaltenden Wesen verpflichtet war. Sklaven und Metöken zu verachten, sie diese Verachtung möglichst empfindlich fühlen zu lassen, galt dem aristokratischen Vollblut auch der athenischen Bürgerschaft als ein Zeichen gerechten Selbstbewusstseins[1]. Die athenische Demokratie dachte in diesem Punkte grossherzig wie keine andre in ganz Hellas, aber die »Ehrenmänner« aus dem Kreise der hochgeborenen Abkömmlinge von Göttern und Göttersöhnen des Landes verwünschten die Zügellosigkeit, die den Heissassen dem Bürger gleichstellte[2], die verursachte, dass der Metöke sagen durfte, was er wollte, der Sklave nicht von jedem Beliebigen getreten und geschlagen werden durfte[3]. Platon ist an den unten angeführten Stellen nur der Sprecher seines ganzen Standes.

Ein Aristoteles musste dies Vorurtheil gerade der Kreise, in denen er sich bewegte, gelegentlich bitter empfunden haben, als die bescheidenen Geschäftsmänner unter der Mehrzahl der Metöken, die froh waren, ohne die Lasten des Bürgerthums, gleich den Juden des Mittelalters, in aller Stille ihr Geschäft betreiben zu können und mehr als das nicht beanspruchten.

Man muss in der Nikomachischen Ethik die Schilderung des »Grossherzigen« nachlesen, um zu erfahren, wie wenig Aristoteles der Mann war, sich diesem Vorurtheil zu unterwerfen. »Der Grossherzige d. h. der Philosoph nach Aristoteles« Ideal, macht aus Hass und Liebe kein Hehl; Empfindungen verbergen ist Feigheit. Die Wahrheit steht ihm höher als der Wahn der Menge, er spricht und handelt ohne Scheu, er sagt seine Meinung frei heraus, weil er alles Andre verachtet. Er redet unverblümt die Wahrheit, ausser wo der Spott am Platze ist; den liebt er stets gegen die Menge. Er kann sich nicht abgewinnen, im Leben sich nach irgend Jemand anders als nach seinem Freunde zu richten, sonst würde er sich zum Sklaven machen, darum sind auch die Schmeichler Sklavenseelen und alle Sklavenseelen Schmeichler. Er

---

1 Plato Pol. p. 549: κατατρρονῶν τὸν δοῦλον ὥσπερ ὁ ἱκανῶς πεπαιδευμένος.

2 ib. p. 563 neben der Ungezogenheit des Sohnes, der die Achtung vor den Eltern ausser Augen setzt, wird genannt als Beweis der Krankhaftigkeit demokratischer Zustände: μέτοικον δὲ ἀστῷ καὶ ἀστὸν μετοίκῳ ἐξισοῦσθαι καὶ ξένον ὡσαύτως.

3 De rep. Ath. I, 10—12, wo von der ἀκολασία τῶν δούλων καὶ μετοίκων zu Athen die Rede ist, vgl. Athen und Hellas II, 167 ff. Arist. Acharn. 58. τοὺς γὰρ μετοίκους ἄχυρα τῶν ἀστῶν λέγω.

bewundert Nichts, denn für ihn ist Nichts gross. Er trägt keine Unbill
nach, nicht weil der Grossherzige jeden Verdruss leicht vergisst, sondern weil er ihn gar nicht empfindet. Von Menschen spricht er nicht,
weder von sich noch von Anderen; ob er gelobt werde, ist ihm so einerlei, wie ob Andre getadelt werden, er selber sagt von Anderen weder
Gutes noch Schlechtes, das Letztre nicht einmal von seinen Feinden,
es sei denn, dass ihn die Leidenschaft übermannt. Um Nothdurft oder
Kleinigkeiten des Lebens grämt er sich nicht, das hiesse verrathen,
dass ihm dergleichen am Herzen läge. Sein Trachten geht mehr nach
dem Schönen und des äusseren Vortheils Entbehrenden, als nach dem
Frucht- und Nutzreichen; so ziemt es dem, der sich selbst genügt.
Gang und Haltung sind langsam, ernst, die Stimme tief, die Rede ge-
wichtig und gemessen, denn hastig ist der, der um Geringes eifert, und
wer Nichts für gross hält, spricht nicht in einem Flusse[1].

Nicht Alles an dieser Schilderung gehört unmittelbar hieher, aber
sie ist ein zu bezeichnendes Denkmal aristotelischer Weltanschauung,
als dass sie hätte zerrissen werden dürfen. Mit überzeugender Klarheit
geht daraus hervor, dass Aristoteles für die Gastfreundschaft, die er in
Athen genoss, nicht das mindeste Opfer an jenem stolzen Freimuth zu
bringen gemeint war, den er sich als Philosoph zur Pflicht gemacht, und
mit nicht minderer Klarheit, dass diese vornehme, anspruchsvolle Haltung des Metöken an und für sich schon, von wissenschaftlichen und
politischen Meinungsverschiedenheiten abgesehen, sehr Vielen anstössig
erscheinen musste. Gibt, doch selbst ein so freisinniger Athener, wie
der Dichter Euripides, der sich nicht scheute, die Sklaven wenigstens
auf der Bühne zu emancipiren, den Metöken den wohl gemeinten Rath,
sie sollen sich den Bürgern nicht durch Zudringlichkeit, am allerwenig-

1) Rhet. p. 1124 b 25 (ed. minor p. 70. 10—33) ι μεγαλόψυχον — ...

sten durch herausfordernde Reden verhasst machen, die man
Eingeborenen schwer, Heisassen aber gar nicht verzeihe [1].

Aus der Empfindlichkeit vornehmer Athener überhaupt und Platons insbesondre gegen den Anspruch eines Metöken auf ebenbürtige
Redefreiheit, hat man schliessen wollen, Aristoteles werde sich wohl
gehütet haben, so selbstgewiss und zuversichtlich gegen seinen hoch-
adeligen Lehrer aufzntreten, wie das seine zahllosen Feinde ihm nach-
sagen [2].

Vielmehr haben wir nach Aristoteles' eigenen Grundsätzen anzunehmen, dass er bei aller Schonung der Personen, deren Lob und Tadel ihm ja gleichgiltig war, in der Sache sich stets mit dem rücksichts-
losesten Freimuth ausgesprochen habe, dass aber, weil es nicht Jedermann gegeben ist, einen sachlichen Widerspruch ohne persönliche
Empfindlichkeit hinzunehmen, weil ferner im alten Hellas nachweislich
der Hass der Schulen regelmässig zu der schärfsten persönlichen Polemik führte [3], das Verhältniss der Akademie zu dem Metöken Aristoteles
von dem Augenblick an ein feindseliges sein musste, wo derselbe neben
ihr eine selbständige Stellung einnahm und in den Augen der ehemaligen Mitschüler noch dazu den Schein des undankbaren Apostaten auf sich
lud. Wir werden sehen, dass die Polemik, die Aristoteles gegen seinen
Meister Platon führte, die ritterlichste und ehrenwertheste ist, die sich
nur denken lässt, dass sie den Schmutz, der deshalb auf seinen Namen
gehäuft worden ist, nun und nimmermehr verdient, aber dass sie als
nackte Thatsache allein schon ausreichte, ihn bei der herrschenden
athenischen Schule missliebig zu machen, glauben wir hiemit bewiesen
zu haben.

Zu dem anstössigen Freimuth des grossen Metöken, dessen Ruhm
bald den des Meisters und seiner Nachfolger weit überstrahlte, kamen
noch wichtigere principielle und persönliche Dinge hinzu.

Der verwegene Idealismus Platons und der nüchterne Realismus
des Aristoteles standen sich wie zwei feindselige Elemente, wie Feuer und

1) Eurip. Suppl. 802 ff. :
    πρῶτον μέν, ὡς χρή, τοὺς μ ε τοικοῦντας ξένους,
    λυπηρὸς οὐκ ἦν, οὐδ' ἐπίφθονος πόλει,
    οὐδ' ἐξεριστὴς τῶν λόγων, ὅθεν βαρὺς
    μάλιστ' ἂν εἴη δημότης τε καὶ ξένος.
2) Blakesley S. 28, 29. it is scarcely credible therefore, even had all better moti-
ves been wanting, that fear of making a powerful enemy should not have
restrained Aristotle from behaving to his master in the way which has been described.
3) Cic. de fnib. II, 25 Sit ista in Graecorum levitate perversitas, qui maledictis
insectantur eos, a quibus de veritate dissentiunt.

Wasser gegenüber. Ein philosophirender Dichter und ein philosophirender Naturforscher und Arzt werden sich über ein gemeinsames Welt-
system so wenig verständigen, als ein narbenbedeckter Kriegsmann und
ein ängstlicher Kaufherr über den Werth oder Unwerth des Krieges. Die
Kluft zwischen diesen beiden Anschauungen ist so gross, dass ein ganz
seltnes Mass geistiger Geschmeidigkeit dazu gehört, um sie nur in Gedanken auf flüchtige Augenblicke zu überspringen. Missverständnisse,
die aus dem Unvermögen hervorgehen, sich in einen fremden Gedankenkreis hineinzuversetzen, aus fremden Gesichtspunkten in der Weise
des Gegners zu folgern und zu schliessen, werden hier desshalb ganz
unvermeidlich sein, trotz des ehrlichen Willens, dem Gegner nichts in
den Sinn zu schieben, was ihm nicht eigen wäre. Auch Aristoteles
sind, wie wir sehen werden, solche Missverständnisse begegnet, weil es
ihm eben nicht möglich war, bei der Kritik Platons den Standpunkt
desselben in allen Stücken der Art festzuhalten, dass er ihn aus sich
selber widerlegte. Die Eiferer werden daraus Kapital geschlagen und
ihre Anklagen geschmiedet haben, die wir heute, da wir die Sache
unbefangen prüfen, kaum mehr verstehen, die damals aber gewiss so
viel böses Blut gemacht haben werden, als die Beschränktheit oder
Bosheit der untergeordneten Klopffechter, die sich immer an den Streit
der Grossen hängen, nur irgend zuliess.

Hinzu kam dann noch der Charakter seiner gesammten Lebensweise, die das Gewand der äusseren philosophischen Werkhei-
ligkeit ganz abgestreift hatte und einerseits mit der der Sophisten,
andrerseits mit der eines reichen Weltmannes überhaupt mehr Verwandtschaft zeigte, als die im Allgemeinen herrschenden Lehren von
philosophischer Entsagung auch in kleinen Dingen gestatteten.

Dass ein richtiger Philosoph in Erscheinung und Lebensart nicht
sein dürfe wie ein gewöhnlicher Mensch, dass er in vielen Stücken
etwas Besonderes, wenn nicht Absonderliches haben und namentlich
eine gewisse grossartige Verachtung des herkömmlichen Geschmackes,
ja Anstandes zur Schau tragen müsse, das stand bei den Massen des
vorchristlichen Alterthums so fest, wie das Ansehen der Mönche der
ersten Jahrhunderte bei den unteren Schichten der christlichen Bevölkerungen wesentlich mit aus demselben Grunde. Ja, die Grenzlinie
zwischen den Tonnenheiligen der Heiden und den Säulenheiligen der
Christen, zwischen dem Cynismus griechischer Philosophen und der
Weltverachtung christlicher Büsser ist oft, bis in seltsame Einzelheiten
hinein, kaum mehr festzuhalten.

Zur Zeit des sinkenden Heidenthums war freilich das schmutzige

Philosophenthum bereits zu einer Art Landplage geworden, wie man das früher so nicht gekannt, allein in dem was Tacitus und Seneca, Quintilian, Lukian und Lactanz darüber zu melden wissen [1]. liegt doch nur die Ausartung eines Vorurtheils, das in der Zeit des Sokrates, Platon und Aristoteles zu wirken begonnen hatte.

Aristoteles ist der aufgeklärte Weltmann unter den Philosophen und Platon findet darum seine Lebensweise eines Denkers unwürdig [2]. Er liebt nicht das ungeschorene Wesen der Denker seiner Zeit, er lässt sich den Bart rasiren [3], statt eine imposante Mähne zu tragen, die weder Bürste noch Scheere je gekannt, auch die philosophische Unreinlichkeit ist ihm ein Greuel, seine Symposionordnung erklärt es als unanständig, dass Einer ausgewaschen und mit Schmutz bedeckt [4] zum Kränzchen komme, ein Verbot, dessen blosses Vorhandensein schon eine sittengeschichtliche Merkwürdigkeit ist. Auch die gesuchte Einfachheit der Tracht vermag ihm nicht zu imponiren.

Dass der grosse Baumeister und Philosoph Hippodamos von Milet sich die Fülle der wohlgepflegten Haare lang herabhängen lässt, statt sie aufzubinden oder zu einem struppigen Urwald sich verwachsen zu lassen, dass er warme, obgleich nicht kostbare, Kleider nicht bloss im Winter sondern auch im Sommer trägt, erscheint Einigen stutzerhaft, sagt er, um anzudeuten, dass er nicht derselben Meinung ist [5]. Er selber fiel auf durch die Sorgfalt, die er auf seine Tracht

---

1) «Asper cultus et intonsum caput et neglegentior barba, indictum argento odium cubile humi positum et quidquid aliud ambitionem perversa via sequitur». Seneca ep. 5.

Tacitus Ann. XIV, 16 erzählt von den sapientiae doctores, die sich Nero zur Tafel kommen liess, um seinen Spass an ihnen zu haben: Nec deerant qui ore vultuque tristi inter oblectamenta regia spectari cuparent.

Quint. inst. or. pooem. 15 handelt von der Lasterhaftigkeit, welche vultus et tristitia et dissentions a ceteris habitus der Philosophen verbergen sollen.

Lactantius inst. div. III, 25. mysterium eius (der heidnischen Philosophie) barba tantum celebratur et pallio.

Lukian gibt in seinem «doppelt Angeklagten» (c. 6) eine köstliche Schilderung der landstreichenden, fechtenden Philosophen, die mit ihren Mänteln, Stöcken, Ranzen oder Schnappsäcken (pera philosophica) und langen Bärten überall die Gegend unsicher machen.

2) Aelian. V. Hist. III, 19. Diog. Laert. in.

3) Die übereinstimmende Angabe des Timoth. und Aelian wird erhärtet durch die wahrscheinlich echte Porträtbüste, die wir von ihm haben und die u. A. aus Fulvio Orsini's antiquarischem Schatze in Wettsteins Ausgabe des Diog. Laert. wiedergegeben ist.

4) αλουτος και κονιορτου πληρης Athenaeos p. 186. E.

5) Arist. Pol. II, 8 (p. 40. 19—) — ενιοι θωσιν εν ι ο ι ς ζην περιεργοτερον (allzu ge-

verwendete und — er war von schwächlicher Leibesbeschaffenheit —
auf die Pflege seines Körpers verwenden musste; und er machte sich so
fast zu einem Mitschuldigen des Sophisten Prodikos, der in der Ver-
zärtelung so tief gesunken war, dass er sich von Sokrates antreffen liess,
eingehüllt wie er war in einen Haufen Schafpelze und wollener Decken [1].
Und all diesem, was feindseliger Klatschsucht schon genügend Nahrung gab, setzte Aristoteles die Krone auf durch seine Heirath mit
der Adoptivtochter eines ehemaligen Sklaven.

Im Laufe der mancherlei Zuckungen, von welchen der zerfallende
Coloss des Perserreichs bereits Jahre lang vor seiner Katastrophe gelegentlich heimgesucht wurde, war es einem ziemlich unscheinbaren
Mann, einem Wechsler seines Zeichens, dem Bithynier Eubulos gelungen, sich in einer der kleinasiatischen Küstenstädte, Atarneus, als
Tyrann aufzuwerfen und das feste Assos sammt Umgebung seiner
Herrschaft einzuverleiben [2]. So fügellahm war die Persermacht bereits
geworden, dass dieser nichts weniger als heroische Usurpator, der sich
aus Kriegsgefahr nur durch kaufmännische Kniffe zu retten wusste [3],
seinen Thron wie ein vollkommen legitimer Fürst einem Grossvesier,
der sein Vertrauen hatte, als Erbe vermachen konnte. Dieser Erbfolger
war nun ein ganz merkwürdiger Mensch. Hermias wird bezeichnet als
ein dreimal verkaufter Sklave aus Bithynien, der also in Eubulos seinen dritten Herren gehabt hätte, als ein Verschnittener, der nicht ohne
Beben die Worte Messer und Schneiden hören konnte; in späteren
Jahren ohne Zweifel von Eubulos freigelassen, wurde er Hörer der athenischen Philosophen Platon und Aristoteles, und trat mit dem Letzteren
in innige Freundschaft; die Nachwelt schrieb ihm eine selbständige
Schrift über die Unsterblichkeit der Seele zu. Dass endlich einmal ein
Philosoph Fürst werde, war Platons viel belächelter Wunsch; ein Sklave,
aber der Philosoph und Fürst geworden war, liess alles Erlebte hinter
sich zurück.

Hermias war's, der beim Tode Platons seine beiden Freunde Ari-

sucht, τριχῶν τε πλήθει καὶ κόσμῳ πολυτελεῖ, ὅτι δὲ ἰσθῆτος εὐτελοῦς (hier ist κόσμῳ ohne
πολυτελεῖ zu ergänzen, sonst erhalten wir die von Hermann gerügte contradictio in
adiecto, wenn die Stelle nicht überhaupt verderbt ist) μὶν ἁλιευτῆς δὲ οὐκ ἐν τῷ χει-
μῶνι μόνον ἀλλὰ καὶ περὶ τοὺς θερινοὺς χρόνους.

1) Plato Protag. p. 315. C. ἐγκεκαλυμμένος· ἐν κῳδίοις τισὶ καὶ στρώμασι καὶ μάλα
πολλοῖς.

2) Hierüber und über das Folgende s. Böckh, Hermias von Atarneus und Bünd-
nies desselben mit den Erythräern. Abhandlungen der Berliner Akademie 1853,
S. 133 ff. vrgl. mit Blakesley a. a. O.

3) Arist. Pol. II, 4. 10. S. 30, 17.

stoteles und Xenokrates nach Atarneus kommen liess, vielleicht um in
den grossen Schwierigkeiten seiner politischen Lage, wie das häufig geschah, den Rath befreundeter Philosophen an der Seite zu haben. Der
Ruf von Aristoteles' politischen Studien war ohne Zweifel damals schon
begründet. Wie eifrig Hermias selber bemüht war, sein Gebiet durch
Bündnisse zu verstärken, zeigt die Steinurkunde über ein Bündniss der
Erythräer mit »Hermias und Genossen«. In ganz Kleinasien gährten
Gelüste des Abfalls und der Sonderbündelei. In solcher Zeit waren
begabte Männer der Schule, die den Staat studirt hatten, die zu reden
und zu schreiben verstanden, dem Inhaber einer usurpirten Herrschaft
so nützlich, wie es den italienischen Kleinfürsten des 14/15. Jahrhunderts die Humanisten gewesen sind.

Trotz dieser Bundesgenossenschaft dauerte die Herrlichkeit nicht
lange. In Mentor dem Rhodier hatte der König Artaxerxes Ochos endlich einen zuverlässigen Diener gefunden, der sich geeignet erwies,
mit Gewalt und List, mit Niedertracht und Verrath die Empörer zu
theilen und zu unterwerfen. Für die vortrefflichen Dienste, die er in
Aegypten geleistet, zum Satrapen von Kleinasien ernannt, übernahm
er es, auch den »Tyrannen« Hermias unschädlich zu machen.

Als Gastfreund spiegelte er dem Arglosen vor, eine persönliche Zu-
sammenkunft mit ihm werde das beste Mittel sein, ihn mit dem erzürn-
ten Grosskönig auszusöhnen. Der gutherzige Manu kam, ward verrathen, dem König ausgeliefert und gekreuzigt.

Seinen Freunden blieb als Vermächtniss die Sorge für Pythias,
die er als Tochter angenommen hatte und die durch seine Katastrophe
um ihr Alles gekommen war.

Die flüchtenden Philosophen retteten sich nach Mytilene und Aristoteles heirathete, »das sittsame und liebenswürdige Mädchen«, wie er
sie in seinem Briefe an Antipater nennt[1].

Aristoteles hatte seinen verstorbenen Freund geliebt wie Einen,
der ihm durch wirkliche Seelenverwandtschaft verbunden war. Ihm zum
Andenken stiftete er zu Delphi eine Statue mit einer uns erhaltenen
Aufschrift, die an den schmählichen Verrath und Meuchelmord erinnert,
dem er zum Opfer gefallen war; ihm zu Ehren dichtete er jenen angeb-
lich atheistischen Päan auf die Tugend, um die Hermias gleich den
Besten geworben habe und für »deren holden Reiz« er gestorben sei[2].
Ob die Freundschaft für den Verstorbenen oder die Neigung zu der
Lebenden der überwiegende Bestimmungsgrund bei seiner Heirath war,

1) ὅλως· σώφρονα καὶ ἀγαθὴν φύσιν. Aristoteles bei Euseb. P. E. XV. 2.
2) Bergk poetae lyrici p. 505. 4. und p. 519. 7.

ist ganz gleichgültig; im einen wie im anderen Fall war sein Verfahren
gleich edel und männlich.

Aber im alten Hellas hatte man dafür kein Herz. Ein hilfloses,
unschuldiges Geschöpf im Stiche lassen, es dem Hunger und der Schän-
dung preisgeben, war ein geringeres Verbrechen, als es heirathen, denn
eines Eunuchen Verwandte, eines dreimal verkauften Sklaven angenommene Tochter, d. h. eine Person aus der verachteten Hefe der Bevölkerung blieb Pythias doch und eine solche als Frau in das Haus
eines freigebornen Griechen einzuführen, war ein Verstoss gegen
die Ehesitte, der Aristoteles' in Athen nie verziehen worden ist. Sein
Verhältniss zu Hermias und Pythias ist nach unseren Begriffen im
höchsten Masse ehrenvoll für seinen menschlich edlen Charakter, aber
die griechische Lästerung glaubte sich gerade hier am allermeisten im
Recht, wenn sie den grossen Mann mit jedem erdenklichen Unglimpf
überschüttete und selbst seine besten Freunde, wie Aristokles der Messenier, der überall so warm für ihn eingetreten ist, wünschten offenbar
diese Episode aus dem Leben des Stagiriten hinweg.

Die ganz legitime Ehe des Aristoteles mit der Pythias hat Jenen
mindestens ebensoviel unter der Nachrede der Welt leiden lassen, als
unseren Göthe die jahrelange Halbehe mit der unglücklichen Vulpius,
die Frau von Stein eine »Person«, die er »ein armes Geschöpf« nannte,
an der beide weniger hochherzig gehandelt haben, als Aristoteles an
der Hinterbliebenen seines Freundes.

Das Alles wirkte zusammen, den Stagiriten innerhalb der geistigen Aristokratie Athens zu vereinsamen.

Dass er für diese Vereinzelung unter den Philosophen etwa durch
enge Berührung mit den herrschenden politischen Richtungen ent-
schädigt worden wäre, wird Niemand auch nur vermuthen, der weiss,
wie er über die äusserste Demokratie gedacht hat und wie diese Allem
entgegenstand, was durch Geburt oder Gesinnung nach Makedonien
neigte.

Wir müssen annehmen, dass selbst die blosse Möglichkeit seines
ungestörten Aufenthaltes in Athen wesentlich abhing von dem Verhältniss dieses Staates zu Makedonien. Gleich seine erste Entfernung aus
Athen ist, glaube ich, damit in Verbindung zu bringen. Nach Ansicht
der Meisten, hätte Aristoteles mit Xenokrates Athen verlassen aus Ver-
stimmung über die Wahl des Speusippos zum Nachfolger Platons in der
Akademie. Diese Annahme würde voraussetzen, dass Aristoteles während der 20 Jahre seines ersten Aufenthaltes in Athen persönlich und
wissenschaftlich zu Platon und der Akademie in einem nicht bloss un-

getrübten, sondern sogar sehr innigen Verhältniss gestanden hätte. Das ist mir aber undenkbar [1]. Der scharfe geistige Gegensatz beider Philosophen floss ja nicht aus irgend einem Zufall, aus irgend einer persönlichen Entfremdung, sondern aus der grundverschiedenen Naturanlage, Geistesrichtung und Bildungsweise Beider. Im hohen Alter kann man vielfach mild und versöhnlich denken über Dinge, um die die heissblütige Jugend sich aufs Heftigste erreifert, die aristotelische Leugnung der Ideen ist aber ganz gewiss von dem jungen Philosophen, wo möglich mit noch grösserer Wärme geltend gemacht worden als von dem alten. In dem Alter, in dem eine vom Herkommen abweichende Ueberzeugung sich festsetzt, ist bekanntlich auch der Widerspruchsgeist am stärksten, und dass Aristoteles erst nach dem Tode Platons, d. h. nach Abschluss der Epoche, in der er zum selbständigen Denker geworden war, an dessen Ideen zu glauben aufgehört, die Ideen zu leugnen angefangen habe, wird doch wohl Niemand annehmen wollen. Dann aber konnte er auch nie erwarten, er werde zum Haupte einer Schule taugen, deren System er von jeher für falsch gehalten hatte. Er hatte also keinerlei Grund, sich für zurückgesetzt zu erachten in einem Falle, in dem lediglich das Selbstverständliche geschehen war, hätte er das aber gleichwohl geglaubt, so durfte er sich durch die Concurrenz des Speusippos nicht aus dem Felde schlagen lassen, sondern musste bleiben und alle Segel aufspannen, um zu zeigen, was man an ihm gehabt haben würde.

Kurz, diese ganze Annahme ist in sich hinfällig und erklärt nicht, was sie erklären will.

Ich bin mit Blakesley[2] der Meinung, dass die Entfernung des Aristoteles mit dem Tode Platons so gut wie gar nichts, desto mehr aber mit dem Aufwogen der antimakedonischen Empfindungen zu

---

1) Diesem Schluss aus der inneren Wahrscheinlichkeit kommt ein äusseres Zeugniss zu Hülfe, welches wenigstens beweist, dass im Alterthum der Glaube verbreitet war, Aristoteles habe noch zu Lebzeiten Platons die Ideenlehre heftig bekämpft. In dem, dem Joannes Philoponus zugeschriebenen Commentar zu Analyt. post. S. 728[b] 18 heisst es: ἱστοροῦσι δὲ ὅτι καὶ ζῶντος τοῦ Πλάτωνος καταπεράτατα περὶ τούτου τοῦ δόγματος [d. i. die Ideenlehre] ἐνίστη ὁ Ἀριστοτέλης τῷ Πλάτωνι. Aller Wahrscheinlichkeit nach ist dies in den Dialogen oder, was ich mit Hermays für dasselbe halte, den ἐξωτερικοῖς λόγοις geschehen, auf die Aristoteles in der Ethik als die Stelle hinweist, an der von den Ideen das Meiste abgehandelt sei. Wenn Zeller II, 2. 15. 3 und Hermays S. 23 darauf hinweisen, dass Aristoteles sich in den Dialogen noch eng an Platon angeschlossen habe, so kann ich darin nur eine Verwandtschaft der Darstellungsweise aber nicht der philos. Ueberzeugung sehen.

2) a. a. O. S. 38.

schaft hat, welches augenscheinlich der Eroberung Olynths durch
König Philipp gefolgt ist. Dies Ereigniss, welches zufällig mit dem
Tode Platons in dasselbe Jahr 348,47 fiel, liess auf einmal auch den
Blödesten die ungeheure Gefahr erkennen, welche dem gesammten
Hellenenthum durch den unerwarteten Aufschwung der makedonischen
Militärmacht drohte. Die Schreckensposten aus dem blühendsten Theile
von Nordhellas machten in Athen den Eindruck einer wahrhaften Ka-
tastrophe. Nicht Demosthenes' Feuerseele allein gerieth in fieberhafte
Erregung über den Fall von Olynth und Methone, Apollonia und 32
anderen Städten, die zumeist Verrath unterworfen, auch ein Finanz-
mann wie Eubulos, der den Krieg nicht liebte, auch ein Rhetor wie
Aeschines, dessen Patriotismus mindestens nicht von Stahl war, waren
in der heftigsten Gemüthsbewegung, und von den letzteren ging der
Antrag aus, alle Hellenen zu einem Bündniss wider Philipp nach Athen
zu laden, und man konnte damals noch nicht wissen, dass der Kriegs-
lärm schon im folgenden Jahre einem faulen Frieden weichen würde.
Wenn' Aristoteles als der Sohn eines königlich makedonischen Leibarztes, als Freund des Antipater, und als eifriger Anhänger der hellenistischen Mission seines Königshauses in jenen Augenblicken unbe-
rechenbarer Aufregung die Gelegenheit ergriff, dem wahrscheinlichen
Sturme auszuweichen, so that er gewiss nicht mehr, als was eine sehr
einfache Weltklugheit anrieth.

Was wir im vorliegenden Falle nur mit Wahrscheinlichkeit vermuthen, das ist in einem anderen geradezu handgreiflich. Aristoteles'
zweite und letzte Auswanderung aus Athen war eine förmliche Flucht,
veranlasst durch eine gerichtliche Anklage, die einen religiösen Vorwand aber eine politische Ursache hatte.

Der Tod Alexanders des Grossen weckte noch einmal die Hoffnungen der Athener auf einen Umschwung, der den Tag von Chäronea widerrufen würde, und liess den schwer gebändigten Makedonierhass dieses Volkes noch einmal aufflackern. Aristoteles war der Erzieher des
eben verstorbenen Monarchen, der Freund seines ausgezeichnetsten
Helden, Antipater; es war sehr fraglich, ob er in Athen überhaupt sich
hätte wieder blicken lassen dürfen, wenn ihn nicht der mächtige Arm
der makedonischen Herrschaft beschützte, aber keineswegs zweifelhaft,
dass er, wenn ein neuer Freiheitskrieg ausbrach, von der aufgeregten
Volksmeinung ohne Weiteres zu den fremden Kundschaftern, zu den ver-
kappten Staatsfeinden geworfen wurde, denen man zu allererst als den
erreichbarsten und gefährlichsten zu Leibe gehen müsste. Selbst in
unseren menschlicheren Tagen wird kein irgendwie bedeutender Mann,

der einer von zwei kriegführenden Nationen angehört, im Lande des Feindes gegen eine persönliche Gefährdung dieser Art sicher sein. Hat sich Einer durch irgend eine auffallende Handlung blossgestellt, so wird man ihn unmittelbar, hat er das nicht gethan, so wird man ihn auf einem Umweg fassen. Im letzteren Fall befand man sich Aristoteles gegenüber. Wohl nur deshalb, weil man ihm eine strafbare politische Handlung nicht nachweisen konnte, griff man eine Seite auf, wo jeder Philosoph sterblich ist, man klagte ihn der Gottlosigkeit, der Lästerung an, und Aristoteles entfloh, damit die Athener nicht Anlass erhielten, sich ein zweites Mal an der Philosophie zu versündigen» [1].

So war die Stellung des Aristoteles zum Leben der Stadt, in der er eine zweite Heimath gefunden hatte, eine wesentlich andre als die seiner meisten philosophischen Zeitgenossen. Er hatte weder die Rechte, noch die Empfindungen eines Bürgers, das Getriebe der Parteien berührte ihn nicht, er hoffte nicht wie Platon auf einen politischen Umsturz, der seine Richtung ans Ruder bringen werde, und in der grossen Angelegenheit, deren tragischer Held Demosthenes geworden ist, dachte er entgegengesetzt der überwiegenden Mehrheit des athenischen Volkes. Auch unter den Philosophen ist seine Stellung vereinzelt, abgesondert. Er führt ein andres Leben, treibt andre Studien, folgt einem anderen Systeme als die Meisten unter ihnen. Er geht anfangs neben, später entgegen der herrschenden Schule seinen eignen Weg, bildet einen neuen Kreis von Jüngern heran und prägt diesen eine Anschauung des Lebens, eine Methode des Forschens und Denkens, des Lehrens und Lernens ein, die sich uns als eine erfüllende Krönung darstellt, die damals gewiss in einem weniger objektiven Lichte erschienen ist.

Ueber eine Menge Befangenheiten, denen wir seine älteren Zeitgenossen unterworfen sehen, ist er von Hause aus erhaben und so haben wir deshalb wie in allen grossen wissenschaftlichen Fragen, namentlich auch in politischen von seinem Urtheil eine ausnahmsweise Unabhängigkeit und Selbständigkeit zu erwarten.

---

1) Nach Origenes contra Celsum I, 61 sagte er: Ἀνάξιμεν ἀπὸ τῶν Ἀθηνῶν ἵνα μὴ τρόφασιν ὧμεν Ἀθηναίοις τοῦ δεύτερον ἄγος ἀναλαβεῖν παραπλήσιον τῷ κατὰ Σωκράτους καὶ ἵνα μὴ δεύτερον εἰς φιλοσοφίαν ἀσεβήσωσιν. vgl. Blakesley 70. 71. Zeller II, 2, 32 ff.

Die Polemik des Aristoteles. — Ethik und Politik. — Ihre Einheit und ihr Unterschied bei Aristoteles.

Eine der folgenreichsten Entwickelungskrankheiten der abendländischen Wissenschaft war jener hässliche Federkrieg zwischen Platonikern und Aristotelikern, den die ausgewanderten Griechen im 15. Jahrhundert aus ihrer Heimath nach Italien mitgebracht haben. Die finsteren, mürrischen Byzantiner[1] mit ihrer fremdartigen Weise und ihrem unerträglichen Bettelstolz waren sonst nicht die Leute, Proselyten zu machen, aber die Leidenschaft, für oder gegen Aristoteles oder Platon zu werben, gab ihnen jenen fanatischen Bekehrungseifer, der die Kenntniss der griechischen Sprache und Weisheit im Abendlande begründet und ausgebreitet hat. Der falsche Aristoteles der Scholastik wäre nicht gestürzt, die verschollene platonische Lehre nicht bekannt geworden, das gesammte Werk der Wiederbelebung des griechischen Alterthums hätte seines pathetischen Schwungs entbehrt ohne diesen Wettstreit der Schulen, deren jede auf dem jungfräulichen Boden Italiens ihren Anhang von Bekehrten mit nicht geringerem Eifer aufzurufen suchte als die Glaubensboten des Christenthums in den Heidenländern der neu entdeckten Welttheile. Die bleibenden Erträge dieses Bürgerkriegs der Gelehrten waren gross und zwar wie gewöhnlich die nicht beabsichtigten weit grösser als die beabsichtigten, aber die Art, der Charakter, die Gefechtsweise des Kampfs war abscheulich, ekelerregend und ein hochherziges Friedenswort war's darum, das der Cardinal Bessarion, ein Platoniker von Gesinnung, am 10. Mai 1462 einem jugendlichen Heisssporn, Michael Apostolios, in Erwiderung auf eine eingereichte grobe Schrift gegen die Aristoteliker, zu bedenken gab: sich wünschte, dass in diesem ganzen traurigen Streite die Sprecher sich all der Mässigung befleissigen möchten, welche Aristoteles bewahrt hat, als er seinen Vorgängern widersprach. Was er beweisen will, das thut er stets mit Gründen dar und meist so, dass er sich bei Hörern und Gegnern entschuldigt wegen der Freiheit, die er zu beanspruchen wagt. Niemals lässt er sich Verunglimpfungen entschlüpfen. — Und wir, die wir Zwerge sind im Vergleich mit diesen beiden Grössen, wir haben die Keckheit, sie wechselseitig als Schwachköpfe zu behandeln, sie auf eine noch pöbelhaftere Art herunterzureissen, als je die Komödiendichter einen Kleon oder Hyperbolos gelästert haben[2].

1) S. meinen Vortrag auf der Hannov. Philologenversammlung 1864.
2) Der Brief ist handschriftlich in der Pariser Bibliothek und wiedergegeben in den Mémoires de l'académie des inscriptions 1736. II. 723.

Gern erinnern wir an dies ehrende Zeugniss, das der Polemik des Aristoteles ausgestellt wird. Es wird ertheilt von einem Platoniker und zwar zu einer Zeit, da ein gewisser Muth dazu gehörte, es der eignen Partei entgegenzuhalten. Es ist das erste seiner Art seit dem Wiedererwachen des uralten philosophischen Gegensatzes, der sich unter anderem Namen immer wieder erneuert, es ist ein Protest gegen den Lügenklatsch, der sich schon im Alterthum an die angebliche Undankbarkeit des Stagiriten angeknüpft hat und ein Protest gegen den wüsten Gassenlärm, der im 15. Jahrhundert so viel Staub aufwirbelte und es soll nicht vergessen werden, dass es auch auf lange hinaus das letzte ist. Schon der grosse Baco von Verulam[1]) weiss für die Polemik des Aristoteles keine bessere Analogie als die Sitte der Ottomanenfürsten, alle ihre Brüder abzuschlachten, und mit dem gelehrten Patriüns wacht der ganze Gräuel des gelehrten Klopffechterthums von Neuem in einem Prachtexemplare auf.

Die Art der Polemik offenbart den Menschen, den Charakter im Gelehrten. Bedurfte es nach der Pythiasepisode noch eines Beweises dafür, welch eine edle, hochherzige Natur der Stagirit, all seinen Neidern und Verleumdern zum Trotz, gewesen ist, so läge er in den unsterblichen Worten, mit denen er im ersten Buch der Nikomachischen Ethik seine kritischen Gänge gegen Platons Ideenlehre eröffnet. »Ich muss daran gehen, sagt er dort, wie sauer es mir auch wird, denn der Urheber dieser Lehre ist mir nahe befreundet. Aber ersparen darf ich mir es nicht, der Wahrheit zu Liebe muss man bereit sein, selbst sein eigen Werk umzustossen und der Philosoph von Beruf kann von dieser Pflicht am wenigsten entbunden werden ; denn gilt es die Wahl zwischen der Liebe zum Freunde und der Liebe zur Wahrheit, dann wird der Weise der letzteren den Vorzug geben«[2]). Dass Aristoteles der Originalität, dem Tiefsinn, der Erfindungsgabe seines genialen Meisters alle Gerechtigkeit widerfahren lässt, auch wo er seinen Bahnen nicht folgen kann[3]),

---

1) de augmos disclpl. III, c. 4 : Aristoteles regnare se haud tuto posse putavit nisi more Ottomanorum fratres suos omnes contrucidavisset — Alexandrum fortasse aemulatus est, ut si ille omnes nationes, hic omnes opiniones subigeret et monarchiam quandam in contemplationibus sibi conderet.

2) E. N. p. 5. 25 — καίπερ προσάντους τῆς τοιαύτης ζητήσεως γινομένης διὰ τὸ φίλους ἄνδρας εἰσαγαγεῖν τὰ εἴδη. δόξειε δ' ἂν ἴσως βέλτιον εἶναι καὶ δεῖν ἐπὶ σωτηρίᾳ γε τῆς ἀληθείας καὶ τὰ οἰκεῖα ἀναιρεῖν, ἄλλως τε καὶ φιλοσόφους ὄντας · ἀμφοῖν γὰρ ὄντοιν φίλοιν ὅσιον προτιμᾶν τὴν ἀλήθειαν.

3) Pol. 33, 20 : τὸ μὲν οὖν εὐρετικὸν ἔχουσα πάντας οἱ τοῦ Σωκράτους λόγοι καὶ τὸ κομψὸν καὶ τὸ καινοτόμον καὶ τὸ ζητητικόν, καλῶς δὲ πάντα ἴσως χαλεπόν. — Ueber diese vielbesprochene Stelle spricht sich Göttling in einer seiner höchst lesenswerthen akademischen

dass er, um die Schärfe seiner Einreden in der Form zu mildern, den wirklichen Gegner fast nie bei Namen nennt, sondern wesentlich nur von dem Sokrates der Dialoge redet, wo Platon allein gemeint ist und dies Letztre auch da thut, wo, wie in den »Gesetzen«, der Text von einem Sokrates gar nichts weiss, das sind nur Beweise einer Schonung, die einem vornehmen Geiste, wie Aristoteles, das natürliche Gefühl für wissenschaftlichen Fechtersanstand auch jedem Andern gegenüber zur Pflicht machen musste. Aber es war ihm auch wirklicher Ernst mit der »Freundschaft«, mit der verehrungsvollen Liebe zu der Person des Mannes, die allen Anfechtungen des Meinungsstreits überlegen blieb.

Als Aristoteles von dem Hofe zu Pella, wo er die wissenschaftliche Ausbildung des grossen Alexander mit Ruhm geleitet, nach Athen zurückkehrte, da stiftete er dem verstorbenen Lehrer ein Denkmal, über das er sich selber in einigen warm empfundenen Distichen ausgesprochen hat [1].

> »Als er darauf hinkam dort zur kekropischen Stadt
> Gründet' er einen Altar zu Ehren der Freundschaft des Mannes,
> Welchen zu nennen mit Lob, bleibe den Bösen versagt;
> Ihn, der allein und zuerst überzeugend die Sterblichen lehrte,
> Wie durch der Gründe Beweis, so durch sein Leben zugleich,
> Dass wer tugendhaft sei, zugleich glückselig auch werde,
> Und dass auf anderem Weg Niemand erreiche das Ziel.«

Der ethische Satz, der in diesen Versen als die grosse Leistung der Lehre und des Lebens Platons herausgehoben wird, ist in der That geeignet, einer Freundschaft als Bindemittel zu dienen, die durch den Tod nicht gelöst, durch abweichende wissenschaftliche Methode nicht getrübt werden kann. Und er bildet auch den gemeinsamen Boden,

---

Dissertationen (Jena 1855 de Politicorum loco II, 3) aus. Die ganze Ausserung nennt er summas pietatis exemplum und die einzelnen Worte erklärt er so:

τὸ ταριτὸν Ingeniorum ceterorum hominum ingenio longe superius quo multis videbatur mente incitatus esse Plato.

τὸ κατοτόμον summum acumen quo quasi »avis Pieridum loca« peragrare conatur.

τὸ κομψὸν cumpta pulcritudo seu elegantia.

τὸ ζητητικὸν subtilitas atque in indagando profunditas. Quibus si postea addit καλῶς δὲ πάντα ἴσως χαλεπὸν tam modeste id addit nihil ut ingri amabilius possit. Wie schwer Aristoteles die offene Auflehnung gegen die Ideenlehre geworden ist lehrt noch eine von Proklos aufbewahrte Stelle aus den Dialogen: κεκραγὼς (ὁ Ἀριστοτέλης) μέ, λέγουσαι τῷ δόγματι τούτῳ συμπαθεῖν μᾶν τις αὐτὸν οἴηται διὰ φιλονεικίαν ἀντιλέγειν. Bei Philoponus: contra Proclum de mundi aeternitate (Venet. 1535) II, 2. S. Bernays. S. 151/52.

1) Bergk. poetae lyrici Ed. II, p. 504, n. 3 (aus Olympiodors Commentar zu Platon's Gorgias). Nach Zell's Verdeutschung.

11*

auf welchem beider Anschauung vom Staate, vom Zweck des Lebens in staatlichen Formen sich aufbaut. Die grundlegende Ueberzeugung, dass Tugend und Glück und darum auch Sitten- und Staatslehre ein und dasselbe sei, knüpft die Systeme beider Denker in einer Wurzel zusammen.

Ein kurzes Wort über die Einheit von Ethik und Politik, welche der aristotelischen Weltanschauung ebenso eigen ist als der platonischen, wird diese Uebereinstimmung noch klarer heraustreten lassen. Der Zweck, den Aristoteles bei seinen Vorträgen über Ethik und Politik vor Augen hatte, ist im letzten Kapitel der sogenannten Nikomachischen Ethik deutlich ausgesprochen. Er will seine Jünger anleiten, sittlich reine Menschen, pflichttreue Bürger, fähige Staatsmänner, sachkundige Gesetzgeber zu werden und dadurch sich und Anderen jene wahrhafte Glückseligkeit (εὐδαιμονία) zu erwerben und zu begründen, auf welche das Dichten und Trachten der Menschen hienieden gerichtet ist. Persönliche Sittenreinheit und Befähigung zum öffentlichen Leben, schlichter Wandel nach den einmal vorhandenen Gesetzen und überlegenes Eingreifen in die Arbeit der Gesetzgebung selber sind für den modernen Menschen sehr weit auseinander liegende Dinge, für den antiken dagegen hängen sie aufs Engste zusammen und bezeichnen nur verschiedene Sprossen auf derselben Leiter. Dass sie lediglich dem Grade, nicht der Art nach verschiedene Ausbildungen und Eigenschaften voraussetzen, ist der Grund- und Kerngedanke des ganzen aristotelischen Lehrplans. Der herkömmlichen Weise der Erziehung macht er es ausdrücklich zum Vorwurf, dass sie diese Einheit nicht besitze, dass sie auf einer unheilvollen Trennung von Lehre und Leben beruhe und dieselbe Trennung durch ihr eigenes Wollen verewige.

Die Politik gehört zu den Dingen, die zugleich ein Wissen und eine Kunst sind; das Wissen ist todt ohne die Kunst, die Kunst ist blind ohne das Wissen. Der Arzt, der Wissen hat, aber nicht zu heilen versteht, ist kein Arzt, und der, der sich einiger Handgriffe rühmt, aber des Wissens entbehrt, ebensowenig. Gerade so ist es mit der Politik, die Aristoteles unaufhörlich mit der Heilkunde vergleicht und die man recht wohl die Wissenschaft vom gesunden und kranken Staate, die Heilkunde am Körper der Gesellschaft nennen kann. Wie aber wird sie gelehrt und wie wird sie geübt?

Sie wird gelehrt von den Sophisten, die Nichts verstehen als allenfalls wie man Reden drechselt für Volksversammlungen und Gerichtssitzungen und für die Praxis höchstens eine oberflächliche Kennt-

niss dessen empfehlen, was sie unter der Ueberschrift »wohlbeleumnun-
dete Gesetze« zusammengestellt haben [1]; sie wird geübt von den Staatsmännern, die im Leben selber sich eine gewisse Fertigkeit oder Rou-
tine angeeignet haben, aber ausser Stande sind, ihre Erfahrungen in
mittheilbare Vorschriften und Grundsätze zusammenzufassen, nach
denen Jünger sich bilden könnten: sie entbehren der nöthigen wissenschaftlichen Einsicht, um diesen Rohstoff geistig zu verarbeiten.
Womit freilich nicht gesagt sein soll, dass nicht die Praxis unter allen
Umständen eine ausgezeichnete, ja unerlässliche Schule der Politik sei [2].
    Diese Einseitigkeit will Aristoteles verbannt wissen. Vor Allem
die des reinen Theoretikers kann er nicht scharf genug ablehnen. Das
Glück, das der Mensch im Staate sucht, ist nicht ein Zustand, sondern
eine Thätigkeit, nicht des Leibes oder der Sinne, sondern der Seele,
bedingt nicht durch zufällige Lust, beschränkt nicht durch zufälliges
Leid, sondern bedingt durch die Tugend, beschränkt durch die Untugend [3]. Das Wissen vom Guten ist ein unerlässliches Mittel zum
Zweck; wer es besitzt, wird, wie der Schütze sein Ziel, leichter das
Glück erjagen [4]; aber dies Ziel selber ist nicht das Wissen, die Kenntniss, sondern das Verrichten des Sittlichen [5]. Nicht bloss zu wissen,
was Tugend ist, sondern selbst tugendhaft zu werden, ist unsere Absicht, sonst wäre der Tugendbegriff zu Nichts nütze [6]. Was man aber

---

1 Eth. Nic. p. 201, 27 (Bekk.). τῶν δὲ σοφιστῶν οἱ ἐπαγγελλόμενοι λίαν φαίνονται
πόρρω εἶναι τοῦ διδάξαι · ὅλως γὰρ οὐδὲ ποῖόν τι ἐστὶν ἢ περὶ ποῖα ἴσασιν · οὐ γὰρ ἂν τὴν
αὐτὴν τῇ ῥητορικῇ οὐδὲ χείρω ἐτίθεσαν, οὐδ' ἂν ᾤοντο ῥᾴδιον εἶναι τὸ νομοθετῆσαι συναγα-
γόντι τοὺς εὐδοκιμοῦντας τῶν νόμων · ἐκλέξασθαι γὰρ εἶναι τοὺς ἀρίστους, ὥσπερ οὐδὲ τὴν
ἐκλογὴν οὖσαν συνέσεως καὶ τὸ κρῖναι ὀρθῶς μέγιστον –.

2) ib. p. 200, 14. — οἱ πολιτευόμενοι, οἳ δόξαιεν ἂν δυνάμει τινὶ τοῦτο πράττειν καὶ
ἐμπειρίᾳ μᾶλλον ἢ διανοίᾳ · οὔτε γὰρ γράφοντες· οὔτε λέγοντες περὶ τῶν τοιούτων φαίνονται
– οὐδ' αὖ πολιτικοὺς πεποιηκότες τοὺς ἑαυτῶν υἱεῖς ἤ τινας ἄλλους τῶν φίλων. εὔλογον δ'
ἦν εἰ ἐδύναντο· οὔτε γὰρ ταῖς πόλεσιν ἄμεινον οὐδὲν κατέλιπον ἄν, οὐδ' αὑτοῖς ὑπάρξαι προεί-
λοιντ' ἂν μᾶλλον τῆς τοιαύτης δυνάμεως, οὐδὲ δὴ τοῖς φιλτάτοις. οὐ μὴν μικρόν γε ἔοικεν
ἡ ἐμπειρία συμβάλλεσθαι.

3) E. N. 10, 16. ἡ εὐδαιμονία ἀνθρωπίνη — ψυχῆς ἐνέργεια κατ' ἀρετήν. ib. 174, 10
ἡ δ' ἐνέργεια — γίνεται καὶ οὐχ ὑπάρχει ὥσπερ κτῆμά τι.

4) ib. 2, 1–5. Ἀρ' οὖν καὶ — πρὸς τὸν βίον ἡ γνῶσις αὐτοῦ (τοῦ ἀγαθοῦ) μεγάλην
ἔχει ῥοπήν καὶ, καθάπερ τοξόται σκοπὸν ἔχοντες μᾶλλον ἂν τυγχάνοιμεν τοῦ
δέοντος; Ueber meine Lesung σκοπ. ἔχοντες, statt der vulgata σκοπὸν ἔχοντες s. Emenda-
tiones p. 1–4).

5) Eth. N. 3, 12. τὸ τέλος ἐστὶν οὐ γνῶσις ἀλλὰ πρᾶξις.

6) ib. 23, 9 οὐ γὰρ ἵν' εἰδῶμεν τί ἐστιν ἡ ἀρετὴ ἐπισκεπτόμεθα, ἀλλ' ἵνα ἀγαθοὶ γενώ-
μεθα, ἐπεὶ οὐδὲν ἂν ἦν ὄφελος αὐτῆς. vgl. Eth. Eudem. 1216 b, 22.

lernen muss, um es anzuwenden, das lernt man eben auch am Besten in der Anwendung selbst [1]).

Es kommt also vor Allem darauf an, zu konnen, was man weiss, zu sein, was man fordert, zu leben was man lehrt.

Der Schüler des Aristoteles soll einmal lernen, wie er selber beschaffen sein und handeln muss, um allen Pflichten eines guten Bürgers gewachsen zu sein: das lehrt ihn die Ethik. Er soll ferner lernen, wie man Andre zu gleicher Tüchtigkeit heranbildet, das lehrt ihn die Politik.

Darin liegt die Einheit und der Unterschied beider Wissenschaften. Wie man den letzteren aristotelisch bestimmen solle, ist nicht gerade leicht zu sagen und ganz unmöglich, wenn man sich, wie wohl geschehen ist, mit einigen Schlagwörtern glaubt begnügen zu dürfen. Nicht wenig zur Vermehrung der Unklarheit hat der Umstand beigetragen, dass Aristoteles die Bezeichnung »Politik« einmal in weiterem, dann wieder in engerem Umfang gebraucht, worauf, soviel ich sehe, noch zu wenig Rücksicht genommen ist.

In dem Einleitungskapitel der Nikomachischen Ethik kommt das Wort wiederholt im ersteren Sinne vor und kehrt mit solchem Nachdruck wieder, dass man an der Echtheit des überlieferten Titels »Ethik« zweifeln müsste, wenn dieser nicht in der Politik vier Mal vorkäme [2]). Die Politik wird genannt die Königin aller Wissenschaften [3]); denn sie habe mit uneingeschränkter Machtvollkommenheit zu gebieten, welcherlei geistige Thätigkeiten in einem Staate von Nöthen seien, auf welche Wissenszweige die Bürger sich werfen und bis zu welcher Stufe ihre Ausbildung darin gehen müsse. Demgemäss seien die angesehensten Lebensberufe ihrer Botmässigkeit unterthan, die des Feldherrn, des Hausvaters, des Redners. Da sie ausserdem das gesammte übrige Leben beherrsche und vorschreibe, was die Menschen zu thun und zu lassen haben, so könne man wohl sagen, dass ihr Gebiet allumfassend, ihr Ziel der Ziele höchstes sei, nämlich das Vollmass menschlicher Glückseligkeit. »Ist dies auch dasselbe für die Einzelnen wie für ein Gemeinwesen, so ist es doch ein grösseres, lohnenderes Streben, das Glück der Gesammtheit zu schaffen und zu bewahren; was der Einzelne dankens- und liebewerth findet, dass ist preiswürdig, ja göttlich gegenüber einem

1) ib. Z, 10. ἃ γὰρ δεῖ μαθόντας ποιεῖν, ταῦτα ποιοῦντες μανθάνομεν.

2) p. 24, 12. ἐν τοῖς ἠθικοῖς εἴρηται πρότερον. p. 116, 31. φαμὲν δὲ καὶ ἐν τοῖς ἠθικοῖς mit Bezug auf Eth. Nicom. I, 12; p. 117, 12. καὶ γὰρ τοῦτο ἐώρισται κατὰ τοὺς ἠθικοὺς λόγους. — p. 162, 30. ἐν τοῖς ἠθικοῖς εἴρηται.

3) E. N. p. 2, 6. — ἡ κυριωτάτη καὶ μάλιστα ἀρχιτεκτονική —.

Volke, gegenüber gauzeu Staaten[1]). Gleich darauf wird als Iuhalt der Politik in diesem höchsten Sinne das sittlich Schöne uud das rechtlich Gute[2]) bezeichnet, dann noch einmal das höchste aller erreichbaren Güter ihr zugeschrieben[3]) und endlich am Schlusse des Werks mit Bezug auf sie der Ausdruck gebraucht, »die Philosophie der menschlichen Dinge«[4]).

In dieser ausgedehnten Fassung kennt die Politik innerhalb der Wissenschaft von der gesammten sittlichen Welt weder Gegensätze noch Aussengebiete mehr, für sie gibt es nur noch Unterabtheilungen und die zwei darunter, die uns hier angehen, sind die E t h i k und die P o l i t i k im engeren Sinne. Zwischen diesen gilt es hier den Unterschied festzustellen.

Dass Stoff, Grundsätze, Ziel beiden gemeinsam siud, haben wir schou gesehen, verschieden kann ihnen mithin nur noch Eines sein: die Richtung und die Mittel ihrer Thätigkeit, und hinsichtlich dieser glaube ich lässt sich die aristotelische Arbeitstheilung in den Worten zusammenfassen: die Ethik ermittelt und bestimmt den Begriff des höchsten Gutes, der Tugend, die Politik im engeren Sinne stempelt die Vorschriften der Ethik zum G e s e t z und macht so aus dem sittlich Schönen (τὸ καλόν) das staatlich Rechte (τὸ δίκαιον), zwei Dinge, die der Moderne zu scheiden, der Antike untrennbar zu verbinden pflegt. Die Fragen: was i s t Glück für den Einzelnen wie für den Staat? was ist die Tugend, die beide glücklich macht? beantwortet die Ethik. Die Fragen: wie w i r d der Einzelne durch den Staat, der Staat durch die Einzelnen glücklich? wie w i r d man tugendhaft? beantwortet die Politik im engeren Siune. Das Mittel der Ethik ist die Lehre durch Vorschrift und Beispiele, das Mittel der Politik das G e s e t z, das bewirkt,

---

1) p. 2, 7—19. τοιαύτη δ' ἡ πολιτικὴ φαίνεται. τίνος γάρ εἶναι χρεὼν τὴν ἐπιστήμων ἐν ταῖς π.Θ.ασι καὶ ποίας ἑκάστους μανθάνειν καὶ μέχρι τίνος, αὕτη διατάσσει. ὁρῶμεν δὲ καὶ τὰς ἐντιμοτάτας τῶν δυνάμεων ὑπὸ ταύτην οὔσας, οἷον στρατηγικὴν οἰκονομικὴν ῥητορικήν. χρωμένης δὲ ταύτης ταῖς λοιπαῖς πρακτικαῖς τῶν ἐπιστημῶν, ἔτι δὲ νομοθετούσης τί δεῖ πράττειν καὶ τίνων ἀπέχεσθαι, τὸ ταύτης τέλος περιέχοι ἄν τὰ τῶν ἄλλων, ὥστε τοῦτ' ἄν εἴη τἀνθρώπινον ἀγαθόν. εἰ γὰρ καὶ ταὐτόν ἐστιν ἑνὶ καὶ πόλει, μεῖζόν γε καὶ τελεώτερον τὸ τῆς πόλεως φαίνεται καὶ λαβεῖν καὶ σώζειν· ἀγαπητὸν μὲν γὰρ καὶ ἑνὶ μόνῳ, κάλλιον δὲ καὶ θειότερον ἔθνει καὶ πόλεσιν. ἡ μὲν οὖν μέθοδος τούτων ἐφίεται, πολιτική τις οὖσα. vgl. Rhet. I, 2. τῆς περὶ τὰ ἤθη πραγματείας, ἣν δίκαιόν ἐστι προσαγορεύειν πολιτικήν.

2) 2, 24. τὰ δὲ καλὰ καὶ τὰ δίκαια, περὶ ἃν ἡ πολιτική, σκοπεῖται. 4, 15. περὶ καλῶν καὶ δικαίων καὶ ὅλως τῶν πολιτικῶν —.

3) 3, 23. τὸ πάντων ἀκρότατον τῶν πρακτῶν ἀγαθῶν.

4) ἡ περὶ τὰ ἀνθρώπεια φιλοσοφία 201, 20.

dass die Bürger gemäss den Regeln der Ethik »gute Menschen und Verrichter des sittlich Schönen« werden [1].

Den Unterschied zwischen Sitte und Gesetz, auf den wir den allergrössten Werth legen, kannte der Hellene nicht, seine Sprache deckt beide mit einer uud derselben Bezeichnung; auch die Anerkennung einer weitgehenden individuellen Freiheit, die uns selbstverständlich ist, nicht bloss weil wir den Bereich des Staatsgesetzes enger, sondern auch weil wir das Mass der sittlichen Verantwortung weiter fassen, fehlte der Weltanschauung der hellenischen Philosophen und darum wird es uns schwer einen derartig strengen Zusammenhang zwischen Ethik und Politik zu begreifen, wie er hier aufgestellt wird. Es muss aber eben auf die Dinge, die uns am wenigsten mundgerecht sind, mit dem allergrössten Nachdruck hingewiesen werden, denn sie enthalten gerade das, was die Staatsanschauung der Alten unterscheidend kennzeichnet.

Nach unserer bisherigen Erörterung ist im Unterschiede zur Ethik die Aufgabe der Politik im engeren Sinne die Gesetzgebung nach Massgabe der Normen der Sittenlehre. Die Ethik bildet die Eigenschaften aus, welche der Gesetzgeber nöthig hat, um im Reiche der Politik das Sittengesetz auf breitester Grundlage zur Wahrheit zu machen. »Wer durch seine Bemühungen die Menschen bessern will, sei es Viele, sei es Wenige, der muss selber sich die Eigenschaften eines Gesetzgebers erwerben, wenn es nämlich wahr ist, dass Gesetze im Stande sind, die Menschen tugendhaft zu machen« [2].

Aristoteles gehört zu denen, die mit Platon diesen Satz für richtig halten, er glaubt an die Allmacht des guten Gesetzes über das ganze Leben der Einzelnen wie der Gesammtheit und setzt in dem letzten Abschnitt der Ethik die Gründe auseinander, wesshalb er dieser Ansicht ist, d. h. wesshalb er diesen ethischen Betrachtungen über das Sittlich-Schöne jetzt eine neue Reihe von politischen Erörterungen über die Verwandlung desselben in das Staatlich-Rechte folgen lässt, »damit die Lehre vom Menschenleben That und Wahrheit werde« [3].

Eine gesetzliche Ordnung, welche das ganze Leben eines Gemeinwesens und aller seiner Glieder vom zarten bis zum reifen Alter regelt,

---

1) E. N. 14, 9. τὸ γὰρ τῆς πολιτικῆς τέλος ἄριστον ἐτίθεμεν· αὕτη δὲ πλείστην ἐπιμέλειαν ποιεῖται τοῦ ποιούς τινας καὶ ἀγαθοὺς τοὺς πολίτας ποιῆσαι καὶ πρακτικοὺς τῶν καλῶν. 22, 15. οἱ γὰρ νομοθέται τοὺς πολίτας ἐθίζοντες ποιοῦσιν ἀγαθούς.

2) E. N. 190, 32: τάχα δὲ καὶ τῷ βουλομένῳ δι᾽ ἐπιμελείας βελτίους ποιεῖν, εἴτε πολλοὺς εἴτ᾽ ὀλίγους, νομοθετικῷ πειρατέον γενέσθαι, εἰ διὰ νόμων ἀγαθοὶ γενοίμεθ᾽ ἄν.

3) 201, 22. — ὅπως εἰς δύναμιν ἡ περὶ τὰ ἀνθρώπεια φιλοσοφία τελειωθῇ.

ist nach seiner Ansicht unerlässlich, weil es kein andres Mittel
gibt, um seine sittenrichterliche Gewalt zu ersetzen. Ausnahmsweise Erscheinungen von Menschen, die ein gütiges Geschick ohne
eigenes Zuthun tugendhaft gemacht oder solche, für die die warnende
Stimme des Freundes oder des Gewissens mehr ist als ein Gesetz, können hier nicht entscheiden, es gilt auf die Masse zu wirken und diese[1]
»lässt sich ihrem Wesen nach nicht durch das Gewissen, sondern durch
die Furcht bestimmen und vom Bösen nicht durch das Bewusstsein seiner Schändlichkeit, sondern durch die drohende Strafe abhalten.

Sie lebt den Trieben ihrer Leidenschaft nach, hascht nach dem,
was ihr Lust und Reiz dünkt und verabscheut das Gegentheil, während
sie von dem sittlich Schönen und der echten Lust, die sie nie gekostet,
keine Ahnung hat. Wie wäre ein solches Naturell durch ein blosses
Wort umzuschmelzen?«

Die Zucht des Gesetzes kann hier allein helfen und in früher Jugend muss sie beginnen. Ohne sie wird es schwer sein, die Strenge
gegen sich selbst aus Gewohnheit zu üben, welche der Masse so wenig,
der Jugend so gar nicht zusagt. Darum muss das Leben und Treiben
der Bürger sogleich vom Gesetze mit Beschlag belegt werden und, weiss
man's nicht anders, so findet man sich auch leicht darein[2]. Mit der
Jugend darf die Zucht des Gesetzes nicht ablassen. Auch die, die zu
Männern geworden sind, bedürfen des immer wachen Hüterauges einer
strengen Lebensordnung bis ans Ende; die Masse gehorcht eben auch
im reiferen Alter mehr dem Zwang als der Einsicht, mehr der Strafe
als dem Sittengesetz[3]. Ohne Zwang also ist Nichts zu hoffen, steht
das aber einmal fest, dann ist der Zwang des Gesetzes der wohlthä-
tigste und am wenigsten verletzende, denn er besteht und wird geübt
ohne Ansehen der Person.

Das Gesetz hat allein die innerlich zwingende Gewalt, auf die es

---

1) 197, 5. — οὐ γὰρ πεφύκασιν αἰδοῖ πειθαρχεῖν ἀλλὰ φόβῳ, οὐδ' ἀπέχεσθαι τῶν φαύ-
λων διὰ τὸ αἰσχρὸν ἀλλὰ διὰ τὰς τιμωρίας· πάθει γὰρ ζῶντες τὰς οἰκείας ἡδονὰς διώκουσι
καὶ δι' ὧν αὗται ἔσονται, φεύγουσι δὲ τὰς ἀντικειμένας λύπας, τοῦ δὲ καλοῦ καὶ ὡς ἀληθῶς
ἡδέος οὐδ' ἔννοιαν ἔχουσιν, ἄγευστοι ὄντες. τοὺς δὴ τοιούτους τίς ἂν λόγος μεταρρυθμίσαι;

2) 197, 28. — ἐκ νέου δ' ἀγωγῆς ὀρθῆς τυχεῖν πρὸς ἀρετὴν χαλεπὸν μὴ ὑπὸ τοι-
ούτοις τραφέντα νόμοις· τὸ γὰρ σωφρόνως καὶ καρτερικῶς ζῆν οὐχ ἡδὺ τοῖς πολλοῖς, ἄλλως τε καὶ νέοις. διὸ νόμοις δεῖ τετάχθαι τὴν τροφὴν καὶ τὰ ἐπιτη-
δεύματα· οὐκ ἔσται γὰρ λυπηρὰ συνήθη γινόμενα.

3) 197, 33. — οὐχ ἱκανὸν δ' ἴσως νέους ὄντας τροφῆς καὶ ἐπιμελείας τυχεῖν ὀρθῆς·
ἀλλ' ἐπειδὴ καὶ ἀνδρωθέντας δεῖ ἐπιτηδεύειν αὐτὰ καὶ ἐθίζεσθαι καὶ περὶ ταῦτα δεοί-
μεθ' ἂν νόμων καὶ ὅλως περὶ πάντα τὸν βίον· οἱ γὰρ πολλοὶ ἀνάγκῃ μᾶλλον ἢ
λόγῳ πειθαρχοῦσι καὶ ζημίαις ἢ τῷ καλῷ.

hier ankommt, denn es ist gewissermassen »ein Spruch, der aus dem
Sinn und der Vernunft selber stammt« [1]. Der einzelne Mensch, welcher sich dem leidenschaftlichen Treiben eines Andern widersetzt, verfällt persönlichem Hass, und wenn er noch so sehr im Rechte ist; das
Gesetz, wenn es das Richtige vorschreibt, kann Niemanden hassens-
werth erscheinen [2]. Leider wird diese Wahrheit von der Mehrzahl der
Menschen gänzlich verkannt. Mit einigen wenigen anderen steht Lakedämon als der einzige Staat da, in welchem der Gesetzgeber eine um-
fassende Lebensordnung eingeführt hat; in den meisten ist das ganze
Gebiet des Privatlebens von der Gesetzgebung völlig verwahrlost und
Jeder lebt wie er mag und schaltet mit Kyklopenwillkür über Weib
und Kind. Das Beste wäre wenn eine richtige Staatsfürsorge für Alles
ins Leben träte und diese sich auf die Dauer durchführen liesse — sie
hätte durch Gesetze zu wirken und je besser diese beschaffen wären,
desto trefflicher wäre sie [3]. Der geeignetste Gründer derselben aber
wäre der, welcher gemäss unserer Lehre zum Gesetzgeber sich gebildet
hätte [4].

So haben wir denn einen doppelten Lehrgang vor uns, der eine
bildet die ethische, der andre die politische Schule eines philosophisch
geadelten Bürgerthums, dessen höchste Leistung der beste Staat d. h.
die Verewigung der Tugend durch das Gesetz und damit die Verbür-
gung des allgemeinen Glücks durch die allgemeine Sittlichkeit ist.

Wir werden jetzt verstehen, was Aristoteles meint, wenn er den
philosophischen Staatsmann nennt »den Baumeister des Ideals, im Hinblick auf das man jegliches Ding als gut oder nicht gut unterscheidet« [5],
wenn er ihn ein ander Mal den »Schöpfer der Tugend und damit der
Glückseligkeit« heisst [6].

Es verlohnt sich wohl auf diesen Punkt näher einzugehen, denn er
ist für unser Urtheil über die Kritik des platonischen Staates von der
grössten Bedeutung. Wer mit Platon den Glauben an die zwingende

---

1) 194, 22: — ὁ δὲ νόμος ἀναγκαστικὴν ἔχει δύναμιν, λόγος ὢν ἀπό τινος φρο-
νήσεως καὶ νοῦ.

2) ib. 24. καὶ τὸν μὲν ἀνθρώπων ἐχθαίρουσι τοὺς ἐναντιουμένους ταῖς ὁρμαῖς, κἂν
ὀρθῶς αὐτὸ δράωσιν· ὁ δὲ νόμος οὐκ ἔστιν ἐπαχθὴς τάττων τὸ ἐπιεικές.

3) 109, 4. αἱ μὲν γὰρ κοιναὶ ἐπιμέλειαι δῆλον ὅτι διὰ νόμων γίγνονται, ἐπιεικεῖς δ' αἱ
διὰ τῶν σπουδαίων.

4) 199, 2. μάλιστα δ' ἂν τοῦτο δύνασθαι δόξειεν ἐκ τῶν εἰρημένων νομοθετικὸς γι-
νόμενος.

5) E. N. 133, 19. — τοῦ τέλους ἀρχιτέκτων, πρὸς ὃ βλέποντες ἕκαστον τὸ μὲν κακὸν
τὸ δὲ ἀγαθὸν ἁπλῶς λέγομεν.

6) 100, 22. — δημιουργὸς ἀρετῆς — εὐδαιμονίας.

Allgewalt des Gesetzes über den ganzen Menschen theilt, der ist auch logisch wenigstens genöthigt ihm Folgerungen zuzugeben, gegen die sich seine Menschenkenntniss, seine politische Einsicht in das Mögliche und Ausführbare sträuben mag, gegen die er aber gleichwohl seiner schneidigsten Waffe sich entäussert hat, und Aristoteles ist, wie wir sehen werden, mehr als einmal in diesem Falle.

1.
Aristoteles' Kritik der platonischen Politie.

Einheit und Gleichheit im Staate.

»Da unser Vorsatz ist zu ermitteln, welcher Art die zweifellos beste Gestaltung staatlichen Zusammenseins für diejenigen ist, die in allen Stücken sich ihr Leben nach Wunsch zurechtlegen können, so ist zunächst erforderlich, die fremden Staatsgebilde zu prüfen, die entweder in Wirklichkeit bestehen und durch deren Besitz gewisse Volksgemeinden den Ruf trefflicher Einrichtungen erworben, oder die von Denkern entworfen worden sind und bei Andern Beifall gefunden haben, einmal damit ans Licht trete, was an ihnen richtig gedacht und erfahrungsmässig brauchbar ist und sodann damit das Unternehmen, einen neuen Entwurf neben sie zu stellen, nicht erscheine als dünkelhafte Neuerung, sondern sich rechtfertige durch den Nachweis, dass die bisherigen in Wahrheit unzureichend sind [1].

Mit dieser ausnahmsweise wohl gebauten Periode eröffnet Aristoteles seine kritischen Gänge. Dem Unterfangen, auf eigene Faust den besten Staat zu suchen, statt ihn, als irgendwo bereits gefunden anzuerkennen, darf die sachliche Rechtfertigung nicht fehlen, dass damit auch wirklich etwas Zeitgemässes bezweckt wird; sie liegt in dem Beweis dass weder Platon noch Hippodamos oder Phaleas den Apfel vom Baum geschossen, weder Sparta noch Kreta, weder Athen noch Karthago für die Musterstaaten gelten dürfen.

----

1) p. 22, 31. — p. 23, 8. In dem Satz p. 23, 3: πᾶν εἴ τινες ἕτεραι τυγχάνουσιν ὑπὸ τινῶν εἰρημέναι lese ich einmal mit Scaliger καὶ εἴ statt κἂν εἴ, weil diese Stelle ohne allen Zweifel zu denen gehört, wo das so häufig verschriebene κἂν gar keinen Sinn hat (vgl. im Allg. Eucken de Aristotelis dicendi ratione I de particular. usu 1866. S. 61 ff.) und sodann mit Schneider und Göttling εἰρημέναι statt εἰρημέναι.

Die platonische Politie war, wie wir gesehen haben[1], herausgewachsen aus dem einen Gedanken, die fressende Seuche der Selbstsucht zu verbannen aus dem Staat durch Herstellung unbedingter E i n h e i t und G l e i c h h e i t seiner Bürger.

Mit der Prüfung dieses Satzes beginnt Aristoteles seine Kritik des Ideals.

Vorausgestellt wird im ersten Capitel in wenig Worten, die nachher im zweiten vervollständigt werden, der nicht bestrittene Satz, dass zu einem Staate e i n e Einheit ganz unerlässlich sei, nämlich die des W o h n o r t e s, d. h. der S y n ö k i s m o s. Wie denn eine Völkerschaft (ἔθνος) so lange keines staatlichen Daseins sich rühmen kann, als ihre Angehörigen ein Dörfern zerstreut (κατὰ κώμας κεχωρισμένοι) leben, wie die Arkader[2]. Ebensowenig ist die Bundesgenossenschaft (συμμαχία) ein Staat, denn sie ist eine zu einem bestimmten Zweck für eine gewisse Zeit geschlossene Vereinigung, die sofort wieder gelöst wird, wenn einer von beiden Theilen seinen Zweck erreicht hat[3]. Der Staat im echten Sinne ist, wie Aristoteles an einem andern Orte gründlich auseinandersetzt, eine Lebensgemeinschaft der höchsten sittlichen Interessen. Die absolute Einheit aber, die Platon seinem Staate geben wollte, widerstrebt Aristoteles. «Auch ich, sagt er, bestehe darauf, dass eine möglichst strenge Staatseinheit das Wünschenswertheste ist, ich theile also die Voraussetzung, von welcher Sokrates ausgeht. Gleichwohl liegt auf der Hand, dass eine Einheit die zu weit geht und über Gebühr angespannt wird, den Staat selber in seinem Begriffe aufhebt; denn eine Staatsgemeinde ist doch von Natur eine Vielheit, wird diese zu sehr vereinfacht, so bleibt uns vom Staat bald nur ein Hausstand, und vom Hausstand nur der Einzelmensch übrig. Im Hausstand wird man ja eine strengere Einheit als im Staat, im Einzelnen aber eine noch strengere als im Hausstande erkennen, darum dürfte man eine solche Vereinfachung nicht vornehmen w o l l e n, auch wenn sie möglich wäre; denn man würde den Staat auflösen»[4].

---

1) S. 133 ff.

2) 24, 10. In den Worten ἀλλ' οἷον Ἀρκάδες steckt ganz gewiss ein Missverständnis des Abschreibers. s. Schneider z. d. St.

3) 24, 7.

4) 23, 29. — λέγω δὲ τὸ μίαν εἶναι τὴν πόλιν πάσαν ὡς ἄριστον ὂν ὅτι μάλιστα· λαμβάνει γὰρ ταύτην ὑπόθεσιν ὁ Σωκράτης. καίτοι φανερόν ἐστιν ὡς προϊοῦσα καὶ γινομένη μᾶλλον οὐδὲ πόλις ἔσται· πλῆθος γάρ τι τὴν φύσιν ἐστὶν ἡ πόλις, γινομένη τε μία μᾶλλον οἰκία μὲν ἐκ πόλεως ἄνθρωπος δ' ἐξ οἰκίας ἔσται· μᾶλλον γὰρ μίαν τὴν οἰκίαν τῆς πόλεως φαίημεν ἄν, καὶ τὸν ἕνα τῆς οἰκίας· ὥστ' εἰ καὶ δυνατός τις εἴη τοῦτο δρᾶν, οὐ ποιητέον· ἀναιρήσει γὰρ τὴν πόλιν.

Schon Camerarius und Schneider haben bemerkt, dieser Einwurf thue Platon Unrecht, denn dieser habe ja keine numerische, sondern eine moralische Einheit gemeint. Aber Aristoteles sagt das auch nicht ausdrücklich, er will wohl nur einwerfen, ein Einheitsbegriff, wie ihn Platon aufstellt, führe folgerechterweise dahin, dass man am Ende die Vielheit, ohne die nun einmal der Staat nicht gedacht werden kann, auch thatsächlich aufheben müsse, nachdem man sie logisch geleugnet. Von Anderem abgesehen mag ihm die Liebhaberei Platon's, den Charakter bestimmter Staatsformen mit dem Charakter typischer Individualitäten zu vergleichen, diesen Gedanken besonders nahe gelegt haben. Ich wenigstens konnte mich einer ähnlichen Vorstellung nicht erwehren, wenn ich las, wie Platon einen oligarchischen Staat unter dem Bilde eines schmutzigen Wucherers, oder einen demokratischen unter dem eines benebelten Tagediebs anschauen lässt.

Ganz unzweifelhaft richtig ist, dass Platon die Verschiedenheit innerhalb der Vielheit der staatlichen Elemente ausser Acht lässt. »Der Staat, sagt Aristoteles, umfasst nicht blos eine Mehrheit von Menschen, seine Glieder sind auch ihrem Wesen nach von einander verschieden. Ein Staat entsteht gar nicht aus Elementen, die sich vollkommen gleich sind. — Vielmehr was zu einem (organischen) Ganzen werden soll, das ist unter einander wesentlich verschieden« [1]). Was Aristoteles hierunter versteht, ist an diesem Orte, wo die Sätze ziemlich wirr und unvermittelt durch einander laufen, nicht näher bezeichnet, an einer späteren Stelle aber durch ein treffendes Bild erläutert. Die sokratische Einheit, sagt er weiter unten, würde den harmonischen Zusammenklang verwandter Töne in einen einzigen Ton, das Spiel des Rythmentanzes in einen einzigen Takt verwandeln [2]).

Aristoteles unterscheidet mechanische und organische Einheit; unter der ersteren versteht er äusserliche Einförmigkeit, leblose Eintönigkeit, unter der letzteren das harmonische Zusammenwirken verschiedener sich gegenseitig ergänzender und tragender Kräfte und hier ist seine Einrede vollkommen und durchaus begründet. Um den Zwiespalt zu heben, hat Platon eine Einheit vorgeschlagen, die das Leben selber aufhebt. Aristoteles erwidert ihm, die Gegensätze, die das Leben

1) 24, 4. — οὐ μόνον δ' ἐκ πλειόνων ἀνθρώπων ἐστὶν ἡ πόλις, ἀλλὰ καὶ ἐξ εἴδει διαφερόντων· οὐ γὰρ γίνεται πόλις ἐξ ὁμοίων. — 10. ἐξ ὧν δὲ δεῖ ἓν γενέσθαι, εἴδει διαφέρει.

2) 30, 25. ὥσπερ κἂν εἴ τις τὴν συμφωνίαν ποιήσειεν ὁμοφωνίαν, ἢ τὸν ῥυθμὸν βάσιν μίαν.

einmal bewegen, sind von der Natur selber gestiftet, man kann sie
nicht ausrotten, wohl aber sie veredeln, erziehen, entwickeln, dass ihr
Schaden zurück, ihr Segen an's Tageslicht trete; könnte man sie aber
auch zerstören, man dürfte es nicht, denn die echte Einheit, die der
beste Staat haben soll, ist nicht denkbar ohne sie, nur »das Artver-
schiedene kann zur Einheit zusammenwachsen«, einfach deshalb, weil
in der Verbindung mit einem Andern jeder Theil das sucht, was ihm
fehlt und dafür hingibt, was ihm eigen ist [1]. Die Hörer der Politik
sind aus der Ethik mit dieser Vorstellung schon so vertraut, dass sie
hier nur einer flüchtigen Hinweisung auf längst Bekanntes bedurften.
In der That handelt insbesondere der berühmte Abschnitt über die
»Freundschaft« im ersten Buche der Ethik wesentlich von dem Naturgesetze der menschlichen Gesellschaft, dass das Ungleiche sich anzieht
und dass unter den Elementen, welche das stärkste Bedürfniss nach
Ergänzung durch ihren Gegensatz haben, die dauerhaftesten und be-
harrlichsten Verbindungen hervorgehen [2].

Eine treffende Umschreibung der von Aristoteles zuerst gefundenen, durch und durch modernen Anschauung gibt Montesquieu in
seiner Schrift von den Ursachen der Grösse und des Verfalls der Römer (c. 9): »Was man die Einheit eines staatlichen Körpers nennt, ist
etwas sehr zweideutiges; die wahre Gestalt derselben ist eine Einheit
der Harmonie, welche schafft, dass alle Theile, wie entgegengesetzt sie
uns erscheinen mögen, zusammenwirken zum allgemeinen Wohle der
Gesellschaft, wie in der Musik Dissonanzen sich auflösen in der Harmonie des Hauptaccords. — Es ist damit wie mit den Theilen dieses
Universums, die ewig verknüpft sind durch die Aktion der einen und
die Reaktion der Anderen« [3].

Nunmehr ergibt sich auch, welcherlei Gleichheit dem besten Staate
frommt. Es ist nicht die, welche in einem Urbrei zertrümmerter Gegensätze besteht, sondern die »durch Gewöhnung, Philosophie, Gesetze an-
gebildet und anerzogen wird [4]; wo diese aber Bestand hat, da ist auch erforderlich, dass Alle, die dieser Schule theilhaftig geworden sind, gleich-

1) E. N. 130, 18. οὐ γὰρ τυγχάνει τις ἀνδρὸς ἂν, τούτου ἐφιέμενος ἀντιδωρεῖται ἄλλο.

2) E. N. 130, 4. οὕτω δ᾽ ἂν καὶ οἱ ἐναντίοι μάλιστ᾽ εἶεν φίλοι · ἰσάζοντο γάρ.

3) — Ce qu'on appelle union dans un corps politique c'est une chose très-équi-
voque; la vraie est une union d'harmonie qui fait que toutes les parties quelque op-
posées qu'elles nous paraissent concourent au bien général de la société comme des
dissonances dans la musique concourent à l'accord total. — Il an est comme des parties de cet univers éternellement liées par l'action des unes et la réaction des autres.

4) 30, 30. — τοῖς ἔθεσι καὶ τῇ φιλοσοφίᾳ καὶ τοῖς νόμοις.

mässig zur Leitung des Staates herangezogen werden, einerlei ob die
Thätigkeit des Staatsmannes ihnen eine Lust oder eine Last dünkt und
nun kommt Aristoteles auf eine neue Einrede wider Platons Politie,
die aber in zwei Theile zerrissen ist; der eine ist im Zusammenhang
mit den eben besprochenen Sätzen, der andere ist am Schluss des ganzen Abschnittes eingeschoben. Hier[1] wird auseinandergesetzt, dass
der weise Gesetzgeber die Bürger, die einander ebenbürtig sind an Befähigung zum Herrschen, möglichst gleichmässig, also, da nicht alle
gleichzeitig am Ruder stehen können, in bestimmt geordnetem Wechsel zur Regierung berufen müsse, dort[2] wird betont, dass Platon sich
durch seine Gold-, Silber- und Eisenkasten selber unmöglich gemacht
habe, dieses oberste Gesetz aller Gleichheit zu befolgen; denn dieses
verlange unter Gleichen einen verfassungsmässigen Wechsel von Gehorchen und Befehlen[3]. Aristoteles berührt hier die unstreitig
schwächste Stelle der Politie, das Verhältniss der Wächter zu den Philosophen. Beide bilden zusammen den herrschenden Stand, beide machen im Wesentlichen dieselbe Schule durch und doch behandelt sie
Platon wie zwei Kasten, die unter einander so verschieden sind wie
Gold und Silber, doch gibt er den waffenlosen Philosophen den Vorrang vor den bewaffneten Kriegern; jene bilden den Kopf, diese die
Arme der wunderlichen Körpers und doch sind die Charaktereigen-
schaften, die er bei den Letzteren voraussetzt, nichts weniger als dien-
lich, um blinde Unterwürfigkeit gegen die Befehle sterndeutender Denker zu erzeugen. Aristoteles hat Recht, wenn er sagt, eine solche Zurücksetzung sei eine Quelle gegründeter Unzufriedenheit und meuteri-
scher Stimmung selbst bei Leuten, die nie an's Befehlen, sondern immer nur an's Gehorchen gewöhnt wären, wie vielmehr bei den trotzig
ungestümen, streitsüchtigen Naturen, die Platon für seinen Wächterdienst fordre[4].

Die Einheit und Gleichheit also, die Aristoteles von Platon verkannt
findet, soll nicht beruhen auf der radikalen Vernichtung, sondern
auf der sittlichen Versöhnung der Gegensätze; die Lehre von diesen Voraussetzungen des Staates soll sich in Einklang halten mit den
unzweideutigen Geboten der Natur des Menschen, die sich durch

1) 24, 11—30.
2) 32, 15—23.
3) 24, 15—20.
4) 32, 16: τοῦτο δὲ σὺ[...]ως αἴτιον γίνεται καὶ παρὰ τοῖς μηθὲν ἀξίωμα κεκτημένοις,
ἦ πού[...]ν δὴ παρὰ τοῖς θυμοειδέσι καὶ πολεμικοῖς ἀνδράσιν.

Machtsprüche der Theorie nicht meistern lässt und wird dann auch bewahrt bleiben vor Widersprüchen, die sie sich selber bereitet.

Die Weiber- und Kindergemeinschaft.

Die Weiber-, Kinder- und Gütergemeinschaft in der platonischen Politie erscheint uns so absonderlich, dass schon um dieses einen Zuges willen die Meinung herrschend werden kounte, eine Phantasie der Art verweise das ganze Werk in die Reihe jener Wahngebilde, mit denen es den Urhebern selber unmöglich könne ernst gewesen sein. Die Analogien, die wir oben beigebracht haben, werden mindestens bewirken, dass das Urtheil über das, was den Hellenen noch im vierten Jahrhundert nach dieser Seite glaublich sein konnte, was nicht, nicht so leichthin abgegeben werde. Wäre jenes Vorurtheil richtig, so wäre Aristoteles in der Lage gewesen, sich die Widerlegung jener Lehre ebenso leicht zu machen wie wir, er würde das nach seiner Ansicht nicht ernsthaft Gemeinte eben auch keiner ernsthaften Prüfung werth gehalten haben. Statt dessen widmet er gerade diesem Theil seiner Betrachtung den allerbreitesten Raum: wie schon von Andern bemerkt, eine neue schlagende Antwort auf die Frage, wie die hellenische Lesewelt sich zu dem platonischen Staatsromane gestellt hat.

Um den Sondergeist mit der Wurzel auszutilgen, hatte Platon das Eigenthum und die Familie abgeschafft und sich der Zuversicht hingegeben, dass, wenn einmal für Alle Alles »mein« und »nicht mein« wäre, das Bewusstsein eigenen Besitzes bis auf die Erinnerung erloschen sein würde.

Zunächst gegen die Logik dieses Schlusses erhebt Aristoteles Einsprache. Er bezeichnet die Folgerung als verfehlt. Der Fehlschluss liegt darin, dass das Wort »Alle« gebraucht ist, als habe es nur einen Sinn. Es hat aber zweierlei Bedeutungen, es kann heissen, die Gesammtheit ohne Rücksicht auf die Individuen, und kann wieder alle Einzelnen als Individuen bezeichnen sollen, das ist aber ein grosser Unterschied. In solchen Fällen ohne Weiteres und stillschweigend in der Bedeutung schliessen, die dem Redner gerade passt, das ist wohl erlaubt im logischen Schulgefecht[1]), wo das Spielen mit dem Doppelsinn der Worte »Alle«, »Beide«, »Ungerade«, »Gerade«, alltäglich ist, aber nicht in so wichtigen Deduktionen. Dass Alle Alles »Mein« oder »nicht Mein« nen-

---

1) 23, 16. τὸ γὰρ πάντες, καὶ ἀμφότερα καὶ περιττὰ καὶ ἄρτια διὰ τὸ διττὸν καὶ ἐν τοῖς λόγοις ἐριστικοὶς (so leor ich statt ἐριστικοὺς) ποιεῖ συλλογισμούς.

nen ist unmöglich, weil die Gesammtheit nicht ein einziger Körper mit
einem Munde ist, sondern eine Vielheit, deren Glieder ein besonderes
Leben, besondre Wünsche u. s. w. haben. Sobald aber einmal all diese
Einzelnen jene Worte gebrauchen, dann haben sie auch bestimmte einzelne Objekte dabei im Sinn und jene Einheit, auf die Platon hofft, ist
doch wieder dahin. »Darum, schliesst Aristoteles diesen logischen Einwurf, angenommen auch, Alle hätten für Alles dieselbe Bezeichnung,
so wäre das in einem Fall zwar schön, aber unmöglich, im anderen
Fall nichts weniger als ein Beweis der Einheit«[1].

Nach diesem Angriff auf die logische Schwäche der platonischen
Beweisführung bringt Aristoteles eine Reihe von Gründen aus der Erfahrung gegen die Ausführbarkeit jenes Planes ins Treffen und
beruft sich dabei fast ausschliesslich auf die Folgen der Weibergemeinschaft für die dadurch eltern- und herrenlos gewordenen Kinder.

Erstens: Die Kinder würden erfahren, dass, was die meisten
Herren hat, eigentlich ohne Herren ist.

»Um das was ihm eigen gehört, kümmert sich Jeder am meisten,
um das Allgemeine viel weniger, oder wenigstens nur in soweit es den
Einzelnen (d. h. seinen Vortheil' berührt; abgesehen von allem Anderen leitet schon der Gedanke zur Sorglosigkeit, dass irgend ein Fremder sich der Sache annehmen werde, ganz wie in den häuslichen Verrichtungen die grössere Anzahl dienstbarer Geister manchmal schlechtere
Dienste thut als die geringere. Die tausend Bürgersöhne gehören jedem Bürger, doch nicht bestimmte einem bestimmten, sondern der
erste Beste ist des ersten Besten Sohn sogut wie jeder Andre; daraus
folgt dass Alle von der gleichen Vernachlässigung getroffen werden.
Ferner wird sich ergeben, dass jeder (nämlich der Söhne) »mein« nennen wird den Bürger, dem es gut geht, »nicht mein« den, dem es
schlecht geht[2], der wievielste an Zahl er immer sein mag, wie andrerseits (jeder der Väter) ebenso die Bezeichnung »mein« oder »sein« auf
jeden der Tausend (Söhne), oder wie stark die Stadt sonst ist, anwenden wird und zwar stets im Zweifel, denn es ist nie auszumachen,
wem ein Kind geboren und, wenn geboren, am Leben erhalten worden ist.«

<hr />

[1] 23, 18. διὸ ἐστὶ τὸ πάντας τὸ αὐτὸ λέγειν ὡδὶ μὲν καλόν, ἀλλ' οὐ δυνατόν, ὡδὶ δ'
οὐδὲν ὁμονοητικόν.

[2] 23, 29. Dieser Satz, von dem Conring verzweifelnd sagt haec paene opus habent interprete Oedipo, ist meines Erachtens nur zu verstehen, wenn wir ihn mit einer
zwanglosen Einschiebung lesen: ἐν οὕτως ἕκαστος ἐμὸς λέγει τὸν εὖ πράττοντα τῶν πολιτῶν ἤ, οὐκ ἐμός τὸν κακῶς.

Angenommen also, die Kindergemeinschaft wäre möglich, so wäre
sie ein grosses Unglück für die, denen die Aufhebung der Ehe und der
häuslichen Erziehung gerade zu gut kommen sollte, für die Kinder
selbst. Statt gleichmässiger Fürsorge für Alle, würde gleichmässige
Vernachlässigung Aller eintreten, der Staat, der nach Platon's Meinung
Allen ein liebender Vater sein sollte, würde an Allen zu einem lieb-
losen Stiefvater werden. Hiegegen ist aber doch wohl zu bemerken,
dass Platon sehr eingehende Anordnungen getroffen hat, um den Kindern von der Geburt an eine aufmerksame Pflege zu sichern, dass diese,
wenn der neue Staat überhaupt in's Leben trat, keineswegs auf das
blinde Ungefähr, wer sich ihrer annehmen wollte, wären angewiesen
worden. Verwicklungen, Schwierigkeiten würden sich freilich in
Menge eingestellt haben, aber sie wären doch sehr geringfügiger Natur
gewesen im Vergleich mit denen der ersten Einführung dieses Staates
überhaupt. War diese einmal überwunden, konnte alles Andre ziemlich sich selber überlassen werden.

Zweitens: Es ist aber ganz unmöglich, die natürlichen Bande zwischen Blutsverwandten völlig zu zer-
schneiden.

»Es gibt kein Mittel zu verhüten, dass Einer oder der Andre Geschwister, Kinder, Eltern errathe; nach den Aehnlichkeiten, die zwischen Kindern und ihren Erzeugern bestehen, muss die Blutsverwandtschaft in vielen Fällen zu Tage treten. Dass das (unter ähnlichen Verhältnissen, wie sie Platon voraussetzt; wirklich vorkomme, bezeugen
die Mittheilungen weltkundiger Reisebeschreiber; bei einzelnen Stämmen des oberen Libyen sollen die Weiber gemeinsam sein, die Kinder
aber die zur Welt kommen, nach den Aehnlichkeiten vertheilt werden«[1].

Auch in der Thierwelt kommt es vor, dass die Weibchen die Eigenheit haben, Junge zu werfen, die mit den Männchen die grösste Aehnlichkeit zeigen, so Stuten und Kühe, wie die Stute von Pharsalos, die
darum sprichwörtlich die »Gerechte« hiess[7] (weil sie eben wiederzugeben pflegte was sie empfangen hatte).

---

1) Gemeint sind wohl, wie Schneider angibt, die Garamanten (Pomponius
Mela I, 8), die Troglodyten am rothen Meer (Diodor III. p. 197), bei denen nur
der König sein eigenes Weib hat; dazu kommen noch nach Herod. IV, 180 die Au-
fier am Tritonsee, abgesehen von den oben erwähnten Agathyrsen desselben
Erzählers, den Tyrrhenern des Theopomp, den Galaktophagen des Nikolaus
Damascenus. s. S. 135.
2) Von dieser haben wir nur die freilich wenig klare Stelle in Aristoteles Thier-
geschichte VII, 6, 49 (Ausgabe v. Aubert u. Wimmer) : αἱ δὲ καὶ ταὶ γενναῖας ὁμοίαν
αὐταῖς γεννῶσαι, αἱ δὲ τῷ ἀνδρί, ὥσπερ ἡ ἐν Φαρσάλῳ ἵππος ἡ Δικαία καλουμένη.

Eine tiefe Frage wird hier an der Oberfläche berührt. Bei dem Streite zweier Mütter um dasselbe Kind legte Salomo Berufung ein an den mütterlichen Instinkt und die Frau, die, als sie das Messer blitzen sah über dem Liebling, einen lauten Angstschrei ausstiess, erkannte er als die Mutter. Auch wir werden uns nicht ausreden lassen, dass es etwas gibt, was die Mutter deutlicher als äussere Aehnlichkeit versichert, das ist mein Kind — und wundern uns darum vielleicht, dass Aristoteles die ganze Sache hier nur bei der Aussenseite fasst. Wie wir uns das zu erklären haben, wollen wir nachher andeuten. Dass die aristotelische Auffassung von der sittlichen Würde der Ehe, von dem inneren Verhältniss zwischen Eltern und Kindern nicht daran schuld ist, können wir aus der Ethik beweisen. »Die Eltern, sagt er dort, lieben ihre Kinder wie sich selbst, denn als von ihnen entsprossen und gezeugt sind sie gewissermassen in der Trennung ihr zweites Selbst, die Kinder aber lieben die Eltern als die, die ihnen das Leben gegeben, und die Geschwister einander als die aus demselben Schosse Entsprungenen; denn was sie mit Jenen gemein haben, das verbindet sie auch untereinander; daher die Ausdrücke »ein Blut«, »ein Stamm« u. s. w.[1].

»Das Verhältniss der Kinder zu den Eltern beruht wie das des Menschen zu den Göttern auf der dankbaren Hinneigung zu den Wohlthätern und den Ueberlegenen; denn sie haben von ihnen ihr Bestes empfangen, sofern sie ihnen Leben, Ernährung und Erziehung verdanken. Lust und Nutzen knüpfen dies Verhältniss noch viel fester als unter Fremden, da eine innigere Gemeinschaft des Lebens dazukommt«[2]. »Die Kinder sind das Band der Ehe; daher kinderlose Eheleute sich leichter trennen. Die Kinder sind ein gemeinsames Eigenthum Beider und das (in diesem Sinne) Gemeinsame hält zusammen«[3].

Man sieht hieraus schon, dass es nicht die Unausführbarkeit allein ist, die Aristoteles gegen die Kindergemeinschaft einnimmt. Durch

1) E. N. p. 155, 22. — γονεῖς μὲν οὖν τέκνα φιλοῦσιν ὡς ἑαυτούς (τὰ γὰρ ἐξ αὐτῶν οἷον ἕτεροι αὐτοὶ τῷ κεχωρίσθαι), τέκνα δὲ γονεῖς ὡς ἀπ' ἐκείνων πεφυκότα, ἀδελφοὶ δ' ἀλλήλους τῷ ἐκ τῶν αὐτῶν πεφυκέναι· ἡ γὰρ πρὸς ἐκεῖνα ταὐτότης ἀλλήλοις ταὐτοποιεῖ· ὅθεν φασὶ ταὐτὸν αἷμα καὶ ῥίζαν καὶ τὰ τοιαῦτα.

2) p. 156, 2. — ἔστι δ' ἡ μὲν πρὸς γονεῖς φιλία τοῖς τέκνοις καὶ ἀνθρώποις πρὸς θεούς, ὡς πρὸς ἀγαθὸν καὶ ὑπερέχον· εὖ γὰρ πεποιήκασι τὰ μέγιστα· τοῦ γὰρ εἶναι καὶ τραφῆναι αἴτιοι καὶ γενομένοις τοῦ παιδευθῆναι, ἔχει δὲ καὶ τὸ ἡδὺ καὶ τὸ χρήσιμον ἡ τοιαύτη φιλία μᾶλλον τῶν ὀθνείων ὅσῳ καὶ κοινότερος ὁ βίος αὐτοῖς ἐστιν.

3) p. 156, 27. σύνδεσμος δὲ τὰ τέκνα δοκεῖ εἶναι· διὸ θᾶττον οἱ ἄτεκνοι διαλύονται· τὰ γὰρ τέκνα κοινὸν ἀγαθὸν ἀμφοῖν, συνέχει δὲ τὸ κοινόν.

150   I. Aristoteles und die theoretischen Staatsideale seiner Vorgänger.

und durch modern faßt er die Verknüpfung zwischen Eltern und Kindern als ein sittliches und seelisches Verhältniss auf und das hängt mit der nicht minder modernen Auffassung zusammen, die er von dem Wesen der Ehe selber hegt.

»Zwischen Mann und Weib, sagt er in demselben Zusammenhang, besteht ein natürliches Liebesband; denn der Mensch ist von Natur zu ehelichem Zusammensein noch mehr angelegt als zu staatlichem, insofern der Hausstand noch früher und nothwendiger ist als der Staat und die Fortpflanzung der Gattung bei allen lebenden Wesen noch viel verbreiteter (als ein staatähnliches Zusammenleben in weiteren Kreisen). In der Thierwelt beschränkt sich die Paarung auf diesen (geschlechtlichen) Zweck, die Menschen aber vermählen sich nicht bloss, um Kinder in die Welt zu setzen, sondern um ihr ganzes Leben mit einander zu theilen; von Hause aus sind die Verrichtungen der Geschlechter verschieden, Anderes liegt dem Manne, Anderes dem Weibe ob; so kommen sie einander zu Hilfe und Jeder Theil gibt zur gemeinsamen Nutzniessung, was er aufzubieten hat.

Daher vereinigt dieses Liebesverhältniss das Nützliche mit dem Angenehmen. Das Letztre kann auch aus der Tugend entspringen, wenn beide sittlich ausgezeichnet sind; denn jeder Gatte hat eine ihm eigene Vortrefflichkeit und die Freude daran kommt Beiden zu gut.«

Hier liegt der Kern dessen, was Aristoteles und Platon von einander scheidet. Für Platon ist die menschliche Ehe nicht mehr als die thierische Begattung. Ihr ganzer Zweck ist die Fortpflanzung, die Erzielung des Nachwuchses und der ganze Unterschied zwischen Weib und Mann ist der, dass dieser säet, jenes gebiert. Aristoteles betont nachdrücklich die Wesensverschiedenheit beider Geschlechter, den sittlichen Werth der Ehe, der weit über die geschlechtliche Seite hinausgeht, für ihn steht deshalb bei Aufhebung der Ehe noch Grösseres auf dem Spiele, als die Gefahr unzüchtiger äusserer Verwicklungen, über die der Gesetzgeber nie Herr werden würde: der Verlust der heiligsten und ursprünglichsten Bande, die den Menschen an den Menschen

1) p. 156, 15. — ἀνὴρ δὲ καὶ γυναικὶ φιλία δοκεῖ κατὰ φύσιν ὑπάρχειν· ἄνθρωπος γὰρ τῇ φύσει συνδυαστικὸν μᾶλλον ἤ, πολιτικόν, ὅσῳ πρότερον καὶ ἀναγκαιότερον οἰκία πόλεως, καὶ τεκνοποιία κοινότερον τοῖς ζῴοις. τοῖς μὲν οὖν ἄλλοις ἐπὶ τοσοῦτον ἡ κοινωνία ἐστίν, οἱ δ᾽ ἄνθρωποι οὐ μόνον τῆς τεκνοποιίας χάριν συνοικοῦσιν, ἀλλὰ καὶ τῶν εἰς τὸν βίον· εὐθὺς γὰρ διῄρηται τὰ ἔργα καὶ ἔστιν ἕτερα ἀνδρὸς καὶ γυναικός· ἐπαρκοῦσιν οὖν ἀλλήλοις, εἰς τὸ κοινὸν τιθέντες τὰ ἴδια. διὰ ταῦτα δὲ καὶ τὸ χρήσιμον εἶναι δοκεῖ καὶ τὸ ἡδὺ ἐν ταύτῃ τῇ φιλίᾳ. εἴη δ᾽ ἂν καὶ δι᾽ ἀρετήν, εἰ ἐπιεικεῖς εἶεν· ἔστι γὰρ ἑκατέρου ἀρετὴ καὶ χαίροιεν ἂν τῷ τοιούτῳ.

knüpfen, noch ehe ein Staat geworden ist, der die Familien zu einer
höhern Einheit, die häuslichen und persönlichen Empfindungen zu
dem Bewusstsein höherer Pflichten entwickelt.

Auf diese Stellen der Ethik gestützt, können wir sagen, Aristoteles
hat gegen Platon das Recht und die Würde der Ehe für die Staatslehre
gerettet. Dass diese Erwägungen an unserer Stelle in der Politik nicht
wiederkehren, hat seinen Grund wahrscheinlich einmal darin, dass sie
dem Hörer derselben aus der Ethik noch vollkommen geläufig sein
mussten und sodann darin, dass es hier gilt, Platon nur mit solchen
Waffen zu schlagen, die er selber gelten lässt. Einem Denker aber, der
nun einmal die Ehe so auffasst wie Platon, ist eben auch nur mit solchen Gründen beizukommen, die sich aus seinen eignen Voraussetzungen folgern lassen. Von Seiten des sittlichen Zwecks der Ehe durfte
man dem keine Einrede machen, der ihn rundweg leugnet und nur
einen politischen anerkennt.

Drittens: Die Kindergemeinschaft führt zu unsühn-
baren Versündigungen und zerstört die Liebe, die sie
gründen soll.

Die Verbrechen, die in jedem Staate vorkommen, werden hier
doppelt sündhaft, wo sie unter Umständen von dem Kinde gegen die
Eltern, von dem Bruder gegen die Schwester begangen werden. Was
anderwärts einfacher Mord wäre, würde hier zum Vater-, Mutter-, Ge-
schwistermord, was sonst alltägliche Buhlschaft wäre, würde hier zur
Blutschande[1]; Einreden, auf welche Platon erwidern könnte, wo es
keine Verwandtschaft mehr gibt, können auch Verbrechen, wenn sie
überhaupt noch geschehen, dadurch nicht verschärft werden, dass sie
unter Verwandten vorkommen. Ziemlich ähnlich steht es mit dem
darauffolgenden Vorwurf[2], dass diese Gemeinschaft, weil sie eine
Quelle ewigen Haders sei, besser passe für die dienende Bevölkerung,
der man um der Ruhe der Gebietenden willen die Zwietracht wünschen
müsse, als für den herrschenden Stand, dem die Einheit noth thue.
Platon ist eben über Wesen und Verwirklichung dieser Einheit andrer
Meinung.

Schliesslich kommt Aristoteles auf die Liebe zurück, die auch
nach Platon die Seele alles staatlichen Lebens sein soll. Eine Liebe
von der Inbrunst, wie sie Aristophanes im Symposion (14) schildert,
vermöge deren zwei Menschen zusammenzuwachsen und ein Wesen zu

---

1) S. 26, 20 ff.
2) S. 27, 3—6.

werden trachten [1]), ist undenkbar ohne Anerkennung des Individuums
und seiner individuellen Empfindungen. Wo selbst die Bande der El-
tern- und Kindesliebe gelöst sind, weil die Liebe im Staate nie einem
Einzelwesen als Nebenbuhler des Staates gewidmet werden soll, da
muss die Freundschaft unter Fremden gar sehr wässerig werden. Die
Beibehaltung der blossen Namen »mein Vater, meine Mutter, mein
Bruder, mein Freund«, die keinen Sinn haben, weil ihnen kein unter-
scheidbarer Gegenstand entspricht, gleicht dem Tropfen Süssigkeit,
der in einen Topf Wasser gegossen, gar nicht mehr geschmeckt wird.
Die Namen selbst werden aussterben, wenn man müde ist, sie in dieser
traurigen Verstümmelung zu brauchen.

Es ist nun einmal nicht anders, sagt Aristoteles, Liebe und Sorge
hegt der Mensch nur für zwei Dinge, einmal für das was er zu eigen
besitzt und darum nicht verlieren will und sodann für das was er
lieb gewonnen hat und darum für sich erhalten möchte [2]).
Platon hatte versucht, zwei Dinge zu trennen, die unter Menschen
nun einmal nicht trennbar sind. Er hatte das Bewusstsein des Individuums ausgelöscht, indem er Alles zerstörte, wonach der Einzelmensch
in der Welt, wie sie nun einmal ist, als solcher Verlangen trägt und
wollte dann doch seinem Staate eine Empfindung retten, die nur im
individuellen Leben keimen kann. Um eine ganz selbstlose Liebe und
Freundschaft zu erzielen, hatte er das Selbst überhaupt aufgehoben
und das ist der Fehler, den Aristoteles in den letzten Worten noch einmal rügt. Er erkennt den Sondergeist als natürlich an, den Platon
eine Erfindung entarteter Zeiten nannte, und macht dadurch über den
politischen Gesichtskreis Platon's einen grossen Schritt hinaus, der zu
noch viel wichtigeren Folgen führen müsste, wenn nicht eben auch
Aristoteles in seiner Zeit befangen wäre.

---

1) 27, 18 lese ich nach Conring's von Niemandem beachteter Verbesserung ἐν-
ταῦθα μὲν οὖν ἀνάγκη ἀμφοτέρους ἐχθάρθαι εἰ (statt ἢ) τὸν ἕνα. Der schöne Mythos des
Aristophanes von dem Entstehen der Liebe aus dem Verlangen der Geschlechter, die
seit der Schöpfung gelöste körperliche Einheit wieder herzustellen, beruht eben auf
der Idee, dass nicht beide oder ein Theil, sondern beide mit einander leben,
mit einander sterben.
2) 27, 26. δύο γὰρ ἐστιν ἃ μάλιστα ποιεῖ κήδεσθαι τοὺς ἀνθρώπους καὶ φιλεῖν, τό τε
ἴδιον καὶ τὸ ἀγαπητόν. Für diese beiden Bezeichnungen weiss ich keine andre Erklärung als die von mir im Text gegebene.

Die Gütergemeinschaft.

Die Frage, in wie weit sich für den besten Staat Gleichheit und
Gemeinschaft des Güterbesitzes empfehle oder nicht, hält Aristoteles
für unabhängig von den Verhältnissen der Ehe und des abgesonderten
Hausstandes. Nach unserer modernen Auffassung sind diese Fragen
untrennbar. Die Gemeinschaft der Güter steht und fällt mit der Gemeinschaft der Weiber und Kinder; denn ein abgesonderter Hausstand
erfordert nothwendig auch ein abgesondertes Besitzthum, von dem er
lebt, und eine in unserem Sinne heilig gehaltene Ehe ist wieder nicht
denkbar ohne ein strenges Hausrecht, das die Ehre, die Freiheit und
das Eigenthum der Insassen gleichmässig deckt. Der antike Denker
war darin anders gestellt, einfach deshalb, weil zu seinem Begriff des
Eigenthums nicht auch wie bei uns der Begriff der eigenen Arbeit
hinzu zu kommen brauchte, weil die Welt, für die und in der er lebt
und denkt, aus Freigebornen besteht, die erhalten werden durch die
Arbeit fremder, unfreier Hände, weil diese herrschende Kaste im Grossen betrachtet der dienenden gegenüber sich schon ohnehin in einem
gewissen communistischen Verhältniss befindet. Dieser Gesichtspunkt
ist bei der nun folgenden Erörterung strenge festzuhalten, ebenso ein
anderer, der uns Modernen wo möglich noch befremdender ist.

Aristoteles und Platon berücksichtigen im Allgemeinen nur einerlei Art Eigenthum, das an Grund und Boden; das Capitalvermö-
gen ist für ihre philosophischen Erwägungen nicht vorhanden. Platon
hat es in der Politie durch einen theoretischen Machtspruch einfach
aus der Welt geschafft und Aristoteles müht sich an einer andern Stelle
(im ersten Buch) der Politik ab, es in die entlegensten Winkel des
Wirthschaftslebens zu verbannen. Bei der Frage nach der Gütergemeinschaft lassen es beide ausser Acht. Es ist eben bis zur Stunde für
Socialisten und Communisten der unbequemste aller Steine des An-
stosses und bezeichnend wie nichts Anderes für das Mass von Weltentfremdung, dem die griechische Staatslehre verfallen, ist die Thatsache, dass sie das Capital verleugnet in demselben Jahrhundert, wo es
in allen hellenischen Verhältnissen eine Grossmacht ersten Ranges geworden ist, wo es selbst den spartanischen Staat im Innersten aufgelöst, und die auswärtige Politik fast aller hellenischen Staaten in ein
grosses Schachergeschäft verwandelt hat.

Demnach versteht Aristoteles unter Eigenthum einmal den Grund
und Boden und sodann die Früchte die darauf wachsen und die Frage
ist für ihn, ob, wie Platon fordert, beides oder nur eins von beiden mehr

oder weniger gemeinschaftlich sein soll, denn den uneingeschränkten
Privatbesitz will er selber nicht empfehlen.

»Soll, fragt Aristoteles, wenn auch die Familienverhältnisse so
bleiben wie sie jetzt sind, nicht hinsichtlich der Güter die Güternutz-
niessung eher als der Besitz gemeinschaftlich werden [1], so dass die Güter getrennt bleiben, die E r t r ä g e aber zusammengeworfen und gemeinsam verzehrt werden, wie das bei einigen Völkerschaften vorkommt, o d e r
soll umgekehrt der Grund und Boden gemeinschaftlich bewirthschaftet,
die Ernte aber zu besonderem Gebrauche vertheilt werden, wie gleichfalls von einigen Barbarenstämmen gemeldet wird, o d e r endlich sollen
Grundstücke und Früchte unterschiedlos gemeinschaftlich sein?« Die beiden ersteren Fälle theilweiser Gemeinsamkeit des Eigenthums sind denkbar auf einer Stufe des Wirthschaftslebens, wo die Bedürfnisse so gleichmässig einfach und unentwickelt sind, dass selbst der ursprünglichste
Tauschhandel als ein Luxus erscheint; den letzten Fall hat Platon für
seinen Staat angenommen und von diesem ist nun die Rede.

Auffällig ist in der ganzen Erörterung der Mangel an Schärfe und
Bestimmtheit in den Angriffen auf die platonische Lehre. Aus sich heraus widerlegt wie die Kinder- und Weibergemeinschaft wird sie gar
nicht, der Behauptung Platons, eine buchstäbliche Gütergemeinschaft
sei der Güter höchstes, wird die andre entgegengesetzt, nur eine sittliche Gütergemeinschaft sei erstrebenswerth, und die einzige Stelle,
wo er einen Anlauf zur wirklichen Widerlegung nehmen zu wollen
scheint, trifft Platon entweder gar nicht, oder sie spricht zu seinen Gunsten. An sich sehr richtig ist die Bemerkung [2], dass ein Volk, das seinen Boden für sich selber bebaut, viel schwerer sich in eine Gütergemeinschaft finden wird, als ein anderes, das nicht selber arbeitet; allein
auf die dienende Bevölkerung der Politie bezogen, trifft sie nicht, weil
Platon sich über deren Besitzverhältnisse gar nicht bestimmt ausgesprochen hat, und auf den Herrenstand der Wächter und Denker bezogen,
spricht sie zu seinen Gunsten, denn die Lage, die Aristoteles als die für die
absolute Gemeinschaft günstigste bezeichnet, ist eben die ihrige. Im
Uebrigen ist der grössere Theil der allgemeinen Betrachtungen, die nun
folgen, an sich von schlagendem Gewichte. Die allbekannte, aus tausend
kleinen Dingen Jedem geläufige Erfahrung, dass gerade die kleinen
Verdriesslichkeiten schon ein flüchtiges Zusammenleben mit Anderen

---

1) 26, 16. Der Satz τάς τε κτήσεις κοινὰς εἶναι βέλτιον καὶ τὰς χρήσεις ist verderbt ;
Ich lese mit Coraës τάς γε χρήσεις κ. τ. β. ἤ, τάς κτήσεις.

2) 25, 22 ff.

z. B. auf der Reise unerträglich machen, dass der tägliche Aerger, den
man an schlechten Dienstboten erlebt, Einem alle Lebenslust beuehmen
kann, spricht warnend genug gegen eine absolute Gemeinschaft in allen
grössten Dingen, die wir zu gewinnen oder zu verlieren haben und eine
unumstössliche Thatsache enthält der kurze Satz von Hobbes: Gemeinschaft ist die Mutter der Zwietrachts [1].

Ganz unbedingt soll auch nach Aristoteles der Sondergenuss der
Güter den Einzelnen nicht zu Theil werden, aber die Schranke soll
nicht durch Gewalt, sondern durch Tugend und eine nach vernünftigen
Gesetzen ausgebildete Einsicht vorgeschrieben sein.

Es gilt ihm, den hergebrachten Zustand, statt ihn durch ein heroi-
sches Mittel auf den Kopf zu stellen, durch weise Gesetze und gute Gewöhnung zum Segen Aller zu entwickeln und zu veredeln [2] und so die
Vortheile der thatsächlichen Güterverthcilung mit denen einer idealen
Gemeinschaft zu verbinden.

»Die Güter, sagt er, müssen, obgleich an sich das Sondereigen-
thum Einzelner, in einer gewissen Beziehung Gemeingut werden. Wo
keiner gehindert ist, seinen eigenen Vortheil durch Fürsorge für das,
was ihm gehört, wahrzunehmen, werden die gehässigen Anklagen über
Zurücksetzung und Uebervortheilung nicht eintreten, vielmehr wird
Jeder das Seinige zu vermehren suchen, weil er weiss, für wen er arbeitet. Die Tugend aber wird bewirken, dass für den Genuss des Er-
arbeiteten das Sprichwort gilt: Unter Freunden ist Alles gemein. In
einigen Staaten ist dies Verhältniss schon jetzt im Allgemeinen angelegt, was beweist, dass es nicht unmöglich ist, insbesondre gilt das von
den anerkannt trefflichen Verfassungen, wo es theils schon Bestand
hat, theils noch Bestand gewinnen kann: da hat Jeder seinen eigenen
Grund und Boden, den Ertrag aber theilt er mit seinen Freunden und
geniesst dafür den Andrer gleichfalls mit. In Lakedämon z. B. sind
die Heloten so zu sagen Eigenthum Aller, Pferde und Hunde desglei-
chen und für die Jäger, denen die Wegzehrung ausgeht, auch die Frucht
die auf fremden Aeckern gewachsen ist [3]. Es ist hieraus ersichtlich,
um wie viel besser es ist, den Güterbesitz gesondert zu lassen, den

---

1) de cive I, § 6 : communio est mater discordiarum.
2) 29, 4. — ἐπιοσμηθὲν (Bekk (mit P. 1) καὶ τάξαι νόμοιν ὀρθῶν.
3) 29, 17. — τοῖς τε δούλοις γρῆνται τοῖς ἀλλήλων ὡς εἰπεῖν ἰδίοις, ἔτι δ᾽ ἴπποις καὶ
κυσίν, κἂν δηθῶσιν ἐφοδίων, (hier streiche ich ἐν) τοῖς ἀγροῖς (nämlich γρῆνται ὡς εἰπεῖν ἰδίοις) κατὰ τὴν θήραν (nach Bücheler statt χώραν). — Bei der Lesung τοῖς ἀγροῖς
(EmendaL spec. S. 2?) muss ich auch nach Susemihls (Index scholar. Gryphiswald.
1867. S. 14) Gegenbemerkungen stehen bleiben.

Gütergenuss mit Andern zu theilen, dass aber die Neigung zu dieser
Art Gütergemeinschaft rege sei, dafür zu sorgen, ist Sache des Gesetzgebers. Endlich trägt auch das Bewusstsein, ein Eigenthum für sich
zu haben, unsäglich viel zur echten Lebensfreude bei. Glaube ja Niemand, dass die Liebe, die Jeder zu sich selber hegt, ein blinder Zufall
sei, sie beruht auf einem Naturgesetz, die Leidenschaft der Selbstsucht
verfällt gerechtem Tadel, aber sie ist auch nicht der Ausdruck der jedem
Menschen angeborenen Selbstliebe, sie ist ihr unerlaubtes Uebermass,
gerade wie die Habsucht die Uebertreibung einer Neigung ist, die Jeder
zum Besitze hat und haben darf. Herrlicheres gibt es gar nicht, als
Freunden, Gästen oder Genossen mit freiwilligen Dienstleistungen ge-
fällig sein, was nur möglich ist, wenn man Etwas sein eigen nennen
kann.

Das Alles entgeht denen, die ihrem Staat eine unnatürliche Einheit
geben. Ueberdies verzichten sie augenscheinlich auf die Uebung zweier
Tugenden, einmal die geschlechtliche Enthaltsamkeit — denn es ist
etwas Edles, sich aus Grundsatz eines fremden Weibes zu enthalten —
und sodann den Edelsinn in Geldsachen, für freigebige Gesinnung ist
unter solchen Umständen kein Platz, sie kann sich nur bei freiem Gebrauche des Eigenthums entwickeln [1].

Dieser Abschnitt gehört zu den wohlthuendsten der ganzen Politik.
Der Widersinn der absoluten Gütergemeinschaft oder, was auf dasselbe
hinausläuft, der Aufhebung alles Eigenthums, liess sich mit grösserer
logischer Schärfe aus sich selber widerlegen, als es hier auch nur versucht wird; wir vergessen das, wenn wir diese Worte lesen, denn wir
fühlen, wie Aristoteles warm wird, da er für die Tugend aus Freiheit,
für die verletzte Würde, die verkannte Natur des Menschen streitet. Er
hofft mit Platon Wirkungen von menschlichen Gesetzen, die wir nur
von der sittlich religiösen Zucht des Gewissens erwarten, aber er thut
es nicht desshalb, weil er etwa, wie jener, das Recht und die Kraft der
Individualität leugnete oder auch nur unterschätzte. Ohne Freiheit,
sagt er, keine Tugend und ohne die Tugend der Freiheit kein Leben,
das des Lebens werth wäre. Das Zusammenleben mit Andern erheischt,
dass der Einzelne sich eines Theils seiner Willkür entäussere, dass er
entsagen lerne zu Gunsten der gemeinsamen Wohlfahrt, das ist seine
Pflicht. Gelingt ihm aber die Selbstüberwindung, so soll ihm auch der
Lohn nicht ausbleiben, der Stolz des Triumphs über seine Leidenschaft.
Die Triebe, die das Menscheninnere erfüllen und entzweien, sind von

der Natur gepflanzt, man kann sie nicht vertilgen, wie Platon meint,
und wenn es möglich wäre, das stumpfsinnige Wandeln eines entmann-
ten Willens in dem Tretrade ewig unveränderlicher Gebote wäre keine
Glückseligkeit. Sie zu zügeln mit aller Kraft der geläuterten Einsicht
und des gestählten Willens, ist Aufgabe des sittlichen Menschen, sie
zügeln zu lehren ist Sache des weisen Gesetzgebers. Die Gutherzigkeit
des Besitzenden, der von seinem Ueberfluss abgibt, um dem leidenden
Bruder beizuspringen, die Selbstbeherrschung des sinnlichen Menschen,
der seinen Begierden Zügel anlegt: das sind echtere Tugenden, als die,
die durch die Abtödtung aller Leidenschaften erzielt werden sollen.
Die sittliche That ist allemal das Ergebniss eines Kampfes im Men-
scheninnern mit der Versuchung, die durch unreine Begierden, falsche
Gewöhnungen, mächtige Leidenschaften bereitet wird, und nur weil
dieser Kampf so schwer ist und immer wieder von Neuem ausbricht,
nur darum ist das sittliche Handeln von Werth, und darum die Tugend die Bürgschaft einer verdienten, weil erworbenen Glückseligkeit.
Aristoteles hat einen tiefen Blick in das Menscheninnere, in den Herd
der Tugend und des Lasters gethan, das beweisen die herrlichen Stellen
der Nikomachischen Ethik, die von dem Seelenkampf um den Preis der
Tugend handeln [1].
	In der Polemik gegen die Weiber- und Kindergemeinschaft hatte
Platon die Ehe, in der gegen die Gütergemeinschaft, hat er die Tugend und die Freiheit vor dem Radikalismus Platons gerettet.
	Am Schlusse der ganzen Erörterung fasst Aristoteles noch einmal
eine ganze Reihe von Einwürfen zusammen, die zum Theil schon ange-

---

1) S. meine Dissertation: Emendationum in Ar. Eth. N. et Pol. specimen. S.
6—10. Vgl. insbesondre E. N. 128. 4—20 das Gemälde von θυμός und ἐπιθυμία, das
Erasmus in dem Encomium moriae mit den Worten umschrieben hat: Praeterea rationem in angustum capitis angulum relegavit, reliquum omne corpus perturbationi-
bus reliquit (natura). Deinde duos quasi tyrannos violentissimos uni oppo-
suit, iram quae praecordiorum arcem obtinet, atque adeo ipsum vitae fontem cor,
et concupiscentiam, quae ad imam usque pubem latissime imperium occupat.
Adversus has geminas copias quantum valeat ratio, communis hominum vita declarat
cum illa quod unum licet vel usque ad ravim reclamat, et honesti dictat formulas, ve-
rum hi laqueum regi suo remittunt multoque odiosius obstrepunt, donec iam is quoque fessus ultro cedit ac manus dat. — Vgl. auch Plautus Trinummus, die Worte
Philtos v. 305—310:
	Si animus hominem pepulit, actum est; animo servit, non sibi.
	Animum si ipse pepulit, vivit, victor victorum cluet.
	Tu si animum viciati potius, quam animum te, est quod gaudeas.
	Nimio satius, ut opus est, te ita esse, quam ut animo lubeat.
	Qui animum vincunt, quam quos animus, semper probiores cluent.

deutet worden sind und die in ihrer Mehrheit nur ziemlich lose untereinander zusammenhängen.

»Ansprechend und wohlthätig könnte eine Gesetzgebung dieser Art beim ersten Blick wohl erscheinen. Denn wer hörte nicht gern die frohe Botschaft, dass auf diesem Wege eine wunderbare Freundschaft unter allen Bürgern mit Sicherheit erzielt werde, zumal wenn behauptet wird, alle Krankheiten unserer bürgerlichen Gesellschaft kämen bloss daher, dass wir keine Gütergemeinschaft besässen, als da sind Schuldprocesse, Untersuchungen wegen falschen Zeugnisses, Kriechereien gegen die Reichen u. s. w. Aber das hat Alles seinen Grund nicht in dem Privatbesitz, sondern in der menschlichen Schlechtigkeit, die davon ganz unabhängig ist, denn unter denen, die Etwas gemeinsam besitzen, kommen solche Zerwürfnisse noch weit häufiger vor, als unter denen, die nichts mit einander zu schaffen haben, wir verspüren das nur weniger, weil die Zahl solcher gemeinsamer Besitzverhältnisse sehr klein ist im Vergleich zu der Zahl der Privateigenthümer. Man muss aber billigerweise nicht bloss der Uebel gedenken, welche die Gütergemeinschaft beseitigen soll, sondern auch der Güter, die man durch sie ganz bestimmt verliert. Das Leben in einem solchen Staate ist offenbar ein Unding«. Alle Irrthümer des Sokrates fliessen aus der Unrichtigkeit seiner Voraussetzung, und diese ist eben enthalten in dem Missbegriff von Einheit, den wir bereits zu Anfang besprochen haben und gegen den hier nun noch ein neuer Grund geltend gemacht wird: »Man darf doch auch das nicht verkennen, dass in der langen Zeit, die hinter uns liegt, schwerlich verborgen geblieben wäre, ob solche Grundsätze ausführbar oder nicht; wir können annehmen, dass in staatlichen Dingen so ziemlich alles Denkbare erfunden und versucht worden ist, und müssen uns bescheiden, zusammenzustellen, was zerstreut liegt und zur Geltung zu bringen, was man kennt, aber nicht in seinem Werthe schätzt.«[1] Aristoteles warnt vor verwegener Neuerungslust, die leichthin bricht mit der Vergangenheit und sich auflehnt gegen die Weisheit der Altvordern. Einem jugendlichen Volke wird man mit solcher Warnung nicht kommen dürfen, das Recht, der Gegenwart zu leben, die Kraft, seines Glücks Schmied selber zu sein, wird es sich durch solche Schlagwörter nicht ausreden lassen und es ist gut, dass dem so ist. Aber Aristoteles spricht zu einem so jugendlichen Volke nicht mehr. Zur Zeit, da er den griechischen

1) 31, 1—4. δεῖ δὲ μηδὲ τοῦτο ἀγνοεῖν, ὅτι χρὴ προσέχειν τῷ πολλῷ χρόνῳ καὶ τοῖς πολλοῖς ἔτεσιν, ἐν οἷς οὐκ ἂν ἔλαθεν εἰ ταῦτα καλῶς· εἶχεν· πάντα γὰρ σχεδὸν εὕρηται μέν, ἀλλὰ τὰ μὲν οὐ συνῆκται, τοῖς δ' οὐ χρῶνται γινώσκοντες. vgl. oben S. 17.

Staat in Gedanken zerlegt, und wieder zusammensetzt, ist derselbe in der That über sein schöpferisches Alter längst hinaus. Wem, wie Platon, die Seele zerrissen ist von der Erinnerung an die furchtbaren Kämpfe einer Kriegszeit, in der sich widersprechende Verfassungsformen in jähem Wechsel gejagt haben, der kann sich darüber täuschen. Wer, wie Aristoteles, als makedonischer Grieche gelernt hat, das Getümmel der Parteien im alten Hellas tief unter sich zu sehen, und dabei in der Geschichte ihrer Programme genug bewandert ist um zu wissen, dass sie in der That nur mit den ausgetretenen Schlotterschuhen ihrer Ahnen um sich werfen, der täuscht sich über diese Thatsache nicht nur nicht, er findet sie nicht einmal beklagenswerth.

Freilich würde Platon hier am wenigsten um eine Antwort verlegen gewesen sein. Was ich vorschlage, hätte er erwidern können, ist nichts Neues, Pythagoras hat den Denkerstaat, Lykurg den Kriegerstaat, Sokrates den Liebesstaat erfunden, ich habe nur, getreu deinem Rathe, das Getrennte zusammengefügt, das Unterschätzte in seinem Werth erkannt. Und in der Art der Verbindung des Alten liegt meine Neuerung.

Noch zwei Einwürfe, die sich Aristoteles bis zuletzt verspart, müssen wir zur Sprache bringen. Der eine trifft allerdings eine der augenfälligsten Blössen des platonischen Ideals, der andre dagegen zeigt, wie schwer es Aristoteles geworden ist, sich in den Gedankenkreis seines Meisters zu versetzen.

Der herrschende Stand der Denker und Wächter, die sich mit gemeiner Arbeit nicht beflecken, setzt einen dienenden Stand voraus, der das Feld bestellt, damit beide leben können. Die Organisation des ersteren ist aufs Genaueste bestimmt, von einer Organisation des letzteren vernehmen wir Nichts und doch schwebt das ganze Staatsgebilde in der Luft, wenn seine Grundlage nicht fest geordnet und weise eingerichtet ist. Haben die Bauern eignen Hausstand oder Weibergemeinschaft? Ist Vorsorge getroffen, dass sie, die Mehrzahl, von deren Arbeit die Minderzahl lebt, die die Last des ganzen Staates trägt, auch bei guter Laune erhalten werden und nicht auf allerlei feindselige Gedanken kommen? Soll es eingerichtet werden, wie bei den Kretern, die die Sklavenbevölkerung an Allem Theil nehmen lassen, ausser dem Besuch der Ringplätze und der Waffenführung oder was soll sonst geschehen, um sie zu überzeugen, dass das Wohl ihrer Herren auch ihr eigenes ist? [1])

---

1) 31, 10—24.

Platon gibt auf Alles das keine Antwort und so gewinnt es den Anschein, als ob er sich seinen Bürgerstand, die Denker und Krieger, dächte, wie die Besatzung einer Stadt, deren unmündige Bürgerschaft aus den Bauern, Handwerkern u. s. w. bestände [1]. Unter diesen müssen nun Klagen und Rechtshändel und Alles, was er sonst zu den Krankheiten der heutigen Gemeinwesen rechnet, in Menge vorkommen, der guten Erziehung wegen, meint Sokrates, wird man eine Menge landläufiger Einrichtungen, der Strassen-, Marktpolizei u. dergl. nicht nöthig haben. Aber diese Erziehung wird ja nur dem herrschenden Stande zu Theil, für den dienenden muss es doch einen Ersatz geben. Er lässt den Bauern das Eigenthum an den Grundstücken — wohl weil sie sonst nicht arbeiten würden — und verpflichtet sie bloss zu einer Abgabe von der Ernte. Diese halbe Freiheit dürfte sie wo möglich noch unbotmässiger machen, als die Penesten und Heloten unter ihren augenblicklichen Verhältnissen schon sind. Kurz Platon hat in einem Staat zweierlei Bürgerschaften geschaffen, die einander feindlich gegenüberstehen [2].

Gewiss richtig und unwidersprechlich, wenn wir nur erführen, wie diese schwierige Frage nun nach Aristoteles' Ansicht am besten zu lösen sei. Er kommt noch öfter auf diese sociale Angelegenheit zurück und am sichersten müssten wir erwarten bei der Erörterung der Sklaverei die rechte Lösung zu vernehmen. Aber sie wird nicht gefunden und sie kann auch nicht gefunden werden, solange die Staatslehre das aristokratische Grundgesetz des hellenischen Lebens unterschreibt, dass die Arbeit schändet und der Freigeborene eine »Musse« haben müsse, die Millionen Menschen zu Gunsten einiger hundert Tausend zu einem thierähnlichen Dasein verdammt.

Nachdem Aristoteles noch kurz auf die Unstatthaftigkeit der Vergleiche aus der Thierwelt, auf den Widerspruch des Verhältnisses zwischen Denkern und Wächtern hingewiesen, spielt er seine letzte Karte aus.

Sokrates will seinen ganzen Staat glücklich machen und macht seinen bevorzugten Stand elend, indem er ihm Ehe und Eigenthum entzieht. Wer soll nun aber in diesem Staate glücklich sein, wenn es nicht einmal die Wächter und Denker sind! Doch nicht die Handwerker und

---

1) ib. 25. καὶ γάρ τοὺς μὲν φύλακας οἶον φρουρούς, τοὺς δὲ γεωργοὺς καὶ τοὺς τεχνίτας καὶ del.) τοὺς ἄλλους πολίτας.

2) 31, 24. ἐν μὴ γὰρ πόλει δύο πόλεις ἀναγκαῖον εἶναι καὶ ταύτας ὑπεναντίας ἀλλήλαις.

der Pöbel der Arbeiterbevölkerung? Aristoteles vergisst, dass seine Anschauung von Glückseligkeit der Platons entgegengesetzt ist, dass dieser Ehe und Eigenthum eben desshalb beseitigt, weil sie nach seiner
Ansicht das Glück des Ganzen wie der Einzelnen untergraben, so dass
er seinem herrschenden Stande keine wichtigere Bürgschaft der Glückseligkeit glaubt mitgeben zu können, als eben die Befreiung von einem
lästigen Ballast, dem er weder zugesteht, dass er von der Natur gewollt,
noch dass er mit den Gesetzen menschlicher Tugend verträglich sei.
Dass Aristoteles diese Voraussetzung nicht zugeben will, versteht sich
von selbst; aber die Folgerung als solche darf er nicht schelten, die
mit ihrer Prämisse steht und fällt. »Diese Gebrechen, schliesst Aristoteles, hat die Politie des Sokrates neben anderen nicht geringeren« und
dann geht er über zu dem zweiten Ideal, das uns in Platons Gesetzen
überliefert ist.

Ergebnisse.

Die Ausstellungen, die Aristoteles an Platons Idealen macht, gewähren die ersten Ausblicke auf das Gepräge des Staates, dessen Entwurf wir von ihm selbst zu erwarten haben. Es wird desshalb gut sein,
wenn wir hier die Ergebnisse seiner Kritik kurz zusammenfassen. Er
sucht im vorstehenden darzuthun, dass der Staat des Dialogs vom
»Recht« theils logisch unbegründet, theils praktisch unausführbar, theils
sittlich verwerflich sei. Seine Grundanschauung von Wesen und Zweck
des Staats und der Gesetzgebung hat mit der Platons viel mehr gemein,
als es nach dem ausschliesslichen Eindruck dieser Polemik den Anschein hat.

Die Allmacht des Staates und seiner Ordnungen über das gesammte Leben der Bürger wird nicht angezweifelt, sie bildet vielmehr
das leitende Grundgesetz der Ethik und Politik. Aber er opfert ihr
nicht alles persönliche und individuelle Leben, wie Platon. Ihm ist der
Staat die Krönung eines Gebäudes von Organismen, die die Grund-
form des Staates im Kleinen wiederholen, um in wachsenden Wellen-
kreisen sich zu der höheren Einheit zu erweitern. Der wichtigste und
älteste dieser Organismen ist die Familie, der Hausstand, von dem,
wie wir sehen werden, an einer andern Stelle ausführlicher gehandelt
ist. Platon hat ihn geleugnet, Aristoteles rettet ihn mit den stärksten
Gründen der Erfahrung und der Naturgesetze. Der Hausstand setzt
voraus die Heiligkeit der Ehe, die Achtung des Weibes,
das Recht der Kinder, den Schutz des Privateigenthums.

Indem Aristoteles für all diese Güter, die Platon mit einem Streiche gefüllt hat, seine Lanze einlegt, spricht er Sätze aus, die kein Denker des Alterthums vor oder neben ihm mit ähnlicher Schärfe erfasst hatte, durch die er sich bis unmittelbar an die Schwelle der modernen Gesellschaftslehre erhebt. Man kann sagen, dass er durch sie die Gesetze des selbständigen Lebens der Gesellschaft überhaupt erst entdeckt hat, obwohl er, so wenig wie das ganze Alterthum, für den neuen Begriff auch ein neues Wort geprägt.

Dass das Privateigenthum auf einem Naturgesetz der Gesellschaft beruhe, will den Communisten und ihren verschämteren Waffenbrüdern, den Socialisten, bis zur Stunde nicht klar werden. Auch den ersten Colonisten Virginiens, die den ungetheilten Boden zuerst gemeinsam rodeten, bebauten und beernteten und dann den Inhalt der öffentlichen Scheuer nach Bedarf unter die Familien vertheilten, ging darüber erst da ein Licht auf, als ihre Geschäfte so schlecht gingen, dass sie sich nur durch Vertheilung von Ackerloosen zu helfen wussten, mit welcher dann der gewaltige Aufschwung der Ansiedlung begann. Nicht anders steht es mit der Ueberraschung der Franzosen darüber, dass die algerischen Colonisten die Gemeindeernte als etwas betrachteten, was sie nichts angehe, den kleinen Garten aber, den Jeder als sein Eigenthum wusste, mit ausgesuchter Fürsorge pflegten. Wenn Laboulaye [1] angesichts dieser Thatsachen sagt: »der Mensch hat vermöge eines Naturgesetzes das Bewusstsein und das Bedürfniss des Eigenthums,« und Eigenthum ist die erste Bedingung jeder persönlichen Arbeit, des Familienlebens und der Gesellschaft, so spricht er nur aus, was vor ihm bereits Aristoteles unter viel schwierigeren Verhältnissen und aus einer bei weitem weniger sprechenden Erfahrung erkannt hat.

Was Aristoteles vollends über die sittliche Würde der Ehe, über Gatten-, Eltern- und Kindesliebe sagt, das weist weit über den Bereich althellenischer Weltanschauung hinaus. Das Weib war für den hellenischen Männerstaat recht eigentlich eine ewige Verlegenheit. Die Sage von Lykurg's vergeblichem Bemühen, dem Weibe eine zweckmässige Stellung in seinem Staate einzuweisen, ist charakteristisch für das ganze Verhältniss. In Ionien ward die Frau eine flatternde Hetäre, in Sparta eine wilde Amazone, in Athen war sie ein verkümmerndes Aschenbrödel [2], nirgends war sie das, wozu die Natur sie geschaffen

1) Geschichte der Vereinigten Staaten I, 80. (Uebersetzung von Winter, Heidelberg 1868).
2) S. Athen und Hellas II, 63 ff.

und eine mildere Sitte sie endlich werden liess. Wie der Gott der Juden duldet der hellenische Staat keine Götter neben sich. Er fordert
den ganzen Menschen und die zarten Empfindungen, die das häusliche
Leben entwickelt, stösst er eifersüchtig zurück wie Nebenbuhler, die
ihm sein Recht verkürzen. Die Anerkennung des Weibes als der see-
lisch ebenbürtigen Lebensgefährtin des Mannes, der Familie nicht als
eines Nothbehelfs sondern als einer sittlichen und naturnothwendigen
Institution, der Gatten-, Eltern- und Kindesliebe als menschlich edler
Empfindungen, die der Staat nicht wie schädliche Auswüchse zu verfolgen, sondern wie seine besten Stützen zu hegen hat: das bezeichnet
einen bahnbrechenden Fortschritt des grossen Denkers zu jener reiferen
und reineren Humanität, die dem heidnischen Alterthum in seiner
Masse ewig fremd blieb, die nur seinen bevorzugteren Geistern zugänglich ward.

Durch diese beiden Errungenschaften ist der Weg geebnet für die
moderne Gesellschaftslehre, die sich abgewöhnt hat, die Natur zu meistern, und sich bescheidet, ihren tieferen Zwecken nachzugehen, ihre
Gebote geistig zu verarbeiten.

Auch die aristotelische Vermittlung zwischen der Einheit des
Staates und der Freiheit der Bürger, die hier wenigstens angedeutet wird, ist ein wichtiger Beitrag zur Vergeistigung der hellenischen
Staatsansicht. Aristoteles ist der erste Denker des Alterthums, der den
Versuch macht, die Grenzen der Wirksamkeit des Staates zu bestimmen, angeregt durch das Schauspiel des allgemeinen Zersetzungspro-
cesses, von dem damals das hellenische Staatswesen ähnlich ergriffen
war wie das deutsche in W. v. Humboldts Jugendzeit, aber nicht so
verbittert durch eigene Erlebnisse, um wie dieser den Staat für ein leider nothwendiges Uebel zu erklären. Der Staat bleibt ihm was er jedem
Hellenen von jeher gewesen ist, der Inbegriff aller Mittel menschlicher
Glückseligkeit, aber er ist ihm nicht der rauhe Zuchtmeister, zu dem
ihn Platon wieder belebt hat, sondern ein weiser Gesetzgeber, der über
dem Spiel berechtigter Interessen, über dem Kampf natürlicher Gegensätze ausgleichend und versöhnend waltet, und in dessen Kreisen der
Freiheit beglückende Erscheinung, die Mutter jeder menschenwürdigen
Tugend, ihre Stätte findet.

5.

Das Ideal der „Gesetze". — Phaleas—Hippodamos.

Zur Frage der Echtheit der „Gesetze."

Die schweren kritischen Bedenken, welche sich für jeden Unbefangenen unter uns an die Frage der Echtheit oder Unechtheit der 12 Bücher »Gesetze« knüpfen, hat Aristoteles nicht gekannt.

Entweder, weil er in Sachen platonischer Schriften gläubiger war als wir — hält er doch auch den Menexenos für echt — oder weil, was mir das wahrscheinlichste ist, der Text der Gesetze, den er vor sich hatte, sich noch erheblicher von dem unserigen unterschied als seine Homerausgabe von der der Alexandriner[1].

Mir ist unzweifelhaft, dass das aristotelische Exemplar der Gesetze nicht Alles enthalten haben kann, was in dem unserigen steht, schon deshalb, weil die Inhaltsangabe, welche er von dem Buche gibt, nicht zu dem heutigen Umfang desselben passt. Aristoteles sagt: den grössten Theil der »Gesetze« füllen wirkliche Gesetze aus, nur weniges ist über die Verfassung gesagt[2]. Diese Angabe, wir mögen sie drehen und wenden wie wir wollen, stimmt durchaus nicht mit dem Inhalt unserer Gesetze. Von den 12 Büchern enthalten streng genommen nur die vier letzten (IX—XII) eine detaillirte Gesetzgebung, und wenn wir auch die drei zunächst vorhergehenden (VI—VIII), die von der Erziehung und Arbeit handeln, im weiteren Sinne[3] mit zu den »Gesetzen«

---

1) S. Jakob La Roche: Die homerische Textkritik im Alterthum Leipzig 1866. S. 26—31.

2) 33, 16. τῶν δὲ νόμων τὸ μὲν πλεῖστον μέρος νόμοι τυγχάνουσιν ὄντες, ὀλίγα δὲ περὶ τῆς πολιτείας εἴρηκεν.

3) Aus den unmittelbar vorhergehenden, auf Buch V und VI der Gesetze bezüglichen Worten (τὸ δ' ἄλλα τοῖς ἔξωθεν λόγοις πεπλήρωκε τὸν λόγον καὶ περὶ τῆς παιδείας, ποίαν τινὰ δεῖ γίνεσθαι τῶν φυλάκων) kann man schliessen, dass Aristoteles den Abschnitt über die Erziehung trotz seiner sehr detaillirten Bestimmungen, nicht unter die eigentlichen Gesetze, die durch ihr Proömium gekennzeichnet sind, rechnen wollte. Der Sprachgebrauch unterscheidet zwar sehr scharf zwischen πολιτεία und νόμοι, wie wir ungefähr zwischen Staats- und Privatrecht, aber die Stellung der Gränze zwischen beiden finde ich nirgends bestimmt bezeichnet. Plato Legg. V, 7, p. 735. ἐστὶν γὰρ δὴ δύο πολιτείας εἴδη, τὸ μὲν ἀρχῶν καταστάσεις ἑκάστοις, τὸ δὲ νόμοι ταῖς ἀρχαῖς ἀποδοθέντας.

Arist. Pol. 146, 19. πολιτεία μὲν γάρ ἐστι τάξις ταῖς πόλεσιν ἡ περὶ τὰς ἀρχάς, τίνα τρόπον νενέμηνται καὶ τί τὸ κύριον τῆς πολιτείας καὶ τί τὸ τέλος ἑκάστης τῆς κοινωνίας ἐστίν. — νόμοι δὲ κεχωρισμένοι τῶν δηλούντων τὴν πολιτείαν καθ' οὓς δεῖ τοὺς ἄρχοντας ἄρχειν καὶ φυλάττειν τοὺς παραβαίνοντας αὐτούς.

rechnen wollten, so blieben immer noch fünf ganze Bücher d. h. fast
die volle Hälfte des Werkes übrig, auf welche die Bezeichnung »Weniges über die Verfassung« doch wahrlich keine Anwendung finden könnte.
Bedeutungsvoller noch als dieser Umstand erscheint mir der Inhalt der vier langathmigen Bücher, mit denen die Gesetze beginnen.
Unter dem Eindruck der meisterhaften Abhandlung, in welcher Eduard
Zeller vor 30 Jahren die Unechtheit des ganzen Werks darzuthun
suchte [1], kostet es mir grosse Mühe, überhaupt noch daran zu glauben,
dass wir in der uns vorliegenden Fassung der zwölf Bücher etwas Anderes als die Schülerarbeit irgend eines Jüngers der Akademie, etwa
des Philippos von Opus, vor uns haben, trotzdem dieser eminente Forscher neuerdings sich einer viel milderen Auffassung zugeneigt hat.
Die vier ersten Bücher der Gesetze aber und ein Stück des fünften können zu Aristoteles' Zeit noch keinen Theil dieses Werkes gebildet
haben.

Was diese Bücher mit den folgenden gomein haben, kann natürlich hier nicht entscheiden, dass sich hier derselbe Reichthum an Platt-
heiten und Widersprüchen, dieselbe Armuth an Gedanken, dieselbe un-
platonische Rhetorik und derselbe stotternde gähnende Dialog, sich vorfindet, kurz von all den durch Zeller dem ganzen Werke nachgewiese-
nen Schwächen sich auch hier keine vermissen lässt, das fällt hier nicht
in die Wagschale. Auch dass diese Bücher weder unter sich noch mit
dem Folgenden irgendwelchen verständigen inneren Zusammenhang
haben, mag noch hingehen, denn von der unglaublich losen Composition des Ganzen ist dies noch nicht das schlimmste Beispiel.

Entschieden befremdlich dagegen erscheint mir, dass diese Bücher
Dinge enthalten, welche Aristoteles erwähnen musste, weil sie ihm,
im Munde des Gegners doppelt erwünschte Waffen boten, einmal gegen
die Politie Platons selbst und dann gegen Sparta, und von denen er
gleichwohl nicht eine Ahnung hat.

Soweit die vier ersten Bücher etwas Gemeinsames haben, was sie
von den nachfolgenden unterscheidet, soweit ist es gegeben durch eine
allerdings häufig unterbrochene Betrachtung der »Schwesterverfassun-
gen« Spartas und Kretas. Im ersten Buch läuft der »Athener« Sturm
gegen die spartanische »Tugend«, die Nichts sei als die rohe kriegerische
Tapferkeit [2], gegen die Unsittlichkeit der Syssitien und Gymnasien [3],

---

1) Platonische Studien. Ureach 1839.
2) p. 625 ff.
3) p. 636 B.

im zweiten wird über die Herrenlosigkeit der in dem »Lagerstaat« wild
aufwachsenden Jugend[1]) geeifert, im dritten wird die Urgeschichte der
Dorier in der Peloponnes erzählt, das Verdienst der Spartaner um die
Stellung des in Argos und Messene unterlegenen dorischen Princips
hervorgehoben und das Glück der Eroberer beneidet, die die herren-
losen Ländereien nach Belieben vertheilen konnten, während jetzt jedem
Gesetzgeber, der nur mit einem Finger an das Eigenthum rührt, ein
einziger Aufschrei aller Besitzenden antwortet[2]), im vierten tritt der
historische Hintergrund hinter romantischen Erörterungen über die
goldene Urzeit zurück, aber Megillos berührt ihn noch einmal, indem
er zugesteht, dass die spartanische Verfassung, so demokratisch sie aus-
sehe, in ihrem Ephorat ein sehr starkes tyrannisches Element habe[3]).
    Von allem dem weiss Aristoteles nichts und doch stimmen die Aus-
stellungen, die der Athener gegen Sparta macht, aufs Genaueste mit
denen überein, die auch er gegen diese Verfassung ausspricht, noch
mehr, sie sprechen aufs Schärfste auch gegen die Politie und zum Theil
selbst gegen den Staat der »Gesetze«, denn dort kommen die Gymnasien und Syssitien wieder vor und die letzteren werden sogar auf die
Weiber ausgedehnt. Dass die Naturwidrigkeit der fleischlichen Knabenliebe in den Gesetzen mit einer Schroffheit an den Pranger gestellt
wird, die sich mit der sonstigen milden Auffassungsweise Platons gar
nicht vereinbaren lässt, hat schon Zeller[4]) mit gutem Grund betont;
ich darf hierauf nicht den Nachdruck legen, denn darin stimmt mit dem
ersten auch das achte Buch[5]) zusammen. Für mich ist aber von entscheidender Bedeutung, dass im ersten die wesentlichsten Organe der
beiden platonischen Ideale, die Gymnasien und Syssitien, als die
Hegestätten dieser sittlichen Seuche, aufs Unzweideutigste verurtheilt
werden und zwar in Worten, die bestimmten Stellen der Politie geradezu
ins Gesicht schlagen.
    Wir erinnern uns, wie in der Politie die Kreter und Lakedämonier
gepriesen wurden, weil sie den Muth hatten, das nackte Turnen einzuführen, zu einer Zeit, wo das in ganz Hellas Spott und Anstoss
erregte[6]). Nun wohl, im ersten Buche der Gesetze, werden dieselben

---

1) p. 666 E.
2) p. 682 E—686 D. 691 E—692.
3) p. 712 D. τὸ γὰρ τῶν ἐφόρων θαυμαστὸν ὡς τυραννικὸν ἐν αὐτῇ γέγονε.
4) Studien 8. 32.
5) VIII, p. 836. 83ᵃ A—E. 841 D).
6) p. 452 C. — ὑπομνήσαιτο, ὅτι οὐ πολὺς χρόνος ἐξ οὗ τοῖς Ἕλλησιν ἐδόκει αἰσχρὰ
εἶναι καὶ γελοῖα, ἅπερ νῦν τοῖς πολλοῖς βαρβάροις γυμνοὺς ἄνδρας ὁρᾶσθαι, καὶ ὅτε ἦρ-

Kreter und Lakedämonier aufs Herbste getadelt, aus demselben
Grunde, der ihnen dort ein Lob eingetragen: »dafür, sagt der Athener,
in dem man gemeinhin den Protagonisten Platons sieht — dass die Kna-
benliebe eine so schreckliche Ausbreitung genommen — muss man eure
Staaten und die, welche sonst sich der Gymnasien befleissigen, in erster
Reihe verantwortlich machen. Es ist eben, mag man die Sache im
Scherz oder Ernst besprechen, stets zu erwägen, dass die Wollust in
der Vermählung von Weib und Mann natürlich, unter Männern oder
Frauen allein unnatürlich und zuerst als eine Ausschreitung zügelloser
Sinnlichkeit gewagt worden. Wir Alle machen den Kretern einen Vor-
wurf daraus, dass sie die Sage von Ganymedes erdacht haben; im Glau-
ben, dass ihre Gesetze vom Zeus stammen, haben sie denen auch diesen
gegen Zeus zeugenden Mythos beigefügt, um dem Laster den Schein
eines Gottesdienstes zu geben.« Gleich darauf wird auch des zügellosen
Wandels der Weiber gedacht[2]. Der Athener verwirft die Gymnasien,
weil sie die Männer schamlos machen und zu einem unnatürlichen
Laster verleiten. Die Politie verlangt die Gymnasien selbst für die
Weiber, weil diese nur auf diesem Wege lernen werden, sich statt der
Gewänder des Kleides der Unschuld zu bedienen. Der Athener nennt
die Kreter die Erfinder eines abscheulichen sittlichen Aussatzes, die
Politie rechnet sie zu den ersten Wohlthätern von Hellas. Unversöhn-
lichere Gegensätze kann ich mir nicht denken.

Auch die Syssitien finden vor diesem Richterstuhle wenig Gnade.

Die Politie braucht sie für das stehende Heer der friedlichen Denker wie der kriegerischen Wächter ebenso nothwendig als der kretische
und spartanische Staat für seine Lagergemeinde, der Athener will Nichts
wissen von Einrichtungen, die auf einen ewigen Kriegszustand berech-
net und höchstens dazu gut sind, eine Tugend zu unterstützen, die er

---

1) Legg. I, p. 636 H. — καὶ τούτων τὰς ὑμετέρας πόλεις πρώτας ἄν τις αἰτιῶτο
καὶ ὅσαι τῶν ἄλλων μάλιστα ἅπτονται τῶν γυμνασίων· καὶ — ἐννοητέον ὅτι
τῇ θηλείᾳ καὶ τῇ τῶν ἀρρένων φύσει εἰς κοινωνίαν ἰούσης τῆς γεννήσεως ἡ περὶ ταῦτα ἡδονὴ
κατὰ φύσιν ἀποδεδόσθαι δοκεῖ, ἀρρένων δὲ πρὸς ἄρρενας ἢ θηλειῶν πρὸς θηλείας
παρὰ φύσιν καὶ τῶν πρώτων τὸ τόλμημα εἶναι δι' ἀκρατείαν ἡδονῆς. πάντες δὲ δὴ
Κρητῶν τὸν περὶ Γανυμήδη μῦθον κατηγοροῦμεν, ὡς λογοποιησάντων τούτων,
ἐπειδὴ παρὰ Διὸς αὐτοῖς οἱ νόμοι πεπιστευμένοι ἦσαν γεγονέναι, τοῦτον τὸν μῦθον προστε-
θεικότων κατὰ τοῦ Διός, ἵνα ἑπόμενοι δὴ τῷ θεῷ καρπῶνται καὶ ταύτην τὴν
ἡδονήν.

2) 637 C. ταχὺ γάρ σου λάβοιτ' ἄν τις τῶν παρ' ἡμῶν ἀμυνόμενος, ἀσκοπῶν τὴν τῶν
γυναικῶν παρ' ὑμῖν ἄνεσιν.

auf seiner ethischen Leiter nicht an die erste sondern an die vierte Stelle
setzt, die kriegerische Tapferkeit. Zwar den Tafelfreuden ist er nicht
abgeneigt und den reichlichen Genuss des Weines, der bekanntlich das
Herz der Menschen öffnet, schreibt er sogar eine höchst originelle pä-
dagogische Wirksamkeit zu [1], wie er sie schwerlich in der schwarzen
Suppe entdecken würde, allein die Syssitien wie sie einmal hergebracht
sind, leisten derselben unsauberen Sinnlichkeit Vorschub, wie die Gymnasien und darum verwirft er sie, während sie in der Politie, wie in dem
Staat der Gesetze, dort nur für die Männer, hier sogar für die Weiber
mit eine massgebende Rolle spielen.

Ganz ungünstig spricht sich der »Athener« im zweiten Buch der
Gesetze über die gemeinsame Erziehung der Knaben aus, wie
sie in Sparta und Kreta besteht und in der Politie auf die Spitze getrieben ist. »Eure Verfassung, sagt er zu dem Kreter Kleinias, ist die eines
Feldlagers, nicht die von Bürgern, die in einer wirklichen Stadt beisammen wohnen. Eure männliche Jugend gleicht einer Heerde Füllen,
die auf der Weide grasen. Keiner von euch nimmt seinen wilden Jungen an sich, um ihn, trotzdem er zornig ausschlägt, aus der Mitte der
Weidegenossen zu reissen, und unter der besänftigenden Pflege seines
Wärters zu einem Menschen werden zu lassen, der nicht bloss ein rüstiger Kämpe, sondern auch ein wackrer Bürger und Staatsmann werde,
der ohne hinter irgend einem Helden des Tyrtäos zurückzustehen die
Tapferkeit gleichwohl nicht als die erste, sondern als die vierte Tugend
ehre vor der ganzen Stadt wie vor jedem Mitbürger« [2].

Dieser Tadel trifft einen Staat, in dem die Kindererziehung vom
siebenten Jahre an gemeinsam wird; selbst in diesem Alter und von da
bis zur Jünglingsreife verlangt der »Athener« eine besondre Erziehung [3]. Wie ist dieser Standpunkt zu vereinbaren mit dem des Ur-
hebers der Politie, der die Kinder seiner Denker und Wächter nicht
einmal die Milch ihrer eigenen Mütter trinken lässt? Und solche Widersprüche sollten Aristoteles entgangen sein?

1] I, 649 D.

2] II, p. 666 E. στρατοπέδου γὰρ πολιτείαν ἔχετε ἀλλ᾽ οὐκ ἐν ἄστεσι κατῳκηκότων,
ἀλλ᾽ οἷον ἀφρόσας πόλου; ἐν ἀγέλῃ νεμομένους φορβάδας τοὺς νέους
κέκτησθε· λαβὼν δὲ ὑμῶν οὐδεὶς τὸν αὑτοῦ, παρὰ τῶν ξυννόμων σπάσας σφόδρα
ἀγριαίνοντα καὶ ἀγανακτοῦντα, ἱπποκόμον τε ἐπίστησεν ἰδίᾳ καὶ παιδεύει ψήχων τε καὶ
ἡμερῶν καὶ πάντα προσήκοντα ἀποδιδοὺς τῇ παιδοτροφίᾳ, ὅθεν οὐ μόνον ἀγαθὸς ἂν στρατιώ-
της εἴη, πόλιν τε καὶ ἄστη δυνάμενος διασῴζειν, ἐν δὲ τ ̣αντ᾽ ἀρχῆς εἴπομεν τῶν Τυρταίου πο-
λεμικῶν εἶναι πολεμικώτερον, τέταρτον ἀρετῆς ἀλλ᾽ οὐ πρῶτον τὴν ἀνδρείαν τίμημα τιμῶντα
ἀεὶ καὶ πανταχοῦ ἰδιώταις τε καὶ ξυμπάσῃ πόλει.

3] Man beachte das ἰδίᾳ.

In der Kritik der Politie rügt er den leichtesten logischen Widerspruch: hier hätte er in entscheidenden Fragen die stärksten sachlichen Widersprüche gefunden; nicht falsche Schlüsse aus unrichtigen Voraussetzungen, nein, schroff entgegengesetzte Behauptungen über dieselben Fragen standen ihm zu Gebot, um den Gegner mit eigenen Waffen zu schlagen. Bediente er sich ihrer nicht, so ist klar, dass er sie nicht gekannt, dass dieser Eingang[1]) zu den »Gesetzen« erst eine spätere Zuthat sein muss.

Wir haben schon gesehen, dass nach den Worten, die Aristoteles zur Bezeichnung des Inhalts der Gesetze braucht, der erste Theil seines Exemplars, der »von der Verfassung«, nicht so umfangreich gewesen sein kann als er im unserigen ist. Das eben Gesagte wird zu dem Schluss berechtigen, dass die vier ersten Bücher die »von der Verfassung« lediglich Nichts enthalten, Aristoteles nicht können bekannt gewesen sein, dass sie dringender Wahrscheinlichkeit nach ein fremdes Flickwerk sind. Sehen wir uns nun noch die Beschaffenheit des fünften Buches an, so glauben wir den Stoppler auf der That zu ertappen. Denn dieses ganze Buch ist Nichts als ein überaus schwerfälliger Versuch, mittelst feierlicher Erörterungen de omnibus et de aliis quibusdam eine Art von Zusammenhang zwischen den ersten vier Büchern und den Büchern VI—XII herzustellen. So schwierig ist das Unternehmen, dass die Mitunterredner des Atheners ganz verstummen, der Dialog, der überhaupt in diesem Werk eine ebenso fremdartige Arabeske bildet wie der Chor in den euripideischen Tragödien, geräuschlos einschläft, um sich nach einem Monolog von sechzehn, schlecht verbundenen Capiteln zu dem Gedanken zu ermuntern, dass es jetzt endlich Zeit sein dürfte, mit den Einleitungen ein Ende, und mit der Gründung des lange erharrten Staates den Anfang zu machen.

Dass dies fünfte Buch in der uns vorliegenden Gestalt platonisch sein könne, ist mir sehr unwahrscheinlich. Aber ein Theil seines Inhalts, wenigstens vom 7. Capitel (p. 734 E) an muss in irgend einer Form zur Zeit des Aristoteles vorhanden gewesen sein, denn einmal findet sich hier die allgemeine Erörterung über das Verhältniss dieses zweiten Staatsideals zu dem ersten in der Politie niedergelegten, auf die Aristoteles Bezug nimmt und sodann stehen hier gleichfalls die Anordnungen über Beschaffenheit, Zahl, Wohnort, Besitz der Bürger, welche Aristoteles bei seiner Kritik ausdrücklich als bekannt voraussetzt.

---

1) V, 734 E. καὶ τὸ μὲν προοίμιον τῶν νόμων ἐνταῦθοῖ λεχθὲν τῶν λόγων τέλος ἐχέτω.

Die aristotelische Kritik des Staatsideals der „Gesetze".

Aristoteles bezeichnet als die Absicht des Verfassers der Gesetze, sein Ideal den vorhandenen Staaten zugänglicher, mundgerechter zu machen[1] d. h. den allzu schroffen Idealismus herabzustimmen und der Schwäche wie den Bedürfnissen der Menschen, wie sie einmal sind, mehr schonende Rücksicht zu gewähren, als er beim ersten Anlauf gethan hatte. Diese Auffassung stimmt mit einer Auslassung im fünften Buche der Gesetze, die wir hieher setzen müssen. »Das Beste, heisst es hier, ist, wenn man dreierlei Verfassungsentwürfe aufstellt, eine ersten, eine zweiten und eine dritten Ranges, und dann dem, der als Gründer einer Pflanzstadt dazu in der Lage ist, überlässt, sich eine davon zu wählen, demgemäss wollen auch wir jetzt verfahren[2]. — Die Verfassung ersten Ranges, der Staat, der sich der besten Gesetze rühmen kann, ist da — und nun wird die Politie kurz gezeichnet — wo im ganzen Gemeinwesen das alte Wort: unter Freunden ist alles Gemeingut, am vollkommensten in Erfüllung geht. Mag nun die Staatsordnung jetzt schon irgendwo so sein oder jemals so werden, dass Weiber und Kinder, Hab und Gut unterschiedslos gemeinsam sind, dass Alles was man Eigenthum nennt ganz und durchaus aus dem Leben verbannt ist — dass Alle in Allem gleichmässig Ursache zu Lob oder Tadel, Lust oder Leid finden und dass so mittelst der Gesetze aus dem Staat eine Einheit geschaffen würde, die keinen Gegensatz mehr kennt: — so wäre das ein Zustand so richtig, so unmittelbar hinführend zur Tugend, wie ihn kein Sterblicher überbieten könnte.

Das ist die Verfassung, in der Götter oder eine Gemeinde von Göttersöhnen leben, nach der sie ewiger Seligkeit geniessen müssten; darum kann neben ihr nach keinem besseren Staate die Frage sein, an ihr müssen wir festhalten und wo unser Vermögen nicht ausreicht, ihr wenigstens nach Kräften so nahe zu kommen suchen, als es irgend durchführbar ist[3].

---

1) Pol. 33, 16. — τούτην (i. e. τὴν πολιτείαν) βουλόμενος κοινοτέραν ποιεῖν τοῖς πόλεσι —.

2) V, 739. — τὸ δ' ἔστιν ὀρθότατα εἰπεῖν μὲν τὴν ἀρίστην πολιτείαν καὶ δευτέραν καὶ τρίτην, δοῦναι δὲ εἰπόντα αἱρεσιν ἑκάστῳ τῷ τῆς συνοικήσεως κυρίῳ. κατ' αὐτὸ δὴ κατὰ τοῦτον τὸν λόγον καὶ νῦν ἡμεῖς —.

3) 739 C. Πρώτη μὲν τοίνυν πόλις τέ ἐστι καὶ πολιτεία καὶ νόμοι ἄριστοι, ὅπου τὸ πάλαι λεγόμενον ἂν γίγνηται κατὰ πᾶσαν τὴν πόλιν ὅτι μάλιστα · λέγεται δὲ ὡς ὄντως ἐστὶ κοινὰ τὰ φίλων. τοῦτ' οὖν εἴτε που νῦν ἔστιν εἴ τ' ἔσται ποτέ, κοινὰς μὲν γυναῖκας, κοινοὺς δὲ εἶναι παῖδας κοινὰ δὲ χρήματα ξύμπαντα, καὶ πάσῃ μηχανῇ τὸ λεγόμενον ἰδίον παν-

Der Staat, den wir hier aufzustellen vorhaben, würde verwirklicht
wohl der Unsterblichkeit am nächsten kommen und würde was die Einheit angeht die zweite Stelle unter jenem einnehmen. Danach wollen wir denn noch, so Gott will, einen dritten Staat entwerfen« [3].
Diese Worte enthalten das Bekenntniss eines Rückzugs, insofern als
sie aus dem Bewusstsein stammen: der absolut beste Staat ist allen vorhandenen Zuständen so schroff entgegengesetzt, dass an eine Einführung desselben ohne eine oder zwei Vorstufen im Allgemeinen nicht
zu denken ist. Dem Gesetzgeber, dem die Politie sagte, es ist kein Heil
ausser dem einen Ideal, wird jetzt die Auswahl unter zwei, drei Mu-
stern freigestellt. Allein einen Abfall Platons von dem Glauben an die
allein seligmachende Kraft seines besten Staates enthalten sie nicht,
denn es wird ausdrücklich hinzugesetzt: Was wir dort aufgestellt haben,
ist und bleibt das Unübertreffliche, an ihm ist festzuhalten und wenn
es nicht gleich in seinem vollen Umfang verwirklicht werden kann,
wenigstens nach möglichster Annäherung zu streben; dazu soll der
zweite Entwurf dienen und allenfalls ein dritter, der aber nicht mehr
zu Stande gekommen ist. Nicht um einen Ersatz des als unausführbar Erkannten, sondern um eine Vorstufe zu dem handelt es sich,
was nach wie vor die Krone des platonischen Idealismus bleibt.

Das wird uns vollkommen klar, wenn wir genauer prüfen was uns
hier geboten wird. Unser Ergebniss stimmt vollkommen überein mit
dem des Aristoteles, wenn er sagt: Platon will seinen Staat den vorhandenen Zuständen einigermassen anpassen, aber nach einem kleinen Umwege kommt er doch auf seinen ersten Entwurf zu-
rück [2], d. h. die Zugeständnisse, die er der öffentlichen Meinung, dem
Widerstreben der Masse gegen eine völlige Umkehr aller gewohnten
Lebensformen macht, sind nur scheinbar, in Wahrheit steht doch
die Idee des alten Entwurfs wieder vor uns. Eine Bestätigung dafür,
dass wir auch nach Aristoteles' Ansicht nicht einen abtrünnigen Idealisten, sondern einen Gesetzgeber vor uns haben, der in einem zweiten

τὰχόθεν ἐκ τοῦ βίου ἀπαν ἐξήρηται, — ἀναιρεῖν τε καὶ φέγειν καθ᾽ ἓν ὅτι μάλιστα ἐόμ-
πεντας ἐπὶ τοῖς αὐτοῖς χαίροντας καὶ λυπουμένους, καὶ κατὰ δύναμιν οἵτινες νόμοι μίαν ὅτι
μάλιστα πόλιν ἀπεργάζονται, τοότων διαρρδαξῃ πρὸς ἀρετήν· οὐδείς ποτε ὅρον ἄλλον θέμενος
ὀρθότερον οὐδὲ βελτίω θήσεται. ἡ μὲν δὴ τοιαύτη πόλις, εἴτε που θεοὶ ἢ παῖδες θεῶν αὐτὴν
οἰκοῦσι πλείους ἑνός, οὕτω διαζῶντες εὐφραινόμενοι κατοικοῦσι· διὸ δὴ παράδειγμά
γε πολιτείας οὐκ ἄλλῃ χρὴ σκοπεῖν, ἀλλ᾽ ἐχομένους ταύτης τὴν ὅτι μάλιστα τοιαύτην ζητεῖν κατὰ δύναμιν.
1) 739 E. ἣν δὲ νῦν ἡμεῖς ἐπεχειρήκαμεν, εἴη τε ἂν γενομένη πως ἀθανασίας ἐγγύτατα
καὶ ἡ μία δευτέρως. τρίτην δὲ μετὰ ταῦτα, ἐὰν θεὸς ἐθέλῃ, διεκπερανούμεθα.
2) 33, 10. — κατὰ μικρὸν περιάγει πάλιν πρὸς τὴν ἑτέραν πολιτείαν.

Anlauf um so sicherer zu erreichen hofft, was ihm beim ersten misslungen ist.

Die Unterschiede beider Entwürfe in Dingen, welche wir nach der Politie als höchst wesentlich zu betrachten gewöhnt sind, sind nun allerdings sehr erheblich, aber wie mir scheint, folgerecht entwickelt aus der Herabstimmung der Politie, die hier beabsichtigt ist. Der Ideenhimmel ist ganz weggefallen, so vollständig, dass auch nicht die Spur einer Erinnerung daran mehr zu Tage tritt [1]), damit aber auch die philosophische Erziehung, der Philosophenstand, dies Priesterthum der Ideenlehre, der philosophische Absolutismus, an dessen Stelle die Gesetze treten, und die philosophische Gemeinschaft des Lebens. So befremdend uns das erscheinen mag, so unvermeidlich war es, wenn nicht aus einer Herabstimmung eine Fälschung der Politie werden sollte. Entweder ein Staat, der ganz das Abbild der Idee und das Eigenthum ihrer Priester ist, oder ein Staat ohne Ideenlehre und ohne Philosophen : das ist die Alternative eines Idealisten, der mit seinem Bekenntniss so wenig handeln lässt, als die Sibylle der Sage mit ihren Büchern. Ist das Dach des besten Staates einmal abgetragen, dann lässt er auch die Wände einstürzen, die es getragen haben.

An die Stelle der Philosophie tritt eine Art volksmässiger Frömmigkeit, die uns oft recht verwunderlich anmuthet [2]), von den vier Cardinaltugenden bleibt thatsächlich nur eine, die Allerwelttugend der Besonnenheit und des Masshaltens übrig [3]), statt geschlossener Stände haben wir eine bewegliche Stufenfolge von Classen, die sich nach dem Besitze unterscheiden, statt einer regierenden Kaste ein kunstreich gewähltes Regiment, statt des Absolutismus im Namen der Idee eine ausführliche Gesetzgebung in allen Dingen, in denen weder die Politie noch der Politikos irgend welche Gebundenheit des Staatsmanns höchster Ordnung anerkennen wollte.

Und trotz dieser gewaltigen Abweichungen bleibt es dabei, dass Platon »nach einem kleinen Umwege doch wieder zu seinem ersten Bilde zurückkehrt«? Allerdings, denn das Privatleben, die Familie, das Weib, das Eigenthum gibt er gleichwohl nicht frei und das ist, wie wir sahen, die Hauptsache für Aristoteles : über das Ideenwesen verliert er bei seiner Kritik kein Wort, während er für das Recht der Individualität gegen den Absolutismus der platonischen Einheit mit ganzer Rüstung zu

---

1) Zeller, Studien S. 42 ff.
2) ebendas. S. 44 ff.
3) ebendas. S. 34 ff.

Felde zieht. Hier aber sind die Zugeständnisse Platons in der That
nur scheinbar, wie sich uns beim ersten Blick verräth.

Von Weiber- und Kindergemeinschaft ist hier nicht mehr die Rede,
aber ein häusliches Leben bleibt doch unmöglich, denn die mit den
Männern gemeinschaftliche Erziehung der Weiber, ihre Theilnahme am
Waffendienst wird nicht widerrufen, ja es wird ihnen eine neue Last
aufgewälzt, die Verpflichtung an öffentlichen Syssitien Theil zu nehmen, woraus dann die Nothwendigkeit hervorgeht, zwei Feuerstellen
für jeden Haushalt zu errichten[1], kurz, das Weib ist unter allen Umständen dem Hause und den Kindern entrissen, sein ganzes Dasein ist
öffentlich, unweiblich sogut, als wenn eine Ehe gar nicht vorhanden
wäre, und eine Familie gibt es auch so nicht, da »Niemand zwei Häuser
bewohnen kann«[2].

Die Gütergemeinschaft wird aufgegeben, weil sie über die Kräfte
des jetzt lebenden Geschlechts, seine Erziehung und Vorbildung hinausgeht und an ihrer Statt eine Gütergleichheit eingeführt[3], vermöge deren aber Jeder verpflichtet ist, sein Ackerfeld nie für etwas
Anderes anzusehen, als »für ein Stück aus dem Gemeingut des
ganzen Staates«[4]. Ein wirkliches Privateigenthum, über das frei
verfügt, das verkauft oder vererbt, vergrössert oder verkleinert werden
kann, ist in diesen ewig gleichbleibenden Loosen aus dem Staatsgut
nicht gewährt[5]. Die Unausführbarkeit der Politie sah Aristoteles
hauptsächlich darin, dass dieselbe der ganzen bestehenden Gesellschaft eine Umwälzung zumuthet, die nicht menschlichen Vorurthei-
len, sondern ihrer eigensten Natur selber widerstreitet; der sociale
Charakter des Musterstaates entschied in seinem Auge über den Werth
des ganzen Entwurfs. Nun wohl, der sociale Charakter des zweiten
Ideals, obwohl er die Strenge des ersten etwas herabstimmt, bleibt dem
Bestehenden in der Hauptsache noch ebenso feindselig gegenübergestellt wie der des ersten, und das ist gemeint, wenn Aristoteles kurzweg
sagt, die Gesetze laufen um ein Weniges auf dasselbe hinaus wie die
Politie.

---

[1] VI, p. 770. V, 14.
[2] 35, 18. χαλεπὸν δὲ αἰείας δύο οἰκεῖν.
[3] p. 759 E. — μὴ κοινῇ γεωργούντων, ἐπειδὴ τὸ τοιοῦτον μεῖζον ἢ κατὰ τὴν νῦν γένεσιν καὶ τροφὴν καὶ παίδευσιν εἴρηται.
[4] p. 740. — νομίζων δ' οὖν ταψὸς δεσνοίᾳ εἶναι, ὡς ἄρα δεῖ τὸν λαχόντα τὴν λῆξιν ταύτην νομίζειν μὲν κοινήν αὐτὴν τῆς πόλεως ξυμπάσης.
[5] S. die Anordnungen ebendas.

Unter den Einreden nun, welche er auch gegen den zweiten platonischen Entwurf erhebt, sind die wichtigsten folgende: **Der Umfang des Staates ist missgriffen.** Die 5000 (genauer 5040 [1]) Bürgerloose oder Hausständle, deren freie Inhaber sammt Familie nicht arbeiten, setzen eine ungeheure Ueberzahl von Unfreien voraus, deren Arbeit ihnen den Unterhalt gewährt; damit eine Bevölkerung von 20—30,000 Köpfen — so würden wir etwa die Seelenzahl veranschlagen, die 5040 waffenfähige Männer im Ganzen voraussetzen — müssig leben könnte, wäre eine Gesammtbevölkerung erforderlich etwa wie die von Babylon oder die sonst eines unermesslichen Gebietes. »Man darf freilich, wenn man Wünsche ausspricht, sich ziemlich frei gehen lassen, aber handgreiflich Unmögliches darf man nicht voraussetzen« [2].

Die **äussere Sicherheit des Staates ist ausser Rechnung geblieben.** Es ist richtig, wenn Platon sagt, wer einen Staat gründen will, muss Acht haben, dass Land und Leute zusammen passen [3]. Aber das gilt nicht nur für den Grund und Boden der Anlage selber, sondern auch für deren **Umgebung und Nachbarschaft** [4], wenn nämlich die Sicherheit des Staates in Kriegszeiten nicht leiden soll [5]; denn die **Grenzverhältnisse** [6] eines Staates müssen der Art sein, dass sie nicht bloss nach Innen befriedigen sondern auch im Kriege nach Aussen Schutz gewähren. Mag man nun über den Werth des Kriegswesens für das Leben der Einzelnen wie der Gesammtheit den-

---

1) 715 C.
2) 741, 1. δεῖ μὲν οὖν ὑποτίθεσθαι κατ' εὐχήν, μηδὲν μέντοι ἀδύνατον.
3) Nämlich Legg. V, 747 D. -- μηδὲ τοῦθ' ἡμᾶς λανθανέτω περὶ τόπων, ὡς οὐκ εἰσὶν ἄλλοι τινὲς διαφέροντες ἄλλων τόπων πρὸς τὸ γεννᾶν ἀνθρώπους ἀμείνους καὶ χείρους, οἷς οὐκ ἐναντία νομοθετητέον —.
4) Auch diese Rücksicht wird gelegentlich erwähnt V, p. 225, 758. V, p. 263.
5) 34, 5. εἰ δεῖ τὴν πόλιν ζῆν βίον πολιτικόν. Dass in dem letztern Worte ein Fehler sei, der sich aus dem unzweifelhaften Sinn des Satzes errathen lasse, haben schon Aeltere gefunden. Montecatinus vermuthet ὁπλιτικόν, was freilich in diesem allgemeinen Sinne nicht bezeugt ist. Ich lese mit Murot und Casaubonus πολεμικόν und berufe mich dabei auf den Gegensatz, den Aristoteles weiter unten, da er Phaleas ganz denselben Vorwurf macht, in dem Gebrauch von πολεμικός und πολεμικός beobachtet. 39, 5. ἀναγκαῖον ἄρα τὴν πολιτείαν συντετάχθαι πρὸς τὴν πολεμικὴν ἰσχύν — δεῖ γὰρ οὐ μόνον πρὸς τὰς πολιτικὰς χρήσεις ἱκανὴν ὑπάρχειν, ἀλλὰ καὶ πρὸς τοὺς ἔξωθεν κινδύνους.
6) Ich lese 34, 7. χρήσθαι — πρὸς τὸν πόλεμον ὅπλοις statt ὅπλοις; denn die Waffen machen keinen Unterschied, ob man angegriffen ist oder angreift, wohl aber die Grenzverhältnisse, ob ein Angriff lockend ist oder nicht. Und nur von der Nichtrücksichtigung dieser (34, 4 τοὺς γειτνιῶντας τόπους, ib. 8 τοὺς ἔξω τόπους) ist hier die Rede.

ken wie man will, immerhin muss ein Staat den Feinden furchtbar sein,
ob sie ins Land gefallen sind oder sich zurückgezogen haben.
Es ist keine Vorsorge gegen Uebervölkerung getroffen. »Es ist unstatthaft, dass der Gesetzgeber, welcher Zahl und
Mass der Güter festsetzt, keine Anordnungen trifft zum Schutze einer
dauernden Gleichheit der Bevölkerung, sondern die Kinder-
zeugung unbeschränkt frei gibt, in der Meinung, der Zuwachs würde
bei noch so viel Geburten schon von selber durch den Ausfall aufgewo-
gen, wie das ja auch jetzt in den Staaten der Wirklichkeit zu geschehen
pflege. Allein diese Verhältnisse decken sich keineswegs; wie die
Dinge in Wirklichkeit jetzt liegen, kommt Keiner ins Elend, weil die
Güter beliebig theilbar sind und so für Jeden immerhin Etwas abfällt,
im Staate der Gesetze aber sind die Güterloose untheilbar und darum
müssen alle Ueberzähligen leer ausgehen, mag ihre Zahl grösser oder
kleiner sein. Eher als das Vermögen, sollte man annehmen, müsste der
Kindernachwuchs auf ein bestimmtes Mass beschränkt werden,
das nicht überschritten werden dürfte. Dieses Mass selbst aber muss
der Bewegung abgelauscht werden, welche zwischen Geburts- und
Todesfällen, zwischen Fruchtbarkeit und Kinderlosigkeit unter einer
gewissen Anzahl von Familien stattfindet. Aber die Freiheit der
Vermehrung, welche in den meisten Staaten stattfindet, müsste (in
diesem) zur Verarmung, die Verarmung zu Bürgerkrieg und Freveln
führen. So meinte Pheidon, der Korinther, einer der alterthümlichsten Gesetzgeber, die Zahl der Hausstände, die Ziffer der Bürger
müsse sich gleich bleiben, wenn auch die Vermögenslooße Aller von
ganz ungleicher Grösse wären. In den Gesetzen ist unrichtigerweise
das Umgekehrte angeordnet [1]).

---

1) 34, 21—35, 9. Von diesem Korinther Pheidon wissen wir Nichts, als
was wir aus dieser Stelle errathen können. Der Tyrann Pheidon, welcher den Korin-
thiern Mass und Gewicht geschaffen, war aus Argos nicht aus Korinth und konnte
nur τόραννος und nicht νομοθέτης heissen (vgl. Müller Aeginet. p. 55). Um ein wirkliches Gesetz, des Inhalts, der oben angegeben ist, kann es sich überhaupt nicht
gehandelt haben, ein solches hat nie und nirgend bestanden, und wir haben anzunehmen, dass dieser sonst unbekannte Pheidon einer der philosophischen Gesetzgeber gewesen ist, zu denen auch Phaleas und Hippodamos gehörten. Ich
schliesse dies insbesondere aus dem Ausdruck φήθη, der wie das 37, 16 von Platon
gebrauchte φέτο δεῖν sich nur auf den Vorschlag eines idealen Gesetzes beziehen kann und zwar noch unzweifelhafter als das 37, 9 in demselben Sinne erschei-
nende ἐλήνεγκε. Dann meint aber auch ὧν νομοθέτης τῶν ἀρχαιοτάτων, nicht
wie alle Uebersetzer wollen, »einer der ältesten Gesetzgeber« sondern als Gesetzgeber
»ein Freund der alterthümlichsten Verhältnisse«. Ist das richtig, dann haben
wir auch einen Anhaltspunkt für die Zeit gewonnen. Wenn Hippodamos nach 40, 23

Zu dieser Stelle bemerkt Schlosser, und Garve stimmt bei, ganz
richtig: »die Idee von der politischen Arithmetik ist also nicht
neu« [1]. Schneider meint, die Schlossersche Auffassung beruhe auf einer
»falschen Auslegung« der Stelle, allein diese Auslegung ist nicht bloss
den Worten, sondern auch dem Sinn nach vollkommen zutreffend.
Aristoteles will, dass das Verhältniss, welches sich innerhalb einer bestimmten Zahl von Jahren zwischen den Geburts- und Todesfällen heraus-
stellt, ermittelt und zur Grundlage einer Durchschnittsziffer gemacht
werde, die nicht überschritten werden darf, wofern der Gesetzgeber an
einer bestimmten Zahl gleich grosser und unveränderlicher Güterloose
festhält. Nur da wo unter den Gütern selber vollkommen freie Bewe
gung stattfindet, kann auch die Vermehrung der Bevölkerung frei
gegeben werden [2]. Es ist von da noch weit bis zum Malthus'schen

---

der erste philosophische Gesetzgeber war, und wenn wie ca 55, 31 ausdrücklich heisst,
in diesem ganzen Abschnitt überhaupt nicht von wirklichen Staatsmännern, sondern bloss von Staatsdenkern gesprochen wurde, so kann dieser Pheidon eben auch nicht alter, sondern nur jünger als Hippodamus, der Zeitgenosse des
Perikles gewesen sein und das Gleiche muss von Phaleas gelten.
1) Uebersetzung I, S. 124 Anm. Schneider Commentar S. 95.
2) Dass τὸ δ' ἀφελέθαι 35, 3 nur durch τὴν τεκνοποιίαν ergänzt werden könne, ist
aus dem ganzen Zusammenhang klar. Göttling hat hier eine grosse Schwierigkeit
gefunden, nicht weil er die ganze Stelle anders fasste, sondern weil er an der Ilich-
tigkeit des auf Platon geworfenen Tadels zweifelt. Platon sagt nämlich Legg. V,
740, da eine Ungleichheit der Zahl der Güter und der Besitzenden zu erwarten sei,
so müsse man sich auf den alten Kunstgriff (παλαιὸν μηχάνημα) einrichten, eine Co-
lonie, die von Freunden freundlich aufgenommen werden würde (φίλη γιγνομένη παρά
φίλων) an einen Ort zu senden, wo das Fortkommen leichter sei.
Hienach, schliesst Göttling, könne man Platon nicht vorwerfen, dass er diesen
wichtigen Punkt ausser Acht gelassen; wir hätten anzunehmen, Aristoteles habe diesen Nothbehelf mit den Worten τὸ δ' ἀφελέθαι abfertigen wollen, so dass wir an dieser Stelle nicht τεκνοποιίαν, sondern ἀποικίαν oder etwas anderes der Art ergänzen
und übersetzen müssten: das Aussenden von Pflanzstädten aber hat, wie es in der
Mehrzahl der Fälle getrieben wird, Verarmung, Aufruhr u. s w. zur Folge, und als
Beispiel führt Göttling Heraklea an, wo ein ἀποικισμός — τῆς πενίας καὶ στάσεως αἴτιος
gewesen sein soll. Es heisst nämlich Poll. V, 202, 23 ff. κατελύθη δὲ καὶ ἐν Ἡρακλείᾳ
ὁ δῆμος μετὰ τὸν ἀποικισμὸν εὐθὺς διὰ τοὺς δημαγωγούς· ἀδικούμενοι γὰρ ὑπ' αὐτῶν οἱ γνώ-
ριμοι ἐξέπιπτον, ἔπειτα ἀθροισθέντες οἱ ἐκπίπτοντες καὶ κατελθόντες κατέλυσαν τὸν δῆμον.
Diese ganze Anschauung beruht auf Irrthümern und Missverständnissen.
Zunächst spricht Aristoteles an unserer Stelle von einem Mittel, jeder Uebervölkerung vorzubeugen d. h. zu verhüten dass sie eintritt und nicht von dem
altbekannten Mittel, ihr abzuhelfen, wenn sie eingetreten ist. Die Colonialpolitik
greift nicht eher ein, als wenn die Uebervölkerung bereits vorhanden, die Verarmung
und Ungleichheit bereits eingetreten, der Zündstoff zum Bürgerkrieg schon gesammelt ist. Es gilt aber hier diese Krankheit in ihrer Bildung selber zu ersticken,
ihr von langer Hand her vorzubeugen und dazu ist die Colonialpolitik, wie sie im

Gesetze, aber die Idee einer Statistik oder politischen Arithmetik ist bereits gefunden.

Das Verhältniss der herrschenden und der dienenden Bevölkerung ist auch hier ungeordnet geblieben. Die Lücke, welche Aristoteles in der Politie gerügt, findet sich auch in den Gesetzen, nur dass hier statt einer Organisation wenigstens eine geschmackvolle Redensart erdacht ist: die Regierenden müssen sich zu den Unterthanen verhalten wie im Gewebe der Aufzug, der aus andrer Wolle ist, zum Einschlag [1]. Das ist aber keine Antwort auf eine der schwierigsten aller politischen und socialen Fragen.

Die Mischung der Verfassungsformen ist in den Gesetzen an sich falsch und in sich widersprechend. Aristoteles tadelt erstens, dass Platon theoretisch die Regierungsform des Staates der Gesetze aus Demokratie und Tyrannis gemischt haben wolle, welche beide »entweder gar nicht als Verfassungen oder jedenfalls nur als die allerschlechtesten gelten könnten« und sodann, dass er sich selber widerspreche, indem er nachher einen Staat aufrichte, der gar nichts Monarchisches, sondern nur oligarchische und demokratische Elemente enthalte.

Alterthum getrieben wurde, unbrauchbar. Dazu kann, wenn überhaupt Etwas, nur das aristotelische Mittel helfen.

Sodann kann δμέναι — δμέσθαι nun und nimmer mehr kurz hintereinander in ganz verschiedenem Sinne gebraucht sein und vor allen Dingen niemals für ἐκπίπτειν, ἐκπαλλειν gesetzt werden; in solchen Dingen hielt sich der Grieche strenge an die technischen Bezeichnungen.

Drittens kann gerade in diesem Satze nicht von Colonien gesprochen sein, weil diese nicht Ursachen von Verarmung sondern eine Abführung der Verarmten bringen und dadurch den Zündstoff zur Revolution nicht herbeitragen, sondern in einem bequemen Abfluss entfernen.

Das Beispiel aber ist ganz unglücklich gewählt.

Bei Herakles handelt es sich um einen jener Gewitterstürme, die die kleineren Hellenischen Staaten alle Augenblicke betrauchten, wo nachdem Demos und Aristokraten sich gründlich entzweit haben, der erstere sich einmal ein Herz fasst, die letzteren zur Stadt hinauswirft und diese dann von Aussen her irgend einen unbewachten Augenblick benutzen, um wieder in die Stadt einzubrechen und dann der Demokratie wieder auf einige Zeit ein Ende zu machen, ὅμον κατάλλειν wie die Hellenen sagen. Jene Austreibung nun, auf welche die siegreiche κάθοδος folgt, ist in unserer Stelle ἐκπεισμός genannt, was Göttling nicht mit ἐκπίπτειν verwechseln durfte. Hier wird nicht ein Theil der Bürgerschaft hinausgesendet, sondern hinausgeworfen (ἐκπίπτειν) und diese Entweichung ist nicht Ursache der Verarmung der Auswanderer, sondern Folge der Verarmung der Zurückbleibenden, nicht Ursache der ἀπορία, sondern die ἀπορία selber.

1) 35, 10. S. Legg. V, 734 E.

Ob die Mischung aus Demokratie und Tyrannis [1]) wirklich so unpolitisch ist wie Aristoteles meint und ob eine Mischung, aus mehreren Verfassungsformen, wie sie z. B. der lakonische Staat enthalten soll, wohlthätiger ist, wollen wir hier nicht entscheiden. Aber gegen die Anklage der Folgewidrigkeit müssen wir Platon in Schutz nehmen, um so mehr, als es bis zur Stunde nicht geschehen ist[2]) und noch Hildenbrand meint, Platon habe allerdings »das monarchische Element ganz ausser Acht gelassen« [3]).

Von der bekannten Stelle im vierten Buche der Gesetze: »Gebt mir einen Staat unter einem Tyrannen; der Tyrann sei jung, mit Gedächtniss, Fassungskraft, tapferem, hochstrebendem und zugleich massvollem Sinn«[4]), müssen wir hier absehen, denn einmal halten wir an der Unechtheit der vier ersten Bücher fest und dann ist dieser »Tyrann« in der That an keiner andren Stelle der Gesetze wieder aufzufinden; Aristoteles hat ihn jedenfalls nicht gekannt.

Die oberste Regierungsbehörde im Staat der »Gesetze« besteht aus 37 erwählten Gesetzesrichtern, die nicht unter 50 Jahren alt sein und 20 Jahre lang ihr Amt behalten dürfen d. h. so ziemlich lebenslänglich im Amte sind[5]). Unter diesen steht dann ein auf sehr weitläufige Weise aus den vier Vermögensklassen erwählter Rath von 360 Mitgliedern, von denen je 90 das Jahr hindurch im Rathe sitzen.

Von diesem ganzen Wahlsystem meint Platon »es halte die Mitte zwischen Monarchie und Demokratie d. h. den beiden Formen, zu denen sich der Staat stets im vermittelnden Verhältniss halten müsse; denn Sklaven und Herrscher könnten ebenso wenig jemals Freunde werden als tüchtige Menschen mit Strolchen, die etwa derselben Auszeichnung gewürdigt würden«[6]).

Was Platon will mit seinem Vergleich, ist klar, die Volksgemeinde des Staates der Gesetze soll ein weise gemässigtes Regiment haben

---

1) Tacitus war andrer Ansicht, vgl. sein bekanntes Wort Agric. 3: Nerva Caesar res olim dissociabiles miscuit, principatum ac libertatem.

2) Die Bemerkung Schlossers I, S. 129 genügt nicht.

3) I, 211.

4) IV, 710. τυραννουμένην μοι δότε τὴν πόλιν· τύραννος δ' ἔστω νέος καὶ μνήμων καὶ εὐμαθὴς καὶ ἀνδρεῖος καὶ μεγαλοπρεπὴς φύσει — καὶ σώφρων.

5) VI, 754/55.

6) VI, 756 E. ἡ μὲν οὖν αἵρεσις οὕτω γιγνομένη μέσον ἂν ἔχοι μοναρχικῆς καὶ δημοκρατικῆς πολιτείας, ἧς δεῖ δεῖ μεσεύειν τὴν πολιτείαν· δοῦλοι γὰρ ἂν καὶ δεσπόται οὐκ ἄν ποτε γένοιντο φίλοι, οὐδὲ ἐν ἴσαις τιμαῖς διαγορευόμενοι φαῦλοι καὶ σπουδαῖοι.

und es fragt sich nur, ob darauf die Bezeichnung der vermittelten
Gegensätze passt, die Aristoteles ihm nicht zugestehen will.
Buchstäblich genommen sind Monarchie und Demokratie gar
keiner Vermittlung fähig, denn wo Einer herrscht, können nicht Alle
herrschen und umgekehrt. Ist aber eine Vermittlung oder Vermischung beider überhaupt als möglich gedacht, so kann sie nur so verstanden werden, dass die Zahl als das Unwesentliche bei Seite gescho-
ben und die Regierungsweise als das Wesentliche hervorgehoben
wird, dann aber passt die Bezeichnung auch durchaus auf den vorliegenden Fall. Die Behörde der 37 ist monarchisch, insofern sie die
oberste ist, keine andre über sich hat und keiner Rechenschaft nach
irgend einer Seite unterworfen ist, sie ist aber zugleich demokratisch, einmal insofern sie gewählt wird und einen gleichfalls gewählten
Rath neben sich hat, sodann weil sie ein Collegium ist, das schon um
seiner Vielköpfigkeit willen weniger leicht zu einem Despoten
werden kann. Kurz die beiden Worte sind in demselben uneigentlichen
Sinne genommen, in dem auch Aristoteles sie zu nehmen pflegt[1].

Für die 37 könnten wir vielleicht die alte Bezeichnung »Aesymne-
tie« der 37 gebrauchen, insofern diese nach Aristoteles eine »gewählte
Tyrannis« ist[2].

Die Bemerkung des Aristoteles über das Wahlverfahren, das
im sechsten Buch der Gesetze für den Rath verordnet wird, ist sachlich
ohne Bedeutung[3].

---

1) 158, 29 wird eine μῖξις ὀλιγαρχίας καὶ δημοκρατίας für die πολιτεία
καλουμένη empfohlen, streng genommen ebenso unmöglich wie die platonische Vermischung von Monarchie und Demokratie; denn »Wenige« sind nicht »Alle« und
»Alle« sind nicht »Wenige«.

154, 11 ὁ δ᾽ οὖν τοιοῦτος δῆμος, ὅτι μόναρχος ἄν, ζητεῖ μοναρχεῖν διὰ τὸ
μὴ ἄρχεσθαι ὑπὸ νόμων καὶ γίνεται δεσποτικός. Hier haben wir sogar die Verbindung von Demokratie und Tyrannis im uneigentlichen Sinne. Einige Zeilen vorher (6) heisst der δῆμος gar μόναρχος ἐκ πολλῶν σύνθετος.

35, 30 wird das Königthum der Spartiaten Monarchie genannt, weil man kein
Wort für Doppelkönigthum hatte, ebenso wie 36, 1 die Behörde des Ephorats τυραννίς heisst, obgleich der Ephoren 5, und mehr gewesen sind. Kurz das Unterschei-
dende an diesen Regierungsformen liegt auch für Aristoteles nicht darin, dass das
eine Mal eine Person, das andre Mal Alle herrschen, sondern in der Art wie
regiert wird.

2) 86, 15. αἰσυμνητεία — αἱρετὴ τυραννίς.

3) Kritisch von desto grösserer. Die auf Legg. VI, p. 756 bezüglichen Worte
von αἱροῦνται — δευτέρας 36, 17—21. sind nicht bloss très peu clairs wie Barthélemy
St. Hilaire sagt, sondern so räthselhaft wie Göthe's Hexeneinmaleins. Göttling
versucht (in seiner commentatiuncula, Jena 1855) die gründlich verderbte Stelle
folgendermassen zu heilen: αἱροῦνται μὲν γὰρ πάντες ἀνάγκης, ἀλλ᾽ ἐκ τοῦ πρώτου

Damit ist die Besprechung der beiden platonischen Ideale abgemacht.

Phaleas von Chalkedon.

Es gibt aber, führt Aristoteles fort, noch andre Staatsentwürfe vorgeschlagen entweder von Denkern, die sich mit dem Staatsleben selber nicht befasst haben, oder wirklichen Staatsmännern [1]; diese jedoch stehen den überlieferten Verhältnissen der Gegenwart sämmtlich viel näher, als die beiden eben besprochenen; denn Keiner von ihnen hat den Einfall gehabt, die Kinder und Weiber als Gemeingut zu erklären und für die Weiber eigene Syssitien zu verlangen, sie gehen vielmehr durchweg von dem unmittelbar Nothwendigen aus. Einigen von ihnen scheint insbesondre die Art der Vertheilung der Vermögensverhältnisse von entscheidender Wichtigkeit, schon weil daraus die meisten Bürgerkriege entspringen.

Daher hat Phaleas von Chalkedon [2] die Vermögensfrage an die erste Stelle gerückt und gesagt: »die Güter müssen gleich sein«

πρῶτον τιμήματος, εἶτα πάλιν ἴσως ἐκ τοῦ δευτέρου, εἶτ' ἐκ τοῦ τρίτου (lese ich statt τῶν τρίτων). πλὴν οὐ πᾶσιν ἐπάναγκες ἢ (statt ἦν) τοῖς ἐκ τῶν τριῶν (statt τρίτων) τιμημάτων (statt ἢ τετάρτων), ἐκ δὲ τοῦ τετάρτου τῶν τιμημάτων (statt τετάρτων) μόνοις ἐπάναγκες τοῖς πρώτοις καὶ τοῖς δευτέροις. Für das ἦ, wegen πλὴν vgl. πλὴν ἢ Ппо-μίαν Ar. Nub. 361. οὐδέν γε πλὴν ἢ, 734 Ib. παντί πλὴν ἢ, bei Plato Apol. p. 42.
Bestraft werden nämlich nach Legg. VI, 756 die Wähler aus den beiden ersten Classen, wenn sie nicht auch bei den übrigen mitwählen wollen.

1) 37, 1. Die hier stehenden Worte οἱ μὲν ἰδιῶται οἱ δὲ φιλόσοφοι καὶ πολιτικοί sind zu beurtheilen nach 55, 31—66, 4: τῶν δὲ ἀποφηναμένων τι περὶ πολιτείας ἔνιοι μὲν οὐκ ἐκοινώνησαν πράξεων πολιτικῶν οὐδ' ἀντινοῦν, ἀλλὰ διετέλεσαν ἰδιωτεύοντες τὸν βίον· περὶ ὧν εἴ τι δὲ ἄξιόλογον, εἴρηται σχεδὸν περὶ πάντων. Aus diesen Worten folgt, dass die bisher erwähnten Gesetzgeber Platon, Pheidon, Phaleas, Hippodamos sämmtlich ἰδιῶται gewesen sind. Darauf fährt Aristoteles fort: ἔνιοι δὲ νομοθέται γεγόνασιν, οἱ μὲν ταῖς οἰκείαις πόλεσιν οἱ δὲ καὶ τῶν ὀθνείων τισί, πολιτευθέντες αὐτοί· καὶ τούτων οἱ μὲν νόμων ἐγένοντο δημιουργοὶ μόνον, οἱ δὲ καὶ πολιτείας, οἷον καὶ Λυκοῦργος καὶ Σόλων und dann werden noch Zaleukos, Charondas, Onomakriton, Thales, Philolaos, Drakon, Pittakos, Androdamas erwähnt, zum grösseren Theil Männer, die nicht blos πολιτικοί sondern auch φιλόσοφοι, oder wie man mit dem damals noch unverfänglichen Worte sagte, σοφισταί waren (Herodot I, 29. II, 49. IV, 95. Die ἱστά σοφισταί noch bei Demosth. p. 1416, 11. Isocr. antid. 478, 251). An der Stellung von φιλόσοφοι haben Giphanius und Schneider Anstoss genommen. Vielleicht ist zu lesen: οἱ μὲν ἰδιῶται φιλόσοφοι, οἱ δὲ πολιτικῶν.

2) Auch von diesem Staatsdenker wissen wir nichts Näheres. Der Parisinus 1 hat zu Χαλκηδόνιος die Randbemerkung Καρχηδόνιος, der auch die Uebersetzung des vetus interpres entspricht. Es ist ein Versehen, welches aus der Schreibweise Καλχηδόνιος entstanden ist. s. Göttling z. d. St.

Nur über seine Zeit können wir aus Aristoteles wenigstens eine Andeutung er-

und — wir greifen hier dem Texte vor — damit sie es bleiben, auch die Erziehung der Eigenthümer. Hiegegen widerholt Aristoteles zunächst den schon entwickelten Satz, dass die Gleichheit des Güterbesitzes nicht haltbar und dauerhaft sei ohne unveränderte Gleichheit der Bevölkerungszahl und dass diese nicht erzielt werde ausser durch Einschränkung des Nachwuchses der Bürgerkinder (S. 37—38).

Sodann wirft er ein, dass da die Gleichheit der Bürger sich nicht bloss auf die Grösse der Ackerloose sondern auch auf die Stellung im Staate beziehen müsse, es vor Allem auch auf Ausgleichung und Einschränkung aller der Gleichheit widerstrebenden Begierden und Leidenschaften d. h. auf eine Erziehung zur sittlichen und politischen Gleichheit ankomme.

Die Bestimmung des Phaleas, dass die Erziehung eine, und gleichmässig sein müsse, genüge nicht, es komme darauf an, die rechte Erziehung zu bezeichnen, deren Einheit in Wahrheit segensreich ist, denn nicht bloss der Arme und Gedrückte, der in Lumpen geht und Hunger und Kälte ertragen muss, ist geneigt zum Umsturz eines öffentlichen Zustandes, den er der Schuld an seiner Noth anklagt, auch der Reiche und Vornehme, den es ärgert, vor einem an Familie, Besitz, Bildung ihm Unebenbürtigen keinen Vorrang zu haben, strebt nach einer Veränderung, die seinem Ehrgeiz schmeichelt. Dagegen hilft nicht irgend eine beliebige Gleichheit des Besitzes und ebensowenig irgend eine beliebige Gleichheit der Erziehung, sondern diejenige Besitzordnung, welche keinen darben und keinen schwelgen lässt, und eine festgefugte, sorgfältig durchgeführte Lebensordnung [1]), welche Allen

mitteln. Nach Allem was hier mitgetheilt wird, hat Phaleas nicht im Allgemeinen über den Staat geschrieben, sondern den Entwurf einer besten Staates aufgestellt. So allein erklären sich die Vorschläge, die Aristoteles bespricht und der specielle Ausdruck νομοθετεῖν S. 40, 9. Ferner ist er wie alle, die bis S. 35 erwähnt werden, einer der liberal μὴ πολιτευθέντες, und da nun nach S. 40, 23 Hippodamos πρῶτος τῶν μὴ πολιτευομένων ἐνεχείρησέ τι περὶ πολιτείας εἰπεῖν τῆς ἀρίστης, dieser aber ein Zeitgenosse des Perikles und Alkibiades war (s. unten) so haben wir anzunehmen, dass Phaleas ungefähr ein gleichalteriger Zeitgenosse Platon's und darum nur ein wenig älterer Zeitgenosse des Aristoteles gewesen sei.

Dass er vor Platon Besitzgleichheit vorgeschlagen würde ich aus 37, 9 ἰσότητας πρῶτος schliessen, wenn ich nicht mit der zweiten Baseler Ausgabe 1539 nach Conring's und Riccart's Vorgang statt πρῶτος zu lesen vorzöge πρῶτος. Denn daraus dass die meisten Bürgerkriege aus Besitzungleichheit entstehen folgt nicht, dass Phaleas der Erste ist, der sich mit der Frage beschäftigt, wohl aber, dass er oder ein Andrer sie in erster Linie zu lösen sucht. Ueber Phaleas vgl. Böckh, Staatshaush. I, 66.

1) παιδεία heisst bekanntlich nicht bloss die Erziehung der Jungen, sondern die Staatszucht, die alle Lebensalter umfasst.

14 *

besonnenes Masshalten und den Trieb angewöhnt, das wahre Glück in der Philosophie und in der Tugend zu suchen, welche von dieser vorgeschrieben wird (S. 30).

Drittens wird gerügt, dass der chalkedonische Denker ebensowenig wie die »Gesetze« Rücksicht genommen habe auf die kriegerische Wehrhaftigkeit seiner Bürgerschaft und die äussere Sicherheit seines Staates, die doch die unerlässlichste Bürgschaft sei für den gesunden Bestand jedes Staatswesens. Dabei wird bemerkt, ein Staat dürfe nie so reich sein, dass er durch seinen Reichthum den beutegierigen Feind zum Angriff zu verlocken vermöchte. In solchen Fällen könne übrigens ein guter Gedanke unerwartet Rettung schaffen. Wie Eubulos der Usurpator von Atarneus, als er von Autophradates, dem Satrapen von Lydien, belagert wurde, sich dadurch zu helfen wusste, dass er den Satrapen fragen liess, wie lange er noch glaube, dass die Belagerung dauern und was sie ihn kosten würde, und als ihm die Summe genannt wurde, erklärte, um die Hälfte des Geldes sei er bereit, ihm Atarneus zu verkaufen, worauf sich Autophradates mit ihm vertrug und die Belagerung aufhob (39, 17—22).

Darauf kehrt die Behauptung wieder, dass nicht die Ungleichheit des Besitzes allein, sondern auch die Ungleichheit des Wesens der Menschen an dem Unfrieden der Bürger, der Unruhe der Staaten schuld sei: »denn die Leidenschaft schlechter Menschen ist ein unersättlich Ding, erst sind sie mit einem Bettel von zwei Obolen zufrieden, bald sind sie diesen Satz satt und verlangen immer mehr, bis sie sich ganz in Masslosigkeit überschlagen; denn aller Grenzen spottend ist die Sucht der Begierde, deren Sättigung die Massen einzig nachleben. Dagegen hilft nur ein Mittel, eine Bürgerbildung und eine Lebensordnung, die bewirkt, dass die tüchtigen Naturen keinen Umsturz wollen, die Gemeinen ihn nicht bewirken können: was eintritt, wenn die letztern ohnmächtig sind und nicht durch Unbill zum Aufruhr gereizt werden« [1].

Zum Schluss wird etwas verspätet nachgetragen, dass Phaleas, wenn er Gleichheit des Besitzes verlangte, nicht bloss an Grund und Boden denken durfte, sondern auch den Besitz an Sklaven, Heerden, Geld, kurz an beweglicher, fahrender Habe berücksichtigen musste. Entweder, sagt Aristoteles ganz richtig, muss die Gleichheit auch auf dies Alles ausgedehnt, oder sie muss überhaupt aufgegeben werden.

[1] 39, 27—40, 3. In den Worten τὴν οὖν τοιούτων ἀρχὴ (39, 31) steckt eine Verderbniss. Man erwartet Etwas wie: »dagegen ist das einzige Heilmittel« — darum vermuthet Scaliger ἀκη statt ἀρχή. Schneider ἄκος.

Das wichtigste Ergebniss dieser Erörterung über die Möglichkeit gleicher Besitzes lässt sich kurz zusammenfassen.

Die eigentliche Schwierigkeit jeder Organisation der Gleichheit im Staate liegt nicht in den glücklichen oder unglücklichen Zufällen, die bei der ersten Vertheilung des Besitzes walten mögen, auch nicht in der Natur der Güter, sondern im Wesen des Menschen selbst. Keine noch so sinnreiche äussere Einrichtung socialer Dinge hat Bestand, wenn sie nicht geeignet ist, den Menschen in Fleisch und Blut überzugehen und diese nicht durch eine weise Staatszucht dafür empfänglich gemacht worden sind. Alle diese Staatserfinder betrachten den Menschen zu sehr als eine wachsweiche Masse, die durch mechanischen Druck in jeder beliebigen Gestalt gebildet werden kann und in einer bestimmten Form einmal festgeworden keiner andern als einer ganz äusserlichen Obhut mehr bedarf. Aristoteles kennt den Menschen besser. Er verliert den Dämon der Leidenschaft nie aus den Augen, der aller künstlichen Veranstaltungen spottet, zu dem nur sittliche, seelische Einwirkungen den Zugang finden, der nur durch geistige Kräfte beschworen werden kann. Wer einem Staate Gleichheit schaffen will, der glaube nicht, seine Aufgabe erfüllt zu haben, wenn er die Ackerloose so ausgemessen hat, dass keiner eine Scholle mehr sein eigen nennt, als der Andere; der finde erst die Mittel, die Menschen einander gleich zu machen, ihre Leidenschaften zu bändigen, ihr Herz zu veredeln, ihre Selbstbeherrschung zu erziehen.

Hippodamos von Milet [1].

Vor Allen, die bisher genannt worden sind, vor Pheidon, Phaleas, Platon hat ein den Pythagoreern nahe verwandter Geist, der Städtebau-

---

1) C. Fr. Hermann de Hippodamo Milesio Marburger Programm 1841. Hippodamos ist ungefähr in der 96. Olympiade (476—73) als der Sohn des Euryphon in Milet geboren und in der 81. Olympiade (456—53) nach Athen gekommen, wo ihm ein Sohn Archeptolemos geboren wurde. Während seines Aufenthaltes übernahm er die Strassenanlage der neugegründeten Stadt Piräeus (was nicht, wie wohl geschehen, verwechselt werden darf mit dem Nothbau des Hafens Piräeus unter Themistokles, O. Müller, Dorier, II, 255) und erhielt dafür das Bürgerrecht in Attika. Doch blieb er nicht lange, sondern wanderte Olymp. 84 (444—41) nach Thurioi aus und schickte irgendwann seinen Sohn nach Athen, um dort das Bürgerrecht anzutreten, von dem er keinen Gebrauch gemacht; er selbst blieb in Thurioi und ging, nachdem er seinen Sohn bereits 3 Jahre überlebt, Ol. 93 (408—405) an den Stadtbau von Rhodos. Seinem äusseren Auftreten und seinen Studien nach war er den Sophisten verwandt (S. oben S. 164) und auch seine zweite Heimath, Thurioi, war ein Lieblingsaufenthalt von Sophisten und Rhetoren, der Sophist Lam-

meister Hippodamus von Milet versucht, den besten Staat zu finden; er ist so wenig wie irgend einer von diesen Politiker von Fach, weder in Ionien, noch in Athen, noch in Thurioi oder Rhodos etwas Anderes gewesen als ein Architekt, freilich der Grössten einer, aber dabei, wie wir aus den hier mitgetheilten Proben sehen, ein Kopf, der auch für politische Dinge ein nicht gewöhnliches Auge besass und nach meiner Auffassung, der Urheber von Gedanken, die einen ganz überlegenen Standpunkt verrathen.

Hippodamos der Erfinder der winkelrechten Bauart der Strassen, der Thurioi und Rhodos so symmetrisch angelegt wie sein Haus, hat auch das Fachwerk seines idealen Staates gewissermaassen geometrisch mathematisch aufgeführt. Durch den ganzen Aufriss geht ein Gesetz der Dreitheilung beherrschend hindurch. Erstens zerfallen Land und Leute seines 10,000 Seelen[1] umfassenden Staates in je drei Theile: die Leute in 1) Krieger, 2) Bauern, 3) Handwerker: das Land in 1) Tempelgut, 2) Staatsgut, 3. Privatgut. Das Tempelgut speist die Opfer, das Staatsgut die Krieger d. h. die bewaffneten Vollbürger, die somit kein Privateigenthum sondern gleichen Antheil am Gemeingut haben, der dritte wird von den Bauern auf eigene Rechnung bewirthschaftet.

Zweitens muss er sich eingehend mit einer Frage beschäftigt haben,

---

pon war zugleich οἰκιστής der Stadt, Protagoras soll die Gesetze derselben gesammelt haben, Herodot brachte dort einen grossen Theil seines Lebens zu, Timäos von Syrakus und der reiche Lysias waren dort wie zu Hause. Seine politische Gesinnung war, wie sein Staat zeigt, aristokratisch, und wenn sein Sohn Archeptolemos ein Gegner des Kleon genannt wird (schol. ad Arist. equ. 327), so wandelte er nur in des Vaters Fussstapfen. Von den philosophischen Fächern standen ihm Geometrie, Mathematik am Nächsten; für diese Wissenschaften war aber Thurioi die hohe Schule jener Zeit und die Pythagoreer dort die ersten Lehrmeister. Er muss mit ihnen in Berührung gekommen sein, die Dreiheit in seinem Staatswesen erinnert an das Gewicht, das die Pythagoreer auf die Zahl als Grundwesen aller Dinge legte; seine Gütergemeinschaft und die aristokratische Gliederung an den pythagoreischen Denkerstaat. Ob er darum, wie Hildenbrand will, ohne Weiteres »Pythagoreer« genannt werden darf, ist mir zweifelhaft; die politischen Bruchstücke eines Pythagoreers bei Stobäus 'Florileg. 43, p. 92—94 und 96, 71 aus περὶ πολιτείας und 103, 26 aus περὶ εὐδαιμονίας) gelten jetzt allgemein für unecht (Literatur bei Hildenbrand 1, 59½ mit den Angaben des Aristoteles sind sie unvereinbar. Man hat hieraus schwerlich mit Victorius auf zwei Männer dieses Namens, eher mit Schneider auf die pia fraus hominis alicuius docti Pythagorae nomini et famae faventis zu schliessen.

1) 40, 25. κατασκευάζω τὴν πόλιν τῷ πλήθει μέν μυριάνδρον. Dass darunter nicht die Zahl der Bürger, wie alle Uebersetzer meinen, sondern der Einwohner zu verstehen, geht aus der gleich folgenden Eintheilung hervor, in der die bewaffneten Vollbürger mit der dienenden Arbeiterbevölkerung unter denselben 10,000 zusammengefasst werden.

die sonst den Staatstheoretikern nicht der Mühe werth dünkte, mit der
Verbesserung des Gerichtswesens; die zwei Angaben, die uns
Aristoteles darüber aufbewahrt, enthalten, wie mir scheint, schöpfe-
rische Gedanken, in denen der Urheber seine Zeit weit überholt.

Einmal nimmt er nur dreierlei Arten von Gesetzen, nur dreierlei
Gegenstände der Rechtspflege an: Schädigung an der Ehre, an Hab und
Gut, am Leben [1].

Die Annahme wird nicht zu kühn sein, dass es sich hier nicht bloss
um eine neue Eintheilung von Gegenständen handelt, die sonst weniger scharf geschieden zu werden pflegten, sondern um die Aufstellung
eines neuen Princips der Gesetzgebung. Wenn Hippodamos nur solche
Gesetze überhaupt will gelten lassen, welche bestimmt sind, Schädi-
gungen des Nächsten an Ehre, Habe, Leben sei es zu verhüten, sei
es zu ahnden, dann hat er gebrochen mit dem altgriechischen Begriff
von Recht und Gesetz. Bekanntlich unterscheidet sich dieser von dem
der Neueren und der Römer in der juristischen Zeit dadurch, dass im
Gesetze religiöse, ethische, politische Pflichten in un-
trennbarer Mischung vereinigt sind, während von den Römern zuerst
und durch sie bei uns eine möglichst scharfe Scheidung des Religiösen
und Sittlichen vom Rechtlichen durchgeführt und dem Gesetz das Letztere ausschliesslich vorbehalten worden ist. Den alten Hellenen ging
es in dieser Frage wie der Mehrzahl unserer heutigen Geschworenen.
Die Einsicht, dass etwas unsittlich was nicht ungesetzlich, dass Etwas
sittlich und doch ungesetzlich sein könne, liegt ihnen mehr oder weniger fern. Das Gesetzeswesen war bei den Hellenen, mit Ausnahme
Athens, überhaupt sehr unvollkommen ausgebildet, die Gewohnheit,
also das ungeschriebene Recht war die Regel, die Richtschnur, das geschriebene Gesetz die Ausnahme. Die Scheidung von Recht und
Sitte, von Gesetz und Herkommen, soweit sie überhaupt durchführbar
ist, beginnt aber erst mit der Aufzeichnung des Rechts und wird nur da
zur Regel, wo alles Recht geschrieben ist.

Der Hellene fand es in der Ordnung, wenn die Ephoren Einen be-
straften, weil er Geld in den Staat eingeführt, einen Andern wegen
(politischen) Müssigganges, einen dritten, weil er allgemein verhöhnt
wurde [2], wenn in Böotien einem Bürger der Betrieb eines Handwerks
verboten ward; Aristoteles findet es Recht, wenn, wie es heisst,
Lykurg den Kauf und Verkauf der Landloose verbietet und verlangt

---

1) 40, 31: εἴδη νόμων τρία μόνον —: ὕβριν, βλάβην, θάνατον.
2) Plut. Lys. 19. schol. Thuc. I, 84. Plut. Inst. Lac. 234.

unter Anderem selber die gesetzliche Feststellung eines jährlichen Kinderbudgets.

Noch nach seiner entschiedenen Ueberzeugung haben die Gesetze den positiven Zweck, den Bürger im Sinne des Gesetzgebers tugendhaft zu machen, während wir darin nur rein negativ die Schutzwehr gegen Störungen der gesellschaftlichen Ordnung sehen und in allem Uebrigen die Macht der Sitte und der Religion walten lassen.

Ganz denselben Standpunkt scheint hier Hippodamos eingenommen zu haben — wenn er alle Gesetze ablehnt, die sich mit anderen Dingen als mit dem Schutz des Einzelnen in seinem Rechte auf Ehre, Habe, Leben befassen. Nicht also die Erzeugung einer bestimmten sittlichen und bürgerlichen Tugendhaftigkeit, welche das griechische Gesetz noch im Sinne Platons und Aristoteles' verlangte, sondern die Bedrohung und Bestrafung von Verbrechen gegen die Rechtssphäre der Einzelnen und damit der Gesellschaft war nach Hippodamos Sinn und Zweck der Gesetzgebung.

Sodann verlangte er die Einsetzung einer aus alten Männern bestellten obersten Berufungsbehörde zur Prüfung und allfälligen Verwerfung der durch die unteren Gerichte ertheilten unrichtigen Entscheidungen [1]. Auch diese Forderung des Hippodamos, der sich übrigens eine ähnliche in Platons Gesetzen an die Seite stellen lässt [2], zeugt von einem seiner Zeit weit vorangeeilten juristischen Sinn. Ebenso wollte er die einfache Abstimmung mit Ja und Nein aus den Gerichten verbannt wissen, weil die Gewissenhaftigkeit des eidestreuen Richters sich nicht immer mit einfachem Schuldig und Nichtschuldig beruhigen könne, und verlangte, dass die Abstimmung auf Täfelchen geschehe, worauf für unbestimmte Fälle auch ein Vorbehalt Platz finden könne, also etwas ähnliches wie das römische Non liquet.

Sämmtliche Behörden sollen durch das ganze Volk gewählt werden, also alle drei Classen haben das Recht der Wahl, ob aber auch aus dem ganzen Volke, oder nicht, davon steht hier Nichts.

Drittens soll für jede dem Gemeinwohl nützliche (politische) Erfindung eine Belohnung aus Staatsmitteln und den Kindern der im Kriege gefallenen Bürger Lebensunterhalt auf Staatskosten gewährt werden.

Gegen diesen Entwurf erhebt Aristoteles folgende Einwände [3]:

Da die Kriegerklasse im Staate des Hippodamos allein die

---

1) 41, 1. — δικαστήριον ἐν τὸ κύριον, εἰς ὃ πάσας ἀνάγεσθαι δεῖν τὰς μὴ καλῶς κεκρίσθαι δοκούσας δίκας.

2) VI, 767—66. 8. Athen u. Hellas I, 264.

3) 11, 19. S. 43.

grösste aller Ehren, die des Waffendienstes, hat, ist selbstverständlich, dass sie die erste, und da die Handwerker weder Grundbesitz noch Waffen haben, ist nicht minder natürlich, dass sie die letzte Classe, thatsächlich die der Knechte bilden. Es wird sich also schon hier ein tiefer Zwiespalt bilden, den eine scheinbare Gleichstellung in der Aemterwahl nicht heben kann. Die Bauern aber, wenn sie blos dazu da sind, ihre eigenen Saaten zu bestellen, sind diesem Staate ganz unnütz; denn wer bestellt das Tempelgut und das Staatsgut, von dem die Krieger leben, ohne selber zu arbeiten? Was Hippodamos darauf erwidern könnte, wüssten wir nur dann, wenn wir seine Schrift nicht bloss aus dieser flüchtigen Skizze eines Gegners kennten.

Wir von unserem Standpunkt vermissen in dieser Eintheilung den Beruf die Priester, welche die göttlichen Dinge verwalten, Opfer darbringen u. s. w. Solle Hyppodamos gleich Aristoteles diese Aufgabe den sonst unbrauchbar gewordenen Veteranen der Bürgerklasse vorbehalten haben?

Ueber den neuen Gesetzesbegriff des Hippodamos äussert er sich an dieser Stelle nicht; dass er mit demselben nicht übereinstimme, können wir aus seinen Anschauungen über den engen Zusammenhang von Ethik und Politik leicht errathen und überdies aus einer besonderen Stelle ausdrücklich beweisen. Gegen den Sophisten Lykophron, der auch dem Gesetze den ethischen Beruf absprach, indem er erklärte, es sei Nichts als eine Bürgschaft wechselseitiger Rechtsgewährung, wendet er ein, dann sei das Gesetz nicht[1]) mehr im Stande, die Bürger sittlich gut und rechtschaffen zu machen: habe das Gesetz nur noch den Zweck, Verbrechen zu bestrafen, dann könne sich der Staat in lauter Privatrechtsverhältnisse auflösen und sein sittlicher Zweck d. h. sein Wesen gehe verloren. Auch was Aristoteles vom Appellhof denkt, erfahren wir nicht, wohl aber spricht er sich entschieden gegen das neue Urtheilsverfahren im Richtercollegium aus, allerdings mit wenig Glück. Denn auch ich muss diese Kritik mit Stein als ein »Missverständniss« bezeichnen[2]).

Wenn, wie Aristoteles hervorhebt, in Gerichtshöfen, die wohl zu unterscheiden von frei bestellten Schiedsgerichten, es verboten ist, dass

---

1) 72, 38—73, 2. »In einem Staat, der seinem Namen Ehre macht, darf die Sorge für die Jugend nicht ein leeres Wort sein. Sonst wird aus der staatlichen Lebensgemeinschaft ein blosses Schutz- und Trutzbündniss, aus dem Gesetz ein blosser Vertrag καθάπερ ἔφη Λυκόφρων ὁ σοφιστής, ἐγγυητής ἀλλήλοις τῶν δικαίων, ἀλλ' οὐχ οἷος ποιεῖν ἀγαθοὺς καὶ δικαίους τοὺς πολίτας.

2) Mohl's Zeitschrift für Staatswissensch. 1853. S. 162.

die Richter sich miteinander besprechen, so ist es freilich unmöglich,
dass sie auf Verabredung alle zusammen ein Nou liquet sprechen,
möglich ist es aber doch, dass sie ohne Verabredung zu demselben
Ergebniss kommen, und noch eher, dass ein einzelner sich nur dadurch vor seinem Gewissen retten kann. Nur damit in keinem Fall ein
Druck auf das Gewissen der Richter geübt werde, verlangt eben Hippodamos diese Neuerung. Das Beispiel, das Aristoteles wählt, trifft noch
weniger zum Ziel. Er meint, was soll aus den Urtheilen der Gerichts-
höfe werden, wenn in Geldklagen der erste Richter für 20, der zweite
für 10, der dritte für weniger Minen u. s. w. Schuldbetrag stimmt? der
Einwurf gilt eher für als gegen Hippodamos. Wenn es unmöglich ist,
nachdem eine Geldschuld an sich constatirt ist, dass die Richter
über das Mass der Summe unter sich oder mit dem Kläger sich einigen,
dann ist ein bedingter Urtheilsspruch erst recht der einzig mögliche
und die endgiltige Entscheidung kann allerdings nur auf dem Wege
des schiedsgerichtlichen Vergleichs zu Stande kommen.

Der Antrag auf einen Nationaldank für der Gesammtheit nützliche
Erfindungen, die Aristoteles ausschliesslich als politische Neuerungs-
vorschläge fasst, gibt Anlass zu einer interessanten Erörterung über
Ruhe und Bewegung in der Politik überhaupt, auf die wir
unten zurückkommen.

II.
Aristoteles und das Lykurgische Sparta.

Einleitung.

Das lykurgische Sparta in der hellenischen Staats-
romantik.

I.

Die Wiederbelebung Lykurgs im Zeitalter des Agis und
Kleomenes.

Polybios, Plutarch und Sphäros von Borysthenes.

Zweimal im Laufe der griechischen Geschichte ist der lykurgische
Staat das Ideal einer romantischen Richtung der Staatsanschauung
gewesen. Das eine Mal in Athen zur Zeit des grossen Principienkampfes
zwischen Aristokratie und Demokratie, der unter Kimon und Perikles
begann, im peloponnesischen Kriege sich fürchterlich entlud, das andre
Mal in Sparta selbst, als kurz vor dem Erlöschen des hellenischen Lebens zwei edle Könige, Agis und Kleomenes, den Versuch wagten die
in Moder zerfallene Verfassung zu neuem Leben zu erwecken. Beide
Male hat sich die Literatur der Streitfrage bemächtigt und aus den Darstellungen der Bewundrer Spartas ist das Ideal zusammengeflossen,
das bis auf die neueste Zeit die Gesichtszüge des historischen Nachbil-
des der lykurgischen Verfassung massgebend bestimmt hat. Zwischen
diesen beiden Schulen lakonistischer Romantik auch der Zeit nach mitten inne steht nun Aristoteles mit seiner scharfen Kritik der lykurgischen Verfassung im neunten Capitel des II. Buchs der Politik.

Wir werden, ehe wir auf Aristoteles selbst zu sprechen kommen,
diese beiden Epochen der Verherrlichung Lykurgs aus den Quellen uns
vergegenwärtigen und mit der letzteren beginnen als derjenigen, die

auf das Urtheil der Nachwelt einen entscheidenden Einfluss gewonnen
hat; die ganze einleitende Betrachtung, die auf diese Weise entsteht,
beschäftigt sich mit einem der interessantesten Capitel aus der Geschichte der Geschichte und der Kunde von den Quellen unsrer Quellen.

Von allen Schriftstellern des hellenischen Alterthums, die uns mittelbar oder unmittelbar über Sparta's Zustände und Geschichte Meldung
machen, ist kein einziger dem wesentlichen Grundzuge seiner Gesetzgebung feindlich gesinnt — auch Aristoteles nicht in dem Maasse, wie
häufig angenommen wird; die weit überwiegende Mehrzahl gehört vielmehr geradezu zu seinen begeisterten Verehrern und Bewundrern.
Aber auch kein einziger ist darunter, der die Blüthezeit derselben, die
Epoche ihrer ungetrübten Reinheit selber erlebt zu haben sich rühmen
könnte. Der älteste unter ihnen, Herodot, hat von dem Verdienste Lykurgs, wie wir sehen werden, eine bei weitem nüchternere Vorstellung
als die athenischen Lakonisten seiner Zeit und von deren Programm in
der xenophontischen Schrift über den Staat der Lakedämonier an bis zu
Phylarchos hinab ist ebenso allgemein, wie die Bewunderung des uralten Sparta, die Klage und der Jammer über den Verfall, die Entartung des gleichzeitigen Lakedämon.

Bereits um die Mitte des vierten Jahrhunderts, also wenig mehr
als ein Menschenalter nach den glänzenden Tagen der Dekarchieen
Lysanders und unter den Nachwehen der Regierungszeit des Königs
Agesilaos, den eine seltsame Verirrung historischen Urtheils für den
grössten Heldenkönig Spartas ausgegeben hat, wird uns die Lage Spartas von Aristoteles nicht mit Redensarten sondern durch unanfechtbare
Thatsachen in den düstersten Farben geschildert und ein Jahrhundert
später gar ist von dem ehemals stolzen Staatsgebäude auch nicht ein
Stein mehr auf dem andern.

War schon zu Aristoteles' Zeiten die entsetzenerregende Armuth
Spartas an waffenfähigen Vollbürgern eine bekannte Thatsache, so konnte
die Bürgerschaft ein Jahrhundert später fast für völlig ausgestorben
gelten. Unter König Agis IV waren nur noch 700 Spartiaten übrig
und von diesen hatten nur etwa 100 noch Haus und Hof und nur wer
noch Besitzer eines Grundeigenthums war, ausreichend zur Bestreitung
der Kosten des Waffenthums und der Syssitien, gehörte zu den Vollbürgern. Der Haufe der Uebrigen, also 600 Spartiaten mit ihren Familien, lungerten besitz- und rechtlos in der Stadt umher, verdrossen
und schwerbeweglich, wenn es die Abwehr auswärtiger Feinde galt,

um so lüsterner begehrend nach einem grossen Umsturz alles Bestehenden [1].

War es unter Agesilaos möglich, dass die sprichwörtliche Waffentüchtigkeit der Spartaner bei Leuktra und Mantinea vernichtende Schläge erlitt, so durfte man sich nicht wundern, wenn es jetzt einmal vorkam, dass die Aetoler bei einem Einfall 50,000 Gefangene als Sklaven mit fortnahmen und ein alter weiser Spartiate, statt darüber ausser sich zu gerathen, der Ansicht war: Recht so, Lakonien ist von einer grossen Last befreit [2].

So war das Sparta bes¹.affen, dem die Könige Agis und Kleomenes in der zweiten Hälfte des dritten Jahrhunderts eine gründliche Heilung auf dem Wege der Revolution von oben zugedacht hatten. Ihr Gedanke war: Wiederherstellung des lykurgischen Sparta, eines Königthums ohne Ephoren, einer Besitzvertheilung ohne Ungleichheit, einer straffen Kriegszucht ohne Weiberherrschaft und Ueppigkeit. Der Erstre wollte das auf dem Wege der Ueberzeugung durch bessere Gründe, hoffte den Erfolg von der Gewalt des hochherzigen Beispiels, das er selber sammt den Frauen seines Hauses gab, und er scheiterte an den Ephoren. Der Letztre, seelenverwandt dem gewaltthätigen, rücksichtslosen Kleomenes der Zeit der Pisistratiden, wollte es um jeden Preis, durch List, im Nothfall durch blutige Gewalt, und schreckte selbst vor dem Mord der Ephoren, und der Aechtung seiner Gegner nicht zurück. Im einen wie im anderen Falle hing das endgiltige Gelingen von der öffentlichen Meinung ab und diese musste in einem ganz bestimmten Sinne bearbeitet werden. Der Masse der Besitzlosen mochte das Versprechen einer Vertheilung der Reichthümer Andrer, die ihnen Wohlstand und Bürgerrecht zurückgab, bestechend genug klingen, unter der feurigen Jugend mochte auch der Vorantritt des ritterlichen Agis, der seinen Prunk bei Seite warf, und zur ganzen rauhen Einfachheit der schwarzen Suppe zurückkehrte, manche begeisterte Nachfolge wecken [3]; aber

---

1) Plut. Agis 5 : ἀπελείφθησαν οὖν ἐκτακτοίων οὐ πλείους Σπαρτιάτων καὶ τούτων ἴσως ἑκατὸν ἦσαν οἱ γῆν κεκτημένοι καὶ κλῆρον · ὁ δ' ἄλλος ὄχλος ἄπορος καὶ ἄτιμος ἐν τῇ πόλει παρεκάθητο, τοὺς μὲν ἔξωθεν πολέμους ἀργῶς καὶ ἀπροθύμως ἀμυνόμενος, ἀεὶ δὲ τινα καιρὸν ἐπιτηρῶν μεταβολῆς καὶ μεταστάσεως τῶν παρόντων.

2) Plut. Cleom. 18 : ὅστε πέντε μυριάδας (natürlich Periöken u. Heloten fast ausschliesslich) ἀνδραπόδων ἐμβαλόντων εἰς τὴν Λακωνικὴν Αἰτωλοὺς ἀπαγγεῖν, ὅτι φασὶν εἰπεῖν τινα τῶν πρεσβυτέρων Σπαρτιατῶν, ὡς ὤνησαν οἱ πολέμιοι τὴν Λακωνικὴν ἀποκουφίσαντες.

3) Plut. Ag. 6 : οἱ μὲν οὖν νέοι ταχὺ καὶ παρ' ἐλπίδας ὑπήκουσαν αὐτῷ καὶ συναπεδύσαντο πρὸς τὴν ἀρετήν, ὥσπερ ἐσθῆτα τὴν δίαιταν ἐπ' ἐλευθερίᾳ συμμεταβαλλόντες.

von dem bösen Willen derer, die Alles verlieren sollten, ganz abgesehen, die älteren unter der Bürgerschaft mussten es schwerer finden, sich
umzudenken, wie zitterten vor der Ruthe des Lykurg, wie entlaufene
Sklaven, die mit Gewalt ihren Herren zurückgebracht werden[1], wer
vollends wollte die Weiber bekehren, die einst selbst Lykurg zur Verzweiflung gebracht und die seit Jahrzehnten die Herren ihrer Männer waren?[2] Und auch denen, die durch Auftheilung von Grund und Boden zu
Besitz und Ansehen kamen, legte die Rückkehr der alten strengen Zucht,
des straffen Kriegerthums und der rauhen Lebensordnung Opfer und
Entsagungen auf, die nicht nach Jedermanns Geschmacke waren. Ueberdies war das spartanische Volk bis zum Fanatismus conservativ, allen
Neuerungen abgeneigt. Um diese träge Masse in Bewegung zu bringen, bedurfte es ungewöhnlicher Anstrengungen. Es verstand sich von
selbst, dass bei einem Volke, das keinen halbwegs wichtigen Entschluss
fasste, ohne einen Orakelspruch, auch jetzt eine göttliche Stimme, ein
Spruch der Pasiphaë[3], nöthig war, um dem Vorschlag eines vollständigen Lebenswechsels auch nur einigen Eingang zu verschaffen. Und
auch das verstand sich von selbst, dass die Revolution nicht als Neuerung, sondern lediglich als Rückkehr zur verlassenen alten
Sitte erscheinen durfte, dass in Reden und Schriften der streng
lykurgische Charakter der Reform das Alpha und Omega aller
Beweisführung bilden musste.

Wiederherstellung des lykurgischen Staates mit seinem
Wohlstand für Alle, seiner Strenge und Zucht, aber auch seiner Macht
und Ehre; das — nicht mehr und nicht weniger — musste das Feldge-
schrei der Reformer sein.

Es war eine Lage, in der die Romantik zu einer Art vaterländischer
Pflicht, zu einem Gebote der Staatsklugheit wurde. Die Lobpreisung
des grossen Gesetzgebers, die Verherrlichung des goldenen Zeitalters,
das er heraufgeführt und das nun seit lange in der allgemeinen Verderbniss untergegangen war, die Weckung des Heimwehs nach dem
verlorenen Glücke, das Alles war hier nicht der Weltschmerz von
Schöngeistern eines überbildeten Volks, das sich mit solchen Phantasieen

---

1) ib. ὥσπερ ἀεὶ δεσπότην ἀγομένοις ἐκ δρασμοῦ δεδένιαι καὶ τρέμειν τὸν Λυκοῦργον.

2) Plut. Agis 7. ἦν δὲ τότε τῶν Λακεδαιμονίων πλοῦτων ἐν ταῖς γυναιξὶ τὸ πλεῖστον, καὶ
τοῦτο τὴν πρᾶξιν τῷ Ἄγιδι δύσεργον καὶ χαλεπὴν ἐποίησεν. ἀντέστησαν γὰρ αἱ γυναῖκες οὐ
μόνον τρυφῆς ἐκπίπτουσαι δι' ἀπειροκαλίαν εὐδαιμονιζομένης, ἀλλὰ καὶ τιμὴν καὶ δύναμιν
ἣν ἐκ τοῦ πλουτεῖν ἐκαρποῦντο, περικοπτομένην αὐτῶν ὁρῶσαι.

3) ib. 9. ἔγραψαν οὖν καὶ τὰ παρὰ ταύτης μαντεῖα προστάττειν τοῖς Σπαρτιάταις
ἴσους γενέσθαι πάντας καθ' ὃν ὁ Λυκοῦργος ἐξ ἀρχῆς ἔταξε νόμον.

gewissermassen seine alten Wunden reibt, es lag darin für einen ehemals mächtigen, jetzt furchtbar herabgekommenen Staat die aufgeworfene Frage, ob er durch entschlossene Rückkehr zu seinem verlassenen Lebensprincip das letzte Mittel der Rettung ergreifen oder ruhmlos verenden wolle! Darum ist in den Verhandlungen, mit denen Agis sein kühnes Vorhaben einleitet, von Nichts als von Lykurg die Rede. Glaubst du, fragt Leonidas den jungen König, dass Lykurg die Gerechtigkeit nicht minder als das Vaterland geliebt habe! Und wenn du das glaubst, wie stehst du zu dem Gesetzgeber, der nie eine Schuldentilgung vorgeschlagen und die Fremden, statt sie zu Bürgern zu machen, aus der Stadt verwiesen hat? Und du, erwidert ihm Agis, der du im Ausland aufgewachsen bist und mit einer Satrapentochter Kinder gezeugt hast, bist natürlich zu wenig Spartiate, um zu wissen, dass Lykurgos sammt den Münzen den Wucher mit Geld aus seinem Staat verbannt und die Fremden nicht wegen ihrer Abkunft, sondern wegen ihrer schlechten Sitten hinausgewiesen hat[1]).

In dem Vorstellungskreise dieser Partei feierte Lykurg und sein Werk eine Wiederbelebung, die sich überall willkürlich oder unwillkürlich mit den Idealen und Wünschen der Gegenwart verschmolz. Bisher der Schatten eines Schattens, ein blosser Name, der aus grauer Vorzeit kaum mehr verständlich herüber klang, gewinnt er nun auf einmal bestimmte Umrisse, Körper und Leben, er wird zur geschichtlichen Person, sein Zeitalter steht mit ihm auf aus dem Nebel der Vergessenheit, belebt sich mit allerlei Gestalten von Fleisch und Blut, die Jahrhunderte verschwinden, es ist als ob das Alles nicht vor mehr als einem halben Jahrtausend, sondern als ob es gestern geschehen wäre, so farbenfrisch und körperhaft steht Alles vor der begeisterten Phantasie.

So etwa dürfen wir uns mit Grote[2]) und Hermann Peter[3]) die Entstehung jenes Romans »Lykurg und seine Zeit« denken, aus dem Plutarch den Stoff zu seiner gleichnamigen Lebensbeschreibung geschöpft hat. Es gibt wenig Dinge, die uns die ganze Unkritik des liebenswürdigen Erzählers so grell vor Augen stellen als die Naivetät, mit der er im Eingang dieser Schrift eingesteht, Unbestrittenes sei über

1) Plut. Agis 10.
2) History of Greece II, 524 ff.
3) Rheinisches Museum 1867. S. 62 ff.
4) Plut. Lyc. 1. περὶ Λυκούργου τοῦ νομοθέτου καθόλου μὲν οὐδὲν ἔστιν ἀναμφισβήτητον, οὕ γε καὶ γένος καὶ ἀποδημία καὶ τελευτὴ καὶ πρὸς ἄπασιν ἡ περὶ τοὺς νόμους αὐτοῦ καὶ τὴν πολιτείαν πραγματεία διαφόρους ἔσχηκεν ἱστορίας, ἥκιστα δὲ οἱ χρόνοι, καθ' οὓς γέγονεν ἀνήρ, ὁμολογοῦνται.

seinen Helden auch gar Nichts zu melden, man wisse lediglich nichts
Verbürgtes über seine Abkunft, seine Reisen, seinen Tod, seine Gesetze und am wenigsten über seine Zeit d. h. unbekannt sei Alles, was
man von einer historischen Person ausser ihrem Namen wissen muss —
um kurz darauf über Abkunft, Reisen, Gesetzgebung, Politik und Ende
desselben Mannes eine Erzählung zu liefern, so reich an Einzelheiten,
so zuversichtlich im Ton, so anschaulich in Entwicklung der Vorgänge,
als wäre er selber dabei gewesen, er der Archon des kaiserlich römischen Municipiums Chäronea. Dieser schreiende Widerspruch zwischen
dem Bericht, den Plutarch über die kritische Beschaffenheit seines
Stoffes erstattet, und dem kecken Gebrauch, den er nichtsdestoweniger
von einer, nicht näher bezeichneten Quelle macht, genügt schon, um
ein Urtheil über Werth und Glaubwürdigkeit seiner ganzen Schrift zu
gestatten. Für unseren Zweck ist von besonderem Werth, dass diejeni-
nigen Bestandtheile derselben, welche am augenscheinlichsten das Gepräge des Romanhaften tragen und gewöhnlich überdies durch irgend
einen handgreiflichen Widerspruch sich selbst verrathen, eine unverkennbare Beziehung zeigen zu den Gesichtspunkten, welche den Wie-
derherstellern des alten Zustandes zur Zeit des Agis und Kleomenes im
Vordergrunde standen.

Der Gütergleichheit, die Lykurg aufgerichtet haben soll, und
ihren beseligenden Folgen ist ein breiter Abschnitt gewidmet. Dass
Lykurg eine Gesellschaftsordnung dieser Art geschaffen, sagt kein
einziger Schriftsteller des Alterthums vor Anfang des zweiten Jahrhunderts [1], dass es überhaupt je in Sparta in geschichtlicher Zeit Gütergleichheit gegeben habe, davon weiss erst Polybios ein Wort, alle Früheren wissen nur von Güterungleichheit in Sparta zu melden, insbesondre
der Vater der Geschichte, Herodot [2]. Schon Tyrtäos hatte mit der Unzufriedenheit der in den messenischen Kriegen verarmten Spartiaten zu
kämpfen, die eine Aufthaltung des Grundbesitzes verlangten [3] und dem
König Theopompos verkündigt schon zur Zeit des ersten dieser Kriege
ein Orakelspruch: die Geldgier wird Sparta verderben [4].
Zur Zeit der beiden unternehmenden Könige war man darüber

1) So zuerst Grote a. a. O. Peter bestätigt das gegen Schömann u. A.
2) Stein: Zur Statistik Sparta's in NN. Jahrbb. f. Philol. Bd. 85, S. 563 ff.
3) Arist. Pol. S. 207, 30 führt aus Tyrtäos Gedicht εὐνομία an: θλιβόμενοι γάρ
τινες διὰ τὸν πόλεμον ἠξίουν ἀναδαστον ποιεῖν τὴν χώραν, worunter wie Peter sehr
richtig darthut a. a. O. S. 71 keineswegs eine nochmalige, sondern eben eine einfache Theilung zu verstehen ist. Zur Sache vgl. Pausanias IV, 18, 2.
4) Plut. Inst. Lac. 42. ἡ φιλοχρηματία Σπάρταν ὀλεῖ. Plut. Agis. 9. Paus. IX, 32.

besser unterrichtet. Wie gewaltig die damaligen Versuche, den Lykurg
literarisch und politisch wieder zu beleben auf die öffentliche Meinung
eingewirkt haben müssen, das beweist die Art, wie Polybios davon
beeinflusst ist. Als eifriger Anhänger der Sache des achäischen Bun-
des, zu dessen Grössen sein Vater Lykortas, sein Vorbild Philopömen
gehörten, kann er kein Herz haben für den Kampf des Kleomenes
gegen die Achäer, aber er hat mit ihm in Lykurg ein gemeinsames
Ideal. Sonst ein nüchterner Kopf und leichtfertigem Enthusiasmus
nicht wohl zugänglich, wird er warm, da er auf Lykurg und sein Ver-
fassungswerk zu reden kommt, er rühmt dem Gesetzgeber eine Einsicht
nach, die über Menschenvermögen hinausgehe[1]), er ist begeistert für
die Gütergleichheit[2]), das Eisengeld, die Mischung von Monarchie,
Aristokratie und Demokratie, die gemeinsame Lebensordnung und setzt
uns in Erstaunen durch eine Bewunderung, die an diesem Ideal, von
dessen Verfall oder Entartung mit keinen Worte die Rede ist, nichts
Anderes auszusetzen findet, als die unausstehliche Anmassung der Lakedämonier in ihrer gesammten auswärtigen Politik[3]).

Derart ist ein Polybios erfüllt von den Nachklängen jenes kurzen
Sommernachtstraums spartanischer Romantik. Was müssen wir erst
von einem Plutarch erwarten!

Die Herstellung vollkommener Gütergleichheit in einem Staate,
der durch und durch krank ist in Folge unhaltbarer socialer Zustände,
konnte keinem ernsthaften Manne als ein Kinderspiel erscheinen,
einerlei an welchem Jahrhundert man dabei dachte. Der ungeheuren
Schwierigkeit eines Unternehmens dieser Art stellten denn auch die bekannten Worte der platonischen Gesetze ein beredtes Zeugniss aus,
wenn es dort heisst: die einwandernden Dorier hatten es freilich leicht,
das eroberte Land in der Peloponnes, das ihnen Niemand streitig
machte, zu gleichen Loosen unter sich zu theilen, da gab es noch keine
Schuldner und keine Gläubiger und ein ausnahmsweiser Glücksfall
war's, wenn man wie die Herakliden bei ihrer Ansiedlung, die Eigen-
thumsverhältnisse ordnen konnte, ohne den fürchterlichen Streit einer

---

1) VI, 48. θειοτέραν τὴν ἐπίνοιαν ἢ κατ' ἄνθρωπον.
2) VI, 45, p. 538. τῆς μὲν δὴ Λακεδαιμονίων πολιτείας ἴδιον εἶναί φησι, πρῶτον μὲν
τὰ περὶ τὰς ἐγγείους κτήσεις, ἂν οὐδενὶ μέτεστι πλεῖον ἀλλὰ πάντες τοὺς πολίτας ἴσον ἔχειν
δεῖ τῆς πολιτικῆς χώρας — ein Ton, als ob dies Verhältniss der Sage nach (φασί)
noch immer bestände.
3) VI, 48. νῦν δ' ἀφιλοτιμοτάτους καὶ νουνεχεστάτους ποιήσας περί τε τοὺς ἰδίους
βίους καὶ τὰ τῆς σφετέρας πόλεως νόμιμα, πρὸς τοὺς ἄλλους ; Ἕλληνας φιλοτιμοτάτους
καὶ φιλαρχοτάτους καὶ πλεονεκτικωτάτους ἀπέλιπε.

Schuldentilgung und Gütervertheilung heraufzubeschwören[1]). Zur
Zeit des Lykurg befand man sich nicht mehr in so glücklicher Lage.
Zur Erhöhung seines Verdienstes wird ausdrücklich hervorgehoben, er
habe Allen in namenloser Verwirrung angetroffen und mit einem
Schlage das Chaos gelichtet.

Es ist als hörten wir einen begeisterten Wortführer des Agis oder
Kleomenes selber reden, wenn wir bei Plutarch den Vorgang folgender-
massen erzählt finden: »Entsetzlich war die Ungleichheit der Güter,
gross die Anzahl der Verarmten und Mittellosen, der Reichthum in den
Händen Weniger zusammengeströmt, da griff Lykurg dazwischen, jagte
Frevelmuth und Missgunst, Bosheit und Ueppigkeit, sammt ihren
Quellen, den Urlastern des Reichthums und der Armuth aus dem
Staate hinaus, machte seinen Landsleuten klar, es sei das Beste, wenn
sie das ganze Land vornähmen, eine völlig neue Theilung vollzögen
und dann den Entschluss fassten, gleichen Loosen und gleicher Stellung
mit einander fortzuleben, ferner nur einem Vorzug nachzutrachten,
dem der Tugend und nur eine Ungleichheit anzuerkennen, die, deren
Grenze durch den Tadel der Hässlichen, durch das Lob des Guten gezogen wird[2].

Wie glatt und einfach ist das Alles! Das Schwierigste ist leicht,
wenn man es nur am rechten Ende anfasst. Der unverbildeten Einsicht eines biedren Volks, das noch nichts weiss von matter Tugend
und zahlungsfähiger Moral, genügt es, zu wissen, dass die Gleichheit
besser ist als die Ungleichheit, die Tugend besser als das Laster und die
schwierigere Hälfte der socialen Revolution ist bewerkstelligt. Die Romantik steht hier schon leibhaft vor uns.

Plutarch fährt fort: »Und den Worten liess er die That folgen, er
machte aus dem lakonischen Landgebiet 30,000 Loose für die Periöken
und aus dem Stadtgebiet Sparta 9000 für die Spartiaten«. Ueber diese
Ziffern fand Plutarch abweichende Angaben, die daher rührten, dass
Einige meinten, Lykurg habe diese Anordnung nur theilweise begonnen, und Polydor erst habe sie vollendet. Zwischen den oben angegebenen Ziffern und denen, nach welchen Agis das Werk Lykurgs wiederherstellen wollte, besteht nun ein gewisses Verhältniss. Agis ver-

---

[1] III, 684 D. τοῖς δὲ δὴ, Ἀμφιάδαι καὶ τοῦθ' οὕτως ὑπῆρχε πάλαι καὶ ἀνεμέσητον, τήν τε ἀναμφισβητήτως διανέμεσθαι καὶ χρία μεγάλα καὶ καλαὶ οὐκ ἦν. ib. V,
736 C. : τότε δὲ μὴ, ἐανθανέτω γιγνόμενον ἡμᾶς εὐτύχημα ὅτι, καθάπερ εἴπομεν τὴν τῶν Ἡρακλειδῶν ἀποικίαν εὐτυχεῖν, ὡς τῆς καὶ χρεῶν ἀποκοπῆς καὶ νομῆς πέρι δεινήν καὶ ἐπικίνδυνον ἔριν ἐξέφυγεν.

[2] Plut. Lyc. 8.

langte an Periöken- und Spartiatenloosen gerade die Hälfte, 15000 für
die ersten, 4500 für die letzteren [1]). Grote und Peter finden mit Recht,
dies Zusammentreffen sei kein Zufall. Ueber den Grund des Zusammenhangs habe ich folgende Vermuthung.

Die 39,000 Loose Lykurgs fielen selbstverständlich um die Hälfte
kleiner aus als die 19,500 des Königs Agis. Wollte der Letztre seinem
Vorschlag Eingang verschaffen, so konnte er nichts Besseres thun, als
wenn er sagte: das Opfer, das wir fordern, ist noch lange nicht so gross
als das, welches unsre Väter mit Freuden unter Lykurg gebracht haben.
Ihr erhaltet die verlorene Gleichheit wieder, aber um einen geringeren
Preis: die neuen Loose sind doppelt so gross als die alten, den ver-
änderten Verhältnissen unserer Zeit, dem berechtigten Eigenthumstrieb
ist Rechnung getragen. Kurz, auch von dieser Seite bestätigt sich die
nahe Verwandtschaft der Hauptpunkte Plutarchs mit der Tendenz-
romantik der Restauratoren.

Was Plutarch nun noch in seiner Erzählung folgen lässt, vervollständigt den Eindruck des schön Mitgetheilten. Als Lykurg später einmal von einer Reise zurückgekehrt einen Gang durch das aufgetheilte
Land machte und hier — es war eben nach der Ernte — die Furchen so
gleichmässig neben einander hinlaufen sah, da, wird erzählt, lächelte er
voll Befriedigung und sagte zu seinen Begleitern, »Lakonien sieht aus
wie das Eigenthum von lauter Brüdern, die sich eben in ihr Erbe getheilt haben«.

»Als er nun aber daran ging, auch die fahrende Habe zu vertheilen,
um auch die letzte Art von Ungleichheit aufzuheben, da sah er sich
doch, weil er eine offene Beraubung für sehr gefährlich hielt, genöthigt,
einen Umweg einzuschlagen und das Uebel durch eine Kriegslist zu
tödten. Er setzte alles geprägte Gold- und Silbergeld ausser Umlauf
und verbot irgend ein anderes als rohes Eisengeld zu brauchen und
diesem gab er bei starkem Gewicht und unbehilflichem Umfang einen
geringen Werth, so dass eine Summe von 10 Minen einen grossen Raum
zur Aufbewahrung im Haus und einen Wagen zur Fortschaffung nöthig
macht. Mit Einführung dieser Art von Geld ward den Lakedämoniern
ein reicher Quell von Untugenden verstopft. Denn was hatte Diebstahl
oder Bestechung, Betrug oder Raub ferner für einen Sinn, wenn es keinen Werth mehr gab, der die Habsucht reizen konnte? Hatte er doch
dies Eine auch noch dadurch entwerthet, dass er ihm mittelst eignen

[1] Plut. Agis. 9.

Verfahrens die Härte nahm, ohne die es zu jedem Gebrauch unanwendbar ist[1].

Anhäufung des Grundeigenthums in den Händen Weniger, und Wucher mit Geld: das waren die beiden Feinde der Gleichheit, denen die Reformer den Krieg angekündigt, daß sie in diesem Kampfe nur die Vollstrecker der Grundsätze des Lykurg, die Retter und Wiederhersteller seiner vergessenen Satzungen seien, ward durch diese Erzählung für Jeden, der es glauben wollte, schlagend erwiesen. Ein übler Anachronismus ist hier freilich mit untergelaufen. Nach einstimmiger Angabe der Alten hat Pheidon von Argos in Hellas die ersten Goldmünzen geprägt und dessen Lebenszeit fällt geraume Zeit nach der Lykurgs, nach Böckhs[2] gründlicher Untersuchung ist sogar noch bis in die Zeit des Krösus Gold und Silber selten in Hellas gewesen. Es gab mithin im neunten Jahrhundert gar kein gemünztes Geld, das Lykurg hätte verbieten können. Wäre er aber unter solchen Umständen wirklich der

1) Plut. Lyc. 9. vgl. Lysand. 17. Ueber das Eisengeld bei den Spartanern hat H Stein (Jahn'sche Jahrbb. Bd. 69. S. 332–339) eine ansprechende und wie mir scheint im Wesentlichen zutreffende Untersuchung angestellt.

Hiernach ist zwar die wohlbezeugte Thatsache festzuhalten, daß das alte Sparta ein eigenthümliches Eisengeld besessen habe, bestehend natürlich nicht aus geprägten Stücken sondern aus Eisenstäbchen (Plut. Lys. 17: ὀβελίσκοις χρωμένων νομίσματι σιδηροῖς, woher der Name ὀβολός komme, deren 6 auf eine Drachme geben τοσούτων γὰρ ἡ χεὶρ περιεδράττετο). Allein unmöglich ist die viel verbreitete Annahme, daß die Spartiaten in geschichtlicher Zeit ausschließlich sich dieses Werthzeichens bedient und bis auf die Zeit des Lysander kein Silbergeld in der Staatskasse gehabt hätten. (Die Beweise dagegen S. 334—36.) Ueber die Entstehung der Plutarchischen Erzählung, daß die Ephoren zur Zeit des Lysandros den Besitz von Silber- und Goldgeld bei Todesstrafe untersagten, und die ganze Strenge dieses Gesetzes gegen Thorax, den Lysander Unterbefehlshaber, in Anwendung brachten, stellt Stein folgende Vermuthung auf: Als Lysandros 404 die großen, im Kriege gegen die Athener erbeuteten Summen Silbergeld nach Sparta brachte, entstand die Frage, ob man sie nach üblicher Sitte als Kriegsbeute unter die Bürger vertheilen oder sie in der Staatskasse niederlegen solle. Die Ephoren stimmten für das Letztere, um die Bürger nicht zur Habsucht zu reizen und um für künftige Kriege das Geld zur Hand zu haben. Daher wurde verordnet, Jeder solle bei Todesstrafe das im Kriege erbeutete Geld an die Staatskasse herausgeben. Diese Strafe traf dann den Thorax, der eine Unterbefehlshaberstelle unter Lysander bekleidet und mißbraucht hatte. — Die Sage von dem ausschließlichen Gebrauch des eisernen Geldes, wie sie bei Xenophon, Polybios, Plutarch erscheint, ist wahrscheinlich dadurch entstanden, daß in der That in Sparta in der ältesten Zeit nur Eisengeld üblich war, und in dem abgeschlossenen Eurotasthale Gold- und Silbergeld länger unbekannt blieb, als in den handeltreibenden Küstenländern. Auch in der späteren historischen Zeit, d. h. seit dem 6. Jahrh., blieb, wie es scheint, neben dem Silbergeld eiserne Münze in Sparta gebräuchlich.

2) Staatshaushalt I, S. 4. 2. Aufl.

Urheber einer anderen Geldsorte, wie schwerfällig sie immer sein mochte, dann hätte er dennoch für die Reinhaltung der Sitten von Hab-sucht und allen Leidenschaften, die daraus fliessen, weniger gut ge-sorgt, als wenn er überhaupt gar kein Geld zuliess, und den Verkehr der Werthe auf der einfachsten Stufe des reinen Tauschhandels festhielt, wie ihm das Justin nachsagt[1].

Ein andrer Anachronismus liegt in dem angeblichen Verbote ge-schriebener Gesetze[2], in einer Zeit, von der soviel mit Bestimmtheit angenommen werden darf, dass die Kenntniss des Lesens und Schrei-bens noch nicht für eine Gefahr des Staates gegolten haben kann[3].

Die geschichtliche Mystik derer, die da schwärmen für eine gute alte Zeit, bleibt sich gleich bei allen Völkern und zu allen Zeiten. Ihr verstcht sichs von selbst, dass von allen Beschwerden, welche die Gegen-wart belasten, die graue Vergangenheit frei war, wenn nicht ausdrück-lich das Gegentheil überliefert wird, dass Dinge, die heute unmöglich erscheinen, ehemals sehr einfach und leicht ausführbar gewesen sind, dass Fehler und Laster, welche in Wahrheit trotz der steigenden Cul-tur fortbestehen, gar nicht vorhanden waren, als es noch keine Cultur gab; wenn zu diesem ganz natürlichen Hange eines Zeitalters, dem der alte Lebensstrom auf die Neige geht, ein starkes Verlangen nach Um-gestaltung hinzukommt und dieses, wie die Dinge einmal liegen, sich durchaus in das Gewand der Wiederherstellung des Alten hüllen muss, dann sind alle Vorbedingungen zu einer nachträglichen Sagenbildung geschaffen, für die keineswegs bloss das Alterthum Beispiele darbietet.

Das Auftreten einer solchen Flucht der Gemüther aus der Gegen-wart, die Art wie sich ihnen in Folge dieser Rückschau die Vergangen-heit malt, ist für die geschichtliche Betrachtung des jedesmaligen Zeit-geistes stets vom höchsten Interesse: aber die Beweiskraft der geschicht-

<hr/>

1) III, 2. Emi singula non pecunia, sed compensatione mercium, iussit. Auri argentique usum, velut omnium scelerum materiam, sustulit.
2) Plut. Lyc. 13 μία μὲν οὖν τῶν ῥητρῶν ἦν, ὥσπερ εἴρηται, μὴ χρῆσθαι νόμοις ἐγγράφοις.
3) Die Angabe Plutarchs c. 16 die Jugend Spartas habe die γράμματα ἕνεκα τῆς χρείας gelernt steht nicht bloss mit jenem Verbote, sondern auch mit der Thatsache im Widerspruch, die Isokrates bezeugt XII (Panath.), § 209 wenn er von den Spartanern sagt: αὐτοὶ δὲ τοσοῦτον ἀπολελειμμένοι τῆς κοινῆς παιδείας καὶ φι-λοσοφίας εἰσὶν ὥστ' οὐδὲ γράμματα μανθάνουσι und dann weiter hinzufügt § 251. Die Mehrzahl der verständigen Spartaner wird diese Rede zu schätzen wissen, wenn sie Einen finden, der sie ihnen vorliest ἢν λάβωσι τὸν ἀναγνωσόμενον". Dies sagt der Lobredner Sparta's, den Isokrates bestellt hatte, um seine Rede beur-theilen zu lassen.

lichen Angaben in Schriften, die daraus entspringen, reicht nicht weiter als eben der Geisteszustand des Geschlechts, dem sie angehören, die Diatriben der Quelle des Plutarch über den angeblichen Gesellschaftszustand Spartas zur Zeit Lykurgs haben für uns genau so viele bindende Kraft, als die Anschauungen, die Rousseau in seiner Preisschrift über die Verderblichkeit der Künste und Wissenschaften zu dem Ausruf begeisterten: cette république de demi-dieux plutôt que d'hommes, tant leurs vertus semblaient supérieures à l'humanité: o Sparte, opprobre éternel d'une vaine doctrine!

Ein solcher Fall liegt hier vor, die ausserordentliche Bestimmtheit, mit welcher Polybios und Plutarch nicht bloss von dem Werke, sondern auch von der Person des Lykurg reden[1], widerstreitet durchaus der verschwommenen Unklarheit alles dessen was irgend ein Früherer bis zum zweiten Jahrh. v. Chr. über Beides zu berichten weiss und doch ist der Erstre 600, der Letztre gar 900 Jahre von jener Zeit entfernt. Von einer etwa bis dahin verschollenen, im zweiten Jahrhundert erst aufgefundenen, glaubwürdigen alten Ueberlieferung kann gar nicht die Rede sein. Plutarch gesteht selber zu, die reiche Literatur, die er vor sich gehabt, stelle in allen irgend wissenswerthen Fragen ein Chaos von Widersprüchen vor. Der Schluss ist mithin gar nicht abzuweisen, dass die Quellen beider Bewundrer Lykurgs jener Zeit des Agis und Kleomenes entstammen, in der die Wiederbelebung des alten Sparta Ziel einer grossen Staatsaktion, die der Person des Gesetzgebers der wirksamste Hebel zur Eroberung der Geister geworden war und dass sich die kritische Beschaffenheit dieser Gewährsmänner zur geschichtlichen Wahrheit ungefähr ebenso verhält, wie der Inhalt der Werke des Myron von Priene und des Rhianos von Kreta, aus denen Pausanias seine Geschichte des Freiheitskriegs der Messenier gegen Sparta geschöpft hat, zu dem wirklichen Verlaufe jener Kämpfe sich muss verhalten haben. Die Frage liegt nahe, wer war dieser Gewährsmann?

Peter vermuthet, es sei derselbe Phylarchos gewesen, aus dem nach Schömanns allgemein angenommener Ansicht, Plutarch seinen Stoff zu den Biographieen von Agis und Kleomenes geschöpft hat und zwar, da uns von diesem nicht gemeldet wird, dass er eine besondre Schrift über Lykurg verfasst habe, müsste irgend ein ausführlicher Excurs seiner Geschichtserzählung dem Plutarch als Vorbild gedient haben.

---

1 Der erste vergleicht X, 2 die kluge Orakelpolitik des Lykurg ganz unverzüchtlich mit der seines Freundes Scipio.

Ich neige mich einer anderen Auffassung zu. Dass Phylarch im Agis nur ein Mal, im Kleomenes nur drei Mal citirt und an zwei andren Stellen mit ausdrücklichem Tadel wegen seiner Parteilichkeit erwähnt wird, würde weder gegen Schömanns noch gegen Peters Ansicht irgend Etwas beweisen. Denn aus den verdienstvollen Untersuchungen, welche in neurer Zeit insbesondre von Peter selbst über die Quellen und Quellenbenutzung des Plutarch angestellt worden sind, wissen wir, dass dieser Polyhistor seine Hauptquelle am allerseltensten bezeichnet und denjenigen Schriftsteller, der seiner Liebhaberei für Effekt, anekdotisches Detail und Seelenmalerei am Meisten zusagt, auch am fleissigsten ausschreibt, wenn er ihm auch gelegentlich wegen einer einzelnen Schwäche einen mehr oder weniger derben Hieb versetzt. Unmöglich ist desshalb die Vermuthung Peters keineswegs.

Allein wahrscheinlicher ist mir doch die Ansicht Grotes, welcher nach Vorgang Lachmanns[1], den er übrigens nicht nennt, auf Sphäros von Borysthenes gerathen hat. Denn von diesem wissen wir bestimmt, dass er sowohl »über die lakedämonische Verfassung« als »über Lykurg« geschrieben hat[2] und ein Bruchstück über die Syssitien aus der ersteren ist uns sogar erhalten[3]; dann aber lassen uns die Mittheilungen Plutarchs über den persönlichen Antheil, den er als Rathgeber des Kleomenes an dem Reformwerk genommen hat, mit einem hohen Masse von Wahrscheinlichkeit darauf schliessen, dass er, wenn Einer, der Mann war, um jenes farbenreiche lebensfrische Gemälde zu liefern, das ihm zu wichtigerem Zwecke bestimmt war, als um nach beiläufig 400 Jahren einem staatlosen Hellenisten die frostige Phantasie zu erwärmen.

Sphäros von Borysthenes war als philosophischer Wanderlehrer nach Lakedämon gekommen und hatte unter der Jugend des Landes einen beträchtlichen Anhang gewonnen. Er war einer der ersten Schüler des Zeno von Kittion gewesen[4]. Die Tugendlehre der Stoa ist, genau angesehen, nichts Anderes als die philosophische Uebersetzung der spartanischen Entsagung und Sittenstrenge, unter deren Lobredner Zeno

---

1) Lakedämon. Staatsverfassung S. 170.

2) Diog. Laert. VII, 6.

3) Athaeneos IV, p. 114 C.

4) Plut. Cleom. 2: λέγεται δὲ καὶ τῶν λόγων φιλοσόφων τὴν Κλεομένη, μετασχεῖν ἔτι μειρακίων ὄντα, Σφαίρου τοῦ Βορυσθενίτου παραβαλόντος εἰς τὴν Λακεδαίμονα καὶ περὶ τοὺς νέους καὶ τοὺς ἐφήβους οὐκ ἀμελῶς διατρίβοντος. ὁ δὲ Σφαῖρος ἐν τοῖς πρώτοις ἐγεγόνει τοῦ Ζήνωνος τοῦ Κιττιέως μαθητὴς καὶ τοῦ Κλεομένους ἔοικε τῆς φύσεως τὸ ἀνδρῶδες ἀγαπῆσαι τε καὶ προσεκκαῦσαι τὴν φιλοτιμίαν.

selbst ausdrücklich gezählt wird[1]. Begreiflich oder vielmehr unausbleiblich, dass ein eifriger Stoiker in Sparta der Wortführer der lykurgischen Reform wurde. Bei ihm sei, sagt Plutarch, der junge Kleomenes in die Schule gegangen, er muss also schon unter Agis ein Mann
von Ansehen und Einfluss gewesen sein. Plutarch vergleicht seine Einwirkung auf die lakedämonische Jugend der des Tyrtäos in der Zeit des
Kampfs gegen die Messenier. Mit Sphäros, heisst es denn weiter an
einer andern Stelle, ging der König Kleomenes über alle wichtigen Angelegenheiten zu Rathe, insbesondre bei der Einrichtung der Jugend-
erziehung, der Gymnasien und der Syssitien[2].

Man sieht, Sphäros, der Philosoph und Tugendlehrer, spielt die
Rolle eines Gesetzgebers, wie sie, seit Pythagoras' Wirken in Kroton
und Sybaris, der Ehrgeiz aller Staatsdenker, des Hippodamos von Milet,
des Platon und Aristoteles war; denn alle Entwürfe idealer Staatsgrün-
dung waren nichts weniger als müssige Träumereien, sie waren Programme, die die Befähigung ihrer Urheber zur praktischen Politik vor-
theilhaft bezeugen sollten. Was Platon in Dionysios, Aristoteles in seinem unglücklichen Freunde Hermias zu finden hoffte, das hatte Sphäros in Kleomenes wirklich gefunden, den entschlossenen Vollstrecker
einer grossen, rettenden Idee.

Einem solchen Manne kam es zu, über die lakedämonische Verfassung, über Person und Werk des Lykurg so zu schreiben, wie es am
überzeugendsten und eindringlichsten auf die Gemüther wirkte; sein
Feld war recht eigentlich, das Ideal aufzustellen, nach dem getrachtet
und gearbeitet werden sollte, dazu gehört eine gewandte Feder, eine
rege Phantasie und eine beredte, anschauliche Darstellung. Auf historische Wahrheit kam es in Dingen, die bei dem gänzlichen Mangel an
echten Urkunden Niemand widerlegen konnte, gar nicht an. Der grosse
Zweck bestimmte das Verfahren. Seine beiden Schriften standen jedenfalls am Anfang der Literatur, welche sich in diesem Zeitraum bildet
und als der, der dem Reformwerk am nächsten stand, empfahl er sich
denn auch späteren Darstellern als die erste und vorzüglichste Quelle.

Soviel über den letzten der beiden Sagenkreise, die sich um das
alte Sparta und seinen Gesetzgeber gruppirt haben. Gehen wir nun
zu dem ersten über.

1) Plut. Lycurg. 31.

2) ib. 11: — ἐπὶ τὴν παιδείαν τῶν νέων ἐτράπη καὶ τὴν λεγομένην ἀγωγήν, ἧς τὰ
πλεῖστα παρὼν ὁ Σφαῖρος αὐτῷ συγκαθίστη, τάχα τὸν προσήκοντα τῶν τε γυμνασίων καὶ
τῶν συσσιτίων κόσμον ἀναλαμβανόντων.

2.

Sparta und Lykurg im Lichte des attischen Lakonismus.

Die Lakonisten. Kimon. Kritias. Xenophons „vom Staate der Lakedämonier", und sein abweichendes Bild von Lykurg. Herodot. Lykurg als Gründer des Lagerstaates.

Die Lakonisten bilden eine ganz eigenthümliche Gruppe in der attischen Gesellschaft der zweiten Hälfte des fünften Jahrhunderts. Eine Partei im strengen Wortsinn kann man sie nicht nennen, wohl aber macht ihre Grundanschauung die geistige Einheit verschiedener Spielarten einer Partei aus, die national, politisch und gesellschaftlich der seit Ephialtes und Perikles herrschenden Richtung des gesammten athenischen Lebens feindlich gegenübersteht und die ihre Anlehnung, ausserhalb Athens, in Sparta sucht.

Ihr gefeierter Vorkämpfer ist Kimon, ihre entschlossensten Politiker sind die Oligarchen nach dem Muster des Kritias, ihre Trabanten sind jene Junker, die sich in geckenhafter Nachahmung der Aeusserlichkeiten spartanischen Wesens gefallen, ihr philosophisch veredeltes Glaubensbekenntnis ist die Schrift Xenophons »vom Staat der Lakedämonier«.

Die Bildung einer solchen Schule mitten in einem selbstbewussten, kulturerfüllten, sieg- und herrschaftgewohnten Volke erklärt sich nicht aus irgend einem äusseren Zufall und auch nicht aus einem einzigen Momente von mehr als zufälliger Bedeutung. Es ist schnell gesagt, der Dualismus zwischen Athen und Sparta habe sie erzeugt. Dieser Dualismus eben ist der gipfelnde Inbegriff aller der tausend Gegensätze, welche das Leben des Hellenenthums bewegen, von dem Augenblick an, da es aufathmet, nachdem es sich von der Persernoth befreit, bis zu den müden Tagen, da es sich erst durch Persien, dann durch Makedonien jene »Freiheit« aufhalsen lässt, von der Isokrates sagt, sie sei das sicherste aller Mittel, ein Volk zu Grunde zu richten.

Der seebeherrschende Freistaat der Demagogen, der buntbewegte Waarenmarkt eines ausgebreiteten Welthandels, die hohe Schule der Denker und der Redner, die Werkstatt des Phidias und Polyklet, die Schaubühne des Aeschylus, Sophokles und Euripides, des Aristophanes und Kratinos, kurz das stolze Athen des Perikles war zu gross, um ferner den Vasallen des armen, von allen Reizen hellenischer Geistesbildung aber auch völlig entblössten Hoplitenstaates am Eurotas zu spielen —

denn dies und nichts Andres wollte das bisherige Bündniss Athens mit Sparta bringen — und auf Seiten Spartas war der Dünkel einer schmeichelnden Ueberlieferung, der Anspruch auf die alte Vorherrschaft zu tief in den Gemüthern der Machthaber, um sich in den Wandel zu finden und den verhassten Nebenbuhler als gleichberechtigten Bundesgenossen neben sich zu dulden.

Nur wer wie Kimon in den Ideen des Bundeskriegs gegen Persien hartnäckig fortlebte, auch als er keinen Sinn mehr hatte und in seiner ziellosen Ueberstürzung statt zu Siegen zu Katastrophen führte, konnte sich über die Möglichkeit einer ehrlichen Bundesgenossenschaft unter solchen Verhältnissen täuschen. [*] Seinem Herzen macht es alle Ehre, wenn er stolz darauf ist, der Proxenos eines Volks zu sein, dessen schlichte Einfalt und Nüchternheit, dessen entsagende Selbstverleugnung ihm das Muster aller Tugenden dünkt [1] und auch seiner panhellenischen Gesinnungstreue soll das Wort nicht vergessen werden, mit dem er nach des Dichters Ion Zeugniss in den Kampf zog, um Sparta gegen den Aufruhr der Messenier und Heloten zu schützen: »lasst Hellas nicht zum Krüppel schlagen, das Doppelgespann nicht auseinanderreissen« [2]. Allein mit Empfindungen, wie aufrichtig sie gemeint sein mochten, liess sich der abgrundtiefe Zwiespalt der beiden Staaten nicht aus der Welt schaffen. Das sollte der hochherzige Mann in Sparta selber und noch bitterer gleich nach seiner Rückkehr in Athen erfahren [3]. Kimon war persönlich ein treues Abbild dieser ganzen Richtung, aber von einem Seelenadel, die seinen oligarchischen Nachfolgern ganz abhanden gekommen ist. Seinem Wesen nach mehr ein Lakedämonier als ein Athener des Zeitalters der beginnenden Rhetorik und der feinern Geistesbildung [4] that er den tüchtigen Eigenschaften seiner Landsleute, von denen er aus manchem heissen glücklich durchgefochtenen Strausse wissen musste, dass sie an rüstiger Tapferkeit hinter den Lakedämoniern nicht zurückstanden, entschiedenes Unrecht, wenn er die

---

1) Plut. Cimon. 14 : — προξενεῖν — Λακεδαιμονίων, μιμούμενος καὶ ἀγαπῶν τὴν παρ' αὐτοῖς εὐτέλειαν καὶ σωφροσύνην, ἧς οὐδένα προτιμᾶν κλώπων, ἀλλὰ πλουτίζων ἀπὸ τῶν εὐλαμίων τὴν πόλιν ἐγάλλεσθαι. Dies vorzugsweise bei Dichtern gebräuchliche Wort deutet auf eine poetische Quelle, vielleicht denselben Ion, dem wir das nachfolgende Wort verdanken und der Kimon ähnlich besungen zu haben scheint, wie Nikeratos den Lysander.

2) ib. 16. παρακαλῶν μήτε τὴν Ἑλλάδα χωλὴν μήτε τὴν πόλιν ἑτερόζυγα περιιδεῖν γεγενημένην.

3) Athen und Hellas I, 137 ff.

4: Πελοποννήσιον τὸ φρῆμα τῆς ψυχῆς rühmt ihm Stesimbrotos nach im Gegensatz zur δεινότης und σπουδάια Ἀττικὴ Plut. Cim. 4.

Redensart mit Vorliebe von ihnen brauchte: »Lakedämonier sind es
doch nicht« [1]. Gleichwohl konnte Athen in jeder Noth auf seine selbst-
vergessende Vaterlandsliebe zählen, bewies er doch durch die That,
dass er ein Patriot sei vom Scheitel bis zur Sohle.

Anders stand es schon mit den oligarchischen Lakonisten, die nach
ihm gekommen sind; das sind die Verschwörer der im Finstern schleichenden Hetärieen, das sind die, die selbst den Verrath an ihrer Heimath nicht scheuen, um der Herrschaft des verwünschten Demos ein
Ende zu machen.

Die närrische Stutzerei vieler Lakonisten mochte hingehen. Leute,
die mit finster gerunzelter Stirn und menschenfeindlich zusammengezo-
genen Augenbrauen, mit langem, struppigem Bart- und Haupthaar,
im kurzen, lumpigen Kittel und roh gearbeiteten Schuhen, umherliefen
gleich Vogelscheuchen, die mit dem Schmutz ihrer nie gewaschenen
Glieder grosse thaten und dabei als Spazierstock eine Keule umher-
schleppten, die an den seligen Sinnis erinnerte — deun so muss man
sich die richtigen Lakonisten denken? — die mussten sichs gefallen
lassen, dass die Kinder mit Fingern nach ihnen zeigten und das heitre
Publikum der Komödiendichter Aristophanes, Eupolis, Platon sie herz-

---

1) Plut. Cim. 16 nach Stesimbrotos : Ἀλλ᾿ οὐ Λακεδαιμόνιοί γε τοιοῦτοι.
2) Weber de Laconistis inter Athenienses, Weimar 1835. 8. 5. Vultus (Laco-
nistae) fuit truculentus et tristis, capilli et barba promissa, dissentions a more com-
muni vestitus, pallium breve et tritum, soleae simplices, membra hirsuta et hispida,
corpus squalore obsitum et nequid omittamus baculum pondere suo admodum me-
morale, talem ut non hominem diceres, sed a ferarum genere oriundum. Quam ima-
ginem ut ipsi veteres scriptores componant, certissimo in hanc viam duce utimur Ari-
stophane, acerrimo vitiorum suae aetatis exagitatore elegantiarum iudice peritissimo,
qui Laconistas in Avibus vs. 1193 ss. his verbis ridet:
        πρὶν μὲν γὰρ οἰκίσαι σε τήνδε τὴν πόλιν
        ἐλακωνομάνουν ἅπαντες ἄνθρωποι τότε,
        ἐκόμων, ἐπείνων, ἐρρύπων, ἐσωκράτουν
        σκυτάλι᾿ ἐφόρουν.
unde apparet, quam multos Athenas eo tempore, quo haec fabula in scenam producta
est, personatos habuerint Lacedaemonios. — Sed maxime Aristophanes Laconistas
lepide fabula Contionantium exagitavit, cuius complura loca sententiam habent ob-
scuram, alii ad illorum irrisionem accepta. 8. 6 u. 7 werden Stellen aus den Bruchstücken von Platon und Eupolis besprochen und dann noch aus Demosth. c. Conon.
p. 1267, 20 die drei Sonderlinge angeführt von denen es heisst: οἳ μεθ᾿ ἡμέραν μὲν
ἐσκυθρωπάκασι καὶ Λακωνίζειν φασὶ καὶ τρίβωνας ἔχουσι καὶ ἁπλᾶς ὑποδέδονται, ἐπει-
δὰν δὲ συλλεγῶσι καὶ μετ᾿ ἀλλήλων γένωνται, κακῶν καὶ αἰσχρῶν οὐδὲν ἐλλείπουσι · καὶ
ταῦτα τὰ λαμπρὰ καὶ νεανικὰ ἐστιν αὐτῶν.
In Aristoteles N. Ethik IV, 7 wird die Λακώνων ἐσθής als Beispiel der εἰρωνείας
aufgeführt. καὶ γὰρ ἡ ὑπερβολὴ καὶ ἡ λίαν ἔλλειψις ἀλαζόνεια. (p. 77, 11 Bekk.)

lich auslachte, sie waren leibhafte Beweise dafür, wohin die Eitelkeit sich verirren kann, aber gefährlich waren sie gewiss und wahrhaftig nicht.

Ein gleiches Urtheil wird man nicht fällen über jene Sektirer, deren reaktionäre Laufbahn 458 beginnt mit dem Versuche, der grossen unter Nikomedes herbeiziehenden peloponnesischen Streitmacht die Stadt zu verrathen, damit die Demokratie und der Bau der langen Mauern ein Ende nehme [1]) und gipfelt mit der ruchlosen Tyrannei der Dreissig unter dem Schutz lakedämonischer Speere.

Das Haupt der Dreissig, der ebenso gelehrte und geistreiche als gewissenlose oligarchische Fanatiker Kritias ist sogar als politischer Schriftsteller aufgetreten und hat unter anderen Staatsverfassungen auch die lakedämonische in einer eigenen Schrift behandelt. Leider haben wir nur ein paar kleine Bruchstücke davon übrig, unter denen sich zwei auf Lakedämon beziehen, die enthalten aber Nichts von seiner Verfassung, sondern betreffen die Trinksitte der Lakedämonier, und verkünden das Lob ihrer vortrefflichen Schuhe, die Kleidsamkeit und Zweckmässigkeit ihrer Tracht und die ganz unvergleichliche Einrichtung ihrer — Trinkschalen [2]). Man kann hiernach ungefähr schliessen, in welchem Tone er erst von der Gesetzgebung des Lykurg und den Halbgöttern gesprochen haben wird, die mit ihr beglückt wurden.

Ein sehr anschauliches aber verhältnissmässig mild gefärbtes Bild der Ansichten, welche im Kreise dieser Richtung über die Vorzüglichkeit der lykurgischen Verfassung verbreitet gewesen sein müssen, ist uns nun in der Schrift Xenophons »vom Staate der Lakedämonier« erhalten. An einer begeisterten Bewunderung, die auch dem

---

1) Thuc. I, 107. — ἄνδρες δὲ Ἀθηναίων ἐπῆγον αὐτοὺς κρύφᾳ, ἐλπίσαντες δῆμόν τε καταπαύσειν καὶ τὰ μακρὰ τείχη οἰκοδομούμενα.

2) Athenaeus XI, p. 463. Κριτίας — ἐν τῇ Λακεδαιμονίων Πολιτείᾳ ,,ὁ μὲν Χῖος καὶ Θάσιος ἐκ μεγάλων κυλίκων ἐπιδέξια· ὁ δ' Ἀττικὸς ἐκ μικρῶν ἐπιδέξια· ὁ δὲ Θετταλικὸς ἐκπώματα προπίνει ὅτῳ ἂν βούληνται μεγάλα. Λακεδαιμόνιοι δὲ τὴν παρ' αὐτῷ ἕκαστος πίνει, ὁ δὲ παῖς ὁ οἰνοχόος ὅσον ἂν ἀποπίῃ''.

ib. 483 ι Κριτίας ἐν Λακ. Πολ. γράφει οὕτως· ,,Χωρὶς δὲ τούτων τὰ σμικρότατα ἐς τὴν δίαιταν, ὑποδήματα ἄριστα Λακωνικά, ἱμάτια φορεῖν ἥδιστα καὶ χρησιμώτατα· κώθων Λακωνικός, ἐκπωμα ἐπιτηδειότατον εἰς στρατείαν καὶ εὐφορώτατον ἐν γυλίῳ. οὗ δὲ ἕνεκα στρατιωτικὸν κολλάκις ἀνάγκη ὕδωρ πίνειν οὐ καθαρόν, πρῶτον μὲν αὐτὸ τὸ μὴ λίαν κατάδηλον εἶναι τὸ πόμα, εἶτα ἄμβωνας ὁ κώθων ἔχων ὑπολείπει τὸ οὐ καθαρὸν ἐν αὐτῷ''. ein anderes Bruchstück p. 466.

Die eben mitgetheilte Stelle hat offenbar Plutarch im Auge wenn er Lycurg 9 sagt: κώθων ὁ Λακωνικὸς εὐδοκιμεῖ μάλιστα πρὸς τὰς στρατείας ὡς φησι Κριτίας.

Kleinsten, scheinbar Unbedeutendsten einen eigenen Reiz abzulauschen weiss, fehlt es nicht. Nach dieser Seite kann sich das Schriftchen mit dem Gewährsmann des plutarchischen Lykurg sehr wohl messen; ja, die Naivetät des gebildeten Atheners ist stellenweise noch viel unverzeihlicher als die jenes spätgeborenen Polyhistors, dem der historische Aberglaube zur zweiten Natur geworden ist. Aber in zwei Dingen stellt sich doch ein sehr grosser Unterschied heraus, der nicht wenig unsere Vermuthungen über den eigenartigen Ursprung jenes späteren Sagenkreises bestätigt.

Erstens: Von der Person und den Lebensschicksalen des Lykurg, die bei Plutarch so leibhaft uns vor das Auge treten, hat der Verfasser offenbar kein Bild, sondern nur sehr nebelhafte Vorstellungen.

Zweitens: Von einer Gütervertheilung durch Lykurg oder irgend einen Andern, von dem Bestehen einer Gütergleichheit zu irgend einer, sei es auch unvordenklichen Zeit weiss er auch nicht eine Silbe.

Diese beiden höchst wichtigen Ergebnisse selbst einer flüchtigen Vergleichung stellen wir hier sofort an die Spitze. An der Echtheit der Schrift ist solange kein begründeter Zweifel denkbar, als nicht, im Widerspruch mit den zahlreichen Zeugnissen des Alterthums für dieselbe [1]) sei es aus dem Inhalt, sei es aus der Sprache die Unmöglichkeit des xenophontischen Ursprungs nachgewiesen wird. Der Zustand der Schrift ist freilich ein unfertiger und die Stelle, die das 14. Capitel einnimmt mitten in einer Auseinandersetzung, die eine solche Unterbrechung als gänzlich unzulässig erscheinen lässt, erfordert offenbar eine Heilung; diese aber kann auf demselben Wege mit Leichtigkeit erfolgen, wie sie in der aristotelischen Politik durch Umstellung dreier ganzer Bücher erfolgen musste und erfolgt ist, ohne dass daraus Jemand gegen die Echtheit auch nur eines Capitels geschweige denn der ganzen Schrift einen Zweifel geschöpft hätte. Wie leicht war hier durch Ungeschick des Abschreibers

---

1) Sauppe Xenoph. Opuscula politica Lips. 1839 (praefatio S. 20)₁ Zeugnisse für die Echtheit₁ der Scholiast des cod. Ambros. U. zu Homer od. IV, 65, der entweder Ages. 5, 1 oder von dieser Schrift c. 15 gemeint hat. Plutarch der Lyc. 1. über das Zeitalter des Lykurg das 10. cap. des Xenophon citirt. Dazu Pollux Insbes. II, 120, wo c. V gemeint ist.

Longinus de sublim. IV, 4—V, c. 3. Diog. Laert. nennt in seiner Lebensbeschreibung des Xenophon c. 13 auch diese Schrift unter den Werken desselben. Harpocration, den Suid. v. Μοφλν anführt. Endlich Stobaeus II, p. 185 ff.

Dagegen steht nur die Behauptung des wenig zuverlässigen Demetrius Magnes, der ihm die Schrift abspricht Diog. Laert. II, 57.

Ueber die neueren Gegner der Echtheit, unter denen sich freilich Männer wie Heyne, F. A. Wolf, Mommsen befinden, s. Sauppe S. 21.

bei dem Schlussblatte ein Versehen möglich. Am allerwenigsten kann aus
dem Geist und der Richtung des Schriftchens Etwas gegen seine Echtheit
bewiesen werden. Die Bewunderung Spartas war echt sokratisch und
was einem Xenophon in dem Fache der Romantik möglich war, das
zeigt ja die Verherrlichung der persischen Kriegersitten in der Kyro-
pädie. Schwieriger ist die Frage nach der Abfassungszeit[1] zu
lösen, aber auch hieraus lässt sich Nichts gegen die Echtheit folgern.

1) Nach Haase, dem Sauppe zustimmt (S. 30), ist aus den Worten des 14. Cap. τ
τῶν δὲ πολλοὶ παρακαλοῦσιν ἀλλήλους ἐπὶ τὸ διακωλύειν ἄρξαι πάλιν αὐτοὺς zu
schliessen, es sei die Zeit nach der Schlacht bei Leuktra vorausgesetzt, wo
Sparta seine Hegemonie endgiltig verloren hatte.

Ich halte diesen Ansatz nicht für richtig.

Auch für meine Zeitbestimmung muss ich mich, obwohl keineswegs so ausschliesslich, auf das viel genannte 14. Capitel berufen. Ich halte es für durchaus echt,
wie Sauppe und Haase, nicht deshalb, weil ich es für meinen Zeitansatz nicht entbehren könnte, sondern weil ich wie sie den Widerspruch nicht entdecken kann, den
Weiske zwischen diesem Abschnitt und dem übrigen Inhalt gefunden haben will.
Die Schrift feiert die Herrlichkeit der lykurgischen Gesetzgebung und ihren Segen für das Leben der spartanischen Bürgerschaft im Innern, und jenes Capitel
spricht harten Tadel aus über die Gewaltthätigkeit der spartanischen Politik nach
Aussen. Das ist das einfache Sachverhältniss und darin liegt kein Widerspruch.
Ein Lob Sparta's mit diesem Vorbehalt ist nicht etwa eine auffällige Ausnahme, sondern vielmehr die Regel. Isokrates z. B. kämpft sein ganzes Leben gegen die
spartanische Hegemonie und ist unerschöpflich in den heftigsten Ausfällen gegen
die blutige Brutalität spartanischer Vögte im Ausland und dennoch hält er an der
Vortrefflichkeit der lykurgischen Verfassung fest wie alle Schöngeister und das um so
mehr, als er der Ansicht ist, Lykurg habe uralte — athenische Verhältnisse nachgeahmt
(12, 153—54. vgl. Isokrates und Athen passim). Genau dasselbe thut Polybios wenn
er an der oben besprochenen Stelle (S. 225. erst des Lobes voll ist über die lykurgischen Ordnungen und am Ende des unbelehrbaren Hochmuths ihrer auswärtigen
Politik mit schmerzlichem Tadel gedenkt.

Diese Gegenüberstellung ist also so gewöhnlich, dass es uns Wunder nehmen
müsste, wenn sie hier ausnahmsweise fehlte und jede Ursache, dieses Capitel als unecht oder nur verdächtig bei Seite zu lassen, fällt weg.

Was nun die Zeit angeht, auf welche durch die Andeutungen der Schrift hingewiesen wird, so ist Eines zu allererst festzuhalten, was Sauppe und Haase ganz entgangen zu sein scheint: Nicht ein ohnmächtiges, geschlagenes, sondern
ein herrschaftsgewaltiges Sparta wird ganz unzweideutig vorausgesetzt.

Gleich zu Anfang wird als Anlass der ganzen Betrachtung ausgesprochen: ἀλλ'
ἐγὼ ἐννοήσας ποτέ, ὡς ἡ Σπάρτη τῶν ὀλιγανθρωποτάτων πόλεων οὖσα, δυνατωτάτη,
τε καὶ ὀνομαστοτάτη ἐν τῇ Ἑλλάδι ἐφάνη. Das hatte wenig Sinn mehr zu
einer Zeit, als man sich vielmehr mit Aristoteles der Frage zuwandte, wie es gekommen, dass das viel bewunderte Gebäude beim ersten herzhaften Stoss zusammen-
gebrochen sei? Vollends im 14. Cap. wird von der Leidenschaft der Zöglinge
Lykurg's für Harmostenstellen in auswärtigen Städten, für die Ehren
und Vortheile einflussreicher Aemter im Auslande gesprochen —

Der Lykurg des Xenophon ist ein durchaus andres Wesen als der
des Plutarch und seines Gewährsmanns. Zwar auch ein Held des Romans und nicht der Geschichte, aber eines Romans, dessen Urheber
entweder eine magre Phantasie, oder lediglich keine Spur von körper-
hafter Ueberlieferung vor sich hat.

Der Lykurg Plutarchs ist ein Gesetzgeber, der sich auf langen
Reisen, im bildenden Verkehr mit Menschen und Dingen auf seinen
Beruf gründlich vorbereitet hat und dann mit überlegener Einsicht und
Energie in einem tief zerrütteten Staatswesen auf Jahrhunderte hinaus
aufräumt, von Anfang bis zu Ende scheinbar wenigstens mit allen
Merkmalen einer geschichtlichen Persönlichkeit ausgestattet, in deren

---

(ἁρμόζοντας ἐν ταῖς πόλεσι καὶ κολαζομένους διαφθείρεσθαι — νῦν δ' ἐπίστομαι τοὺς βο-
λουντας πρώτους εἶναι ἐσπουδακότας ὡς μηδέποτε παύσωνται ἁρμόζοντες
ἐπὶ ξένης). Kurz ein Zustand voll Ansehen und Machtfülle, dessen überraschenden Eintreten durch den Aorist ἐφάνη in c. 1 angedeutet ist, wird hier durch das ὡς
μηδέποτε παύωνται als noch fortdauernd bezeugt. Und das kann eben nur das Zeitalter der Harmosten und Dekarchieen Lysanders sein, das 10 Jahre von 404—394
gedauert hat und nie wiedergekehrt ist. Der Aufruf, den Viele unter einander ergeben lassen zu verhindern, dass die Lakedämonier κάλιν ἄρξωσι, kann, nach dem
was unmittelbar vorhergeht, nur eine theilweise, nicht eine vollständige
Veränderung der Lage zu Ungunsten der Lakedämonier voraussetzen: das Harmo-
stenthum dauert im Grossen und Ganzen fort und die spartanischen Machthaber
-bemühen sich eifrig, zu sorgen, dass es nie ein Ende nehme»; als System kann es
also noch nicht aufgehört, wohl aber muss es irgendwo eine bedeutsame, wenn auch
vereinzelte Niederlage erlitten haben, die «Vielen» willkommen ist, ein theilweiser
Umschwung muss eingetreten sein, den nicht wieder rückgängig werden zu lassen,
die Absicht «vieler» Gegner Sparta's ist. Eine solche Lage war geschaffen, seit 403
die Thebaner und von ihnen angestachelt die Korinther sich weigerten, den Spartanern gegen die Befreier Athens im Piräeus Heeresfolge zu leisten und so jene Son-
derbundspolitik eröffneten, welche von da ab beharrlich fortgesetzt wird, um die Lakedämonier an der «Wiedergewinnung» jener ausschliesslichen Herrschaft zu hin-
dern, welche mit der Unterwerfung Athen's eingetreten war (Hellen. III, 5, 5). Trotz
der Befreiung Athen's und des Ungehorsams der Thebaner und Korinther stand es
in Hellas noch immer so, dass wir Hell. III, 1, 5 lesen : πάσαι γὰρ τότε αἱ πόλεις ἐπεί-
θοντο ὅ τι Ἀκεδαιμόνιος ἀνὴρ ἐπιτάττοι und noch der von seinem kühnen Söldnerzuge
zurückkehrende Xenophon sollte, als er in Kalpe in Bithynien mit seinen Tapfern
ankam, erfahren : «dass die Lakedämonier die Herren Griechenlands seien und jeder
einzelne Lakedämonier in hellenischen Städten thun und lassen könne, was ihm be-
liebe» (Anab. VI, 6, 12). Auch auf die oben berührten Worte κολαζομένους διαφθείρεσθαι passt buchstäblich das, was Hell. III, 4, 7 von dem Hofstaat von Bittstellern
erzählt wird, welcher zum Verdruss des Agesilaos dem Lysander nachfolgte : δὲ
κομιδῆς ὄχλος θεραπειῶν αὐτὸν ἠκολούθει.

Kurz ich glaube, dass Xenophon sein Schriftchen in der Zeit zwischen dem Sturz
der Dreissig und seiner Abfahrt nach Kleinasien d. h. zwischen 403 und 401 v. Chr.
geschrieben hat.

Lebensentwicklung wir nur die Mittelglieder vermissen. Der Lykurg
des Xenophon ist die »Weisheit« selbst [1], aber kein Mensch mit Körper
und Seele; hörten wir nicht ganz beiläufig, dass er die Vorsicht gebraucht habe, sich immer wohl mit einem Orakelspruch zu versehen [2],
so könnten wir zweifeln, ob wir es nicht mit einer blossen Abstraktion,
einem Gedankending zu thun haben ohne allen realen Inhalt. Und das
Räthsel löst sich erst wenn wir dann lesen, dass dieser Lykurg gar nicht
in einer geschichtlichen Zeit, sondern weit vor dem Aufang aller siche-
ren Kunde zur Zeit der Herakliden [3] gelebt habe. Auf solche Entfernung freilich wird nur eine ganz vermessene Romantik durch Rückschlüsse wiederherzustellen wagen, was nun einmal im Vergessen der
Jahrhunderte untergegangen ist. Es ist aber für den Entwickelungs-
gang der Lykurgsage von der allergrössten Wichtigkeit, dass ein atti-
scher Lakonist am Ende des fünften Jahrhunderts, der es an Bewunderung für seinen Helden einem Agis und Kleomenes, Polybios und Plutarch womöglich noch zuvorthut, von der Persönlichkeit desselben so
völlig schattenhaft verschwommene Vorstellungen hat, wie sie in diesem Schriftchen zu Tage treten.

Sodann ist von Bedeutung, dass die Angaben über das Gesetz-
gebungswerk selbst jede Andeutung über eine sociale Revolution, wie
sie in der gleichnamigen Güterauftheilung bei Polybios und Plutarch
enthalten ist, auch dort vermissen lassen, wo wir sie mit Sicherheit
glauben erwarten zu müssen. Der Lykurg Xenophons springt mit Dingen, die nach unserer modernen Auffassung über das Vermögen eines
Gesetzgebers unter allen Umständen weit hinausgehen, ganz ebenso
machtvollkommen und gewaltthätig um, wie der der Epigonen und auch
da, wo Audre sterblich sind, lässt ihn der Darsteller mit einer benei-
denswerthen Unfehlbarkeit sicher an allen Klippen vorbeisteuern.

Die Weiber werden, durch die Betheiligung an den nackten Leibes-
übungen der Jünglinge, aller herkömmlichen Bedingungen weiblicher
Zucht und Scham enthoben, allein die gute Sitte leidet darunter nicht,
denn es ist gesorgt, dass der eheliche Verkehr der Geschlechter nur
verstohlen und verschämt stattfinde, dass der Gatte, der zu seinem
Weibe geht, sich scheut gesehen zu werden beim Ausgang wie beim
Eingang [4], als wäre er ein Dieb. Die Kunst des unertappten Dieb-

1) c. 1, 2. — εἰς τὰ ἔσχατα μάλα σοφὸν ἡγοῦμαι.
2) c. 8, 5.
3) c 10, 8. ὁ γὰρ Λυκοῦργος κατὰ τοὺς Ἡρακλείδας λέγεται γενέσθαι.
4) c. 1, 5. ἔνγμα γὰρ εἰσιέναι μὲν εἰσιόντα ὀφθῆναι αἰδεῖσθαι δ' ἐξιόντα.

stahls wird zu einer Art Reifeprüfung über die erlangte geistige und
körperliche Tüchtigkeit [1]). Die Knabenliebe ist sonst eine sehr heikle
Sache, die Einen gestatten sie ohne Mass, die Andern verbieten sie
ganz. Lykurg hat beiden den Rang abgelaufen, er gestattet sie als
einen Verkehr der Seelen und fördert die Erziehung, die daraus
entsteht, aber ihr Ausarten in Fleischeslust hat er zur grössten
Schmach gestempelt, und darum kommt es auch so wenig vor wie Blutschande. »Dass dies Letztre bei Manchen keinen Glauben findet, wundert mich nicht; denn anderwärts legen die Gesetze diesem Laster gar
keine Schranken auf« [2]). Die Vereinigung aller Staatsgewalt in den
Händen einer einzigen Behörde ist sonst überall vom Uebel. Aber die
Allmacht der spartanischen Ephoren, die ihrerseits die Tugend selbst
sind, ist eine der wichtigsten Bürgschaften streng gesetzlichen Wandels
aller Lakedämonier bis zu den Königen hinauf [3]). Sparta ist und bleibt
der einzige Staat, in dem die Uebung jeder Tugend Sache der Gesetzgebung, Aufgabe der öffentlichen Gewalt, Ziel der staatlichen Zucht
ist [4]) und dass dem so ist, hat die Welt dem grossen Lykurg zu danken.

Auch die beiden so empfindlichen Dinge, an denen die Gesetzgeber
gewöhnlichen Schlages mit heiliger Scheu vorübergehen, Familie
und Eigenthum, haben seine umgestaltende Fürsorge erfahren.

Lykurg hat das häusliche Leben der Männer ganz und den Eigen-
thumssinn zur Hälfte abgeschafft. Vor ihm lebten die Spartaner wie
die anderen Hellenen, jeder Hausvater mit den Seinen unter einem
Dach. Aber das nährte den Sondergeist, den Vater aller Fahrlässigkeit
und alles Ungehorsams. Er hob ihn auf, indem er die Bürger aus dem
Dunkel des Privatlebens herauss und in den Lagerzelten bei seinen
Waffenbrüdern unterbrachte [5]). Was das Eigentbum angeht, so hat
Lykurg in all solchen Dingen, die einen gemeinsamen Gebrauch zulassen, eine Art Gütergemeinschaft eingeführt. Sklaven, Hunde,

---

1) c. 2, 7—10.
2) a. 2, 12. — εἰ μέν τις, αὐτὸς ἂν οἶον ἀεί, ἀγασθεὶς ψυχὴν παιδὸς πειρῷτο ὁμιλη-
τήν φίλον ἀποτελέσασθαι καὶ συνεῖναι ἐπήνει καὶ καλλίστην παιδείαν ταύτην ἐνόμιζεν· εἰ
δέ τις παιδὸς σώματος ὀρεγόμενος φανείη, αἴσχιστον τοῦτο θεὶς ἐποίησεν ἐν Λακεδαίμονι μηδὲν ἧττον ἐραστὰς παιδικῶν ἀπέχεσθαι ἢ γονεῖς παίδων ἢ καὶ ἀδελφοὶ ἀδελφῶν εἰς
ἀφροδίσια ἀπέχονται. τὸ μέντοι ταῦτα ἀπιστεῖσθαι ὑπό τινων οὐ θαυμάζω·
ἐν πολλαῖς γὰρ τῶν πόλεων οἱ νόμοι οὐκ ἐναντιοῦνται ταῖς πρὸς τοὺς παῖδας ἐπιθυμίαις.
3) c. 8.
4) c. 10, 4: ἐκεῖνος ἐν Σπάρτῃ ἠνάγκασε δημοσίᾳ πάντας πάσας ἀσκεῖν τὰς ἀρε-
τάς. — ἡ Σπάρτη εἰκότως κασῶν τῶν πόλεων ἀρετῇ διαφέρει, μόνη ὅτι μόνη ἐπιτηδεύουσα
τὴν καλοκἀγαθίαν.
5) c. 5, 2. — εἰ: τὸ φανερὸν ἐξήγαγε τὰ συσκήνια.

Pferde, Jagdvorräthe stehen jedem Lakedämonier, der sie nöthig hat,
jeden Augenblick zur Verfügung, einerlei, wer im einzelnen Fall das
nächste Eigenthumsrecht darauf hat [1]).

An dieser Stelle musste nothwendig zur Sprache kommen, was der
Verfasser über eine Auftheilung des Grundbesitzes, eine Gleichheit der
Ackerloose zu erzählen wusste. Die thatsächliche Gütergemeinschaft
in Sachen der Sklaven, Hunde, Pferde kam an Wichtigkeit für den
Sinn des ganzen Staatssystems einer gesetzlichen Gleichheit des Grundeigenthums nicht von ferne gleich. Der gesammten sokratischen Schule
war überdies das Schauspiel der grossen Vermögensungleichheit in
Athen und allen grossen Handelsstädten ein Dorn im Auge. Der Hinweis auf ein historisches Beispiel des Gegentheils wäre für ihre Zwecke
mehr werth gewesen als scharfsinnige Erörterungen über die Nothwendigkeit der Aufhebung oder Einschränkung des Sondereigenthums.
Wenn keiner von ihnen, weder Sokrates selbst noch Xenophon und Platon, Etwas der Art über Sparta zu melden weiss, so steht fest, dass es
zu ihrer Zeit nicht einmal eine Sage von einer gleichen Loosevertheil-
lung Lakoniens durch Lykurg gegeben haben kann. Und es ist hiernach nur eine selbstverständliche Bestätigung dessen, was wir ohnehin voraussetzen, wenn ein Ausläufer derselben Schule, Isokrates,
ausdrücklich sagt: die lakedämonische Geschichte wisse nichts von
Schuldentilgung und Güteraufsheilung [2]), jenem Fluch, der andern
Staaten so verderblich geworden sei.

Der Anblick einer scheinbar wechsellosen Beständigkeit, den Sparta's Geschichte darbot, war ja eben das, was die ernsteren Köpfe des
athenischen Kulturvolks zu Sparta hinzog. Hier fand ein durch die
jähen Glückswechsel des peloponnesischen Kriegs ermüdetes Geschlecht
den ruhenden Pol in der Erscheinungen Flucht. Das Ideal all der
Theoretiker, die den Glauben an den Volksstaat verloren hatten, schien
hier verwirklicht, wo man Nichts von Demagogen und Psephismen
vernahm, Nichts von Gesetzesänderungen und Verfassungswechseln,
von Hetärieen und Verschwörungen der Parteien. Ein Volk, in dem
ein Geschlecht wie das andre von der Wiege bis zum Grabe gewissermassen nur einem Gedanken lebte, die leibhafte Verkörperung einer
Zucht, die den ganzen Menschen in sich aufsog, dem spartanischen
Vorbilde nachzuschaffen, das war ja das Ziel, nach dem die hellenischen Weltverbesserer trachteten, von Hippodamos und Phaleas bis

1, c. 6, 3—4.
2) XII, 266, 270,275 : οὐδὲ χρεῶν ἀποκοπὰς οὐδὲ γῆς ἀναδασμόν.

auf Platon und selbst Aristoteles, und jene eklektische Liebhaberei für
gemischte Verfassungen, die überall, wo Extreme sich ausgetobt
haben, der letzte Niederschlag des politischen Denkens ist, und hier
gleichfalls und hier allein ihr Genüge zu finden schien, hatte wesentlich in dem Bedürfniss nach Bürgschaften gegen schroffe Wechsel
ihren Grund. Kurz, die grosse Beliebtheit, deren sich das lykurgische Sparta bei attischen Denkern erfreute, kam in erster Linie daher, dass dasselbe sich frei zeigte von grundstürzenden Veränderungen, wie sie eben in jener viel später erfundenen Maassregel des Lykurg gelegen hätten.

Uebereinstimmend sind die beiden Sagenkreise von Lykurg nur
in einem Punkte, der aber enthält auch Grund und Kern seines
ganzen Gesetzgebungswerks. Bei Xenophon wie bei Plutarch erscheint
Lykurg als der Urheber jener straffen kriegerischen Lebensordnung, aus der die gesammte übrige Verfassung dieses »Lagerstaates« mit Nothwendigkeit abfliesst, und hierin aber auch hierin
allein, stimmt die Romantik mit der inneren Wahrheit wie mit den
Angaben des Vaters der Geschichte gleichmässig zusammen.

In scharfem Gegensatz zu der breiten Ausführlichkeit Xenophons
und Plutarchs steht die wortkarge Kürze, mit welcher sich Herodot
über Lykurg ausspricht, und doch hat dieser sein Werk nach bisher allgemeiner Annahme ungefähr in denselben Jahren vollendet, in welchen
nach unserer Vermuthung Xenophon jenes Schriftchen verfasst hat.

Die Angaben Herodots im ersten Buch seiner Geschichte beschränken sich im Wesentlichen auf folgende Dinge.

Vor Lykurg war Sparta von allen hellenischen Staaten der am
schlechtesten geordnete und von allen hellenischen Völkern das spartanische gegen Freund und Feind das unverträglichste [1].

Diesem Zustande hat, nach Angabe der Lakedämonier selbst,
Lykurg ein Ende gemacht, als Vormund des Königs Leobotes, der
sein Brudersohn war (und statt dessen sonst Charilaos genannt wird).
Die Pythia hatte ihn dazu ausdrücklich als einen Mann von mehr
göttlichen als menschlichen Gaben geweiht.

Sein nach kretischem Muster gebildetes Werk brachte alle bisherigen Einrichtungen auf eine neue Grundlage, und Vorsorge ward
getroffen, dass von ihr nicht mehr abgewichen wurde [2]. Dann ord-

---

1) I, 65 ι — τὸ δὲ ἔτι πρότερον τούτων καὶ κακονομώτατοι ἦσαν σχεδὸν πάντων Ἑλλήνων κατά τε σφέας αὐτοὺς καὶ ξείνοισι ἀπρόσμικτοι.

2) ib. ὡς γὰρ ἐπετρόπευσε τάχιστα μετέστησε τὰ νόμιμα πάντα καὶ ἐφύλαξε ταῦτα μή
παραβαίνειν.

16 *

nete er im Kriegswesen die Geschwornenschaar, die Triakaden und
das Syssitienwesen an. Ueberdies führte er die Ephoren und den
Rath der Alten ein [1]. Mit diesem Umschwung begann die Blüthe
ihrer gesetzlichen Ordnung. In diesen wenigen Worten ist das ganze
grosse Ereigniss abgethan.

Das Ergebniss ist: Von Lykurg datirt die Einführung jener straffen kriegerischen Zucht und Lebensordnung, welche den Aufschwung
ihrer Machtstellung begründet hat und ihre Grösse ausmacht bis zur
Stunde. Von socialen Umwälzungen vernehmen wir Nichts, von den
Einzelheiten der Erziehung ebensowenig, mit der einfachen Angabe
der Gründung von Enomotieen, Triakaden, Syssitien d. h. der Organisation des Volks in Waffen als eines stehenden Heeres ist Alles gesagt.

Und hieran wollen wir einstweilen festhalten, um den Mittelpfeiler eines Staatsgebäudes blosszulegen, dessen übrige Bestandtheile
uns bei Besprechung der aristotelischen Kritik beschäftigen werden.
Wir befinden uns hier auf sicherem Grund und Boden, denn unsere
Urkunde liegt in den inmitten der geschichtlichen Zeit vorhandenen
Zuständen Spartas selbst und diese Zustände werden auch auf die
Frage nach ihrer Entstehung die beste Antwort geben.

Die hellenischen Denker haben einen merkwürdigen Aberglauben
an die Allmacht des Gesetzes. Ist es nur in sich folgerecht erdacht, steht hinter ihm ein entschlossener, durchgreifender Wille und
ihm zur Seite ein göttlicher Befehl in Form eines Orakelspruchs,
dann ist jedes Wunder möglich. Die Vermehrung der Bevölkerung
durch Gesetze einschränken, in einer Zeit grosser Capitalansammlung
das Zinsnehmen verbieten, in einem Volke, das von Handel und Gewerbe lebt, Allen, die sich mit so unwürdigen Hantirungen abgeben,
das Vollbürgerrecht rauben, d. h. sie zu Heloten machen, mit anderen
Worten elementare Dinge oder machtvolle geschichtliche Entwicklungen, die nicht von Gestern her sind, durch ein Gebot oder Verbot einfach aus der Welt schaffen, das sind Aufgaben, die selbst einem so nüchternen Kopf wie Aristoteles nichts weniger als unmöglich vorkommen.
Es darf uns darum nicht Wunder nehmen, wenn es keinem Hellenen
einfällt zu fragen, wie eine Verfassung, die gleich der lykurgischen die
Natur der Dinge auf den Kopf zu stellen scheint, überhaupt möglich

---

1) Ib. μετὰ δὲ τὰ ἐς πόλεμον ἔχοντα ἐνωμοτίας καὶ τριηκάδας καὶ συσσίτια, πρὸς δὲ
τούτοισι τοὺς ἐφόρους καὶ γέροντας ἔστησε Λυκόῦργος. οὗτω μὲν μεταβαλόντες εὐ-
νομήθησαν, τῷ δὲ Λυκούργῳ τελευτήσαντι ἱρὸν εἱσάμενοι σέβονται μεγάλως.

und ausführbar gewesen ist? Von dem Masse, in dem die Dinge
stärker sind als die Menschen und der passive Widerstand der gegebenen Verhältnisse stärker ist als die Einsicht und der Wille eines Einzelnen, haben sie in der That nur eine sehr ungenügende Vorstellung,
und darin liegt ein Hauptmangel zumal ihrer historischen Methode.

Wir Neueren werden uns nicht nehmen lassen eine Frage zu stellen, an die die Alten gar nicht gedacht haben, und sie so gut es geht
aus Gesichtspunkten zu beantworten, die aus der menschlichen Natur
genommen auch dann Giltigkeit hätten, wenn ihnen gar keine äussere
Bezeugung zu Hilfe käme. Wir werden dabei stehen bleiben, die
lykurgische Verfassung kann so, wie sichs die meisten der Alten
gedacht zu haben scheinen, unmöglich entstanden sein. Sie kann
nicht gelten für das Werke eines Systematikers, dem es eines Tages
eingefallen ist, eine Verfassung zu machen, die das Gegentheil von
Allem verordnete, was im übrigen Hellas mit Recht oder Unrecht
für vernünftig und heilsam gehalten wurde. So aber denkt sich Xenophon die Sache. Der Zustand Spartas im vierten Jahrhundert kann
ebensowenig unter dem andern Gesichtspunkte geprüft werden, der mit
diesem die engste Verwandtschaft hat, dass man nämlich alle vorhandenen Zustände einfach als unmittelbare Folgen von Gesetzen bezeichnet
und dann den angeblichen Urheber dieser Gesetze für jene Folgen allein
verantwortlich macht. So aber verführt, wie wir sehen werden, Aristoteles.

Diese ganze Auffassung widerstreitet der Natur der menschlichen
Gesellschaft, die befragt oder nicht, bei Gesetzgebungen ein entschei-
denderes Wort mitspricht, als die hellenische Staatsweisheit sich träumen liess. Eine Verfassung, die Jahrhunderte lang besteht und zwar
im Widerspruch mit einer Entwicklung, die Alles um sie her umgestal-
tet, kann einen so willkürlichen, einen so plötzlichen Ursprung
nicht haben. Sie kann nicht das Werk eines Einzigen, sie
kann nur die That eines ganzen Volks, eines ganzen
Zeitalters sein und die Ehre der Urheberschaft ist, wie so häufig in
der Geschichte, dem Manne zugefallen, der um die dauerhafte Befestigung desselben das meiste Verdienst hat. Kurz, mit dem Namen
und der Person des Lykurg ist es in der Politik ähnlich wie in der
Poesie mit Namen und Person des Homer.

Ein Volk, das in geschichtlicher Zeit ausschliesslich dem Kriege
und der Vorbereitung auf den Krieg lebt, während alle seine Nachbarn
wie seine Stammesgenossen längst in die Bahnen friedlicher Cultur-
arbeit eingelenkt sind, das ist nicht durch irgend einen einzelnen Herr-

scherwillen, sondern durch die unwiderstehliche Nothwendigkeit seiner Lage in diese Form des Lebens gezwängt worden. Die spartanische Heerverfassung vermag ich mir nur aus einem langen, langen Kriegszustand zu erklären, der den Lakedämoniern geradezu unmöglich machte, die Waffen niederzulegen, wenn sie nicht untergehen wollten, und das Verdienst eines Mannes, der Lykurg hiess und mit der Pythia auf sehr vertrautem Fusse stand, mag es dann gewesen sein, dass er die für diesen Zustand geeignetsten Einrichtungen nicht etwa erfand, sondern aus den bereits vorhandenen Gewohnheiten herstellte und in jenen Zusammenhang brachte, der das Wesen einer Gesetzgebung ausmacht.

Ein solcher Kriegszustand, der über 200 Jahre gedauert haben muss, ist der lykurgischen Gesetzgebung thatsächlich vorangegangen und abermals ein sehr langer Kriegszustand ist ihr gefolgt.

Der erste wird ausgefüllt durch den Kampf um das untre Eurotasthal, insbesondre dessen Bollwerk die feste Stadt Amyklä, welches bis Ende des neunten Jahrhunderts widerstand, der letzte durch den Krieg gegen die Messenier. Zwischen beide grosse Kriegsepochen fällt die lykurgische Gesetzgebung und mit ihr beginnt die Zeit der Siege, denen Sparta sein nachheriges Reich verdankt, aber der Kriegszustand, der die Fortdauer der Lagerverfassung unerlässlich macht, nimmt selbst im Innern dieses Reichs kein Ende; denn die unterworfenen Messenier geben weder ihren Hass noch ihre Hoffnung auf bessere Tage auf, die unsterbliche Verschwörung der Heloten gegen ihre Herren lässt den Krieg nicht schlummern, der im Kleinen hartnäckig fortgesetzt wird und in jeder grösseren Verwicklung mit einer entscheidenden Katastrophe droht.

Was man seit O. Müller den durch Sparta — und Sparta allein — vertretenen »reinen Dorismus« zu nennen liebt, das ist für mich im Wesentlichen Nichts Anderes als das Kriegerleben eines erobernden Naturvolkes, das in den meisten übrigen Niederlassungen, in Korinth, Megara, Argos, Epidaurus, Sikyon, Kerkyra in der Verschmelzung mit den Ureinwohnern untergegangen, auf Kreta durch Isolirung versteinert, in Sparta aber durch den unablässigen Kampf ums Dasein nicht bloss von Cultur und Vermischung unberührt, sondern auch in frischer Gesundheit erhalten worden ist.

Und dieses Kriegerleben, in welchem der ganze Staat aufging, ist das Merkmal des Urzustandes der Hellenenstämme überhaupt zu der Zeit da, wie Aristoteles sagt, »keiner von den Hellenen ohne Waffen

über den Weg ging und sie die Weiber einander abkauften [1]. Nimmt
man zu jenem jahrhundertelangen Kriegszustand, den das spartanische Dorerthum eben nur vermöge des hartnäckigsten Beharrens in
Gesetzen und Sitten eines stehenden Heeres siegreich überwunden
hat, während es rings umher theils überlegenen Waffen, theils überlegener Cultur unterworfen ward, nun noch die Erbschaft hinzu, welche
Sparta aus den politischen Gewohnheiten des homerischen He-
roenzeitalters überkommen und festgehalten hat, so haben wir die
beiden wichtigsten Gesichtspunkte beisammen, mit deren Hilfe wir
uns das Geheimniss dieser Staatsordnung enträthseln können [2].

1) Pol. II, 6 (S. 41, 21). ἐπιθηρφοροῦντό τε γὰρ οἱ Ἕλληνες καὶ τὰς γυναῖκας ἀω-
νοῦντο παρ' ἀλλήλων. vgl. Thuc. I, 2—10.
2) Zur Sache vgl. Grote II, 461 ff. Duncker III, 344 ff. Rawlinson Herodotus
III, 329—369. Duncker sagt S. 346: »An der Macht Amykläs stockte das Vordringen
der Dorer. Eine halbe Meile oberhalb von Amyklä erhuben sich in der Niederung
am rechten Ufer des Eurotas einige Hügel. Auf diesen setzten sich die Dorer fest:
aus ihrem Lager, aus den Befestigungen, die sie gegen Amyklä errichte-
ten, aus den Raubzügen und Kämpfen — aus diesem stehend gewordenen
Kriege ging eine feste Ansiedlung, gingen die 5 Dörfer hervor, welche das räumige
Sparta, die breiten Strassen von Sparta bildeten.« Die Ansiedlung hier bestand aus
einem jener befestigten Gegenlager (ἐπιτειχίσματα),« wie sie die Dorier überall in
der Peloponnes nöthig hatten, um der festen Plätze Herren zu werden. Was Sparta
gegen Amyklä das war das Lager von Stenyklaros gegen Andania in Messenien, das
von Temenion gegen Argos, das von Solygeia gegen Korinth. S. Rawlinson a. a. O.
S. 337. Das anerkannte Ungeschick der Dorier in der Belagerung trug nicht wenig
dazu bei, diese Kämpfe über eine lange Reihe von Generationen hinaus fortzu-
schleppen.
Hinsichtlich der Chronologie schliesse ich mich der neuen von Grote,
Duncker, Rawlinson übereinstimmend eingeschlagenen Richtung an, und verweise
zur rascheren Orientirung auf das erste Capitel des Deimling'schen Lycealpro-
gramms: Chronologische Studien zur griech. Geschichte zwischen der dorischen
Wanderung und den Perserkriegen (Mannh. 1882).
Im Widerspruch mit der bisher allgemein befolgten Chronologie des Eratosthenes, Apollodor und Timäus, welche den Fall Trojas 1184, die Rückkehr der
Herakliden 1101 und Lykurg 884 setzen und zwar hauptsächlich gestützt auf die Reihenfolge der spartanischen Könige, nimmt man jetzt die Angaben zum Ausgangspunkt, welche Lykurg mit Iphitos in Verbindung bringen. Pausanias, der
die Wiederherstellung der Olympischen Spiele durch Iphitos drei Mal erwähnt, fügt
an der ersten Stelle hinzu, dieser König habe gelebt ἡλικίαν κατὰ Λυκοῦργον τὸν γρά-
ψαντα Λακεδαιμονίοις τοὺς νόμους (V, 4, 5. vgl. ib. 6, 5. VIII, 26, 4). Athenäos
XIV, 37, p. 635 bezeichnet es als übereinstimmende Ueberlieferung, dass der Gesetzgeber Lykurg mit dem Eleer Iphitos die erste Olympiade gefeiert habe, und Plutarch
nennt unter denen welche sagen, Lykurg habe mit Iphitos συνταχθόσαι καὶ συνδιαθεί-
ναι τὴν Ὀλυμπικήν ἐκεχειρίαν keinen geringeren als Aristoteles, der sich dabei auf
ein sicheres Zeugniss τὸν Ὀλυμπίασι δίσκον berufe, ἐν ᾦ τοὔνομα τοῦ Λυκούργου διασώ-
ζεται καταγεγραμμένον (Lyc. 1).

Schliesslich wollen wir uns nicht entgehen lassen, dass bereits Aristoteles ziemlich dieselbe Ansicht hat über die Entstehung der lakedämonischen Verfassung. Er sagt im Laufe seiner Prüfung derselben ausdrücklich, das kriegerische Leben, zu welchem die Spartiaten im Kampfe mit Argeiern, Arkadern und Messeniern genöthigt gewesen, habe ihnen als Vorschule gedient und als ihnen die Musse geworden, hätten sie sich dem Gesetzgeber hingegeben [1].

3.

Aristoteles und Lykurg im Allgemeinen.

Der lykurgische Staat oder das, was man sich darunter dachte, war für das politische Denken in Hellas, von seinem Erwachen an bis zu seinem Erlöschen, dasselbe, was Venedig für das Italien des 15., England für das Frankreich des 18. Jahrhunderts werden sollte.

Bei der ersten Frage, ist der beste Staat schon erdacht! hatte Aristoteles in vorderster Reihe sich mit Platon auseinanderzusetzen. Bei der zweiten Frage: ist der beste Staat gar schon verwirklicht? musste ihn das lykurgische Sparta, als das gefeierte Ideal der überwiegenden Mehrheit der Denker, zunächst beschäftigen. Die Gewalt,

---

An dieser Ueberlieferung wird man also wohlthun festzuhalten.

Wenn Lykurg 770 mit dem König der Eleer die erste Olympiade ordnet, so muss Charilaos, dessen Oheim und Vormund er genannt wird und den die Chronographen als den siebenten Prokliden auf 884 setzen, weit tiefer herabgerückt werden. Die Blüthe des Lykurg aber und sein im Sturm und Drang der Kriegsnoth eingeführtes Reformwerk fällt nothwendig früher als die Friedensperiode, die durch die Olympischen Festspiele eingeleitet wird. Thukydides sagt nun I, 18, 2, die Lakedämonier, die in der Zeit zwischen der dorischen Niederlassung und ihrer Gesetzgebung einen langen Zustand unbeschreiblicher Zerrüttung (ἐπὶ πλεῖστον ὧν ἴσμεν χρόνον στασιάσασα) durchgemacht, lebten um das Ende ταῦτα τοῦ πολέμου d. h. des Archidamischen Krieges seit 400 Jahren καὶ ὀλίγῳ πλείω unter derselben Verfassung. Dies führt uns für den Anfang dieses verfassungsmässigen Zustandes auf die Zeit zwischen 830 und 825 zurück.

Die dorische Wanderung aber setzen wir mit Duncker (III. 231, N. 1) um 1000 v. Chr. über welche Zeit sie nicht herabgerückt werden kann.

1) p. 40, b. — ἔξω γὰρ τῆς οἰκίας διὰ τὰς στρατείας διεξενοῦντο πολὺν χρόνον, πολεμοῦντες τόν τε πρὸς Ἀργείους πόλεμον καὶ πάλιν πρὸς τοὺς Ἀρκάδας καὶ Μεσσηνίους· σχολάσαντες δὲ αὑτοὺς μὲν παρεῖχον τῷ νομοθέτῃ προωδοποιημένους διὰ τὸν στρατιωτικὸν βίον.

welche dasselbe über die Gemüther ausübte, war ganz ausserordentlich.
Als Platon den Gedankenflug nach seinem Idealstaat richtete, wollte er
alle Bande zerreissen, die den freigeborenen Geist an die Scholle des
Gegebenen fesseln, alles Hergebrachte umstülpen und wieder ganz von
vorn anfangen. Er hat das gethan und dennoch ist ein beträchtliches
Stück lykurgischer Ueberlieferung an ihm haften geblieben, ja, er hat
das Wesentliche derselben, den Kriegerstaat, das Lagerleben, in reinster
Ausgestaltung in seinen Entwurf mit aufgenommen. Von dieser Seite
angesehen ist seine Politie eine sokratisch-pythagoreische Verklärung des lykurgischen Staates. Das vierte Jahrhundert war angebro-
chen unter Ereignissen, von denen man erwarten durfte, sie würden diese Begeisterung kühlen. Durch Dekarchieen und Harmosten
lernte man die spartanischen Göttersöhne in der Nähe kennen. Ganz
Hellas krümmte sich unter den Geisselhieben dieser blutigen, erbar-
mungslosen Willkür, aber die Bewunderung der Verfassung, mit der
so Grosses möglich war, nahm nicht ab sondern zu; man schied die
Grundsätze von ihrer Anwendung, verwünschte die letztere, fuhr fort
die ersteren zu preisen und sah nicht ein, dass diese Scheidung sachlich unmöglich war, dass ein Staat, der seit Jahrhunderten in Krieg
und Eroberung sein Lebensgesetz gehabt, eine Bürgerschaft, die sich
im Frieden mit der Jagd auf Heloten zum neuen Kriege vorbereitete und
dabei die ganze ursprüngliche Rohheit eines von keiner Cultur belerk-
ten Naturvolkes sorgfältig von Geschlecht zu Geschlecht fortgepflanzt,
eben vermöge dieser seiner Verfassung den hellenischen Nachbarn unmöglich ein liebenswürdigerer Herr sein konnte, als sie dies wirklich war.

Aristoteles war in diesem Irrthum nicht befangen. Wenig hellenische Denker haben über den Werth rein kriegerischer Tüchtigkeit,
die Bedeutung rein militärischer Erfolge geringschätziger geurtheilt
und keiner von Allen hat das Gottesgericht, das sich in dem thebanischen Kriege über Sparta entladen, mit mehr Unbefangenheit anerkannt, als er. Es war nach den Tagen von Leuktra und Mantinea unmöglich geworden, mit der unter den Lakonisten herkömmlichen Ge-
dankenlosigkeit über die fürchterlichen inneren Schäden dieses Staats
hinwegzusehen und der Ton, in dem Aristoteles von ihm redet, lässt
ganz deutlich den gewaltigen Eindruck dieser Vorgänge erkennen. Zwei
Mal beruft er sich ausdrücklich darauf. Bisher war Hellas der Bewunderung voll gewesen für die spartanischen Heldenweiber, die ihre Männer und Söhne lieber gar nicht als ohne Schild aus der Feldschlacht
zurückkehren sahen, die, so glaubte man wenigstens, jede weibische

Empfindung für immer von sich gethan; als jetzt im Hochsommer 362 Epaminondas mit seinen Thebanern in das offene Sparta selber einfiel, da zeigte sich zum ersten Male, wie der in der Ferne so ideale Heldenmuth der Weiber, in der Nähe aussah: sie waren, sagt Aristoteles, zu gar Nichts nütze, sie taugten nicht einmal soviel als in anderen Staaten und bereiteten der Vertheidigung grössere Schwierigkeiten als selbst der Feinde [1]. Und noch ein Anderes war zu Tage gekommen, diesem einst so stolzen Staat fehlte es nicht bloss an jenem Geiste der Ritterlichkeit, den man bisher selbst seinen Weibern nachgerühmt, es fehlte ihm auch an Männern, an Menschen überhaupt: »die Thatsachen selber, sagt Aristoteles, haben es gelehrt: ein einziger Streich hat ihn zu Boden gestreckt, an seiner Menschenarmuth ist er zu Grunde gegangen« [2].

Als Aristoteles an die Prüfung des lykurgischen Staates herantrat, war dieser in einer Lage wie das ancien régime Frankreichs nach dem 14. Juli 1789, wie der Staat Friedrichs d. Grossen nach dem 14. Okt. 1806. Eine Katastropho war eingetreten, die endlich Licht schaffte in den Irrgängen uralter Vorurtheile. Die Beredsamkeit der Thatsachen hatte gesprochen und Aristoteles war der Mann, um dies Zeugniss über jedes andre zu stellen.

Die Autorität des Alterthums an und für sich hatte für diesen scharfen Kopf überhaupt weniger Gewicht als für irgend einen anderen. Es entspricht durchaus dem Geiste der von Flachheit nicht freien Aufklärungsperiode, deren grossen Gesetzgeber wir in Aristoteles zu sehen haben, dass er sich mit Schärfe gegen die blinde Anhänglickeit an alte Ueberlieferungen erklärt. Bei Gelegenheit der Besprechung des Vorschlags von Hippodamos, auf nützliche Erfindungen insbesondre in politischen Dingen einen Preis zu setzen, legt er sich die Frage vor: sind Neuerungen überhaupt zuträglich oder ist es besser, Alles möglichst beim Alten zu lassen? Seine Beantwortung dieser Frage ist so ungenügend als möglich, wie weit oder wie enge er die Grenze der Nützlichkeit absichtlicher Veränderungen ziehen will, wird aus seinen Bemerkungen durchaus nicht klar, aber, dass er von jener steifen Altgläubigkeit Nichts wissen will, die das Ueberlieferte, weil es überliefert ist, mit Haut und Haaren verschlingt, das stellt er zweifellos fest. In allen Bereichen menschlichen Könnens sagt er, hat die Befreiung

---

1) p. 46, 4. — ἐδήλωσαν δ' ἐπὶ τῶν Θηβαίων ἐμβολῆς· χρήσιμοι μὲν γὰρ οὐδὲν ἦσαν, ὥσπερ ἐν ἑτέραις πόλεσιν, θόρυβον δὲ παρεῖχον πλείω τῶν πολεμίων.
2) p. 47, 6. — γέγονε δὲ διὰ τῶν ἔργων αὐτῶν δῆλον —, μίαν γὰρ πληγὴν οὐχ ὑπήνεγκεν ἡ πόλις, ἀλλ' ἀπώλετο διὰ τὴν ὀλιγανθρωπίαν.

vom Altherkömmlichen zu heilsamen Fortschritten geführt, so ist es in
der Heilkunde, in der Gymnastik und in allen übrigen Künsten, so wird
das auch in der Staatskunst sein [1]. Der Beweis dafür, kann man sagen,
ist durch die Thatsachen selber erbracht, denn die altväterlichen Gesetze sind in Wahrheit gar zu roh und barbarisch: ihre Zeit war eben die,
wo die Hellenen nie unbewaffnet aus dem Hause gingen und einander
die Weiber abkauften. Und was von den Rechtsgebräuchen der Urzeit
noch da und dort besteht, ist geradezu abgeschmackt, wie z. B. das
Gesetz, welches in Kumä für Mordfälle besteht, wonach der Kläger,
wenn er eine beträchtliche Anzahl seiner Verwandten als Zeugen vorführt, dadurch die Schuld des Beklagten vollgiltig erwiesen hat [2]. Die
Menschen trachten ja nicht nach dem, was uralt, sondern nach dem,
was ihnen zuträglich ist, und es darf angenommen werden, dass die
Menschen der Urzeit, mögen sie nun aus der Erde entsprossen oder von
einer grossen Wasserfluth ausgespieen sein, an Verstand und Bildung
den gewöhnlichen, einfältigen Menschen unserer Tage um Nichts überlegen waren: weshalb es denn ganz widersinnig ist, an ihren Satzungen unwandelbar festzuhalten [3].

Aristoteles ist gleichwohl weit entfernt, die Gefahren pietätloser
Neuerungssucht zu unterschätzen; er macht insbesondre auf den grossen
Unterschied aufmerksam, der zwischen den Folgen staatlicher und
denen andrer Veränderungen besteht, und meint, eine an sich verständige Neuerung sei oft zu unterlassen, weil das Gute, das sie schaffe,
geringer sei, als das Uebel, das durch die Lockerung des Gehorsams
gegen die Autorität gestiftet werde — alle Macht eines Gesetzes beruhe
eben auf einer Gewohnheit des Gehorsams, die man nicht von heut auf
Morgen herstellen oder ändern könne [4]; kurz, seine Ansicht über die

---

1) p. 43, 15. — ἐπὶ γοῦν τῶν ἄλλων ἐπιστημῶν τοῦτο (τὸ καινὸν) συνενήνοχεν, οἷον
ἰατρικὴ κινηθεῖσα παρὰ τὰ πάτρια καὶ γυμναστικὴ καὶ ὅλως αἱ τέχναι πᾶσαι καὶ αἱ δυνάμεις,
ὥστ' ἐπεὶ μίαν τούτων θετέον καὶ τὴν πολιτικήν, δῆλον ὅτι καὶ περὶ ταύτην ἀναγκαῖον
ὁμοίως ἔχειν.
2) ib. 19 — ι σημεῖον δ' ἂν γεγονέναι φαίη τις ἐπ' αὐτῶν τῶν ἔργων· τοὺς
γὰρ ἀρχαίους νόμους λίαν ἁπλοῦς εἶναι καὶ βαρβαρικούς. ἐσιδηροφοροῦντό τε γὰρ
οἱ Ἕλληνες καὶ τὰς γυναῖκας ἐωνοῦντο παρ' ἀλλήλων. ὅσα τε λοιπὰ τῶν ἀρχαίων ἐστὶ που
νομίμων, εὐήθη πάμπαν ἐστίν, οἷον ἐν Κύμῃ etc.
3) 43, 27. ζητοῦσι δ' ὅλως οὐ τὸ πάτριον ἀλλὰ τἀγαθὸν πάντες· εἰκός τε τοὺς πρώτους (so lese ich mit Scaliger's vortrefflicher Conjektur statt des sinnlosen τοὺς πρώτους), εἴτε γηγενεῖς ἦσαν εἴτ' ἐκ φθορᾶς τινος ἐσώθησαν, ὁμοίους εἶναι καὶ τοὺς τυχόντας
καὶ τοὺς ἀνοήτους, ὥσπερ καὶ λέγεται κατὰ τῶν γηγενῶν, ὥστ' ἄτοπον τὸ μένειν ἐν τοῖς τούτων δόγμασιν.
4) p. 44, 11. — οὐ γὰρ ὅμοιον τὸ κινεῖν τέχνην καὶ νόμον. ὁ γὰρ νόμος ἰσχὺν οὐδε-
μίαν ἔχει πρὸς τὸ πείθεσθαι πλὴν παρὰ τὸ ἔθος, τοῦτο δ' οὐ γίνεται εἰ μὴ διὰ χρόνου πλή-

Unverbindlichkeit alter Gesetze für neue Verhältnisse ist darum durchaus keine Rechtfertigung revolutionären Gebahrens. Allein er wahrt aufs allerbestimmteste das Recht der Lebenden, sich mit dem Recht der Todten auseinanderzusetzen, das Recht eines gebildeten Geschlechts, das den Krieg Aller gegen Alle[1]) mindestens im Bereiche des eigenen Mauerrings längst überwunden hat, sich eine friedliche Lebensordnung gemäss seinen Bedürfnissen frei auszugestalten und das war ein Verdienst innerhalb einer Staatslehre, die das eine Mal in jakobinischer Gewaltthätigkeit überschäumte, das andre Mal gern den gesunden Menschenverstand im Namen der öffentlichen Ordnung erdrosselt hätte[2]).

So fielen bei Aristoteles zwei Momente weg, welche auf das Urtheil seiner Vorgänger bestimmend eingewirkt hatten. Ihn blendete nicht mehr der Glanz äusserer Erfolge, denn er hatte den fürchterlichen Sturz des Staates gesehen und nicht einen Zufall, sondern eine geschichtliche Nothwendigkeit darin erkannt; er gehörte ferner nicht unter die steifgläubigen Conservativen, die der edle Rost des Alters bestach, er stand vielmehr auf der freien Warte einer wissenschaftlichen Aufklärung, die schöpferischer Thatkraft zwar ganz entbehrte, aber der das Recht der Prüfung über Alles ging.

Nichts desto weniger ist Aristoteles — und das kann nicht nachdrücklich genug betont werden — durchaus kein principieller Gegner der Grundsätze, welche man Lykurgs Gesetzgebung zuschrieb. Im Gegentheile. Wie er selbst die Erzeugung der Kalokagathie auf dem Wege der staatlichen Erziehung anstrebt, so verhehlt er durchaus nicht,

---

θος, ὥστε τὸ ῥᾳδίως μεταβάλλειν ἐκ τῶν ὑπαρχόντων νόμων εἰς ἑτέρους νόμους κακῶς δοθένη ποιεῖν ἐπὶ τὴν τοῦ νόμου δύναμιν.

1) Auch Thukydides hat ihn kurz geschildert: I, 5: τό τι σιδηροφορεῖσθαι τούτοις τοῖς ἠπειρώταις ἀπὸ τῆς παλαιᾶς λῃστείας ἐμμεμένηκε. I, 6: πᾶσα γὰρ ἡ Ἑλλὰς ἐσιδηροφόρει διὰ τὰς ἀφράκτους τε οἰκήσεις καὶ οὐκ ἀσφαλεῖς παρ' ἀλλήλων ἐφόδους καὶ ξυνήθη τὴν δίαιταν μεθ' ὅπλων ἐποιήσαντο.

2) Wie der Athener in Platon's Gesetzen I, 634 D) zu dem Kreter Kleinias sagt: ὑμῖν μὲν γὰρ εἴπερ καὶ μετρίως κατεσκεύασται τὰ τῶν νόμων εἷς τῶν καλλίστων ἂν εἴη νόμων. μὴ ζητεῖν τῶν νέων μηδένα ἐᾶν, ποῖα καλῶς αὐτῶν ἢ μὴ καλῶς ἔχει, μιᾷ δὲ φωνῇ καὶ ἐξ ἑνὸς στόματος πάντας συμφωνεῖν, ὡς πάντα καλῶς κεῖται θέντων θεῶν καὶ ἐάν τις ἄλλως λέγῃ μὴ ἀνέχεσθαι τὸ παράπαν ἀκούοντας· γέρων δὲ εἴ τις τι ξυννοεῖ τῶν παρ' ὑμῖν, πρὸς ἄρχοντά τι καὶ πρὸς ἡλικιώτην μηδενὸς ἐναντίον νέου ποιεῖσθαι τοὺς τοιούτους λόγους. Zu der oben besprochenen Stelle der Politik merkt Melanchthon in seinen comment. in Arist. Polit. (Corpus Reform. XVI, p. 426) an, dass auch Friedrich der Weise seine Abneigung gegen alle Neuerung in den Worten kund gegeben habe: res macht Bewegung. Wir wollen erinnern an die treffenden Worte, die Montesquieu in dem Vorwort zu dem Geist der Gesetze über dieselbe Frage äussert.

dass er auf diesem Wege nur einen der Nachahmung werthen Vorgänger anerkenne, nämlich Lykurg und keinen Anderen.

Es ist nicht richtig, wenn Manso sagt, Aristoteles habe »Allen aufgeboten, um die spartanische Verfassung auf Kosten ihres Stifters herabzusetzen«[1]. Aristoteles ist mit dem wichtigsten Grundgedanken, der spartanischen Verfassung, der gesetzlichen Einheit der gesammten Lebensordnung, durchaus einverstanden: aus der Politik geht im Allgemeinen, aus zwei Stellen der Ethik geht ausdrücklich hervor, dass er von dieser Einheit nicht lassen will.

Bei Untersuchung des Begriffs der Bürgertugend als einziger Bürgschaft der allgemeinen Glückseligkeit am Anfang der Ethik sagt er: »Das ist das Ziel, um welches der wahrhafte Staatsmann mit dem grössten Ernste zu ringen hat, er will ja nichts Anderes, als bewirken, dass die Bürger tugendhafte Menschen werden und den Gesetzen unterthan sind und als Muster dafür haben wir die Gesetzgeber Kretas und Lakedämons und wer sonst mit ihnen Verwandtes geleistet«[2]. Und am Ende der Ethik sagt er[3]: »der Staat der Lakedämonier ist mit wenigen der einzige, worin der Gesetzgeber sich um Einheit der Lebensweise und der Sitten bemüht zu haben scheint; in den meisten übrigen Staaten ist das ganz ausser Acht gelassen und Jeder lebt für sich dahin, wie er will, selbstständig schaltend über Weib und Kind.« In diesem Punkte stimmt er also ganz und gar überein mit dem Lakonisten Xenophon, wenn er Sparta als den einzigen Staat rühmt, in welchem »von Staatswegen auf Erzeugung der Kalokagathie gehalten wird«[4]. Wie alle Söhne einer politisch verlebten Zeit hat auch Aristoteles eine grosse Liebhaberei für gemischte Staatsverfassungen und Sparta bezeichnet er als Muster einer gesunden Mischung von Oligarchie und Demokratie[5]. Lykurg aber nennt er mit Solon, Charondas u. A. zusammen als Einen

1) Sparta I, Beilage S. 78.
2) E. N. p. 10, 10. δοχεῖ δὲ καὶ κατ' ἀλήθειαν πολιτικὸς περὶ ταύτην (die ἀρετή ist gemeint) μάλιστα ἐσπουδακέναι· βούλεται γὰρ τοὺς πολίτας ἀγαθοὺς ποιεῖν καὶ τῶν νόμων ὑπηκόους. παράδειγμα δὲ τούτων ἔχομεν τοὺς Κρητῶν καὶ Λακεδαιμονίων νομοθέτας καὶ εἴ τινες ἕτεροι τοιοῦτοι γεγένηνται.
3) p. 108, 27: ἐν μόνῃ δὲ τῶν Λακεδαιμονίων πόλει μετ' ὀλίγων ὁ νομοθέτης ἐπιμέλειαν δοκεῖ πεποιῆσθαι τροφῆς καὶ ἐπιτηδευμάτων· ἐν δὲ ταῖς πλείσταις τῶν πόλεων ἐξημέληται περὶ τῶν τοιούτων καὶ ζῇ ἕκαστος ὡς βούλεται, κυκλωπικῶς θεμιστεύων παίδων ἠδ' ἀλόχου.
4) de rep. Laced. X, 4: ἡ Σπάρτη εἰκότως πασῶν τῶν πόλεων ἀρετῇ διαφέρει, μόνη ἐτημοσίᾳ ἐπιτηδεύουσα τὴν καλοκἀγαθίαν.
5) Polit. p.160, 30: ὁ μὲν οὖν τρόπος τῆς μίξεως οὗτος, τοῦ δ' ὁ μεταξὺ θ·τμικρατίαν καὶ ὀλιγαρχίαν ὅρος. ὅταν ἐνδέχηται λέγειν τὴν αὐτὴν πολιτείαν δημοκρατίαν καὶ ὀλιγαρ-

jener besten Gesetzgebern, welche zeigen, dass die echte Staatsweisheit
ihre Heimath nicht im Fürstenstande, sondern in den Reihen des mittleren Bürgerthums hat[1]).

Seine Kritik ist also keine principielle. Das Neue und Ueber-
raschende derselben liegt vielmehr darin, dass er auf demselben Boden
stehend mit den Grundsätzen, nach denen diese Verfassung gebildet
schien, sie, was noch Niemand gewagt, überhaupt erst einer Prüfung
unterwirft und zwar erstens mit Rücksicht auf sein Ideal vom besten
Staat, ob sie mit diesem stimmt oder nicht, und sodann mit Rücksicht
auf ihren eigenen Inhalt, ob sie wirklich einen folgerechten Ausdruck
der Absichten des Gesetzgebers bietet, ob sie in der That die Verwirklichung dessen ist, was dem Urheber vorgeschwebt oder ob die Ausführung im Widerspruch steht mit den beabsichtigten Wirkungen[2]).

Hierin liegt das Neue seiner Prüfung, aber auch die Ursache des
herben Eindrucks, den sie macht.

Er sagt selbst[3]): »Nicht danach fragen wir, was entschuldbar ist
oder nicht, sondern was richtig ist, was nicht!« Und er bezeichnet damit den Geist seiner Prüfung vollkommen klar. Nicht die Erklärung
der Verfassung aus den Umständen, unter denen sie geboren ward,
nicht die Ergründung der Nöthigungen, welche für den Gesetzgeber
vorlagen, und in denen für unwillkürliche Fehlgriffe die natürliche Ent-
schuldigung läge, wird beabsichtigt, sondern die Beantwortung der
Frage: ist der lykurgische Staat der beste an sich? ist er es nach Maass-
gabe seiner eignen Grundsätze? Auf beide Fragen antwortet Aristoteles
mit Nein. Ob die Fehler und Widersprüche, die er betont, zu ändern,
ob sie also verzeihlich waren oder nicht, danach wird nicht gefragt.
Kurz, Lykurg, der einen wirklichen Staat hinterlassen, wird behandelt
wie Platon, der einen Gedankenstaat aufgerichtet. Die platonische Politie war ein Gemälde, der lykurgische Lagerstaat eine Landschaft,
Aristoteles behandelt sie beide, als wären sie Landkarten. Das ist es,

---

χίαν· δῆλον γὰρ ὅτι τοῦτο εὐσχουσιν οἱ λέγοντες διὰ τὸ μεμῖχθαι καλῶς — ὅπερ συμβαίνει
περὶ τὴν Λακεδαιμονίων πόλιν.

1) Polit. p. 164, 30: σημεῖον δὲ δεῖ νομίζειν καὶ τὸ τοὺς βελτίστους νομοθέτας εἶναι
τῶν μέσων πολιτῶν· Σόλων τε γὰρ ἦν τούτων (δηλοῖ δ' ἐκ τῆς ποιήσεως), καὶ Λυκοῦργος
(οὐ γὰρ ἦν βασιλεύς) καὶ Χαρώνδας καὶ σχεδὸν οἱ πλεῖστοι τῶν ἄλλων.

2) p. 41, 21: δύο εἰσὶν αἱ σκέψεις, μία μὲν, εἰ τι καλῶς ἢ μὴ καλῶς πρὸς τὴν ἀρίστην
νενομοθέτηται τάξιν, ἑτέρα δ' εἴ τι πρὸς τὴν ὑπόθεσιν καὶ τὸν τρόπον ὑπεναντίως τῆς προκει-
μένης αὐτοῖς πολιτείας.

3) Pol. 46, 16. ἀλλ' ἡμεῖς οὐ τοῦτο σκοποῦμεν τίνι δεῖ συγγνώμην ἔχειν ἢ
μὴ ἔχειν, ἀλλὰ περὶ τοῦ ὀρθῶς καὶ μὴ ὀρθῶς.

was man bei dieser Kritik nie vergessen darf. Eine historische in unserem Sinne, d. h. eine solche, der die Erklärung des sachlichen Zusammenhangs wichtiger ist als Lob und Tadel, ist sie nicht und will sie nicht sein. Sie ist im Nachweis der Fehler dieses Staatsbaus ebenso einseitig, wie es die Bewunderung ihrer Vorzüge bisher gewesen war. Ueber die Glaubwürdigkeit, den Gehalt dieser Ausführungen an historischer Beweiskraft denken wir darum keineswegs wie Manso und Ottfried Müller, denn die Lieblingsvorstellungen, welche diesen dadurch zerstört werden, theilen wir nicht. Wir nehmen vielmehr das volle Ausmass der Autorität, welche ein Aristoteles für seine geschichtlichen Angaben verlangen kann, auch für diesen Abschnitt in Anspruch, aber betonen müssen wir, dass, was diese Kritik sein will, nicht stimmt mit den Anforderungen, die w i r an der Kritik eines der G e s c h i c h t e und nicht der freien Erfindung angehörigen Staates stellen.

Fügen wir hinzu, dass sie eine andre auch nicht wohl sein konnte. Zunächst fehlte es, wie wir bei Besprechung der xenophontischen Schrift über den Staat der Lakedämonier gesehen haben, durchaus an den nöthigen geschichtlichen Daten, um das Mass der persönlichen Verantwortlichkeit Lykurgs für Handlungen zu bestimmen, welche die Sage ihm zuschrieb. Auch für Aristoteles ist Lykurg wenig mehr als ein Abstraktum, ein Sammelname, welcher nichts Geringeres als den Inbegriff der politischen Lebensthätigkeit des ganzen spartanischen Volks im Laufe eines halben Jahrtausends umfasst. Und sodann theilt Aristoteles den Glauben aller hellenischen Staatstheoretiker an eine Allmacht positiver Gesetzgebung, vor der die Macht elementarer Zustände, die selbständige Logik der Thatsachen, das Gefälle einer rein physischen Gesetzen folgenden Entwicklung verschwindet. Daher kommt es, dass er Lykurg für Dinge verantwortlich macht, für die kein Gesetzgeber der Welt verantwortlich gemacht werden kann, dass er ihm die Schuld an Wirkungen gewisser Gesetze beimisst, die ihm selbst dann nicht zur Last fallen könnte, wenn sich nachweisen liesse, dass jene Gesetze wirklich sein eigenstes Werk und zwar in dem von Aristoteles ihm untergeschobenen Sinn gewesen wären.

Nachdem wir diese Vorbehalte gemacht, dürfen wir nicht anstehen, auszusprechen, dass diese Kritik, trotz ihrer unleugbaren Schwächen, eine That genannt werden muss, welche in der Geschichte der hellenischen Staatslehre Epoche macht. Es war endlich an der Zeit, dass der Götzendienst, den man mit diesem Staat getrieben, ein Ende nahm, dass ein offenes freimüthiges Wort gesprochen wurde über die ungeheure Verirrung alles gesunden Verstandes, welche sich in der hartnäckigen Anbetung des spartanischen Staates kund gab, dass mit einem Worte die Romantik auch hier der Kritik den Platz räumte.

Aristoteles hat das erlösende Wort gesprochen, hat eine befreiende That verrichtet, als er zum ersten Male in Hellas prüfte, was man bisher nicht geprüft, tadelte, was man gedankenlos bewundert, verurtheilte, was man bisher über alle Gesetze gestellt.

4.

Die socialen Schäden Lakedämons.

(p. 44, 25 — 47, 21.)

Das Helotenthum.

»Dass eine Staatsgemeinde, beginnt Aristoteles, welche in gedeihlichem Bestande leben will, von der Sorge um das tägliche Brod befreit sein muss, das ist eine allgemein angenommene Wahrheit, dagegen ist nicht leicht zu sagen, auf welche Weise diese Freiheit am sichersten erzielt wird. Denn das Penestenthum in Thessalien hat sehr oft seine thessalischen Herren angefallen, gerade wie das die Heloten den Lakedämoniern gemacht haben; ist doch deren ganzes Leben Nichts als ein einziges Lauern auf die Unfälle ihrer Herren [1]. Bei den Kretern ist solch ein Fall noch nicht vorgekommen, vielleicht desshalb weil unter den einander benachbarten Städten, trotzdem sie oft in Fehde liegen, keine ist, welche den Aufständischen Hilfe bringen würde, vielmehr alle, da jede von ihnen mit Periöken gesegnet ist, dabei gleich viel zu verlieren hätten. Die Lakonen dagegen haben immer nur feindliche Nachbarn gehabt an den Argeiern, den Messeniern und Arkadern (und hier haben die Heloten stets ihre Bundesgenossen gefunden) wie denn [2]

1; p. 44, 26. — ὥσπερ γὰρ ἐφεδρεύοντες τοῖς ἀτυχήμασι διατελοῦσιν.

2) Wenn irgendwo so ist vor dem ἐκεῖ p. 45, 4 das Sternchen Conring's am Platz: hier ist in der That eine Lücke, die durch einen Gedanken ähnlich dem oben in Klammern stehenden auszufüllen ist. Statt des ἐφίσταντο, das mit dem Dativ sonst nie vorkommt, wäre ich, da es sich zumal auch nicht um einen Abfall, sondern um feindliche Ueberfälle handelt, mit Schneider geneigt zu lesen ἐφίσταντο, als Synonym zu dem früheren [p. 44, 25] und dem ἦν δὲ ἡ ὁμιλία ἐπανίστητοι bei Thucyd. V, 23.

auch die anfänglichen Kämpfe der Thessaler mit den Penesten sich anschlossen an die fortdauernden Kriege mit den Grenznachbarn, den Achäern, Perrhäbern und Magneten. Wenn auch nichts Anderes', so muss doch die Frage nach der Art und Weise, wie man sie behandeln soll, grosse Schwierigkeiten machen; denn lässt man ihnen die Zügel locker, so schreiten sie aus und massen sich gleiche Ansprüche mit ihren Herren an, ist aber ihr Loos zu hart, dann schmieden sie Pläne des Hasses und der Rache. Augenscheinlich ist soviel, dass denjenigen, welche mit ihren Unterthanen Erfahrungen machen, wie die Lakonen mit ihren Heloten, das rechte Mittel zu finden nicht gelungen ist.»

Durch und durch hellenisch ist der Satz, mit dem Aristoteles seine Prüfung des spartanischen Staates eröffnet: Kein Bürgerthum ohne Musse und darum kein Staat von Freien ohne Leibeigene. Ob die Sklaverei Naturgesetz oder Menschenwerk sei, darüber sind Zweifel möglich, die selbst einem Denker wie Aristoteles viel zu schaffen machen können [1]), dass sie aber unentbehrlich ist für das Leben des hellenischen Bürgerthums, wie es nun einmal geschichtlich sich entwickelt hat und auch ferner bestehen will, das steht unbezweifelbar fest. Nicht minder aber auch, dass es schwer ist auzugeben, wie die kleine Minderheit der Herren die ungeheure Ueberzahl der Leibeigenen behandeln muss, um deren Dienste weder zu verlieren noch um einen zu hohen Preis zu erkaufen.

Die Leibeigenschaft, die hier berührt ist, ist die ursprünglichste Gestalt derselben: sie rührt her von der Einwandrung der Dorer und ist ein unvertilgbares Denkmal der Art, wie dieses erobernde Naturvolk in seiner zweiten Heimat von Land und Leuten Besitz ergriffen hat. In der Stellung, welche in geschichtlicher Zeit die Heloten in Lakedämon, die Penesten in Thessalien, die Klaroten (Aphamioten) und Mnoiten in Kreta, die Gymnesier in Argolis, die Korynephoren in Sikyon, die Thebagencis in Böotien, die Bithynier in Byzanz, die Mariandyner im pontischen Herakleä, die Kallikyrier in Syrakus einnehmen, haben wir eine lebende Urkunde vor uns über einen grossen geschichtlichen Vorgang: die Masseuunterwerfung der Ureinwohner von Hellas durch die Uebermacht eines neu eingewanderten Volkes. Von all diesen Leibeigenen steht fest, dass ihnen thatsächlich ein Recht gelassen worden ist, dies nämlich, Eigenthum der Gesammtheit ihrer Herren zu sein, und weder von ihrer Scholle entführt, noch in den Einzelbesitz verkauft zu werden. Es ist wahrschein-

---

4) vgl. im zweiten Buch das zweite Capitel.

lich, dass diese thatsächliche Rechtsstellung bei Allen auf einem Ver-
trage ruhte, der uns in zwei Fällen, bei den Penesten und den Marian-
dynern ausdrücklich bezeugt ist[1].

Die Einwanderung der Thessaler in das nach ihnen benannte Kes-
selland war der Anfang des grossen Besitzwechsels, von dem die nach-
malige geschichtliche Gestaltung von Hellas datirt, und der Vertrag,
durch den die neuen Herren sich mit den alten abgefunden haben, ist
wohl auch in der Hauptsache das Muster für alle nachfolgenden Vorgänge derselben Art geworden.

Aus einer Schrift von Archemachos über Euböa theilt uns Athenäos über jenes Ereigniss Folgendes mit. In Thessalien hausten seit
uralter Zeit die Böoter. Als die reisigen Thessaler herankumen,
zogen die Einen davon, um in Böotien sich anzusiedeln, die Andern
blieben und unterwarfen sich den Thessalern als Leibeigene mit der
Bedingung, dass sie nicht ausser Landes geführt und nicht willkürlich
ums Leben gebracht werden dürften; als Zurückgebliebene hiessen sie
Menesten, später Penesten, was aber nicht auf ihre Armuth zurückge-
führt werden darf, denn viele von ihnen sind reicher als ihre Herren[2].

Wie sich das so begründete Verhältniss dann im täglichen Leben
gestaltete, darüber erhalten wir die meisten Aufschlüsse aus der Geschichte der Heloten in Lakonien. Sie sind nicht Leibeigene der einzelnen Spartiaten, wie die Kauf- oder Hausklaven, sondern Eigenthum
des Staates[3] und nehmen so eine Mittelstellung ein zwischen Freien
und Unfreien[4]. Sie treiben auf dem Grund und Boden, auf dem sie
heimisch sind, das Geschäft fort, das sie immer getrieben haben; im
im Innern bauen sie das Land, an der Küste treiben sie Seefahrt und
Fischerei, kurz sie sind die arbeitende Classe jetzt, wie ehedem,
nur dass sie die Früchte ihrer Arbeit mit ihren Herren theilen und von
dem Reste ihrer Freiheit nur den Gebrauch machen, den ihnen der gute
Wille der bewaffneten Gebieter einräumt. Die Gesammtsumme der
Abgaben, die sie dem Herrenstande leisten, bildet das Vermögen, von

---

1) Ueber die ganze Frage s. Büchsenschütz, Erwerb und Besitz im griech. Alterthum. Halle 1869. S. 126 ff.

2) Athenaeus VI, 264: Βοιωτῶν τῶν τὴν Ἀρναίαν κατοικησάντων οἱ μὴ ἀπάραντες
εἰς τὴν Βοιωτίαν, ἀλλ' ἐμφιλοχωρήσαντες παρέδωκαν ἑαυτοὺς τοῖς Θετταλοῖς δουλεύειν
καθ' ὁμολογίας, ἐφ' ᾧ οὔτε ἐξάξουσιν αὐτοὺς ἐκ τῆς χώρας οὔτε ἀποκτενοῦσιν · οὗτοι μὲν
οὖν οἱ κατὰ τὰς ὁμολογίας καταμείναντες καὶ παραδόντες ἑαυτοὺς ἀλήθησαν τότε μενέσται,
νῦν δὲ πενέσται καὶ πολλοὶ τῶν κυρίων ἑαυτῶν εἰσὶν εὐπορώτεροι.

3) δοῦλοι δημόσιοι, Ephoros bei Strabo VIII, 365.

4) Pollux III, 83 μεταξὺ δὲ ἐλευθέρων καὶ δούλων οἱ Λακεδαιμονίων εἵλωτες, καὶ
Θετταλῶν πενέσται.

dem dieser die Kosten seines Müssigganges und seiner Feldzüge bestreitet. Die Abgabe, welche jede Helotenfamilie beisteuern musste, damit die Herren, ohne eigne Arbeit zu leben hatten, bestand seit Lykurg in 70 Medimnen Gerste für den Herrn, der in die Syssitien ging, 12 für dessen Frau mit einem entsprechenden Antheil Wein und Oel [1]. Diese Steuer war beträchtlich, aber mit Fleiss und Sparsamkeit liess sich dabei bestehen. Als Kleomenes einmal einen Aufruf an die Heloten erliess und Jedem, der 5 attische Minen erlegen würde, die Freiheit versprach, kamen 500 Talente zusammen: es muss also mindestens 6000 wohlhabende Heloten gegeben haben [2].

Dazu aber kamen lästige persönliche Dienste: Bedienung der Herren im Hause, bei Tisch, im Felde, Kriegsdienst im Heere und auf der Flotte und dies Letztere im Laufe der Zeit in einem Umfange, der das Missverhältniss der Zahl und der Last von Jahr zu Jahr drückender empfinden liess. Seit sich zu dem Stamm geduldiger Unterthanen, die von ihrer Urväter Zeiten her kein andres Loos gekannt, nun noch eine verknechtete Bevölkerung wie die Messenier gesellt, die in einem jahrzehntelangen Unabhängigkeitskrieg den endlich siegreichen Herren die Spitze geboten und die Tage der Freiheit nicht vergessen wollten, musste die träge Masse in eine unruhige Gährung gerathen, die bei günstiger Gelegenheit zu einem fürchterlichen Ausbruch kam.

So mag sich jener vulkanische Kriegszustand zwischen Herren und Leibeigenen gebildet haben, der die spartanische Geschichte nachweislich mindestens zwei Jahrhunderte erfüllt und von dem Aristoteles als einer allbekannten, unausrottbaren Krankheit dieses Staatswesens ebenso unbefangen redet als Thukydides.

Auf diesen Leibschaden Spartas rechnet jeder auswärtige Feind wie jeder Verschwörer, der im Innern eine Umwälzung alles Bestehenden plant, von Pausanias bis Kinadon und von diesem bis Agis und Kleomenes. Man weiss in ganz Hellas, dass unter den Heloten eine Stimmung herrscht, als ob sie ihre Herren lieber heut als Morgen »mit Haut und Haaren fressen wollten« [3]. Ein fürchterliches Naturereigniss, das wie das Erdbeben von 464 Alles was Leben hat mit Untergang bedroht, erscheint den Heloten als ein Glück, von dem sie ihre Befreiung erwarten und zu dessen Benutzung sie ungesäumt herbeieilen [4].

---

1) Plut. Inst. Lac. 41.
2) Plut. Cleom. 23. Büchsenschütz S. 134.
3) Xen. Hellen. III, 3, 6 — οὐδένα δηλοῦται πρότερον τὸ μὴ οὐχ ἡδέως ἂν καὶ ὠμῶν ἐσθίειν αὐτῶν.
4) S. Athen und Hellas I, 137.

Etwas Aehnliches befürchten die Spartiaten 425, da die Athener die
Insel Kythera besetzt und Sphakteria erobert haben und mit den Messeniern in geheime Verbindungen getreten sind; sie greifen in der Todesangst zu einem Mittel barbarischer Nothwehr, bieten 2000 der kräf-
tigsten und tapfersten Heloten auf, unter dem Versprechen, ihnen die
Freiheit zu schenken, verleihen sie ihnen auch wirklich und lassen sie
dann — verschwinden mit soviel Heimlichkeit und Geschick, dass nie
ein Mensch erfahren hat, wie sie ums Leben gekommen sind [1]. Solchem Verhältniss entspricht die in der hellenischen Geschichte beispiellose Thatsache, dass die Lakedämonier sich in dem Frieden des Nikias
421 ausdrücklich die Hilfe der Athener — gegen eine etwaige Rebellion
ihrer Leibeigenen zusichern lassen [2] und nicht minder die andre, dass
sich in der berufenen Krypteia die erste Unterjochung Jahr für Jahr
wiederholte.

Der Grund der Unheilbarkeit dieses Uebels lag in der Zwitterstel-
lung der Heloten. Von einem Aufruhr wirklicher Sklaven weiss die
griechische Geschichte Nichts zu melden und doch war ihre Zahl unge-
heuer und ihr Loos, mit Ausnahme Athens, nichts weniger als beneid-
enswerth, aber diese Halbsklaven sind in ewiger Bewegung. In
Eigenthum, Arbeit, Erwerb sind sie zu frei, um nicht jede unbillige
Belastung drückend zu empfinden; die Dienste, die sie dem Herrenstand als Einzelne wie als Gesammtheit ohne Entgelt leisten müssen,
sind wieder zu gross und willkürlich auferlegt, um ihnen das Gefühl
irgend einer Rechtsstellung zu geben, und so ist ihre Lage mit einer
grausam quälenden Reibung behaftet, aus der ein unablässiger Kriegszustand mit Nothwendigkeit hervorgeht [3].

Gewiss hat Aristoteles Recht, wenn er findet, diese Thatsache lege
ein sehr ungünstiges Zeugniss ab von der politischen Weisheit, der
Organisationsfähigkeit der Lakedämonier; die Frage war nur, wie es
besser einzurichten war, und auf die hat Aristoteles keine Antwort.

Nur eine völlige Systemänderung, welche mit einem Lebenswechsel des Herrenstandes selber zusammenfiel, konnte hier Heilung schaffen. Sie ist im Laufe der Zeit eingetreten, als die Spartiaten aufhörten
bloss Jagd und Kriegsdienst zu treiben und anfingen selber zu arbei-

---

1) Thucyd. IV, 80: δεῖ γὰρ τὰ πολλὰ Λακεδαιμονίοις πρὸς τοὺς εἵλωτας τῆς φυλακῆς
πέρι μάλιστα καθεστήκει.

2) Thucyd. V, 23, 3: ἢν δὲ ἡ δουλεία ἐπανιστῆται ἐπικουρεῖν Ἀθηναίους Λακεδαιμονίοις παντὶ σθένει κατὰ τὸ δυνατόν.

3) Theopompos bei Athenaeus VI, 272 a τὸ τῶν εἱλώτων ἔθνος παντάπασιν ὠμῶς
διάκειται καὶ πικρῶς.

ten und ihr Land zu bestellen, wie das die Heloten auch thaten. Gemeinsame Arbeit vertilgt den Kastenunterschied und die Gleichheit des Lebens stiftet die Gleichheit des Rechts, der lykurgische Lagerstaat hörte freilich auf, aber mit ihm auch eine Grossmachtpolitik, die bei diesem verarmten, decimirten Volk ein Unsinn geworden war und mit ihm die barbarischen Helotenkriege, in denen sich die blutige Rohheit dieses Volks immer neu erzeugt.

Diesem Umschwunge, dieser Rückkehrung der Spartiaten zur eigenhändigen Arbeit und zum friedlichen Erwerb, möchte ich es zuschreiben, dass die früher allzeit offene Wunde der Helotenverschwörung sich allmälig schloss und nicht, wie neuerdings vermuthet worden ist[1], der Milde der Spartiaten, welche von unseren Berichterstattern allzu oft verkannt worden sein soll.

Und dieser Umschwung scheint schon zu Aristoteles' Zeiten begonnen zu haben, wie wir aus einer allerdings nur flüchtigen Andeutung schliessen dürfen[2]. Das Helotenthum, das nach Strabo[3] noch die Zeiten der Römer gesehen hat, war jedenfalls ein anderes als das, von dem Aristoteles, Theopomp, Thukydides erzählen.

Die Anarchie der Weiber.

»Auch die Freiheit der Weiber, fährt Aristoteles fort, ist dem Zwecke dieser Staatsordnung und dem Wohlbefinden der Bürgerschaft entgegen. Denn wie das Weib ein Theil des Hausstandes ist[4], so muss man sich auch die Staatsgemeinde in nahezu gleiche Hälften getheilt denken, von denen die eine durch die Männer, die andre durch die Weiber gebildet wird: so dass eben alle Staaten, in denen das weibliche Geschlecht verwahrlost ist, als zur Hälfte gesetzlos gelten müssen. Das ist in Lakedämon der Fall; die Absicht des Gesetzgebers war, die ganze

---

1) Büchsenschütz S. 136.
2) Pol. p. 31, 9 (Kritik der platonischen Politie): ὥστε οὐδὲν ἄλλο συμβήσεται νενομοθετημένον πλὴν μὴ γεωργεῖν τοὺς φύλακας· ὅπερ καὶ νῦν Λακεδαιμόνιοι ποιεῖν ἐπιχειροῦσιν. Diese Stelle beweist entweder gar nichts, oder, wie schon Schlosser gesehen, dies: dass die armen Spartiaten angefangen hatten für sich selber zu arbeiten, da es Niemand andern mehr für sie thun wollte und dass man versucht hat, dagegen von Staatswegen einzuschreiten. Natürlich ohne Erfolg, denn Noth kennt kein Gebot.
3) VIII, 365.
4) p. 45. ὥσπερ γὰρ οἰκίας μέρος (ἀνὴρ καὶ γυνή) — die eingeklammerten Worte sind, wie schon aus dem Singular μέρος hervorgeht, ein Glossem, das ausgeschieden werden muss.

Staatsgemeinde derselben straffen Zucht zu unterwerfen, bei den Männern ist er damit offenbar ans Ziel gekommen, bei den Weibern aber
hat er es verfehlt; denn deren Lebenswandel ist jeder Unzucht und
Üppigkeit hingegeben. Es ist unausbleiblich, dass in solchem Staate
dem Reichthum gehuldigt wird, zumal wenn die Weiber sich (nicht
bloss frei, sondern auch) als Herren fühlen, wie das in der Regel bei
streitbaren und kriegslustigen Stämmen eintritt, wenn man von den
Kelten absieht und denen die ausser ihnen der Knabenliebe den Vorzug (vor dem Frauendienst) einräumen. Sehr sinnreich hat der Erfinder der bekannten Sage den Ares mit der Aphrodite vermählt; all diese
Völker haben eine von zwei Leidenschaften, sie huldigen entweder den
Knaben oder den Weibern. Auch bei den Lakedämoniern trifft das zu
und zur Zeit ihrer Herrschaft haben die Weiber selbst auf die öffentlichen Dinge grossen Einfluss gehabt (wenn nicht unmittelbar, so doch
mittelbar); denn was verschlägt es in der Sache, ob die Weiber herrschen oder die Machthaber von ihnen beherrscht werden? das kommt
auf dasselbe hinaus.

    Zwei Dinge wirft Aristoteles hienach den Spartanerinnen vor: Unzucht des Wandels und Herrschsucht in Haus und Staat. Für beides
macht er den Gesetzgeber verantwortlich, weil er bei allen seinen Erfolgen über die Leidenschaften des stärkeren Geschlechts, das schwächre,
sei es aus Unbedacht, sei es aus Mangel an Thatkraft, aller Zügel entledigt habe. An der sachlichen Richtigkeit seiner Anklagen ist ein
Zweifel nicht zulässig. Zur Beurtheilung des mittelbaren Einflusses,
den die Spartanerinnen zur Zeit der Vorherrschaft Lakedämons — es
sind ohne Zweifel die zehn Jahre der Dekarchieen und Harmosten Lysanders 404—394 gemeint — auf die Politik geübt haben, fehlen uns
nähere Angaben, nicht aber fehlen Bestätigungen für die Thatsache
ihres anstössigen Wandels und ihrer Herrschaft im Hauswesen [1]).

    Spröde waren die Athener eben nicht in Fragen des sittlichen Anstandes, was die Männer anging, aber von den Weibern forderten sie
im Allgemeinen eine Sittsamkeit, die an klösterliche Strenge streifte,
und so fanden sie das Gebahren der Frauen und Jungfrauen in Lakedämon unausstehlich.

    Dieses Rennen und Turnen »mit blossen Schenkeln und fliegenden
Gewändern« verletzte ihr sittliches Gefühl und welcher Moderne kann sie
darum tadeln? Auch das war eine allgemein bekannte Thatsache, dass die
spartanische Frau Herrin im Hause war, ähnlich wie die Heroenfrauen

---

1) S. die Belege Athen und Hellas II, 65 ff.

im homerischen Zeitalter, dass sie von ihrem Mann, der im Lagerzelt lebte und am Staatstische ass und trank, als »Herrin« angeredet und behandelt wurde. Aber ein Irrthum ist es doch wohl, dass Aristoteles zu glauben scheint, wenn Lykurg auch die Weiber an die schwarze Suppe und den Kriegsdienst gewöhnt hätte, dann würde ihre Stellung in Haus und Staat von selber eine gesunde und heilsame geworden sein.

Der eigentliche Grund der unnatürlichen Stellung des weiblichen Geschlechts im spartanischen Staatswesen lag darin, dass die eiserne Lagerverfassung Lykurgs thatsächlich die Familie, das häusliche Leben, die elterliche Erziehung und damit das natürliche Arbeitsfeld des Weibes aufgehoben hatte[1]) und dieser Alles entscheidende Verlust eben durch kein einzelnes Gesetz, sondern nur durch den Sturz des ganzen Staatsbaus hätte wieder eingebracht werden können. O. Müller rühmt Lykurg nach, dass er das Haus nicht gänzlich dem Staate geopfert habe[2]), das ist richtig, insofern als er den Weibern nicht ebenso wie den Männern ihre Schlafstelle in den gemeinsamen Lagerzelten anwies. Aber von einem Familienleben kann darum doch nicht entfernt die Rede sein. Denn dazu gehört das Zusammenleben von Mann und Weib als Vater und Mutter und der spartanische Vollbürger war gesetzlich und thatsächlich aus der Familie verbannt: er lebte mit den Waffenbrüdern, speiste am Staatstisch, schlief in dem Lagerzelt, kam nur verstohlener Weise mit der Gattin zusammen und wurde ehrlos, wenn ihm als schlimmste aller Strafen die auferlegt wurde, zu Hause bei den Weibern zu bleiben. So fehlte dem spartanischen Hause das Haupt, der Familie die Einheit und damit dem Weibe die Heimat gemeinsamer Pflicht und gegenseitiger Veredlung.

Aber ersetzte nicht die Spartanerin durch Entfaltung männlicher Tugenden dem Staate, was ihr an edler Weiblichkeit gebrach? Nein, antwortet Aristoteles, und mindestens für seine Zeit liegt kein Anlass vor, zu zweifeln, dass er auf Grund wohlgeprüfter Ursachen spricht. »Die kecke Dreistigkeit von Weibern taugt nichts für das tägliche Leben; wenn sie überhaupt Werth hat, kann sie ihn nur für den Krieg haben, aber gerade darin haben sich die Spartanerinnen nicht bloss unnütz sondern höchst schädlich erwiesen. Sie haben das gezeigt beim Einfall der Thebaner; da haben sie nicht einmal so viel geleistet, als die Weiber in anderen Städten, sondern mehr Unruhe und Verwirrung angerichtet, als selbst der Feind«. Die Thatsache, auf welche hier an-

---

1) Athen und Hellas II, 64.
2) Dorier III, 4, 4.

gespielt wird, ist auch anderweitig wohl bezeugt. Sie muss grosses
Aufsehen gemacht haben. Selbst der Philolakone Xenophon meldet,
bei jenem Anlass hätten die Spartanerinnen nicht einmal den Anblick
des Rauches ertragen können, der vom feindlichen Lager aufstieg, und
Plutarch im Leben des Agesilaos sagt damit übereinstimmend, der Lärm
der Feinde, das Leuchten ihrer Lagerfeuer habe die Weiber geradezu
um die Besinnung gebracht [1].

Es war allerdings eine schwere Zumuthung für die Spartanerinnen,
nicht zu erschrecken, als, so lange Sparta stand, der erste auswärtige
Feind die arkadischen Pässe, die Burgthore Lakedämons, durchschritten
hatte; allein es war zu oft und zu ruhmredig von ihrer sprichwörtlichen
Todesverachtung, ihrem männlichen Heldenmuth in Hellas die Rede
gewesen, als dass nicht dieser schlagende Erweis des Gegentheils mit
einer gewissen Schadenfreude hätte verzeichnet werden müssen. Wo
war denn diese ausnahmsweise Tüchtigkeit der spartanischen Frauen
überhaupt bisher thatsächlich erprobt worden?

An den Spielen der Knaben nahmen die Jungfrauen Theil, an dem
Ernste des Kriegerlebens nicht; in Worten gaben die Frauen ihre
Verachtung der Gefahr, ihren Abscheu vor unmännlicher Feigheit
kund. Thaten, die den Worten entsprachen, hatte man bisher nicht
gesehen, weil der Feind noch nie in die Nähe der Stadt gekommen
war, um zu erproben, ob sie wirklich, wie so oft geprahlt worden war,
in dem Muthe ihrer Vertheidiger und Vertheidigerinnen ein Bollwerk besitze, das noch unbesiegbarer sei als Mauern von Stein. Jetzt zum ersten
Male erschien die Prüfung und sie ward nicht bestanden, es zeigte sich,
dass die Spartanerinnen keineswegs erhaben seien über eine gewisse
Empfindung, deren sich ganz zu entschlagen, bekanntlich keinem Sterblichen gegeben ist, dass die Weiber hier seien, wie anderwärts auch, und
in einem Fall besonders grossen Unglücks sogar noch zaghafter als
sonst in Hellas. Ich sehe nicht ein, warum wir Anstand nehmen sollen
ein Bekenntniss anzunehmen, das Aristoteles, Xenophon und der Gewährsmann Plutarchs übereinstimmend ablegen. Ottfried Müller, der in
Sparta nur Schönes und Wohlthuendes entdeckt, ist tief dadurch ver-
letzt, er meint, man hätte von den spartanischen Weibern nicht verlan-

[1] Der Ausdruck des Aristoteles: θόρυβον παρεῖχον πλείω τῶν πολεμίων p. 16, 6
ist noch mild im Vergleich mit den Worten Xenophons Hellen. VI, 5, 28 τῶν δ᾽ ἐκ
τῆς πόλεως αἱ μὲν γυναῖκες οὐδὲ τὸν καπνὸν ὁρῶσαι ἠνείχοντο ἅτε οὐδέποτε ἰδοῦσαι πολεμίους. Plut. Ages. 30: καὶ τῶν γυναικῶν οὐ δυναμένων ἡσυχάζειν, ἀλλὰ παντάπασιν ἐκ-
φρόνων οὐσῶν πρός τε τὴν κραυγήν, καὶ τὸ πῦρ τῶν πολεμίων. S. Schneider zu d. Stelle
S. 123.

gen können, dass sie »dem Staate wesentlich nützten«, das habe »ausser
ihrer Bestimmung gelegen«. Gewiss richtig. Aber wenn man nicht
verlangen durfte, dass ihren anerkannten Untugenden ausnahmsweise
dem Staat nützliche Tugenden entsprächen, womit waren dann die Ansprüche auf den Ruf besondrer Auszeichnung, hervorragender Tüchtigkeit überhaupt zu begründen? Die nachfolgende Zeit, sagt O. Müller
habe Aristoteles »genugsam widerlegt«, die letzten Tage Lakedämons
seien »durch Frauentugend mit wunderbarem Glanz erhellt«. Die Frauentugend, welche den Reformplanen des Agis und Kleomenes hochherzig
zur Seite stand, wird Niemand gering achten wollen, aber eine Thatsache, die im vierten Jahrhundert durch Zeitgenossen unwidersprechlich bezeugt ist, wird dadurch nicht widerlegt und ein allgemeiner Satz
über den Geist der spartanischen Frauenwelt durch eine Ausnahme nicht
umgestossen.

In der Entfremdung der Geschlechter sieht auch Aristoteles ein
Moment, das die Ausgelassenheit der Weiber erklärt. »Jahrelang,
sagt er, tummelten sich die Lakedämonier auf Feldzügen ausserhalb der Heimat in der Fremde umher, sie schlugen sich gegen die
Argeier, die Arkader, die Messenier; als sie mit Eintritt der Waffen-
ruhe sich dem Gesetzgeber fügten, da waren sie schon durch die
Gewohnheit des Kriegerlebens — das schon viele Bestandtheile der
echten Tugend enthält — vorgebildet; nicht so die Weiber. Als, wie
man sagt, Lykurg auch sie seiner Zucht unterwerfen wollte, da stemm-
ten sie sich mit Gewalt dagegen und der liess von seinem Beginnen
ab«. Diese Worte sind, wie wir schon oben bemerkt haben[1]) von Wichtigkeit für die Ansicht, welche Aristoteles über die Entstehung des
Lagerstaates mit seiner eisernen Heerverfassung hat. In einer vieljährigen Kriegszeit, in einem langen ununterbrochenen Waffendienst sieht
er die unerlässliche Vorarbeit der Gesetzgebung Lykurgs; ohne diesen
Vorschub würden die Lakedämonier sich gegen die harten Zumuthun-
gen Lykurgs wahrscheinlich ebenso aufgebäumt haben, wie das ihre
besseren Hälften nach der Sage wirklich gethan haben sollen; dass
ihnen die Ungebundenheit des Wandels im Hause und ausser dem
Hause so sehr ans Herz gewachsen, das sieht er in der Thatsache begründet, dass sie eben jener strengen Schule der Pflicht und der Noth
entbehrten, durch welche ihre Männer hindurchgegangen waren.

1) S. 246.

Die Ungleichheit des Besitzes.

»Die Uebelstände in den Verhältnissen der Weiber bringen nun
nicht bloss eine Verderbniss des Geistes der Bürgerschaft mit sich,
sie tragen auch zum Umsichgreifen einer gemeinschädlichen Habsucht
bei. Nächst den eben gerügten Schäden ist nämlich die schreiende U n-
gleichheit des Besitzes hervorzuheben. Dem einen Theil der
Bürgerschaft ist ein gar zu grosses, dem anderen ein gar zu kleines
Mass an Vermögen zugefallen und so ist es gekommen, dass der Grund
und Boden in die Hände Weniger übergegangen ist. Dieser Punkt ist
gleich von Hause aus durch die Gesetze in eine falsche Bahn gebracht
worden. Richtig hat der Gesetzgeber gehandelt, indem er für anstössig
erklärte [1], ein väterliches Gut zu kaufen oder zu verkaufen, aber unrichtig, indem er daneben erlaubte, es beliebig zu verschenken und zu
vererben; denn auf dem letzten Wege wird ganz dasselbe geschehen,
(was durch jenes Verbot gehindert werden sollte). So befinden sich
denn auch nahezu 2/5 sämmtlichen Grundeigenthums in den Händen von
Weibern, es sind viele Erbtöchter da und grosse Mitgiften. Und doch
wäre besser gewesen, sie wenn nicht ganz aufzuheben, so doch auf ein
geringes oder mittleres Mass einzuschränken. Statt dessen ist erlaubt,
die Erbtochter sammt der Mitgift zu geben wem Einer will, und stirbt
Einer ohne letzte Verfügung, so geht seine Verlassenschaft an den Leibeserben und der kann sie wieder weiter geben an wen er will. Die
Folge war (eine Verarmung und Entvölkerung der Art), dass ein Land,
das einst 1500 Reiter und 30,000 Hopliten zu ernähren im Stande war,
schliesslich nur 1000 (Vollbürger) noch zählte. Der Lauf der Dinge
selber hat gezeigt, dass diese Besitzordnung schlecht war; denn ein
einziger Streich hat den Staat umgestürzt, an Entvölkerung ist er zu
Grunde gegangen. Zwar wird gemeldet, unter den Königen der früheren Zeit sei das Bürgerrecht häufig an Fremde vergeben worden, so
dass damals trotz der vieljährigen Kriege keine Verminderung der Bevölkerungszahl eingetreten sei und der Spartiaten seien es damals 10,000
gewesen; das mag richtig sein oder nicht, besser ist es immer, wenn
ein Staat bei vollkommener Gleichheit des Besitzes an Bevölkerung
reich ist. Einem solchen Ziel aber steht auch das Gesetz über Kinder-
erzeugung im Wege. In der Absicht nämlich möglichst viel Spartiaten
zu erzielen, geht der Gesetzgeber darauf aus, den Ehen der Bürger die

---

[1] p. 46, 27 : ἐποίησεν οὐ καλόν; ein strenges gesetzliches Verbot ist das auch
nicht einmal.

möglichste Fruchtbarkeit zu geben; es besteht bei ihnen das Gesetz, dass, wer den Staat mit drei Söhnen beschenkt habe, vom Kriegsdienst, wer aber vier erzeugt hat, von allen Lasten frei sei. Und doch ist handgreiflich, dass wenn die Zahl der Geburten gross ist, bei solcher Vertheilung der Güter nothwendig sehr viel Armuth entstehen muss.

Vorstehende Stelle ist die Verzweiflung aller derer, die an das Märchen von einem lykurgischen Gesetze über Gütergleichheit glauben. Wie alle älteren Berichterstatter weiss Aristoteles von diesem erst im dritten Jahrhundert entdeckten Verdienste Lykurgs kein Wort. Dass es in Sparta überhaupt jemals Gütergleichheit gegeben, glaubt Aristoteles offenbar nicht, dass ein Gesetz darüber bestanden habe, dessen Nichtbefolgung beklagt werden müsste, weiss er auch nicht zu melden, an einer anderen Stelle wird unter den Staaten, in denen Veräusserung oder Vergrösserung des Erbgutes durch Ankauf gesetzlich verboten ist, Sparta gar nicht genannt[1], dass aber Lykurg's Massregeln der Gründung oder Befestigung einer Gütergleichheit geradezu zuwiderlaufend gewesen seien, wird ausdrücklich nachgewiesen und auch von dem räthselhaften Ephoren Epitadeus, dem die Quellen des Plutarch'schen Agis die Zerstörung der lykurgischen Besitzordnung zuschreiben, verlautet nicht eine Silbe[2].

Die Erfindung spätlakonischer Romantik wird also durch Aristoteles nicht nur nicht bestätigt, sie begegnet sogar seinem ausdrücklichen, unzweideutigen Widerspruch; dieser mit dem Schweigen der älteren Quellen über ein solches Gesetz und ihren schlagenden Angaben über einen thatsächlichen Zustand, der ein solches ausschliesst, zusammengenommen, vollendet die Widerlegung des ganzen Mythos.

Für die Angaben des Aristoteles, über die Herrschsucht der reichen, hochmögenden Spartanerinnen fehlt es dagegen aus spätrer Zeit durchaus nicht an Bestätigung. Eben aus jenen Tagen, welche »durch

---

1) p. 37, 24 ff. In Sparta ist das bloss οὐ καλόν.

2) Ueber ihn sagt Plut. Agis 5, 1 er sei ein ἀνὴρ δυνατός, αὐθάδης δὲ καὶ χαλεπὸς τὸν τρόπον gewesen und habe um seinen Sohn enterben zu können, die Rhetra gemacht, ἐξεῖναι τὸν οἶκον αὐτοῦ καὶ τὸν κλῆρον ᾧ τις ἐθέλοι καὶ ζῶντα δοῦναι καὶ καταλιπεῖν διατιθέμενον; er habe also das Recht eingeführt, die natürlichen Leibeserben von der Erbfolge auszuschliessen. Lachmann (Geschichte der spart. Staatsverf. S. 300) meint, Aristoteles habe dies Gesetz im Auge gehabt, und wird offenbar durch die Worte νῦν δ' ἔξεστι — p. 47, 1 ff. dazu veranlasst. Aus dem Zusammenhange der vorhergehenden Sätze ergibt sich aber, dass hier Arist. ausschliesslich von Lykurg spricht, von dem es p. 46, 27 heisst: διδόναι δὲ καὶ καταλείπειν ἐξουσίαν ἔδωκε τοῖς βουλομένοις. Vielleicht galt das lykurgische Gesetz nur in den Fällen, wo keine leiblichen Kinder da waren und Epitadeus hätte dann diese Einschränkung entfernt. Aristoteles sagt jedenfalls davon nichts.

Frauentugend mit wunderssamem Glanz erhellt werden, wie O. Müller
sagt, liegt ein Zeugniss der Quellen des Plutarch über den Geist der
Frauenwelt Lakedämons vor, wie es in schlagenderer Uebereinstimmung mit Aristoteles gar nicht gedacht werden kann.

Danach stehen die Spartanerinnen dem neuen Lykurg noch mit
denselben Gesinnungen gegenüber, wie die waren, die ihnen die Sage
gegen den alten Lykurg zuschreibt; ein Unterschied lag nur darin, dass
die damals arm waren, jetzt sich grosser Reichthümer erfreuen und wissen, dass ihnen gegenüber die Männer im Haus und im Staate seit lange
abgedankt haben.

Die wichtigste Vorarbeit der königlichen Frauen Agesistrata und
Archidamia ist die, ihre einflussreichen Mitschwestern zu bearbeiten,
denn sie wissen, »dass die Lakedämonier zu jeder Zeit ihren Frauen
unterthan und gewohnt sind, diesen auf die Staatsgeschäfte noch
grösseren Einfluss einzuräumen, als selbst auf die häuslichen. Der
grösste Theil der Reichthümer in Sparta war nämlich, erläutert Plutarch, in den Händen der Weiber und das machte Agis sein Unternehmen so schwer und dornenvoll.

Sie widersetzten sich ihm nicht bloss, um den in ihrer Sinnesge-
meinheit gepriesenen Luxus zu retten, sondern auch weil sie das Mass
von Macht und Einfluss beschnitten sahen, das ihnen aus ihrem Reichthum erwuchs[1].

Und so ist denn auch an ihnen zum guten Theil das ganze kühne
Wagniss gescheitert.

Noch ein Wort über die zehrende Krankheit, der der spartanische Herrenstand erlegen ist. In den Zahlenangaben des Aristoteles
vermissen wir eine nothwendige Unterscheidung, die zwischen der
Gesammtbevölkerung des Landes und der Zahl der aktiven Vollbürger. Die 31,500 Bewaffneten zu Fuss und zu Ross, welche nach Aristoteles das Land ernähren könnte, würden eine mindestens vierfache
Gesammtbevölkerung an Freien, also 126,000 Köpfe voraussetzen;
dabei kann natürlich nicht ausschliesslich an wirkliche Spartiaten
gedacht sein, denn die Angabe, dass es deren in sehr alter Zeit durch
Aufnahme vieler Fremden einmal 10,000 (Hopliten, was wieder auf

---

1) Agis 7: — ὅτι δὴ Λακεδαιμονίους ἐπιστραμένας κατηκόους ὄντας δεῖ τῶν γυναικῶν
καὶ πλείον ἐκείναις τῶν δημοσίων ἢ τῶν ἰδίων αὐτοῖς πολυπραγμονεῖν διδόντας. Ἦν δὲ τότε
τῶν Λακωνικῶν πλούτων ἐν ταῖς γυναιξὶ τὸ πλεῖστον καὶ τοῦτο τὴν πρᾶξιν τῷ Ἄγιδι δύσπο-
ρον καὶ χαλεπὴν ἐποίησεν. Ἀντέστησαν γάρ αἱ γυναῖκες οὐ μόνον τρυφῆς ἐκπιπτουσαι δ'
ἀπειροκαλίαν εὐδαιμονιζομένης, ἀλλά καὶ τιμὴν καὶ δύναμιν, ἣν ἐκ τοῦ πλουτεῖν ἐκαρποῦντο, περικοπτομένην αὐτῶν ὁρῶσαι.

40,000 Köpfe führen würde) gegeben habe, ist Aristoteles nichts
weniger als unzweifelhaft. Dagegen ist die Ziffer 1000 (Hopliten),
welche angegeben wird, um ein ausserordentliches Missverhältniss zwischen der Fruchtbarkeit des Landes und der Zahl seiner Bewohner an-
zuzeigen, offenbar nicht von der gesammten, sondern nur von der spartanischen Bevölkerung gemeint und darum kann, aus der hier beliebten
Gegenüberstellung der beiden Ziffern nicht eben viel gefolgert werden.
Auch bei dem Tadel, der Lykurgs Massregeln in der Bevölkerungskunst
trifft, ist dieser Unterschied wenig oder gar nicht berücksichtigt, wohl
ein Beweis dafür, dass bei den mächtigen Fortschritten, welche die innere Auflösung des vollberechtigten Herrenstandes machte, die öffentliche Meinung mehr und mehr anfing dort nur noch ein Volk zu sehen,
wo man bisher ein Geschiebe von Kasten gesehen hatte. Und wenn man
auf die Heere blickte, deren Kern schon lange aus Periöken und freigelas-
senen Heloten, den Neodamoden, bestand, so hatte das ja auch sehr viel
Richtiges; was daneben noch an wesentlichen Unterschieden blieb, das
hing weniger an der Abstammung, als an dem Besitz; die grosse Zahl
der verarmten Spartiaten war wo möglich noch übler dran als die Heloten.
Die Herrschaft der Dorer in Lakonien war ursprünglich die einer
bewaffneten Minderheit über eine entwaffnete Mehrheit; die wichtigste
Aufgabe der Gesetzgebung und der inneren Politik war, den Stamm
des herrschenden Volks so zu erhalten, dass er weder durch Aussterben
noch durch Verarmung von Familien an seinem Bestande verlor. Zahl
und Besitz der Familien mussten im ungestörten Gleichgewicht bleiben.
Dies Gleichgewicht zu erhalten, sagt Aristoteles, ist Lykurg nicht gelungen und zwar desshalb, weil er nicht für unveränderliche Gleichheit.
der Landloose Sorge getragen, ihr Zusammenlegen durch Kauf und Vererbung nicht gehindert hat.
Hier liegt wieder einer der Punkte vor, wo moderne und antike
Ansichten über das Vermögen menschlicher Gesetzgebung weit aus-
einandergehen. So steht es für uns fest, dass wie eine Familie, die nur
unter sich beirathet, ebenso ein Stamm oder Stand, der kein fri-
sches Blut von Aussen in sich aufnimmt, durch keine Macht der Erde
vor dem Schicksal des Aussterbens bewahrt werden kann. Hienach
war das richtige Mittel, die spartanische Bürgerschaft auf die Gefahr
der Einbusse ihrer nationalen Reinheit bei frischem Leben zu erhalten,
von jenen Königen gefunden worden, die nach der Sage die Lücken
der Altbürger durch Aufnahme von Neubürgern ergänzten[1]). Und der

1) S. Schneider z. d. St.

Wirksamkeit dieses Mittels gegenüber fiel gar nicht ins Gewicht, was
Lykurg that, wenn er auf die Erzeugung von 3—4 Kindern[1]) einen
Preis setzte, der durch seine Beschaffenheit den üblen Schein erweckte,
als habe Sparta für hervorragende Verdienste um den Staat keinen besseren Lohn als die Befreiung von der ehrenvollen P f l i c h t dieses Staates.
Das Eigenthümliche in der socialen Krankheit dieses Staates war ja
eben, dass die Ungleichheit des Besitzes, die bekanntlich so alt ist, als
der Besitz selbst, hier nicht wie sonst im Gefolge der U e b e r v ö l k e -
r u n g, sondern ihres Gegentheils, der E n t v ö l k e r u n g um sich griff.

Die Anhäufung der Landloose in den Händen der Erbtöchter führt
Aristoteles auf den Mangel an gesetzlichen Bestimmungen zurück,
welche die Freiheit der Schenkung und der letztwilligen Verfügung
aufgehoben hätten. Dass es an solchen — übrigens unnatürlichen —
Verboten seit alter Zeit in Sparta wirklich gefehlt habe, müssen wir
doch wohl dem Zeugniss des Aristoteles glauben, denn es gibt keine
ältere Quellenstelle, die dem widerspräche, und darum kann dem Gesetze
des Epitadeus nicht wohl die ungeheure Wirkung zugeschrieben werden, die ihm gemeiniglich schuld gegeben wird. Nur scheint zu Lykurgs Zeiten die Zahl der a r m e n Erbtöchter, denen es schwer wurde
einen Mann zu erhalten, grösser gewesen zu sein, als die der r e i c h e n,
denn Aelian und Justin, zwei freilich sehr wenig zuverlässige Berichterstatter, wissen von einem lykurgischen Gesetze zu melden, welches
wohlmeinend bestimmte, dass die Jungfrauen auch ohne Mitgift
Ehemänner finden sollten[2]), ein Gesetz, von dem Perizonius scharfsin-
nig bemerkt, es müsse umgangen worden sein, ganz ebenso wie die lex
Voconia in Rom, welche bestimmte, dass die Weiber nicht vom Vater
erben sollten.

Auf alle Fälle lag der eigentliche Grund des Uebels, dem Sparta
nach einer übrigens sehr achtbaren Lebensdauer erlegen ist, nicht an
dem Reichthum einzelner Frauen, sondern an dem A u s s t e r b e n
d e r M ä n n e r w e l t, die durch Kriege, Sterbefall gelichtet und der lediglich kein Ersatz zugeführt wurde.

Das Alles aber floss mit elementarer Nothwendigkeit aus der nationalen A u s s c h l i e s s l i c h k e i t, in der sich das Dorerthum in Lakonien entwickelt, und ohne die es dasselbe Schicksal gehabt haben
würde wie seine Stammeszweige in der übrigen Peloponnes. In dem
Existenzkrieg zwischen den eingewanderten Dorern und den seit alter

---

1) Natürlich sind Söhne gemeint Ael. V. hist. VI, 6.
2) Ael. V. H. VI, 6. — ἄπροικος γαμεῖν. Just. III, 3. virgines sine dote nubere
iussit, ut uxores eligerentur, non pecuniae.

Zeit auf der Halbinsel seszhaften Achäern gab es für die ersteren nur
e i n e W a h l: entweder unaufhörliche Fortdauer des ersten Kampfes
oder Untergang durch Verschmelzung mit den alten Herren des Landes. Rings um Sparta her ist das Letztere geschehen, in Sparta allein
geschah das Erstere, aber es gelang auch nur durch eine Gestaltung
des gesammten Lebens, die auf das Gebot rücksichtsloser Nothwehr
gebaut, durch Gesetz und Verwaltung im Frieden vervollständigte,
was durch Waffengewalt im Kriege erfochten war. Wenn ein Gesetzgeber des Namens Lykurg sich um diesen Staat das Verdienst einer
grossen organisatorischen That erworben, dann konnte es eben nur
dariu liegen, dass er den Panzer der Selbsterhaltung undurchdringlich
festgeschmiedet und gerade von ihm waren darum Massregeln am wenigsten zu erwarten, welche das Lebensgesetz des Staates, die Behauptung seiner nationalen Ausschliesslichkeit, aufgehoben haben würden [1].
Ein solches System hatte iu sich seine Grösse wie sein Verhängniss;
jene stammte wie dieses aus demselben geschichtlichen Naturgesetz;
mit einzelnen gesetzlichen Bestimmungeu war jene nicht erreicht worden, war diesem nicht zu entrinnen. Alles in Allem hiess es auch von
den Spartanern: sint ut sunt aut non sint.

5.
Die politischen Schäden der lakedämonischen Verfassung.

Die Ephorie.

»Auch um die Ephorie ist es übel bestellt; diese Behörde entscheidet selbständig über die wichtigsten Angelegenheiten, besetzt aber
wird sie durch Wahl aus dem ganzen Volke, so dass dann oft ganz
arme Leute in die Regierung hineingeshneit kommen, die um ihrer
Dürftigkeit willen der Bestechung zugänglich sind [2], das ist früher

---

1) Auch Plutarch fasst das so auf. Solon c. 22 sagt er: Τῷ μὲν Λυκούργῳ καὶ
πόλιν οἰκοῦσαν καθαρὰν ὄχλου ξενικοῦ καὶ χώραν κεκτημένῳ πολλοῖς πολλήν,
δὶς τοσοῦσδε πλείονα κατ' Εὐριπίδην, καὶ τὸ μέγιστον, εἰλωτικοῦ πλήθους, ὃ βέλτιον
ἦν μὴ σχολάζειν ἀλλὰ τρειβόμενον ἀεὶ καὶ πονοῦν ταπεινοῦσθαι, κεκαττυμένου τῇ Λακεδαίμονι, καλῶς εἶχεν ἀσχολίαν ἐκπέμπων καὶ βαναύσων ἀπελλάξαντα τοὺς πολίτας συνέ-
χειν ἐν τοῖς ὅπλοις, μίαν τέχνην ταύτην ἐκμανθάνοντας καὶ ἀσκοῦντας.

2) p. 17, 23. γίνονται δ' ἐκ τοῦ δήμου παντός (statt πάντες mit Sauppe), ὥστε πολ-

schon bei verschiedenen Gelegenheiten zu Tage getreten und jetzt wieder in einem ausgezeichneten Falle [1]; mit Geld erkauft haben Einige darunter was in ihren Kräften stand gethan, den Staat zu Grunde zu richten. Vermöge der allzu grossen tyrannieähnlichen Macht dieser Behörde sind selbst die Könige genöthigt worden, Demagogie zu treiben [2] und davon hat der Staat den Schaden mit erlitten; denn aus Aristokratie ist Demokratie geworden. Man muss anerkennen, dass dieses Amt den Staat recht eigentlich zusammenhält. Der Demos bleibt hauptsächlich desshalb in Ruhe, weil er (durch den Zutritt zu dieser Stelle) an der höchsten Gewalt Antheil hat, und darin liegt ein Vortheil für die Verhältnisse des Staates, mag es nun durch den Gesetzgeber so verordnet oder durch den Lauf der Dinge so gekommen sein. Denn für das Gedeihen eines Staates ist es durchaus erforderlich, dass alle seine Bestandtheile sich in dem Wunsche vereinigen, er möge sein und bleiben wie er ist [3]. Solchen Sinnes sind die Könige vermöge der geehrten Stellung, deren sie sich erfreuen, nicht minder die Auslese der Bürgerschaft vermöge der Gerusie, denn die ist der Preis der Bürgertugend und selbst der Demos wegen der Ephorie, denn Alle haben Zutritt zu ihr. Die Art der Wahl freilich sollte, bei aller Entfernung von Ausschliesslichkeit, doch nicht so stattfinden, wie sie wirklich vorgenommen wird; denn die ist gar zu kindisch. Auch das ist ein Missstand, dass diese Behörde, in die der erste Beste hineingerathen kann, die wichtigsten gerichtlichen Entscheidungen vornehmen kann, in denen es immer schlimm ist, wenn nicht nach allgemein giltigen Gesetzen und

---

λέαις ἐμπίστουσιν ἄνθρωποι σφόδρα πένητες αἷς τὸ ἀρχεῖον, οἱ διὰ τὴν ἀπορίαν ἄνοι ἦσαν (Schneider schlägt vor: ἂν εἶησαν). Für die Sauppe'sche Verbesserung lässt sich anführen das weiter unten p. 48, 8 stehende καθίστανται (ᾗ ἐφορεία) ἐξ ἁπάντων.

1) p. 47, 26. ἐν τοῖς Ἀνδρίοις wie die einen oder ἀνδρείοις, wie die andern Herausgeber schreiben, bietet ein bis jetzt ungelöstes Räthsel.

2) — 29. δημαγωγεῖν αὐτοὺς ἠναγκάζοντο geben die Handschriften. Man erklärt »ihnen (den Ephoren) auf Demagogenart zu schmeicheln«. Zwei Könige schmeicheln fünf Ephoren: das würde doch kaum ausreichen, um den Satz δημοκρατίαν γὰρ ἐξ ἀριστοκρατίας συνέβαινεν zu rechtfertigen. Andere, wenn gemeint wäre, gegen die Tyrannis der Ephoren senden die Könige häufig kein Gegengewicht, es sei denn dass sie sich mittelst demagogischer Künste auf die Masse stützten. Man denke z. B. an Pausanias' Umtriebe mit den Heloten. Thuc. I, 132. Ich glaube desshalb dass αὐτοὺς als eine Glosse zu streichen ist. Wenn mit den Ephoren, die aus dem Volke stammen, die Könige wetteifern um die Gunst der Masse, dann kann von einer Art δημοκρατία gesprochen werden.

3) p. 48, 4. εἰ γὰρ τὴν πολιτείαν τὴν μέλλουσαν σώζεσθαι πάντα βούλεσθαι τὰ μέρη τῆς πόλεως εἶναι καὶ διαμένειν τὴν αὐτὴν (so müssen wir der Construction wegen mit Schneider und Bojesen statt des ταὐτὰ der Handschriften lesen, wenn wir das letztre nicht überhaupt streichen).

bindenden Vorschriften, sondern rein nach eignem Belieben abgeurtheilt wird. Auch der Lebenswandel der Ephoren stimmt nicht zu dem Geist und Sinn der Staatsverfassung; sie erfreuen sich einer masslosen Ungebundenheit, während die Zucht für die Uebrigen so streng ist, dass sie es nicht aushalten, sondern heimlich dem Gesetze entschlüpfen, um verstohlenem Sinnengenuss nachzugehen.« Die Ephorie verlohnt wohl ein längeres Verweilen.

Zur Zeit, da Aristoteles ihre Schäden rügte, war sie die Inhaberin aller realen Macht des spartanischen Staates geworden, die einzige wirkliche Gewalt mitten unter lauter Schattengewalten. Von der Geschichte dieses merkwürdigen Instituts, so dunkel sie sonst ist, steht das Eine fest, dass sie erzählt von einem Aufsteigen aus bescheidenen Anfängen zu glänzender Machtvollkommenheit, wie es in der alten Geschichte ohne Beispiel ist. Aus einer Behörde von Marktrichtern ist im Laufe der Jahrhunderte ein regierendes Collegium geworden, dessen Machtbefugnisse keine Grenze kannten, dessen schrankenlose Allgewalt die ganze Bevölkerung von den Königen an bis zum letzten Heloten hinunter mit gleicher Schwere am eignen Leibe empfand. Selbst der Entwicklungsgang des römischen Tribunats lässt sich damit nicht vergleichen. Wohl bestand kein geringer Unterschied zwischen den Tagen, da die Tribunen als Anwälte derer, die keinen Anwalt hatten, vor der Thür der Curie auf ihrem Schemel sassen, um den Verhandlungen der hochmüthigen Patricier zuzuhorchen und den Tagen, wo der vornehme Römer Plebejer wurde, um als Tribun sich der Regierung furchtbar zu machen. Dies Tribunat war ein Geschöpf der Revolution, lebte von ihren Zuckungen und ging mit ihr unter. Die Ephorie aber, als politische Behörde, gewiss auch aus einer revolutionären Bewegung horvorgegangen, ist, einmal in Amt und Würden, das Bollwerk des starrsten Beharrens und trotz der furchtbar gesetzlosen Gewaltthätigkeit ihrer Mittel das eigentliche Bollwerk der Unveränderlichkeit des spartanischen Staatswesens.

Solch ein Institut trägt die zuverlässigsten Urkunden über seine Geschichte in den Zuständen, in welchen sie die Zeit der geschichtlichen Aufzeichnung antrifft. Die Wiederherstellung von Thatsachen, über welche es gleichzeitige Zeugnisse nicht gibt noch geben kann, ist nur möglich durch Rückschlüsse aus beglaubigten Thatsachen, in denen die Vorgeschichte derselben fortlebt, und die um so sicherer zurückleiten, je mehr man ihnen ansieht, dass sie in der Zeit, in welcher sie fixirt wurden, kaum mehr verstanden worden sind.

Von den Zuständen der Ephorie in geschichtlicher Zeit und den

Resten hohen Alters, die ihnen ankleben, wollen auch wir ausgehen,
um den Weg in ihre Vergangenheit zurückzufinden.

Von besondrer Wichtigkeit sind hier drei Angaben des Aristoteles,
von denen zwei durch Plutarch aufbewahrt werden, dann eine bei Xenophon und eine bei Plutarch, die wahrscheinlich aus Phylarch ge-
flossen ist.

Noch in der Zeit des Aristoteles haben die Ephoren neben ihren
umfassenden Regierungsgeschäften die Gerichtsbarkeit in Civil-
sachen unter sich getheilt, während die Gerusie die peinlichen
Fälle entscheidet [1]. Hierin, in der Richterbefugniss liegt die Wurzel
ihrer Macht; in ihr lebt die Vorzeit der Ämter unzerstörbar fort.

Ferner hat Aristoteles, an einer uns nicht näher bekannten Stelle
von der Kryptie, d. h. dem Helotenkrieg im Frieden, ausführlicher gehandelt und, ohne Zweifel in demselben Zusammenhang, mitgetheilt:
»die Ephoren kündigen bei ihrem Amtsantritt den Heloten den Krieg an, auf dass das Blutvergiessen vom
Fluche frei sei« [2]. Dazu fügt Plutarch nach demselben Quelle, einen
Bestandtheil des Programms hinzu, welches die Ephoren bei ihrem
Amtsantritt an alle Bürger erliessen: »Scheeret den Schnurr-
bart und seid den Gesetzen unterthan« [3]. Und dass dies Gebot mit blutigem Ernste gemeint war, das deutet der Tempel der
Furcht an, der unmittelbar neben dem Syssition der Ephoren stand [4].
Auf dem Marktplatz zu Athen stand ein Tempel der Barmherzigkeit [5],
neben dem Regierungsgebäude Spartas ein Tempel der Furcht und der
drohte nicht den rechtlosen Heloten allein, auch den Bürgern und selbst
den Königen.

Noch zu Xenophon's Zeit und ohne Zweifel auch viel später lei-
sten Ephoren und Könige jeden Monat einander denselben Eid, die
Ephoren im Namen der Bürgerschaft, jeder König in seinem eigenen
Namen. Der König schwur, er wolle gemäss den bestehenden Ge-

---

1) Polit. p. 00, 10. οἷον ἐν Λακεδαίμονι τὰς τῶν ξυμβολαίων δικάζει τῶν ἐφόρων
ἄλλος ἄλλας, οἱ δὲ γέροντες τὰς δὲ φονικάς.

2) Plut. Lycurg. 28: Ἀριστοτέλης δὲ μάλιστά φησι καὶ τοὺς ἐφόρους ὅταν εἰς τὴν ἀρχὴν καταστῶσι πρῶτον τοῖς εἵλωσι καταγγέλλειν πόλεμον, ὅπως εὐαγὲς ᾖ τὸ ἀνελεῖν. (Der
Euphemismus dasselb scheint, da er in demselben Zusammenhang auch bei Thukydides vorkommt, für den Helotenmord stehend gewesen zu sein).

3) Cleomenes 9 : Διὰ καὶ προσήγορευον οἱ ἔφοροι τοῖς πολίταις εἰς τὴν ἀρχὴν εἰσιόν-
τας, ὡς Ἀριστοτέλης φησί, κείρεσθαι τὸν μύστακα καὶ προσέχειν τοῖς νόμοις

4) Plut. lb. : Διὰ καὶ παρὰ τὸ τῶν ἐφόρων συσσίτιον τὸν φόβον ἱδρῦνται Λακεδαιμόνιοι,
μοναρχίας ἐγγύτατα κατεσκευασμένοι τὸ ἀρχεῖον.

5) Pausan. I, 17, 1.

setzen des Staates regieren. Die Ephoren schwuren für die Bürgerschaft, sie wollten ihm seine Königswürde unerschüttert erhalten, wenn er seinem Eide treu bleibe[1]. Dieser Eidesaustausch sagt viel. Die jeden Monat wiederholte Betheuerung, in den nächsten 4 Wochen ganz gewiss nicht meineidig werden zu wollen, würde uns nur ein neuer Beweis sein für die geringe Zweckmässigkeit politischer Eide; sie kann nicht wunder nehmen bei einem Volk, dessen Väter in Odysseus, ihrem Nationalhelden, unter anderen Tugenden auch die Meisterschaft »in Lüge und Meineid« zu rühmen fanden. Wichtiger ist das Rechtsverhältniss, das sich aus dem Inhalt der beiden Eide ergibt. Die Könige schwören Gehorsam gegen die Gesetze ohne Bedingung und Vorbehalt, die Ephoren schwören im Namen der Bürger Gehorsam den Königen, wenn sie nicht meineidig werden, sie versprechen, keine Revolution zu machen, wenn die Könige ihre Pflicht thun; darüber, ob und wann ein solcher Fall vorliegt, entscheiden lediglich sie selbst. Kurz, sie sprechen im Namen der wirklichen Macht zu Beamten, die den Titel Könige führen und denen Würde und Gehorsam gekündigt werden kann. Sie sagen gewissermassen, wie die aragonischen Stände im Huldigungseid zu ihrem König: »Wir die wir ebensoviel werth sind als du machen dich zu unserem König und Herrn, unter der Bedingung, dass du unsere Rechte und Freiheiten achtest und schützest: wenn du aber nicht, wir auch nicht.«

Aber nicht bloss im Namen des Volkes, auch im Namen der Götter sprechen und handeln die Ephoren. »Alle neun Jahre, erzählt Plutarch im Leben des Agis, wohl nach Phylarchos, wählen die Ephoren eine klare, mondlose Nacht und setzen sich schweigend nieder, die Blicke nach dem Himmel gerichtet. Wenn nun zwischen zwei bestimmten Punkten ein Stern vorüberjagt, dann richten sie die Könige wegen Versündigung an der Gottheit und entsetzen sie ihres Thrones, bis von Delphi oder Olympia ein Spruch anlangt, der den schuldig gesprochenen Königen zu Hilfe kommt[2].

---

1) Xen. resp. Lac. 15: καὶ ὄρκους μὲν ἀλλήλοις κατὰ μῆνα ποιοῦνται. Ἔφοροι μὲν ὑπὲρ τῆς πόλεως, βασιλεὺς δ' ὑπὲρ ἑαυτοῦ. ὁ δὲ ὅρκος ἐστὶ τῷ μὲν βασιλεῖ κατὰ τοὺς τῆς πόλεως κειμένους νόμους βασιλεύσειν· τῇ δὲ πόλει ἐμπεδορκοῦντος ἐκείνου, ἀσάλευτον τὴν βασιλείαν παρέξειν.

2) Plut. Agis c. 11. δι' ἐτῶν ἐννέα λαβόντες οἱ ἔφοροι νύκτα καθαρὰν καὶ ἀσέληνον σιωπῇ καθέζονται πρὸς οὐρανὸν ἀποβλέποντες. Ἐὰν οὖν ἐκ μέρους τινὸς εἰς ἕτερον μέρος ἀστὴρ διάξῃ, κρίνουσι τοὺς βασιλεῖς ὡς περὶ τὸ θεῖον ἐξημαρτηκότας καὶ καταπαύουσι τῆς ἀρχῆς, μέχρι ἂν ἐκ Δελφῶν ἢ Ὀλυμπίας χρησμὸς ἐλθῇ τοῖς ἡλωκόσι τῶν βασιλέων βοηθῶν.

Man sieht: alle Rechtsquellen dieses Staates strömen aus in der Machtstellung der Ephoren.

Die Nothwehr der Ausschliesslichkeit des Dörerthums mitten in Feindesland — verkörpert sich in einer Behörde, die den Krieg gegen die Heloten wie eine Staatsangelegenheit betreibt; aus dem Demos hervorgegangen vertreten sie die Souveränetät des Volkes in Stücken, wo sie am empfindlichsten ist, gegen die Einzelnen als Richter in allen Eigenthumsklagen, und als Vollstrecker der Sicherheitspflege im Innern, gegen die Könige als die machtvollkommenen Sprecher der Bürgerschaft und als strenge Wächter ihres herkömmlichen Rechts; und endlich mit den Göttern, ohne deren Willen keine Sternschnuppe vom Himmel fällt, stehen sie im Bunde gegen Fürsten, die Eid und Pflicht vergessen haben sollten.

Der Kampf um's Dasein, die Eifersucht auf das herkömmliche Volksrecht, der Aberglaube der Masse: das Alles streitet für die Ephoren und darum sind sie allmächtig, so lange sie in Amt und Würden stehen.

Aus vorstehenden Angaben geht zunächst mit dringender Wahrscheinlichkeit hervor, dass die Gründung der Macht der Ephoren herrühren muss aus einer Zeit, in welcher das Königthum nach zwei Seiten hin ohnmächtig war, ohnmächtig gegen die Heloten und ohnmächtig gegen die dorische Bürgerschaft, d. h. also in einer Lage, in der seine Fortdauer überhaupt nur um den Preis der Unterwerfung, der Nachgiebigkeit zu erkaufen war.

Wie kam es, fragen wir, dass die Könige gerade zu Gunsten dieser Behörde abdankten? d. h. welche Stellung hatte die Ephorie, ehe die Zeit der Noth eintrat, in der sie allmächtig zu werden anfing?

Mit höchster Wahrscheinlichkeit lässt sich annehmen, dass sie die Landvögte gewesen sind, welche das herrschende Sparta an die Spitze der Periökenstädte stellte, um diese beim Gehorsam zu erhalten[1]). Solcher Städte hatte Lakonien in Zeit der dorischen Einwanderung fünf: Amyklä, Las, Agys, Pharis (Pharä), Geronthrä. Jede derselben hatte ihren König, ihre eigenen Gesetze und behielt sie auch, als die Dorer kamen und durch ihre Niederlassung eine sechste gründeten. Nach Ephoros, dem wir die besten Nachrichten über die Vorzeit Lakoniens verdanken, stellt Strabo das Verhältniss dieser sechs Gemeinwesen so dar, als wäre dasselbe eine Art Bundesstaat gewesen,

---

1) Schäfer de ephoris Lacedaemoniis. Gratulationsschrift zu Schömann's Jubiläum. Greifswald 1863. S. 5—7.

welcher Einheit und Freiheit aufs glücklichste abgewogen hätte[1].
So ideal hat sich die Sache wohl nicht ausgenommen; wenn auch ein
Zustand, in welchem Sparta noch nicht allmächtig war wie später, für
die lakonischen Städte seine unverkennbaren Vorzüge gehabt haben
muss. Er nahm ein Ende, als diese fünf Städte in der Zeit nach dem
Königthum des Agis nach der Reihe unterworfen wurden. Als um die
erste Olympiade auch Helos seine Freiheit an Sparta verloren hatte,
gehorchte ganz Lakonien mit Ausnahme der Küste des ägäischen Mee-
res, die damals von den Argivern eingenommen wurde, den Spartiaten.
Um die Unterwerfung des ehemals freien Landes unwiderruflich zu
machen, that die herrschende Stadt zweierlei: die Könige der achäischen Städte wurden ersetzt durch spartanische Landvögte unter dem
Namen Ephoren, welche die gesammte bürgerliche Staatsgewalt in ihren
Händen vereinigten und die Mauern der unterworfenen Gemeinwesen
wurden niedergelegt, die nunmehr offenen, wehrlosen Städte in Dorf-
gemeinden auseinandergerissen. Also anstatt des Synökismos, mit welchem sonst überall das selbständige Leben einer Staatsgemeinde beginnt, der in Sparta beliebte Diökismos, welcher es tödtet für immer.
In der Stellung von Vögten nun, welche den handel- und gewerbetrei-
benden Periöken wie den landbauenden Heloten Recht sprachen, und
beide in Unterthänigkeit festhielten, sind die Ephoren von dem ersten
messenischen Kriege angetroffen worden.

In der Zeit ungeheurer Kraftanstrengung und schwerer innerer
Zerrüttung, die nun folgte, hat König Theopompos das spartanische
Königthum gerettet und zwar indem er mit den Ephoren jenen Vergleich
einging, dem die spätere Ohnmacht des ersteren, die spätere Allmacht
der letzteren entstammte. Aristoteles spricht hierüber an einer merkwürdigen Stelle der Politik. Nachdem er auseinandergesetzt, das beste Mittel
eine bedrohte Gewalt dauerhaft zu machen sei eine weise Beschränkung ihrer Befugnisse, führt er als Beispiel die ungemeine Dauerhaf-
tigkeit des spartanischen Königthums an, die lediglich herkomme einmal von ihrer Zweitheilung und sodann von dem Walten des Theopomp.
Der habe sie nämlich in vieler Beziehung eingeschränkt, insbesondre
durch Stiftung des Ephorenregiments: »durch Verminderung der Macht
hat er dem Königthum eine grössere Dauer gesichert und es so in gewisser Beziehung nicht verringert sondern verstärkt. Darum soll er seinem Weibe, als dieses ihn vorwurfsvoll fragte, ob er sich nicht schäme

1) Strabo VIII, p. 361. ὑπακούοντας δ' ἀπαντος τοὺς περιοίκους Σπαρτιατῶν ὄμως
ἰσονόμους εἶναι, μετέχοντας καὶ πολιτείας καὶ ἀρχείων.

seinen Söhnen die Königswürde schwächer zu hinterlassen, als er sie
vom Vater ererbt, geantwortet haben: »Keineswegs, denn sie werden,
was ich ihnen vermache, auch länger geniessen« [1].

Es ist mir wahrscheinlich, dass Aristoteles mit den Worten, die er
gewählt hat und die wir unter dem Text mit gesperrten Lettern wiedergegeben haben, die Einführung der Machtvollkommenheit der
Ephoren und nicht die erste Stiftung dieses Amtes überhaupt gemeint
hat. Wäre aber auch diese letztere Annahme die wahrscheinlichere, so
läge hier eben nur eine jener vielen ungenauen Redewendungen vor, die
einen kundigen griechischen Leser unmöglich stören konnten. Auf alle
Fälle kann der Hergang nicht wohl so glatt und eben gewesen sein, wie
es nach dieser Darstellung scheinen mag. Es würde allen Gesetzen geschichtlicher Erfahrung widerstreiten, wollte man annehmen, der König Theolomp hätte etwa aus eigenem Antriebe der königlichen Machtvollkommenheit zu Gunsten der Ephoren entsagt: die Ermordung seines bei der Masse sehr beliebten Collegen Polydor durch einen ange-
sehenen Spartiaten, Polemarchos [2], lässt vielmehr auf einen sehr
hohen Grad leidenschaftlicher Parteierregung schliessen und wir müssen
wohl annehmen, dass auch jener hochwichtige Umschwung, mit dem
für Sparta eine ganz neue politische Wendung eingeleitet wird, aus
Gährungen hervorgegangen sein werde, in denen der König von den
Ephoren in die Enge getrieben nachgab, als er sah, dass er der schwächre
Theil und dass ein rechtzeitig gebrachtes Opfer von zwei Uebeln das
kleinere sei.

Der Eid, den wir eben aus Xenophon mitgetheilt haben, stammt,
worauf noch Niemand aufmerksam gemacht hat, offenbar aus dieser
Zeit, er ist eine Urkunde über den zwischen Königen und Ephoren ge-
schlossenen Vergleich, bei dem die Ephoren den Trotz der Macht, die
Könige die Unterwürfigkeit der Ohnmacht kund geben. Wenn dieser
Eid, für dessen Entstehung nach einmal eingelebtem Umschwung gar
kein Anlass mehr denkbar ist, überhaupt Etwas beweist, so ist es eben
dies, dass die Ephoren einen Augenblick grosser Bedrängniss benutzt,
um dem Königthum ein gebieterisches Entweder — Oder vorzulegen,

---

1) p. 223, 25 : — καὶ πάλιν θεοπόμπου μετρώσαντος τοῖς τε ὅλοις καὶ τὴν τῶν
ἐφόρων ἀρχὴν καταστήσαντος· τῆς τε γὰρ δυνάμεως ἀφελὼν ηὔξησε τῷ χρόνῳ τὴν
βασιλείαν, ὥστε τρόπον τινὰ ἐποίησεν οὐκ ἐλάττονα ἀλλὰ μείζονα αὐτήν. ὅπερ καὶ πρὸς τὴν
γυναῖκα ἀποκρίνασθαί φασιν αὐτόν, εἰπούσαν εἰ μηδέν αἰσχύνεται τὴν βασιλείαν ἐλάττω κα-
ραδιδοὺς τοῖς υἱέσιν ἢ παρὰ τοῦ πατρὸς παρέλαβεν· „οὐ δῆτα" φάναι· παραδίδωμι γὰρ πο-
λυχρονιωτέραν. nacherzählt von Plut. Lycurg. 7.

2) Paus. III, 3, 2 ff. 11, 10.

dass dann das Königthum, da es keinen Ausweg mehr sah, sagte, was es in Form jenes Eides jeden Monat wiederholte, und dass zum Entgelt dafür die Ephoren die Versichrung gaben, sie würden den Thron nicht umstürzen, so lange er des Vertrauens der Nation würdig sei.

So wird der Zusammenhang der Ereignisses zu denken sein, das in die Regierungszeit des Theopomp verlegt wird. Wie gross seine Bedeutung erschien, geht unter anderen noch aus der Thatsache hervor, dass von dieser Zeit an eine Liste der Ephoren angelegt wurde[1], wie man sie bisher nur von den Königen gehabt. Aeusserlich muss sich die eingetretene Veränderung dadurch offenbart haben, dass die Ephoren jetzt nicht mehr einzeln auf den fünf Marktplätzen[2] der Periöken ihren Sitz hatten, sondern ein gemeinsames Syssition inmitten Spartas bezogen, wo der Tempel der Furcht andeutete, dass man die Majestät der Staatsgewalt vor sich habe, dass von jetzt an jeweils beim Amtsantritt der Ruf an die Bürger erging: Scheeret die Schnurrbärte und gehorchet den Gesetzen, an die Heloten aber die Kriegserklärung, die da besagte, lasst alle Hoffnung hinter euch; die Zeit da man mit euch liebäugelte, ist für immer vorbei! Die Gewalt, welche die Ephoren bisher nur über die Periöken und Heloten gehabt, hatten sie in schrankenlosem Umfang nunmehr über die Vollbürger Spartas, die Könige mit eingeschlossen, ausgedehnt; und die Versuche der älteren Könige, durch Aufnahme von Neubürgern aus den Kreisen der Unterthanen die Reihen der herrschenden Nation zu verstärken, wichen von jetzt an einem System unerbittlicher Ausschliesslichkeit, dem gleich jetzt die Parthenier[3], dem im Laufe der Jahrhunderte Tausende von Heloten auf dem Wege der schleichenden Kryptie oder des massenhaften Mordes geopfert worden sind.

Noch ein wichtiges Gesetz wird dem Walten des Theopomp und Polydor zugeschrieben, dessen Wortlaut schon ein sehr hohes Alter verräth: »Wenn das Volk eine schiefe Entscheidung treffen sollte, so mögen die Alten und die Könige Verbüter sein«[4], d. h. wenn ein Volksbeschluss der Halia den Geronten und den Königen misslieblich erscheint, so ist er null und nichtig.

---

1) Plut. Lyc. 7. κρατῶν τῶν περὶ Ἔλατον ἐφόρων καταστάθέντων ἐπὶ Θεοπόμπου βασιλεύοντος. Schäfer a. a. O.

2) Bekk. Anecd. 2·4. ἀγορὰ καὶ ἐφορεῖα · ἡ σύνοδος· ἡ πρὸς τοῖς ὅροις γινομένη τῶν ἀστυγειτόνων, οὗ οἱ ὅμοροι ὁμοῦ συνιόντες περὶ τῶν κοινῶν ἐβουλεύοντο.

3) S. über diese dunkle Frage die höchst ansprechende Vermuthung von Schäfer. a. a. O. S. 11.

4) Plut. Lyc. 6: Πολύδωρος καὶ Θεόπομπος οἱ βασιλεῖς τάδε τῇ ῥήτρᾳ παρενέγραψαν: „Αἰ δὲ σκολιὰν ὁ δᾶμος ἕλοιτο, τοὺς πρεσβυγενέας καὶ ἀρχαγέτας ἀποστατῆρας ἦμεν.“

Solange es im Alterthum eine Monarchie gibt, ist sie ein Königthum der armen Leute, d. h. es hat keinen Verbündeten im Demos,
keinen Feind in dem Adel und durch den letztren wird es denn auch,
wo es verschwindet, ausschließlich gestürzt. Ein königlicher Befehl,
der dem Demos sein letztes Recht nimmt, ist deshalb eine sehr auffallende Erscheinung. Es ist nur erklärlich als die Frucht einer aussergе-
wöhnlichen Lage, als ein Kriegsgesetz höchsten Nothstandes, wo man
den Einfluss von rebellischen Heloten und Messeniern auf den durch
Elend und Armuth nicht minder gedrückten spartanischen Demos
fürchtete. Gewiss ist dies, dass die Folgen dieses Gesetzes nur den
Ephoren zu Gute gekommen sind. Die Volksversammlung hatte von
Hause aus in Sparta nicht vielmehr zu bedeuten als jene Achäerver-
sammlung, vor deren Augen der erste Demagog, Thersites, seine Prü-
gel erhalten hat, obgleich er ganz Recht hatte, wenn er den Streit der
Könige um eine gefangene Priesterstochter abscheulich fand; sie sollte
überhaupt keine Redner haben ausser Geronten und Königen, nur nachträglich zu deren Vorschlägen Ja oder Nein sagen dürfen [1], wenn ihr
jetzt verboten wurde, ihren Wahrspruch anders zu fällen, als den Machthabern beliobte, so war sie eben ganz aus dem Staate gestrichen und seit
die Könige vor den Ephoren abgedankt in Wahrheit das Werkzeug dieser letzteren geworden.

So viel ungefähr lässt sich mit annähernder Sicherheit über den
Ursprung und den ersten Aufschwung der Ephorie sagen. Noch zwei
Namen werden mit der Erhöhung ihrer Macht in Verbindung gebracht,
der des Ephorn Asteropus [2], von dem wir Nichts als den Namen wissen, und der des Geronten Cheilon, welcher zuerst beantragt haben
soll allen Königen, Ephoren (auf Feldzügen?) zu Begleitern zu geben [3].
An die Rolle des Letzteren sind viele sinnreiche Vermuthungen geknüpft
worden [4], auf die wir hier nicht eingehen können. Es ist unmöglich

1) Plut. Lyc. 6 : τοῦ δὲ πλήθους ἀποκαθέντος εἰπεῖν μὲν οὐδενὶ γνώμην τῶν ἄλλων
ἐφεῖτο (Lycurgus), τὴν δ' ὑπὸ τῶν γερόντων καὶ τῶν βασιλέων προτεθεῖσαν ἐπικρῖναι
κύριος ἦν ὁ δῆμος.
2) Plut. Cleom. 10.
3) Diog. Laert. I, 68 : πρῶτος εἰσηγήσατο ἐφόρους τοῖς βασιλεῦσι παραζευγνύναι.
4) Urlichs über die Rhetren des Lykurg. Rhein. Museum 1840, VI, 227 ff. Schäfer u. a. O. S. 15 ff. Curtius, Griech. Gesch. I, 125 ff. Dass eine Umwälzung so fol-
genschwerer Art sich berIt haben werde, sich mit einer göttlichen Weihe zu umge-
ben, ohne die in Sparta keine Neuerung auf Bestand rechnen konnte, versteht sich
von selbst. Schäfer vermuthet, dass Cheilon gegen die Heiligthümer von Delphi
und Olympia, welche auf Seiten der Könige standen, das Heiligthum der Pasiphaë
zu Thalamä für die Macht der Ephoren gewonnen habe. Das ist sehr wohl möglich.

die Stufenfolge des steigenden Einflusses der Ephoren im Einzelnen
noch nachzuweisen; nachdem einmal Königthum und Demos vor ihnen
abgedankt, war ein reissendes Anwachsen ihrer Macht unaufhaltsam
geworden, es gab keine Usurpation mehr, die Uebergriffe kamen ganz
von selbst zu gesetzlicher Geltung, nicht einmal als Veränderungen
konnten sie mehr erscheinen, welche sich der Aufmerksamkeit der Mit-
lebenden eingeprägt hätten.

Zur Zeit da Xenophon seine griechische Geschichte schrieb und
Aristoteles seine umfassenden historisch-politischen Studien machte,
war es dahin gekommen, dass diese jährlich wechselnde Behörde den
ganzen Staat wie ein Privateigenthum in Händen hatte — ein Schreckens-
regiment gemildert durch Bestechung. Rechtlos wie ein Helot steht
jeder Spartiate bis zum Könige hinauf dieser furchtbaren Regierung
gegenüber; Jeder kann jeden Augenblick vor Gericht geschleppt, verurtheilt, getödtet werden. Die gesammte auswärtige Politik liegt in
ihrer Hand, sie empfangen die fremden Gesandten, unterhandeln über
Frieden und Bündniss, leiten die Abstimmung des Demos über Krieg
und Frieden, sie folgen den Königen ins Feld wie leibhaftige Damo-
klesschwerter und sind dabei entbunden von der harten Zucht, die den
übrigen Spartiaten das Leben so sauer macht, dass ihre Todesverachtung aufhört ein Verdienst zu sein. In dem Wandel dieser Beherrscher
Spartas findet Aristoteles das schreiende Gegentheil von Allem, was
Lykurg in seinem Staate beabsichtigt hat, sie sind üppig statt nüchtern, habsüchtig statt genügsam, bestechlich[1] statt redlich, gewaltthätig statt gesetzestreu, gewissenlos statt tugendhaft.

Und wie entsteht nun diese Behörde, der man nachrühmt, sie sei
demokratisch? Wie werden die gewählt, welche ein Jahr hindurch
das Recht haben, kein Recht zu achten, keine Pflicht zu üben? Aristoteles findet, darüber entscheide der »Zufall«, die Wahlart sei »kindisch«, gewählt werde der »Erste Beste«.

Wie sich das verhielt, wissen wir nicht. Annehmen aber dürfen
wir, dass die Art der Wahl dieselbe werde gewesen sein, wie die zur
Gerusie, welche Aristoteles gleichfalls als »kindisch« bezeichnet, wie
die Abstimmung des spartanischen Demos immer war, auch in den
wichtigsten Angelegenheiten, z. B. bei der Entscheidung, ob zu dem
grossen Bruderkriege gegen Athen ein wirklicher Grund vorliege, näm-

Bemerkt aber muss werden, dass König Agis, als er im Widerspruch mit den Ephoren, die alte lykurgische Ordnung wiederherstellen wollte, sich gleichfalls auf ein
Orakel der Pasiphae berief. Plut. Agis 9.

[1] Hierüber vgl. noch Arist. Rhet. III, 15. 8. 160, 22. Spengel.

lich durch »Geschrei« und »Zuruf« in Masse und nicht durch geordnete
Stimmabgabe in Person[1]. Solch eine Art, die Willensmeinung eines
versammelten Volks kennen zu lernen, sieht sehr demokratisch aus, in
Wahrheit ist sie das Gegentheil, diese Abstimmung durch Geschrei und
Zuruf kannte man schon zur Zeit der achäischen Helden, und wie demokratisch sie war, ersehen wir aus Homer. Sparta hat diesen uralten
Brauch mit rührender Treue Jahrhunderte lang festgehalten und ist
nicht davon abgegangen, als er allen Verständigen längst als »kindisch«
erschien. Angewendet auf die Besetzung des wichtigsten Staatsamtes
war es aber geradezu ein Widersinn, ein gemeinschädlicher Unfug,
nur glauben wir nicht, dass der blinde Zufall dabei eine so entscheidende Rolle gespielt habe, wie Aristoteles annimmt[2]. Hier wie überall
wird diese bequeme Art, sich mit dem Demos abzufinden, ein Hebel
oligarchischen Ehrgeizes gewesen sein, der sehr wohl wusste was
er that, wenn er gelegentlich auf einmal einen Proletarier von der Gasse
mit unter die Priester des Phobos aufnahm. Wer einmal einer Wahl
durch Akklamation beigewohnt hat, der weiss, dass dabei thatsächlich
derjenige wählt, der das Vorschlagsrecht hat und nicht diejenigen,
welche mit mehr oder weniger artikulirtem Zuruf ihren Beifall zu erkennen geben. Wer bei der Ephorenwahl das verfassungsmässige Vorschlagsrecht hatte, wissen wir nicht. Gewiss ist, dass den austretenden
Ephoren Niemand wehren konnte, wenn sie sich dies Recht nehmen
wollten und nicht minder gewiss, dass sie ein dringendes Interesse daran hatten, es sich ohne Weiteres anzueignen, damit sie nicht Nachfolger erhielten, die vielleicht ihre strengen Richter wurden. Ob überhaupt diese Scheinwahlen regelmässig vorgenommen wurden und ob
nicht mit oder ohne Zwischenraum ganz dieselben Leute wieder eintreten konnten, ist ausserdem völlig im Dunkeln[3].

Die Gerusie.

»Auch die Behörde der Geronten hat ihre üblen Seiten. Wären es
lauter rechtschaffene, zu jeder Tüchtigkeit herangebildete Männer, so
wäre ihr Nutzen für den Staat einleuchtend — obwohl auch dann die
lebenslängliche Berechtigung zu so wichtigen Befugnissen bedenklich

---

1 Thuc. I, 87. κρίνουσι γὰρ βοῇ καὶ οὐ ψήφῳ.
2) Auch Platon, der Legg. III, 692 sagt dieses Amt sei ἐγγὺς τῆς κληρωτῆς δυνάμεως, was mindestens für den τρόπος παιδαρειώδης spricht.
3) Vermuthungen über die Ephorenwahl s. Schömann zu Plutarch's Agis S. 117 f.
und Urlichs Rhein. Mus. 1848. S. 221—223.

wäre, denn wie es ein Altern des Körpers gibt, so gibt es auch ein Altern der Seele — da aber ihre Bildung der Art ist, dass der Gesetzgeber selber ihrer Tüchtigkeit misstraut, so ist die ganze Sache vollends höchst gefährlich. Auch von den Mitgliedern dieser Behörde ist offenkundig, dass sie für Geld und Gunst manches öffentliche Interesse verrathen haben. Schon deshalb wäre es besser, sie wären nicht von jeder Rechenschaftspflicht frei, wie sie es in Wirklichkeit sind. Man könnte einwenden, dafür ist ja durch die Ephorie gesorgt, die wie allen Behörden so auch der Gerusie Rechenschaft abnimmt. Aber das ist wieder ein zu grosses Vorrecht der Ephorie und die Art, wie die Rechenschaft abgelegt wird, erscheint mir nicht zulässig. Auch die Art, wie man die Geronten erwählen lässt, ist, was die eigentliche Entscheidung angeht, kindisch zu nennen und dass Einer sich selber zu der Ehre melden muss [1], die ihm als Auszeichnung zu Theil werden soll, ist ganz verkehrt: denn wer eines Amtes würdig ist, der soll es erhalten und annehmen, einerlei, ob er will oder nicht will. Statt dessen hat der Gesetzgeber hier wie in seinem ganzen Staatsbau gehandelt. Der Bürgerschaft, die er zur Wahl der Geronten beruft, hat er selber Ehrgeiz eingepflanzt. Denn wer keinen Ehrgeiz hat, wird sich nicht zu einem Amte drängen. Und doch entspringen die meisten der bewussten Vergehen eben aus Ehrgeiz und Habsucht.»

Der »Rath der Alten« als Blutgerichtshof für Sparta dasselbe, was der Areopag für Athen war und wie dieser, vor Ephialtes, eine Art Ruhesitz für ausgediente Staatsmänner, ist von Aristoteles kurz vor der eben wiedergegebenen Stelle ehrend erwähnt worden als eine Behörde, welche die besten Bürger Spartas an den Staat fessle, weil der Eintritt in sie ein sehnsüchtig begehrter Siegespreis bürgerlicher Tugend sei. Was hier von derselben Behörde gesagt wird schränkt die Geltung jenes Urtheils in sehr enge Grenzen ein. Ein Collegium, dessen Mitglieder sich herbeidrängen mussten, um auf eine lächerliche Art gewählt zu werden, dessen Ruf durch offenkundige Bestechlichkeit befleckt ist, dessen Thätigkeit beweist, dass ein Alter von 60 Jahren weder für Tugendhaftigkeit noch für ungeschwächte Geistes- und Körperkräfte die mindeste Bürgschaft gibt, ein solches Collegium kann seine Stellen nicht wohl als ein ἆθλον ἀρετῆς vergeben. In der Wiedergabe dieses Ausdrucks, der bei den Panegyrikern Spartas häufig gewesen zu sein scheint, liegt wohl nur ein Nachklang des grossen Ansehens, welches dieser Rath der Alten ehemals genossen haben muss. Die Quelle,

---

[1] Ich lese p. 49, 1 καὶ αὐτὸν αἰτεῖσθαι — statt καὶ τὸν τιτὸν —.

der Plutarch die Gründung dieser Körperschaft durch Lykurg nacherzählt — ohne Zweifel ist sie viel älter und noch aus der Heroenzeit wie
die homerische Gerusie beweist — scheint mit einer Art hohenpriester-
licher Feierlichkeit darüber gesprochen zu haben. Nur absolute Tu-
gendspiegel unter den Sechzigjährigen hätten danach Zutritt zu dieser
Stelle gehabt [1]. »Von allen Zielen menschlichen Ehrgeizes erschien
ihm dieses als das grösste und der Bewerbung wertheste. Denn nicht
der Flinkste unter den Rennern, nicht der Stärkste unter den Starken,
sondern der Beste unter den Guten und der Weiseste unter den Weisen
sollte nach bestandener Probe als Siegespreis der Tugend lebenslang
die Fülle der öffentlichen Gewalt empfangen, als Richter über leiblichen
und bürgerlichen Tod der Bürger und überhaupt die höchsten Angelegenheiten.« Und diese Probe, worin bestand sie? »Wenn die Ekklesie versammelt ist, schliesst sich eine Anzahl ausgewählter Männer in
ein nahegelegenes Haus ein, wo sie weder sehen noch gesehen worden,
sondern nur das Geschrei der Versammelten vernehmen können. Denn
mit Geschrei entscheiden sie wie in anderen Dingen so auch über die
Bewerber um die Gerusie, die übrigens nicht alle auf einmal erscheinen, sondern von denen Einer nach dem Andern, wie es das Loos bestimmt, hereingeführt wird und stillschweigend die Versammlung durch-
schreitet. Der eingeschlossene Ausschuss nun bemerkt auf besonderen
Täfelchen das Mass des Beifallsgeschreis, mit welchem Jeder begrüsst
wird, ohne zu wissen, wem es gilt, nur ob es der erste, zweite oder der
wievielte sonst unter den hereingeführten ist, wird ihnen gesagt. Wem
nun das lauteste und vielseitigste Geschrei zu Theil wird, den rufen sie
als Geronten aus.« Dem also Gewählten wird dann eine Fülle von Hul-
digungen dargebracht, die Plutarch genau beschreibt.

Also die Wahlart, bei deren Darstellung man in der That Mühe

---

1) Plut. Lyc. 26. — καθίστανται τὸν ἄριστον ἀρετῇ κριθέντα τῶν ὑπὲρ ἑξήκοντα ἔτη
γεγονότων. Καὶ μέγιστον ἐδόκει τῶν ἐν ἀνθρώποις ἀγώνων οὗτος εἶναι καὶ περιμαχητότατος.
οὐ γὰρ ἐν ταχέσι τάχιστον οὐδ' ἐν ἰσχυροῖς ἰσχυρότατον, ἀλλ' ἐν ἀγαθοῖς καὶ σώφροσιν ἄριστον καὶ σωφρονέστατον ἔδει κριθέντα νικητήριον ἔχειν τῆς ἀρετῆς διὰ βίου τὸ σύμπαν,
ὡς εἰπεῖν, κράτος ἐν τῇ πολιτείᾳ, κύριον ὄντα καὶ θανάτου καὶ ἀτιμίας καὶ ὅλως τῶν μεγί-
στων. Ἐγίνετο δὲ ἡ κρίσις τόνδε τὸν τρόπον. Ἐκκλησίας ἀθροισθείσης ἄνδρες αἱρετοὶ καθ-
είργνυντο πλησίον εἰς οἴκημα, τὴν μὲν ὄψιν οὐχ ὁρῶντες οὐδὲ ὁρώμενοι τὴν δὲ κραυγὴν
μόνον ἀκούοντες ἐκκλησιαζόντων.
Βοῇ γὰρ ὡς τἆλλα καὶ τοὺς ἀμιλλωμένους ἔκρινον οὐχ ὁμοῦ πάντων, ἀλλ' ἑκάστου κατὰ κλῆρον εἰσαγομένου καὶ σιωπῇ διαπορευομένου τὴν ἐκκλησίαν. Ἔχοντες οὖν οἱ
κατάκλειστοι γραμματεῖα καθ' ἕκαστον ἐπεσημαίνοντο τῆς κραυγῆς τὸ μέγεθος οὐκ εἰδότες,
ὅτῳ γένοιτο, πλὴν ὅτι πρῶτος ἢ δεύτερος ἢ τρίτος ἢ ὁποστοσοῦν εἴη τῶν εἰσαγομένων. Ὅτῳ
δὲ πλείστη γένοιτο καὶ μεγίστη τούτων ἀνηγόρευον.

hat ernsthaft zu bleiben. Aristoteles fand sie wohl desshalb so lächerlich, weil sie an sich eine Comödie, überdies nicht die mindeste Bürgschaft dafür gab, dass auch wirklich der Würdigste getroffen werde,
auch dann nicht, wenn die geheimnissvolle Controlbehörde durchaus
unparteiisch aufzeichnete, wieviel Schreie Einer mehr hatte als der
Andre. Verderblich aber findet er den ganzen Modus, weil er eine Bewerbung [1] der Candidaten voraussetze, welche dem Ehrgeiz und dadurch
den damit untrennbar verbundenen Räuken Nahrung gebe. In diesem
Punkte werden wir freilich etwas milder denken; denn ein Ehrgeiz,
der sich bis zum sechsigsten Jahre mit der einzigen Aussicht auf eine
Gerontenwahl dieser Art begnügt, muss ein sehr zähes Leben haben,
wie man es nur bei strenger Diät erreicht und kann darum nicht leicht
staatsgefährlich werden.

In der Hauptsache werden wir jedenfalls das Urtheil des Aristoteles unterschreiben müssen, auf die Gefahr, es mit etwaigen Epigonen
unserer Romantik [2] für immer zu verderben ; nur werden wir, hinsichtlich ihres wirklichen Charakters denselben Vorbehalt zu machen haben,
wie bei der Ephorenwahl.

So zufällig, wie es nach der Schilderung des Plutarch aussieht,
wird der Ausfall solcher Wahl doch wohl nicht gewesen sein. Den im
Amte sitzenden Geronten konnte so wenig wie den Ephoren gleichgiltig sein, wer in diese wichtige Behörde einrückte. So lange es Men-

1) Gegenüber Götling, welcher sich auf S. 469 seines Commentars nachzuweisen
bemüht, dass die Auswahl der Geronten aus den sechzigjährigen Greisen ohne Bewerbung stattgefunden habe, müssen wir doch auf den Ausdruck ἀμιλλωμένους bei
Plutarch hinweisen.

2) Man höre Otfried Müller Dorier III, 6, 1 : »Das hohe Alter gewährte den
Wählenden den Vortheil, ein langes öffentliches Leben prüfend überschauen zu können, dem Staate den der höchsten Einsicht und Erfahrung der Gewählten; Alters-
schwäche aber, welche Aristoteles bei ihnen fürchtet, durfte ein Zeitalter und ein
Staat nicht besorgen, dessen Menschengeschlecht sich der höchsten körperlichen Gesundheit erfreute.«

Und über die Unverantwortlichkeit der Geronten : »Auf ungeschriebenen Gesetzen, die im Herzen der Bürger wurzelten und mit der Erziehung eingepflanzt waren, beruhte ja aller Staats- und Rechtsleben der Spartiaten und dies sprach sich
durch den Mund der erfahrenen Greise, welche die Gesammtheit frei als die Besten
erlesen hatte, gewiss am Richtigsten aus. Tausend geschriebene Gesetze lassen immer noch eine Lücke wo die Willkür eintritt, wenn jene nicht selbst organisch in
sich zusammenhängend die völlige Kraft haben, das Fehlende zu ergänzen; diese
Kraft enthält aber allein das mit der Nation geborene und gewordene Recht, welches
durch die unter Aufsicht der Besten gestellte Sitte ohne Zweifel sichrer als durch
Schrift festgehalten wird.« Mit dem Idealismus solcher Romantik zu streiten, ist
heutzutage ganz überflüssig : es glaubt Niemand mehr daran.

schen und Korperschaften gibt, gibt es auch ein Gesetz der Selbsterhaltung, das da sagt: Lasse Nichts geschehen was dir schadet, und in
der Politik vollends wirkt dies Gesetz mit einer unwiderstehlichen Gewalt. Nicht die Frage ist entscheidend, wie gut oder wie schlecht lässt
sich aus dem Massenzuruf die Stimmung der Masse erkennen, sondern
die, wer hat zu bestimmen über den endgiltigen Ausfall? Wer sind die,
welche hinter dem Vorhang die aura popularis mit der Wage zu messen
haben und wer überwacht die Redlichkeit ihres Handelns? Und wer
entscheidet darüber, welche von den Jubelgreisen, die sich ja melden
und bewerben müssen, zu dem Rundgang überhaupt zugelassen werden?
    Geschlossene Staatsbehörden, denen kein starkes Gegengewicht
in einer anderen öffentlichen Macht gegenübersteht, werden immer ganz
von selbst dahin kommen, dass die Art, wie sie sich ergänzen, eben
einfach eine Cooptation ist, wenn möglich mit einem demokratischen
Mäntelchen, wenn nicht, ohne sie. Bei unbefangener Erwägung wird
man sagen müssen, die Comödie bei Ergänzung der Gerusie wie bei
der Wahl zum Ephorenamt sieht einem solchen Mäntelchen, welches die
Thatsache förmlicher Selbstergänzung verhüllen soll, zum Verwechseln ähnlich. Sie mag ihre Wirkung gethan haben, so lange der Köh-
lerglaube vorhielt, der nöthig war, um den eigentlichen Zusammenhang
nicht zu durchschauen. In der Zeit des Aristoteles war er mindestens
ausserhalb Spartas ausgestorben und nur einer halsstarrigen Romantik
würde es möglich werden, ihn in unseren Tagen wiederzubeleben.
    Wie man darüber auch denken mag, gewiss ist, dass die Ge-
rusie im vierten Jahrhundert muss zu gänzlicher Bedeutungslosigkeit
heruntergedrückt worden sein. Die Ephoren sind schon im peloponnesischen Kriege Alles in Allem. Bei der Frage über Krieg und Frieden mit Athen betrachtet der Ephor Sthenelaidas die Einsprache des
ehrwürdigen Königs Archidamos als einen ganz unerheblichen Zwi-
schenfall, von einem Probuleuma der Gerusie aber in einer so wichtigen Angelegenheit wird gar nicht einmal gesprochen. Das Recht
über Leben und Tod zu entscheiden will auch nichts mehr besagen,
seit die Ephoren dasselbe auf eigene Faust, ohne Rücksicht nach irgend
welcher Seite hin, in die Hand nahmen. Von sonstigen Rechten, die
sie behalten oder neu erhalten hätte, hören wir überhaupt kein Wort
und übrig bleibt nur das eine, dessen Gebrauch nach Aristoteles
offenkundig im grössten Umfang betrieben wurde, das nämlich — sich
bestechen zu lassen.
    Aller Wahrscheinlichkeit nach bildete thatsächlich die Gerusie
den Ruhesitz gewesener Ephoren, die eintraten wenn sie so glück-

lich waren, das sechzigste Lebensjahr zu erreichen und der treuen
aber ohnmächtigen Verbündeten der jeweils mittelst des Ephorenamtes
herrschenden Oligarchie.

Das Doppelkönigthum.

»Ueber das Königthum an sich, ob es den Staaten Nutzen bringt
oder nicht, wird eine andre Erörterung handeln. Sicherlich wäre es
besser, wenn das Königthum in Sparta anders bestellt wäre als es
wirklich ist, wenn es nicht erblich wäre sondern jeder einzelne
König nach seiner Würdigkeit gewählt würde. Dass der Gesetzgeber selber nicht einmal glaubt, sie zu rechtschaffenen Menschen
machen zu können, ist handgreiflich; das Misstrauen, das er ihnen
beweist, können nur schlechte Menschen verdienen; so sind sie dahin gekommen, ihnen ihre Todfeinde als Begleiter mit in die Fremde
zu geben. Und in der Zwietracht der Könige haben sie stets das
Heil des Staates gesehen.«

Hier sind wir unstreitig an der schwächsten Stelle der ganzen
aristotelischen Kritik angelangt. Das Doppelkönigthum Spartas ist
eine im Alterthum einzigartige Erscheinung. Mit so flüchtigen Bemerkungen, die lediglich an der Oberfläche hinstreifen, kommt man
ihm gegenüber nicht aus. Wenn irgendwo so ist hier das politische
Urtheil über die Zweckmässigkeit der ganzen Einrichtung ausschliesslich zu gründen auf das Urtheil über ihre geschichtliche Entstehung. Auf diese Frage geht Aristoteles hier noch weniger ein, als in
dem bisherigen Verlauf seiner Darstellung. Die Aeusserung über das
Misstrauen des Gesetzgebers in sein eigenes Werk zeigt auch hier
wieder, dass er sich wirklich den Bau des spartanischen Staates in
sehr wesentlichen Stücken als die Schöpfung eines einzelnen Men-
schenkopfes denkt; eine Auffassung, die gerade an dieser Stelle, wie
wir jetzt — freilich spät genug — erkannt haben, ganz unzulässig ist.

Ueber die Stellung des Königthums im spartanischen Staate sind
wir ausnahmsweise vollständig und eingehend unterrichtet durch Herodot; das Ergebniss das wir aus seiner Charakteristik in den Capiteln 56—58 des sechsten Buches ziehen müssen, ist: dies spartanische
Königthum ist ein Heerfürstenthum, in dem das homerische
Zeitalter mit merkwürdiger Zähigkeit sich am Leben erhalten hat.

Dieselbe Verbindung mit dem patriarchalen Priesterthum: —
sie sind Priester des lakedämonischen Zeus und des himmlischen Zeus,
sie wählen die Pythier für den delphischen Gott und verwahren unter

deren Mitwissen die einlaufenden Orakel; dieselbe Vollgewalt im
Krieg: — sagt der homerische Agamemnon an einer Stelle, die Aristoteles noch gelesen, Aristarch wahrscheinlich gestrichen hat — »bei mir ist
Recht über Leben und Tod« [1]), so sind die Könige Spartas bei Herodot
unumschränkte Herren über den Heerbann, sie leiten den Krieg wohin sie wollen und kein Spartiat darf sich ihnen widersetzen, wenn er
nicht der Aechtung des Königs verfallen will — ein Recht, das seit der
Zeit des peloponnesischen Kriegs durch die Ephoren nach und nach
gänzlich aufgesogen worden ist.

Dasselbe Vorzugsrecht der Könige bei der Vertheilung von Beute
und beim Opferschmaus, dieselbe Anweisung ihres Lebensbedarfs auf
bestimmte, durch die Sitte geheiligte Gaben [2]) an Schafen, Gerstenmehl
und Wein, derselbe Vorsitz in dem Rathe der »Alten«, die in alter Zeit
noch aus königlichem Geblüte waren, jetzt aber nur noch καλοί κάγαθοί
sind, dieselbe Verbindung endlich mit der Richtergewalt, nur dass es
sich jetzt nicht mehr, wie auf dem Schild des Achilleus dargestellt ist,
um Fälle von Blutschuld, sondern um Versorgung einer Erbtochter
und Sohnesannahme handelt.

Nun aber sind zwei Dinge hinzugekommen: erstens der Dualismus zweier tödtlich verfeindeter Geschlechter auf demselben Thron,
von dem Herodot an einer früheren Stelle nur beiläufig redet [3]) und sodann die merkwürdigen Trauerfeierlichkeiten der ganzen Bevölkerung
beim Tode eines Königs, die er ausführlich beschreibt.

Angekündigt wird der Todesfall durch Reiter in ganz Lakonien,
in Sparta durch Trauerweiber, die ein Becken schlagen. Die Trauer-
feier beginnt damit, dass in jedem Hause zwei Freigeborene, ein Mann
und eine Frau, sich Trauer anlegen. Dann wird eine bestimmte Zahl
der Unterthanen aus dem ganzen Lande zur Beerdigung herbeibefoh-
len. »Spartiaten, Perioken, Heloten sammeln sich, Männer und Weiber
durcheinander, zu vielen Tausenden, schlagen sich auf die Brust und
erheben ein unbeschreibliches Klagegeschrei; dabei heisst es denn immer, so gut wie der eben Verstorbene sei doch noch kein König gewesen [4]).

---

1) τὰρ γὰρ ἐμοὶ θάνατος Arist. Pol. 34, 28.
2) ἐπὶ ῥητοῖς γέρασι πατρικαὶ βασιλεῖαι sagt Thukydides I, 13.
3) VI, 52. τούτους (Euryathenes und Prokles) — λέγουσι διαφόρους εἶναι τὸν πάντα
χρόνον τῆς ζόης ἀλλήλοισι καὶ τοὺς ἀπὸ τούτων γινομένους ὡσαύτως διατελεῖν.
4) VI, 58. — ἐπεὰν γὰρ ἀποθάνῃ βασιλεὺς Λακεδαιμονίων ἐκ πάσης δεῖ Λακεδαίμονος
χωρὶς Σπαρτιητῶν ἀριθμῷ τῶν περιοίκων ἀναγκαστοὺς ἐς τὸ κῆδος ἰέναι. τούτων ὦν καὶ
τῶν εἱλώτων καὶ αὐτῶν Σπαρτιητῶν ἐπεὰν συλλεχθέωσι ἐς τὠυτὸ πολλαὶ χιλιάδες σύμ-

Das Merkwürdige an dieser Trauer ist nicht die homerische Ausgelassenheit der Schmerzensäusserung, sondern die unterschiedlose Gemeinsamkeit ihrer Feier; denn ausser der Todesangst vor den Ephoren ist den Spartiaten, Periöken, Heloten nichts gemeinsam als die Trauer um den Tod eines Königs, in diesem Augenblick wenigstens feiert die Helotenjagd wie die Verschwörung der Unterthanen: offenbar ein Zeichen, dass in dem Königthume ein uraltes Symbol der Einheit des ganzen Landes, der gesammten Bevölkerung geehrt werden sollte.

In Wahrheit kann dies Doppelkönigthum, das die Sage auf ein immer wieder nachwachsendes Zwillingspaar feindlicher Brüder zurückführt, keinen andern Ursprung haben als ein Uebereinkommen zweier Völker, die, nachdem sie lange umsonst gerungen einander auszurotten, sich endlich verständigt haben, neben einander fortzuleben und als sichtbare, unvergängliche Urkunde dieses Beschlusses durch Verbindung ihrer beiderseitigen Herrscher ein zweifaches Königthum geschaffen haben. Das ist die jetzt allgemeine Auffassung, gegen die sich nichts irgend Stichhaltiges einwenden lässt. Ein helles Streiflicht auf die Stammesgegensätze, welche durch diese Verbindung hatten ausgeglichen werden sollen, wirft die bekannte Aeusserung eines der unternehmendsten spartanischen Könige, des Kleomenes, der als ihn die Priesterin der Athene von der Schwelle ihres Heiligthums auf der Akropolis zurückweisen wollte, weil er Dorer sei, barsch erwiderte: »ich bin kein Dorer, sondern ein Achäer«[1]; nimmt man hiezu die sprichwörtliche Zwietracht, welche die also verkoppelten Fürstengeschlechter durch die ganze geschichtliche Zeit entfremdete, so hat man schon der Wahrscheinlichkeitsbeweise genug dafür, dass dies wunderlichste aller wunderlichen Institute aus einem Compromiss zweier Bevölkerungen hervorgegangen ist, die wohl ein zweifaches Königthum errichten, aber die Erinnerung der alten Feindschaft nicht tödten konnten.

In neuester Zeit hat man den Vorgang noch bestimmter zergliedert[2] und die angeblichen Zwillinge deutlicher als Vertreter der Dorer und der Achäer erkannt.

An den Raum zwischen dem alten Akropolishügel und der Babykabrücke knüpft sich noch in geschichtlicher Zeit der Name der Agia-

μετα τᾶs γυναικᾶ κάπτονται τε προθύμως· καὶ οἰμωγῆ διαχρέωνται ἀπλέτῳ, φάμενοι τὸν ὕστατον αἰεὶ ἀπογενόμενον τῶν βασιλέων, τοῦτον δὴ γενέσθαι ἄριστον.

1) Herod. V, 72: οὐ Δωριεὺς εἰμι, ἀλλ᾽ Ἀχαιός.

2) C. Wachsmuth: Der historische Ursprung des Doppelkönigthums in Sparta. Jahrbb. für Phil. u. Pädag. Bd. 97 (1868) S. 1—9, wo die bisherige Literatur vollständig angezogen ist.

den, die hier ihren Wohnsitz und an deren Abhängen ihre Grabstätten
gehabt haben müssen, während auf den Höhen von Neusparta, die
Eurypontiden sassen. Und von den angeblichen Brüdern Eurysthenes und Prokles, welche als deren Stammväter genannt werden, lässt sich mit grosser Wahrscheinlichkeit sagen, dass der ältere
unter ihnen, Eurysthenes, ursprünglich Eurystheus geheissen, die an-
sässige achäische, der jüngere Prokles die neu eindringende dorische Bevölkerung vorstellt [1]). Auch die chronologischen Angaben im
Kanon des Eusebios, über deren Abstammung aus den uralten ἀναγρα-
φαὶ man heute ein ziemlich sicheres Urtheil gewonnen hat [2]), lassen sich
auf die Annahme einer älteren Herrschaft der Eurysthiden in Sparta
zurückführen, der dann erst später Prokles zur Seite tritt.

Dies Verhältniss fand Lykurg ebenso gut als ein gegebenes vor,
wie die im Sturm und Drang jahrzehntelanger Kämpfe geschaffene
Nothwendigkeit des Lagerlebens und des unablässigen Waffenthums.
Wenn er darum auch hier gesetzgeberisch eingegriffen haben sollte, so
wäre es offenbar nur im Sinne begütigender Versöhnung und weiser
Abwägung streitender Gegensätze möglich gewesen; für Folgen, die
in der Natur der Einrichtung selber lagen, oder gar Veränderungen
welche durch fremden Eingriff, wie hier, den der Ephoren, damit vor-
gingen, war er jedenfalls nicht verantwortlich.

Die Syssitien.

»Auch bei den Männermahlen der Bürger, die dort Syssitien heissen, ist gleich in der ersten Einrichtung ein grobes Versehen geschehen. Der Aufwand der gemeinschaftlichen Essen sollte mehr wie in
Kreta aus dem Staatssäckel bestritten werden; bei den Lakonen muss
aber Jeder seinen Antheil selbst aufbringen, und da es nun sehr arme
Leute unter ihnen gibt, die den Aufwand nicht bestreiten können, so
muss das Gegentheil dessen eintreten, was der Gesetzgeber gewollt
hat. Er will, dass das Syssitienwesen durch und durch demokratisch
sei, so aber, wie es eingerichtet ist, ist es nichts weniger als das: denn
die allzu Armen können nicht leicht daran Theil nehmen (und sind damit überhaupt keine Vollbürger mehr), weil es eben nach altherkömm-

---

1) Polyaen. I, 10: Προκλῆς καὶ Τήμενος Ἡρακλεῖδαι Εὐρυσθείδαις κατέχουσι
τὴν Σπάρτην ἐπολέμουν. Wachsmuth a. a. O. S. 4 ff.

2) Brandis commentatio de temporum Graecor. antiquissim. rationib. Bonn 1857
und Gutschmid in den N.N. Jahrbb. 1861, S. 20.

lichem Gesetz Bedingung des Bürgerrechts ist, dass wer diese Steuer nicht leisten kann, dies letztre nicht ausüben darf.

Das Kostspielige an der Einrichtung der Syssitien war nicht das Speisen am gemeinsamen Tische an und für sich, sondern die Nothwendigkeit zweierlei Haushaltungen zu haben, eine für den Mann und eine für Frau und Kind. Die Bereitschaft der Mittel für diesen Doppelaufwand setzte bei Familen, die nicht durch eigene Arbeit Lücken in ihrem Einkommen wieder ausgleichen konnten, zweierlei voraus, erstens ein Landhaus, dessen Ertrag auf alle Fälle ausreichte, zweitens gewissenhaft arbeitende, regelmässig zinsende Heloten. Die geringste Unregelmässigkeit oder Störung nach der einen oder andern Seite hin musste dauernden Schaden stiften und häuften sie sich, so war die gänzliche Verarmung ebenso unausbleiblich wie bei einem Rentner, der Jahr für Jahr mehr braucht als er einnimmt und keinen Beruf gelernt hat, um durch Arbeit das Missverhältniss auszugleichen. Um das zu verhüten, gäbe es, sagt Aristoteles ganz richtig, nur ein Mittel: die Kosten des Staatstisches müssten vom Staate selber getragen werden, der letztere müsste zu diesem Behufe einen Fond haben, dessen Ertrag unabänderlich feststände. Aber das ist auf diesem Boden nun einmal unmöglich, denn Aristoteles weiss selbst am Besten — er spricht es gleich nachher aus — dass der spartanische Staat als solcher überhaupt gar kein Eigenthum sei es an Grund und Boden sei es an Geld und Geldeswerth besitzt. Mit leichterem Gepäck hat sich nie ein Grossstaat durch die Welt geschlagen als Sparta, das den Besitz einer wohlgefüllten Staatskasse als Luxus ansah, wenn die eignen Bürger ihren Inhalt durch Steuern aufbringen sollten und selbst dann ihren Werth als zweifelhaft betrachtete, wenn, wie zur Zeit der Rückkehr des Lysander, eine ungeheure Kriegsbeute sich von selber dazu darbot[1]). Recht hat Aristoteles unter allen Umständen, wenn er urtheilt, eine Einrichtung, welche die Hauptbürgschaft bürgerlicher Gleichheit sein sollte, musste vielmehr eine Ursache steigender Ungleichheit werden, wenn für die Kosten, die sie veranlasste, nicht besser gesorgt war, als dies von Sparta gesagt werden konnte.

Wie es übrigens bei diesen, der Sage nach aus Kreta herüber verpflanzten Syssitien zuging, wollen wir uns aus einer Schilderung kretischer Phiditiensitte klar zu machen suchen. An einer bei Athenäos IV, p. 39. 143 Cas.) erhaltenen Stelle erzählt Dosiades (aus Rhodos c. 300 v. Chr.): »die Bürger von Lyktos (der ältesten Stadt Kreta's)

1) S. oben S. 225. Anm. 1.

19*

veranstalten ihre gemeinsamen Mahlzeiten folgendermassen. Jeder gibt
von dem Ertrag der Ernte)₁₀ an die Innung (Hetärie), zu der er gehört und dazu kommen die Einkünfte des Staates, welche von den
Ersten der Bürgerschaft zum Vortheil der einzelnen Familien verwaltet
werden; von den Sklaven (Perioeken und Heloten) gibt jeder ein Kopf-
geld im Werth eines äginetischen Pfundes. Alle Bürger sind nach Hetärien abgetheilt; diese nennen sie »Männerbünde« ἀνδρεῖα ; ihre
Küche besorgt eine Frau mit drei oder vier Leuten aus dem Volk zur
Handreichung. Jedem von diesen stehen zwei Knappen (ὑπάγοντας
zum Holztragen zur Seite; sie nennen diese Scheitträger καλοφόρους
von κᾶλον trocknes Holz).

Ueberall auf Kreta haben die Tischgenossenschaften (αἱ συσσιτίαι)
je zwei öffentliche Häuser, davon heisst das eine Männerspeisehaus
ἀνδρεῖον, das andre, zur Aufnahme von Gästen bestimmt, Herberge
κοιμητήριον.

In dem Speisehaus stehen zwei Tische, die gastlichen genannt, an
denen die anwesenden Fremden Platz nehmen; daran schliessen sich
die anderen an. Jedem Theilnehmer wird von dem Vorrath der Küche
ein gleiches Stück vorgelegt; Kinder bekommen vom Fleisch die halbe
Portion, vom Uebrigen dürfen sie Nichts anrühren; dann wird auf
jedem Tisch ein Gefäss mit gewässertem Wein aufgestellt. Daraus trinken alle Anwesenden gemeinsam [1]); nach der Mahlzeit wird von Neuem
Wein aufgestellt. Das Beste von den aufgetragenen Gerichten nimmt
die Tischmeisterin vor Aller Augen und setzt es denen vor, die sich im
Felde oder im Rathe hervorgethan haben.

Nach dem Essen beginnen die Berathungen über öffentliche Angelegenheiten im Innern; darauf reden sie vom Kriege und preisen
die geschehenen Heldenthaten.«

Die Syssitien werden vielfach, insbesondere durch und seit Otfried Müller als eine Offenbarung urdorischen Geistes betrachtet.
Aristoteles weiss davon so wenig als irgend ein anderer Schriftsteller
des alten Hellas. Wie es dem Nationalstolz des Herodot durchaus nicht
die mindeste Ueberwindung kostet, die Ueberlegenheit der uralten
ägyptischen Wissenschaft bewundernd anzuerkennen, so sträubt sich
auch Aristoteles nicht, den Forschern über altitalische Geschichte zu
glauben, dass die Syssitien auf italischem Boden noch älter seien

---

[1] In Sparta trank Jeder seinen eignen Humpen leer — nach Kritias s. oben
S. 236, Anm. 2.

als selbst auf dem Kreta des Minos[1]). Wir sind nicht im Stande, die Richtigkeit dieser Ansicht von Gewährsmännern, denen ein Aristoteles Glauben schenkt, zu prüfen, aber die Thatsache dass sie vorhanden war, beweist wieder einmal, dass der moderne Wahnbegriff des Dorismus dem Alterthum ganz fremd gewesen sein muss. Und eine noch grössere Ketzerei als durch die Ableitung der Syssitien aus Italien begeht Aristoteles, indem er sich nicht scheut, die in ganz Hellas herrschende Trennung des Kriegerstandes vom Bauernstande ohne Weiteres — auf Aegypten und eine Nachbildung seiner Kasten zurückzuführen[2].

Schluss.

Naumrchie. — Kriegsverfassung. — Staatshaushalt.

»Die Einrichtung der Naumrchie haben schon Andre und zwar mit Recht getadelt: denn sie ist eine Quelle ewigen Zerwürfnisses. Neben dem Könige als Feldherrn auf Lebenszeit[3], besteht in der Naumrchie eine Art Gegenkönigthum.« Der Seekrieg gehörte zu den Dingen, die ein Hoplitenvolk wie das spartanische nur aus dringender Noth ergriff. Selbst dem viel beweglichern Stamm der Athener ist daraus unter Themistokles ein vollständiger Lebenswechsel entstanden ; Sparta hat sich einem solchen entzogen, seine Bürgerschaft ist stets ein allzeit schlagfertiges Landheer geblieben, aber eine schwer überwindbare Anomalie

1) Pol. p. 110, 16 ff. — ἀρχαία δ' ἔοικεν εἶναι καὶ τῶν συσσιτίων ἡ τάξις, τὰ μὲν περὶ Κρήτην γενόμενα περὶ τὴν Μίνω βασιλείαν, τὰ δὲ περὶ τὴν Ἰταλίαν πολλῷ παλαιότερα τούτων. φασὶ γάρ οἱ λόγιοι τῶν ἐκεῖ κατοικούντων Ἰταλόν τινα γενέσθαι βασιλέα τῆς Οἰνωτρίας, ἀφ' οὗ τό τε ὄνομα μεταβαλόντας Ἰταλούς ἀντ' Οἰνωτρῶν κληθῆναι καὶ τὴν ἀκτὴν ταύτην τῆς Εὐρώπης Ἰταλίαν τοὔνομα λαβεῖν ὅση τυγχάνει ἐντὸς οὖσα τοῦ κόλπου τοῦ Σκυλλητικοῦ καὶ τοῦ Λαμητικοῦ· ἀπέχει γὰρ ταῦτα δι' ἀλλήλων ὁδὸν ἡμισείας ἡμέρας. τοῦτον δὴ λέγουσι τὸν Ἰταλὸν νομάδας τοὺς Οἰνωτρούς ὄντας ποιῆσαι γεωργούς, καὶ νόμους ἄλλους τε αὐτοῖς θέσθαι καὶ τὰ συσσίτια καταστῆσαι πρῶτον· διὸ καὶ νῦν ἔτι τῶν ἀπ' ἐκείνου τινές χρῶνται τοῖς συσσιτίοις καὶ τῶν νόμων ἐνίοις. — ἡ μὲν οὖν τῶν συσσιτίων τάξις ἐντεῦθεν γέγονε πρῶτον.

2) ib. 110, 9. — ἔοικε δ' οὐ νῦν οὐδὲ νεωστὶ τοῦτ' εἶναι γνώριμον τοῖς περὶ πολιτείας φιλοσοφοῦσιν, ὅτι δεῖ διῃρῆσθαι χωρὶς κατὰ γένη τὴν πόλιν καὶ τότε μάχιμον ἕτερον εἶναι καὶ τὸ γεωργοῦν· ἐν Αἰγύπτῳ τε γὰρ ἔχει τὸν τρόπον τοῦτον ἔτι καὶ νῦν, τά τε περὶ τὴν Κρήτην, τὰ μὲν οὖν περὶ Αἴγυπτον Σέσωστρις, ὥς φασι, οὕτω νομοθετήσαντος, Μίνω δὲ τὰ περὶ Κρήτην. — III, 2. — ἡ δὲ χωρισμός ὁ κατά γένος τοῦ πολιτικοῦ πλήθους ἐξ Αἰγύπτου· πολὺ γὰρ ὑπερτείνει τοῖς χρόνοις τὴν Μίνω βασιλείαν ἡ Σέσωστρις. — 10. ὅτι δὲ πάντα ἀρχαῖα, σημεῖόν τι περὶ Αἴγυπτον ἐστίν· οὕτω γὰρ ἀρχαιότατοι μὲν δοκοῦσιν εἶναι, νόμων δὲ τετυχήκασι καὶ τάξεως πολιτικῆς.

3) p. 49, 31. ἐπὶ γάρ τοῖς βασιλεῦσιν οὖσι στρατηγοῖς ἀϊδίοις (so muss mit Paris.[1] und vet. Int. Vict. Monteca. statt ἀϊδίοις gelesen werden) ἡ ναυαρχία σχεδὸν ἑτέρα βασιλεία καθέστηκεν.

kam doch in dies festgefügte Staatsgebäude hinein, als man der Nothwendigkeit zur See mit einer mächtigen Flotte aufzutreten nicht mehr
ausweichen konnte. Wie wenig der herrschende Stand dieses Staates
aus sich selbst die Mittel hatte, dieser Aufgabe die Spitze zu bieten
zeigt die Thatsache, dass von den fünf einheimischen Nauarchen, denen er sich anvertraute, als der peloponnesische Krieg in seine letzte
Phase eintrat, zwei, Phrynis und Deiniades, Perioken waren [1];
und die drei übrigen, Lysander, Gylippos und Kallikratidas,
der Klasse der Halbheloten, der Mothonen angehörten. Die höchst
gefährlichen Umtriebe des Lysander aber, der nachdem er die Welt-
macht Athens gebrochen hatte, sich vermass, auch das legitime Königthum in Sparta umzustürzen, werden Aristoteles vorgeschwebt haben,
als er von dem Gegenkönigthum der Nauarchie und seinen Verlockun-
gen zu revolutionären Planen sprach.

Ferner findet Aristoteles, im Einklang mit einer Stelle im ersten
Buch der Platonischen Gesetze, tadelnswerth die Einseitigkeit der gesammten Lebensordnung Spartas, ihre ausschliessliche Richtung auf
Krieg und Kriegszustand: »auf eine einzige Seite der Tugend ist die
ganze Anlage der Gesetzgebung gebaut, auf die kriegerische, weil diese
geeignet ist, die Herrschaft über Andre zu gründen. Die Folge davon
war, dass sie gediehen, so lange ein Krieg den andern ablöste und dass
sie zu Grunde gingen, sobald sie zur Herrschaft gelangt waren, weil
sie nie gelernt hatten, was friedliches Staatsleben ist und keinerlei bessere Hantirung geübt, als eben die des Waffenhandwerks. Nicht minder verfehlt ist dies: wie richtig es auch ist, dass sie glauben Güter,
um die mit den Waffen gekämpft wird, seien der Tugend eher als der
Untugend erreichbar, so verkehrt ist es, dass sie nun auch die Tugend
nicht als Selbstzweck schätzen sondern diese Güter höher schätzen
als die Eigenschaft, wodurch sie erzielt ward.«

Die Einseitigkeit der spartanischen Lebensordnung haben wir oben
begriffen nicht als das Werk eines einzelnen Willens, sondern als den
Niederschlag eines alles beherrschenden Kampfes um die Existenz;
Aristoteles hat ihn nicht ganz übersehen [2], aber nach seit hellenischer
Anschauung schreibt er ihm geringeres Gewicht zu als der Einsicht
und Thatkraft eines Gesetzgebers. Andrerseits spricht sein Tadel aus
dem Herzen einer Zeit, deren feinere Geistesbildung sich sträubt gegen
den rohen Tugendbegriff eines ausschliesslich kriegerischen Thuns, das

1) Thuc. VIII, 6. Φρῦνιν, ἄνδρα περίοικον. 22. Δεινιάδας περίοικος.
2) S. oben S. 248.

in Kunst- und Wissenschaftspflege, in dem Anbau edler Geistesfrüchte einen höheren Lebenszweck gefunden hat als in dem bewaffneten Niedertreten fremden Glücks, im Rausche der Eroberung, im Waffenklirren und im Triumph der Faust. Dass es wirklich wie für den Einzelnen so für ganze Völker einen rühmlicheren Ehrgeiz gebe, als friedlichen Nachbarn den Fuss auf den Nacken zu setzen, dass Tugend und reine Menschensitte an sich werth seien des edelsten Strebens auch ohne den Glanz blendenden äusseren Erfolgs, dies auszusprechen ziemte sich für den grössten Denker der alten Welt, in der sonst für solche Auffassung wenig Raum war. Und dass er es gethan hat, bleibt sein Ruhm, wenn auch die geschichtliche Objektivität an der Stelle, wo es geschieht, nicht eben ihre Rechnung findet.

Schliesslich erwähnt er missfällig die üble Lage des Staatshaushalts der Spartaner, ein Wort, das hier überhaupt nur euphemistisch zu verstehen ist, denn im Grunde gibt es in Sparta keinen.

Dieser Staat, sagt Aristoteles, der grosse Kriege zu führen genöthigt ist, hat keinen Staatsschatz und erhält auch keinen, denn Steuern gehen so gut wie gar nicht ein. Das meiste Land ist im Besitz der Spartiaten, der Staat d. h. die Gesammtheit der Spartiaten selbst, will sich darum mit Eintreibung von Steuern nicht befassen. Und so ist dem Gesetzgeber wiederum begegnet, dass er das Gegentheil des Zweckmässigen bewirkt hat; den Staat hat er zum Bettler, die einzelnen Bürger aber zu habsüchtigen Geldmännern gemacht. — Schon der bedächtige König Archidamos wollte das kriegslustige Ungestüm der heissblütigen Jugend dämpfen, indem er gegenüber dem reichen Athen mit seinem vortrefflich verwalteten Staatsschatz auf die beispiellose Armuth des eignen Staates hinwies. »Schiffe haben wir nicht, lässt ihn Thukydides sagen, Seeleute, die das Meer kennen, auch nicht, Geld aber fehlt uns ganz. Der Staat hat keines und wir geben das unsrige sehr ungern her «[1]). Zur Zeit des Aristoteles hatte sich hierin offenbar nichts gebessert trotz der ungeheuren Beute, die Lysander nach vollbrachtem Kriege nach Hause gebracht hatte und deren Vertheilung unter die Bürgerschaft die Ephoren vielleicht nur deshalb hintertrieben haben[2]) damit das Geld nicht in fremden, sondern in ihren eignen Taschen verschwinde. Verschwunden aber ist es, ob durch Unterschleif oder durch die Kriegsnoth oder beides zugleich, kann nicht mehr ausgemacht werden.

Soweit Aristoteles über den spartanischen Musterstaat. Die weiteren Capitel des zweiten Buchs enthalten Erörterungen über Kreta,
Karthago und das Solonische Athen. Ihre Besprechung liegt an dieser
Stelle ausserhalb unsrer Aufgabe. Für Kreta und Karthago müssen
wir einstweilen auf Schneider's Commentar und die einschlagenden
Geschichtswerke, insbesondere Höck's Kreta und Movers' Phönizier
verweisen. Der Abschnitt über das Solonische Athen ist im ersten
Bande von »Athen und Hellas« S. 161—173 ausführlich behandelt. Ich habe der dort gegebenen Darstellung vorläufig Nichts hinzu-
zusetzen, als die Versicherung, dass ich auch nach Schömann's [1]
Entgegnung an jedem Worte derselben festhalte.

———

Zwei Eigenheiten haben wir an der aristotelischen Prüfung des
spartanischen Staats entdeckt.

Ausdrücklich hat Aristoteles den Gesichtspunkt abgelehnt, der für
eine rein historische Kritik der entscheidende ist; er fragt nicht, wie
war der Zustand, den der Gesetzgeber vorfand, welches waren die gegebenen Faktoren, mit denen er zu rechnen hatte und woraus lässt
sich mithin dies und jenes besonders auffallende Ergebniss erklären
oder entschuldigen? Er fragt vielmehr, was ist an diesem gepriesenen Musterstaate Brauchbares für die Auffindung des besten Staates
und was widerspricht in seiner wirklichen Erscheinung den offenbaren
Ideen seines Gründers?

Das ist das Eine, das Andre hängt damit enge zusammen.

Was er das eine Mal »den Gesetzgeber, das andre Mal Lykurg
nennt, kann für uns nichts Andres sein, als ein Sammelname, unter
dem Aristoteles selber schwerlich an eine und dieselbe geschichtliche
Persönlichkeit gedacht hat. Gewiss ist dies, dass er dem Lykurg Einzelnes zuschreibt, was nachweislich von diesem gar nicht herrühren
kann, weil es entweder älter oder jünger sein muss als sein Zeitalter,
dass er sodann den »Gesetzgeber« verantwortlich macht für Dinge, die
eben, nach unseren bescheideneren Begriffen von dem Vermögen
menschlicher Gesetzgebung, irgend einem Einzelnen gar nicht zur
Last gelegt werden können.

Ziehen wir von dem uns vorliegenden Capitel ab, was auf Rechnung dieser beiden wohl zu betrachtenden Eigenheiten kommt, so
bleibt übrig eine Schilderung des spartanischen Staates,

1) Jahn's Jahrbb. 1866. S. 585—595.

wie er zur Zeit, da Aristoteles schrieb, in Wirklichkeit
aussah und diese Schilderung ist eine geschichtliche Urkunde vom
allergrössten Werthe, einmal weil sie eben eine gleichzeitige ist im
strengsten Wortsinne, und sodann weil sie von dem schärfsten Beob-
achter und dem vorurtheilsfreiesten Kopfe herrührt, den das Alterthum
überhaupt aufzuweisen hat.

Die Mängel seines kritischen Standpunktes haben wir nicht be-
schönigt, aber gegen die vollständige Glaubwürdigkeit der Angaben,
die er als Zeitgenosse über selbst erlebte Thatsachen und allgemein
bekannte Zustände macht, können sie unmöglich geltend gemacht werden. Das Endergebniss seiner Mittheilungen ist für den politischen
Ruhm des viel bewunderten Sparta ein höchst ungünstiges, man kann
sagen ein vernichtendes und darum tief verletzend für Alle, die heute
noch mit Manso und Otfried Müller an den Lieblingsvorstellungen der
hellenischen Staatsromantik festhalten wollten, aber gegenüber der
Wucht eines solchen Zeugnisses muss man entweder andre Zeugnisse
derselben Zeit und von noch besserer Autorität aufzubieten haben,
oder man muss eben zugestehen, dass Aristoteles, bei allem etwaigen
Unrecht gegen die Person des Lykurg, den spartanischen Staat der geschichtlichen Zeit in der Hauptsache vollkommen richtig beurtheilt und
durch Zerstörung eines Cultus, dessen er nicht werth war, sich ein
epochemachendes Verdienst um die Entwicklung der hellenischen
Staatslehre erworben hat.

Solche Gegenzeugnisse sind nicht vorhanden, während die vorhandenen das des Aristoteles bestätigen, und so bleibt trotz alles Wi-
derstrebens nur die letzte Entscheidung übrig. Wir gehören zu denen,
die sie ohne Widerstreben treffen, weil wir der Ansicht sind, dass in
solchen Fragen das Gewicht wohlbeglaubigter Thatsachen allein entscheiden soll und dem gegenüber gewisse alte oder neue Voreinge-
nommenheiten gar Nichts bedeuten. Die griechische Staatsromantik
darf beanspruchen, an sich als eine sehr merkwürdige Erscheinung in
der Geschichte der hellenischen Staatsidee gewürdigt zu werden und
von diesem Standpunkte aus glauben wir ihr gerecht geworden zu
sein. Die Rolle, die innerhalb ihrer Ideale der spartanische Staat spielt,
ist kein Zufall, sondern ein Erzeugniss nachweisbarer Ursachen und
darf als solches gleichfalls nicht obenhin abgethan werden. Wir haben
darüber beigebracht, was in unserer Verfügung stand, aber von vorne
herein mussten wir eine scharfe Grenze ziehen für die geschichtliche
Glaubwürdigkeit aller Angaben, die die Färbung dieses Gedankenkrei-
ses offenbar an sich tragen.

Sämmtliche Erzeugnisse dieser Richtung verriethen sich sofort
durch dreierlei Merkmale: einmal durch grosse Bestimmtheit der Angaben über Dinge, über die es unbedingt gar keine gleichzeitige Ueberlieferung gegeben haben kann — eine ganze Lebensgeschichte von Lykurg ist so aus freier Hand erfunden worden —; sodann durch grosse
Allgemeinheit der Aeusserungen über Zustände, über die Genaueres
gesagt werden musste, aber nicht gesagt werden konnte, ohne dass der
Heiligenschein des Ideales darunter litt und endlich durch einen Ton
priesterlicher Salbung, wo immer von der wunderbaren, fast göttlichen
Weisheit dieser ganzen Organisation die Rede ist [1].

Aristoteles ist der erste hellenische Politiker, der sich ernstlich
die Frage vorgelegt: was ist denn nun wirklich preiswürdig und der
Bewunderung werth an diesem Staat? und sie beantwortet hat, indem er
kaltblütig wie ein Anatom die Leiche, den Zustand des geschichtlichen
Sparta zergliedert. Diese Operation war durchaus nothwendig. Eine
Autorität, die soviel Cultus erfahren, musste den Widerspruch reizen,

---

1) Ein sprechendes Beispiel dieser Redeweise setzen wir noch aus dem III. Buch
der Platonischen Gesetze (691 E—692 B) hieher: »Ein Gott, der sich Eurer ganz
besonders annimmt, hat in Voraussicht der Zukunft indem er euch ein doppeltes
Königthum aus einem Stamm entsprossen (ἐκ μονογενοῦς) gepflanzt, dasselbe mehr
zur Mässigung eingeschränkt (συνέστειλε εἰς τὸ μέτριον). Darauf hat einen Menschen
Sohn aber mit göttlicher Macht ausgerüstet (φύσις τις ἀνθρωπίνη μεμιγμένη, θείᾳ
τινὶ δυνάμει) im Hinblick auf euer in heftiger Erregung wogendes Staatsleben die besonnene, selbstbeherrschende Kraft des Alters mit dem keck vordringenden Muth
der Jugend verbunden, nämlich die Behörde von 28 Alten in den wichtigsten Dingen
ebenbürtig (ἰσόψηφος) den Königen an die Seite gesetzt. Euer dritter Heiland (ὁ
τρίτος σωτήρ) hat, als er den Staat in wilder Gährung sah, demselben gleichsam als
Dämpfer (ὥσπερ ψάλιον) die Ephorie aufgesetzt, welche er beinahe erloosbar machte-
(ἐγγὺς τῆς κληρωτῆς ἀγαγὼν δυνάμεως).
In ziemlich ähnlichem Tone spricht Otfried Müller, Dorier III, 8, 9, vom Königthum: »Alles das überlegt erscheint mir der politische Verstand fast wunder-
bar, mit dem die alte Verfassung Sparta's die Kraft, Würde und Erhabenheit des
Königthums schützte, ohne doch dasselbe nur entfernt der Despotie anzunähern und
in irgend einem Stücke über das Gesetz, oder ausserhalb desselben zu stellen;« über
die Gerusie ebendas. 8, 2: »So urtheilen wir denn überhaupt über die Gerusie,
dass sie ein schönes Denkmal ist althellenischer Sitte, von edler Offenheit, einfacher
Grösse, reinem Vertrauen zeugt, das auf die sittliche Würde und auf die väterliche
Weisheit derer, die ein langes Leben erprobt hatte und denen das Volk nun sein
Wohl anheim stellte, bauen mochte;« über die Abstimmung βοῇ statt ψήφῳ »sie gebe
nicht bloss die Zahl der Billigenden und Verneinenden, sondern auch die Inten-
sität derselben ziemlich richtig wieder. Die gänzliche Abwesenheit geschriebener Gesetze führt er auf eine tiefe politische Weisheit zurück, während wir aus
Isokrates wissen, dass die Masse der Spartaner noch zu seiner Zeit weder lesen
noch schreiben konnte.

zumal nachdem sie durch den Wetterstrahl der thebanischen Kriege einen so furchtbaren Schlag empfangen hatte. Die gesunde Kritik forderte endlich ihr lange vorenthaltenes Recht. So manche holde Täuschung hatte Hellas schon begraben, die, die es jetzt begrub, war die züheste gewesen; es zeigte sich jetzt, dass sie an innerem Halt die geringste von allen war.

Dies Volk war entwachsen einem Aberglauben, der in Thatsachen keine Stütze mehr vorfand. Sein Selbstbewusstsein als Schöpfer einer Bildungsarbeit, von der sicher war, dass sie den Tod der politischen Freiheit überleben werde, lehnte sich auf gegen die Verehrung eines Stammes, der an diesem stolzen Werke keinen Antheil hatte, dessen Herrschaft, wo man sie irgend erlebt, der Untergang der Freiheit wie der Bildung gewesen war.

In Platon's Politie hatte Aristoteles eine sokratische Wiederbelebung des lykurgischen Ideals bekämpft; in der Kritik Lykurg's ging er diesem Ideale selber an's Leben und die hellenische Staatsromantik hatte er damit in's Herz getroffen.

Die Bahn war frei zum Aufbau eines neuen Staatsgedankens. Sehen wir zu, was Aristoteles dabei geglückt ist, was nicht.

www.ingramcontent.com/pod-product-compliance
Lightning Source LLC
Chambersburg PA
CBHW031359270326
41929CB00010BA/1239